U0630361

中华传世藏书

【图文珍藏版】

春秋左傳

[春秋]左丘明⊙原著

王艳军⊙主编

线装书局

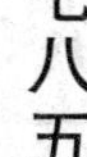

襄公二十三年

【原文】

[经]二十有三年春，王二月癸酉朔，日有食之。三月己巳，杞伯匄卒，夏，邾畀我来奔，葬杞孝公。陈杀其大夫庆虎及庆寅。陈侯之弟黄自楚归于陈。晋栾盈复入于晋，入于曲沃。秋，齐侯伐卫，遂伐晋。八月，叔孙豹帅师救晋，次于雍榆。己卯，仲孙速卒。冬十月乙亥。臧孙纥出奔邾。晋人杀栾盈，齐侯袭莒。

【原文】

[传]二十三年春，杞孝公卒，晋悼夫人丧之。平公不彻乐，非礼也。礼，为邻国阙。

陈侯如楚，公子黄诉二庆于楚，楚人召之。使庆乐往，杀之。庆氏以陈叛。夏，屈建从陈侯围陈。陈人城，版队而杀人。役人相命，各杀其长，遂杀庆虎、庆寅。楚人纳公子黄。君子谓："庆氏不义，不可肆也。故《书》曰：'惟命不于常。'"

晋将嫁女于吴，齐侯使析归父媵之，以藩载栾盈及其士，纳诸曲沃。栾盈夜见胥午而告之，对曰："不可。天之所废，谁能兴之？子必不免。吾非爱死也，知不集也。"盈曰："虽然，因子而死，吾无悔矣。我实不天，子无咎焉。"许诺。伏之而觞曲沃人，乐作，午言曰："今也得栾孺子何如？"对曰："得主而为之死，犹不死也。"皆叹，有泣者。爵行，又言。皆曰："得主，何贰之有？"盈出，遍拜之。

四月，栾盈帅曲沃之甲，因魏献子，以昼入绛。初，栾盈佐魏庄子于下军，献子私焉，故因之。赵氏以原、屏之难怨栾氏。韩、赵方睦。中行氏以伐秦之役怨栾氏，而固与范氏和亲。知悼子少，而听于中行氏。程郑嬖于公。唯魏氏及七舆大夫与之。

乐王鲋侍坐于范宣子。或告曰："栾氏至矣。"宣子惧。桓子曰："奉君以走固宫，必无害也。且栾氏多怨，子为政，栾氏自外，子在位，其利多矣。既有利权，又执民柄，将何惧焉。栾氏所得，其唯魏氏乎，而可强取也。夫克乱在权，子无懈矣。"

公有姻丧，王鲋使宣子墨缞冒绖，二妇人辇以如公，奉公以如固宫。范鞅逆魏舒，则成列既乘，将逆栾氏矣。趋进，曰："栾氏帅贼以人，鞅之父与二三子在君所矣，使鞅逆吾子。鞅请骖乘。"持带，遂超乘。右抚剑左援带，命驱之出。仆请，鞅曰："之公。"宣子逆诸阶，执其手，赂之以曲沃。

初，斐豹，隶也，著于丹书。栾氏之力臣曰督戎，国人惧之。斐豹谓宣子曰："苟焚丹书，我杀督戎。"宣子喜，曰："而杀之，所不请于君焚丹书者，有如日。"乃出豹而闭之。督戎从之。逾隐而待之，督戎逾入，豹自后击而杀之。

范氏之徒在台后，栾氏乘公门。宣子谓鞅曰："矢及君屋，死之。"鞅用剑以帅卒，栾氏退，摄车从之。遇栾乐，曰："乐免之，死，将讼女于天。"乐射之，不中；又注[①]，则乘槐本而覆。或以戟钩之，断肘而死。栾鲂伤。栾盈奔曲沃。晋人围之。

秋，齐侯伐卫。先驱，穀荣御王孙挥，召扬为右；申驱，成秩御莒恒，申鲜虞之傅挚为右。曹开御戎，晏父戎为右；贰广，上之登御刑公，卢蒲癸为右；启[②]，牢成御襄罢师，狼蘧疏为右；胠[③]，商子车御侯朝，桓跳为右；大殿，商子游御夏之御寇，崔如为右；烛庸之越驷乘。自卫将遂伐晋。

【注释】

①注：搭箭于弦之意。

②启：君之左翼。

③胠：君之右翼。

【译文】

二十三年春天，杞孝公死，晋悼夫人为他服丧。晋平公不撤除音乐，这是不合乎礼的。依照礼，应当为邻国的丧事撤除音乐。

陈哀公抵达楚国，公子黄在楚国对二庆提出起诉，楚国人召见二庆，二庆让庆乐前往，楚国人杀死庆乐。庆氏领着陈国背叛楚国。夏天，屈建跟从陈哀公包围陈国。陈国人修城，夹板掉下来，庆氏就杀害筑城人。筑城的人互相传令，各自杀害他们的工头，于是乘机杀害了庆虎、庆寅。楚国人把公子黄送回陈国。君子觉得："庆氏行动不合乎道义，就不能放肆。故而《书》讲：'天命不能常在。'"

晋国将要把女儿嫁给吴国，齐庄公让析归父致送妾媵，用篷车装着栾盈和他的士，把他安排在曲沃。栾盈夜里进见胥午并把情况告诉他。胥午答复说："不能那么做。上天所废弃的，谁可以把他兴起？您一定不免于死。我不是爱惜一死，不过明知事情是做不成的。"栾盈讲："尽管这样，依靠您而死去，我不后悔。我真的不为上天保佑，您没有过失。”胥午同意了。把栾盈藏起来以后便请曲沃人喝酒，音乐开始演奏，胥午发话说：“如今要是找到栾孺子，怎么办？”人们答复说：“找到了主人而为他死，虽死犹生。”大家都叹息，还有痛哭的。举杯，胥午又说这话。大家都讲：“找到了主人，还有什么三心二意的！”栾盈走出来，对大家一一感谢。

四月，栾盈领着曲沃的甲兵，靠着魏献子，在白天进到降地。当初，栾盈在下军中辅助魏庄子，魏献子和他私下里很要好，故而依靠他。赵氏因为原、屏的祸难怨恨栾氏，韩氏、赵氏刚刚和睦。中行氏因为进攻秦国的那次战役怨恨栾氏。知悼子年纪小，故而听从中行氏的话。程郑受到晋平公的宠信。只有魏氏跟七舆大夫亲附栾氏。

乐王鲋陪侍在范宣子旁边。有人报告讲：“栾氏来了。”宣子恐惧，乐王鲋说：“侍奉国君逃到固宫，必定没有危害。而栾氏怨敌很多，您主持国政，栾氏从外边来，您处在掌权的地位，这有利的条件便多了。既然有利有权，又掌握着对民众的赏罚，有什么能够害怕的？栾氏所获得的，不就仅仅魏氏吗！并且魏氏是能够用强力争取过来的。平定叛乱在于有权力，您不要懈怠！”

晋平公有姻亲的丧事，乐王鲋让范宣子穿着黑色的丧服，跟两个女人坐上手拉车去到晋平公那里，陪着晋平公去到固宫。范鞅去迎接魏献子，魏献子的军队已经排成行列、登上战车，准备去迎接栾氏了。范鞅快步走进，讲：“栾氏率领叛乱分子进入国都，鞅的父亲跟几位大夫都在国君那儿，派鞅来迎接您，鞅请求在车上作为骖乘。”拉着带子，便跳上魏献子的战车。范鞅右手摸着剑，左手拉着带子。下令驱车离开行列。驾车的人请问到哪儿去，范鞅说：“到国君那儿。”范宣子在阶前迎接魏献子，拉着他的手，同意把曲沃送给他。

先前，斐豹是一个奴隶，用红字记录在竹简上，栾氏有一个大力士称督戎，国内的人们都恐惧他。斐豹对范宣子说：“要是烧掉这竹简，我去杀害叔戎。”范宣子很高兴，说：“你杀了他，要是不请求国君烧掉这竹简，有太阳神可作明证！”于是便让斐豹出宫，而后关上宫门，督戎跟上来。斐豹翻进墙等着督戎，督戎翻进墙来，斐豹从后面猛击而杀害了他。

范氏的手下人在台的后面，栾氏登上宫门。范宣子对范鞅讲：“箭要射到国君的屋子，你便死去！”范鞅用箭领着步兵迎战。栾氏败退，范鞅跳上战车追击，碰到栾乐，范鞅讲：“乐，别打了，我死了将会向上天控告你。”栾乐用箭射他，没有射中，又把箭搭上弓弦，车轮碰上槐树根而翻了车。有人用戟钩他，把他的手臂拉断，他便死了。栾鲂受伤。栾盈逃亡曲沃，晋国人包围了他。

秋天，齐庄公发兵进攻卫国。第一前锋，荣驾御王孙挥的战车，召扬作为车右。第二前锋，成秩驾御莒恒的战车，申鲜虞的儿子傅挚任车右。曹开驾御齐庄公的战车，晏父戎任车右。齐庄公的副车，上之登驾御邢公的战车，卢蒲癸任车右；左翼部队，牢成驾御襄罢师的战车，狼蘧疏任车右；右翼部队，商子车驾御侯朝的战车，桓跳任车右；后军，商子游驾御夏之御寇的战车，崔如任车右；烛庸之越等四人同乘一辆车殿后。从卫国出发并将从这攻击晋国。

【原文】

晏平仲曰："君恃勇力，以伐盟主。若不济，国之福也。不德而有功，忧必及君。"崔杼谏曰："不可。臣闻之，小国间大国之败而毁焉，必受其咎。君其图之。"弗听。陈文子见崔武子，曰："将如君何？"武子曰："吾言于君，君弗听也。以为盟主，而利其难。群臣若急，君于何有？子姑止之。"文子退，告其人曰："崔子将死乎！谓君甚而又过之，不得其死。过君以义，犹自抑也，况以恶乎！"

齐侯遂伐晋，取朝歌。为二队，入孟门，登大行。张武军于荧庭，戍郫邵，封少水，以报平阴之役，乃还。赵胜帅东阳之师以追之，获晏氂。八月，叔孙豹帅师救晋，次于雍榆，礼也。

季武子无嫡子，公弥长，而爱悼子，欲立之。访于申丰曰："弥与纥，吾皆爱之，欲择才焉而立之。"申丰趋退，归，尽室将行。他日，又访焉。对曰："其然，将具敝车而行。"乃止。

访于臧纥。臧纥曰："饮我酒，吾为子立之。"季氏饮大夫酒，臧孙为客。既献，臧孙命北面重席，新尊絜之。召悼子，降，逆之。大夫皆起。及旅，而召公鉏，使与之齿。季孙失色。

季孙以公鉏为马正，愠而不出。闵子马见之，曰："子无然。祸福无门，唯人所召。为人子者，患不孝，不患无所。敬共父命，何常之有？若能孝敬，富倍季氏可也。奸回不轨，祸倍下民可也。"公鉏然之，敬共朝夕，恪居官次。季孙喜，使饮己酒，而以具往，尽舍旃。故公鉏氏富，又出为公左宰。

孟孙恶臧孙，季孙爱之。孟氏之御驺丰点好羯也，曰："从余言，必为孟孙。"再三云，羯从之。孟庄子疾，丰点谓公鉏："苟立羯，请雠臧氏。"公鉏谓季孙曰："孺子秩固其所也。若羯立，则季氏信有力于臧氏矣。"弗应。己卯，孟孙卒，公鉏奉羯立于户侧。季孙至，入哭而出，曰："秩焉在？"公鉏曰："羯在此矣。"季孙曰："孺子长。"公鉏曰："何长之有，唯其才也。且夫子之命也。"遂立羯。秩奔邾。

臧孙入哭，甚哀，多涕。出，其御曰："孟孙之恶之也，而哀如是。季孙若死，其若之何？"臧孙曰："季孙之爱我，疾疢也；孟孙之恶我，药石也。美疢不如恶石，夫石犹生我，疢之美，其毒滋多。孟孙死，吾亡无日矣。"孟氏闭门，告于季孙曰："臧氏将为乱，不使我葬。"季孙不信。臧孙闻之，戒。冬十月，孟氏将辟，藉除于臧氏。臧孙使正夫助之，除于东门，甲从己而视之。孟氏又告季孙。季孙怒，命攻臧氏。乙亥，臧氏斩鹿门之关以出奔邾。

初，臧宣叔娶于铸，生贾及为而死。继室以其侄，穆姜之姨子也，生纥，长于公宫。姜氏爱之，故立之。臧贾、臧为出在铸。臧武仲自邾使告臧贾，且致大蔡焉，曰："纥不佞，失守宗祧，敢告不吊。纥之罪不及不祀，子以大蔡纳请，其可。"贾曰："是家之祸也，非子之过也。贾闻命矣。"再拜受龟，使为以纳请，遂自为也。臧孙如防，使来告曰："纥非能害也，知不足也。非敢私请。苟守先祀，无废二勋，敢不辟邑。"乃立臧为。臧纥致防而奔齐。其人曰："其盟我乎？"臧孙曰："无辞。"将盟臧氏，季孙召外史掌恶臣而问盟首焉。对曰："盟东门氏也，曰'毋或如东门遂不听公命，杀嫡立庶。'盟叔孙氏也，曰'毋或如叔孙侨如，欲废国常，荡覆公室。"'季孙曰："臧孙之罪皆不及此。"孟椒曰："盍以其犯门斩关？"季孙用之，乃盟臧氏，曰："毋或如臧孙纥，干国之纪，犯门斩关。"臧孙闻之，曰："国有人焉，谁居？其孟椒乎！"

晋人克栾盈于曲沃，尽杀栾氏之族党。栾鲂出奔宋。《书》曰"晋人杀栾盈。"不言大夫，言自外也。

齐侯还自晋，不入，遂袭莒。门于且于，伤股而退。明日，将复战，期于寿舒。杞殖、华还载甲夜入且于之隧，宿于莒郊。明日，先遇莒子于蒲侯氏。莒子重赂之，使无死，曰："请有盟。"华周对曰："贪货弃命，亦君所恶也。昏而受命，日未中而弃之，何以事君？"莒子亲鼓之，从而伐之，获杞梁。莒人行成。

齐侯归，遇杞梁之妻于郊，使吊之。辞曰："殖之有罪，何辱命焉？若免于罪，犹有先人之敝庐在，下妾不得与郊吊。"齐侯吊诸其室。

齐侯将为臧纥田。臧孙闻之，见齐侯。与之言伐晋，对曰："多则多矣，抑君似鼠。夫鼠，昼伏夜动，不穴于寝庙[①]，畏人故也。今君闻晋之乱而后作焉，宁将事之，非鼠如何？"乃弗与田。仲尼曰："知之难也。有臧武仲之知，而不容于鲁国，抑有由也，作不顺而施不

恕也。《夏书》曰：‘念兹在兹’，顺事，恕施也。”

【注释】

①寝庙：宗庙。

【译文】

晏平仲说：“君王依靠勇力，来攻打盟主。要是不成功，这是国家的福气。没有德行而有功劳，忧患一定会降到君王身上。”崔杼进谏说：“不行。下臣听说：‘小国钻了大国败坏的空子而加之以武力，必定要受到灾祸。君王还是思考一下。’齐庄公不听。陈文子进见崔杼，说：‘想要把国君怎么办？”崔杼说：“我对国君说了，国君不听。把晋国奉为盟主，反倒以它的祸难为利。下臣们要是急了，哪儿还能顾及国君？您暂时不用管了。”陈文子退出，告诉他的手下人说：“崔子即将死了吧！谴责国君过分而所作所为又超过国君，会不得善终的。用道义超过国君，还需要自己抑制，何况是用邪恶呢？”

齐庄公故而进攻晋国，占取朝歌。兵分两路，一路进入孟门，一路登上太行山口，在荧庭修建纪念物，派人戍守郫邵，在少水收集晋军尸体于一坑筑成一个大坟，以报复平阴那次战役，这才收兵回去。赵胜带着东阳的军队追赶上，抓捕了晏。八月，叔孙豹带兵救助晋国，驻扎在雍榆，这是合乎礼的。

季武子没有嫡子，弥年长，不过季武子喜欢悼子，想立他为继承人。向申丰说：“弥跟纥，我都喜欢，想要选择有才能的立为继承人。”申丰快步走出，回家，想要全家出走。过了几天，季武子又问申丰。申丰答复说：“要是这样，我准备套上我的车走了。”季武子便停了下来。

季武子又去问臧纥。臧纥说：“款待我喝酒，我为您立他。”季氏款待大夫们喝酒，臧纥是上宾。向宾客献酒结束，臧纥命令朝北铺上两层席子，换上洗净的酒杯。召见悼子，走下台阶迎接他。大夫们都站起来，等到宾主互相敬酒酬答，才召见公鉏，让他和别人按年领大小排列座位。季武子出于意外，脸上都变了颜色。

李氏让公鉏出任马正，公鉏怨恨，不愿做，闵子马见到公鉏，说：“您不要这样，祸跟福没有门，在于人们所召唤。做儿子的，担忧的是不孝，而不担忧没有地位。恭敬地对待父亲的命令，事情如何会固定不变呢？要是可以孝顺恭敬，富有能够比季氏增加一倍。奸邪不合法度，祸患能够比民众增加一倍。”公鉏同意他的话，便恭敬地早晚问父亲安，谨慎地执行职务。季武子舒服了，让他款待自己喝酒，而带着饮宴的器具前往，公鉏把器具全都留下给他，公氏故而致富，又做了鲁襄公的左宰。

孟庄子厌恶臧孙，不过季武子喜欢他。孟氏的车马官丰点，喜欢羯，说："听从我的话，你必定成为孟氏的继承人。"再三地说，羯便听从了他。孟庄子患病，丰点对公鉏说："要是立了羯，就是报复了臧氏。"公鉏对季武子说："孺子秩本来应该做孟氏的继承人。要是羯可以改立为继承人，那么季氏便确实比臧氏有力量了。"季武子不同意。八月十日，孟孙死了。公侍奉羯立在门边接受宾客来吊唁。季武子到达，进门便哭，出门，说："秩在哪儿？"公说："羯在这儿了。"季孙说："孺子年长。"公说："有什么年长不年长？就由于他有才能，而且是他老人家的命令。"便立了羯，秩逃往邾国。

臧孙进门号哭，非常哀痛，眼泪很多。出门，他的御者讲："孟庄子厌恶您，而您却悲哀成这个样子。季武子要是死了，您怎么办？"臧孙说："季武子喜欢我，这是没有痛苦的疾病。孟庄子厌恶我，这是治疾病的良药。没有痛苦的疾病不如让人痛苦的良药。良药还能够让我活下去，疾病没有痛苦，它的毒害更多。孟庄子死了，我的灭亡也没有多少日子了。"孟氏关起大门，告诉季武子说："臧氏想要发动变乱，不让我家安葬。"季武子不相信。臧孙听见了，实行戒备。冬十月，孟氏想要挖开墓道，在臧氏那儿借用役夫。臧孙让正夫去帮忙，在东门开掘墓道，让甲士跟着自己前去考察。孟氏又告诉季武子。季武子气愤，命令攻击臧氏。十月初七日，臧孙砍断鹿门的门闩逃往邾国。

先前，臧宣叔在铸国娶妻，她生了臧贾和臧为便死了。臧宣叔以妻子的侄女作为继室，便是穆姜妹妹的女儿，生了纥，长在鲁公的宫中。穆姜喜欢他，故而立为臧宣叔的继承人。臧贾、臧为离开家住在铸国。臧孙从邾国派人告诉臧贾，而且送去大龟说："纥没有才能，不能祭奠宗庙，谨向您报告不善。纥的罪过不至于继绝后代，您把大龟进献而请求立为我家的继承人，也许是能行的。"臧贾说："这是家门的灾祸，不是您的过错，贾听见命令了。"再拜，接受了大龟，让臧为去代他进献大龟并请求，臧为却请求立自己为继承人。臧纥抵达防地，派人来报告说："纥并不能伤害别人，而是因为智谋不足的原因。纥并不敢为个人请求。要是保存先人的祭奠，不废弃两位先人的勋劳，岂敢不让出封邑？"于是便立了臧为。臧纥献出了防地而逃往齐国。他的手下人说："他们能为我们盟誓吗？"臧纥讲："盟辞不好写"。想要为臧氏盟誓。季武子召见掌管逃亡臣子的外史而询问盟辞的写法。外史答复说："为东门氏盟誓，讲：'不要有人像东门遂那般，不听国君的命令，杀嫡子、立庶了。'为叔孙氏盟誓，讲'不要有人像叔孙侨如那般，想要废弃国家的常道，颠覆公室！'"季武子讲："臧纥的罪过都不至于此。"孟椒讲："何不把他攻砍城门栓写进盟辞？"季武子采用了，就跟其他官员盟誓，讲："不要有人像臧孙纥那般触犯国家的法纪，打城门砍门闩！"臧纥听见了，说："国内有人才啊！是谁呀？或许是孟椒吧！"

晋国人在曲沃战胜栾盈，把栾氏的亲族全都杀死。栾鲂逃往宋国。《春秋》记录说："晋人杀栾盈"，不说大夫，这是说他从国外进到国内发生叛乱。

齐庄公从晋国回来，不进到国都，就偷袭莒国，进攻且于的城门，大腿受伤而退走。第二天，预备再战，商定军队在寿舒集中。杞梁、华还用战车装载甲士晚上进到且于的狭路，露宿在莒国郊外。第二天，先跟莒子在蒲侯氏遭遇。莒子赠给他们以重礼，让他们不要战死，讲："请和你们结盟。"华还答复说："贪取财货丢弃命令，这也是君王所讨厌的。昨日晚上接受命令，今日太阳没到正中就丢掉，还用什么事奉君王？"莒子自己击鼓，追击齐军，杀害了杞梁。莒国人就跟齐国讲和。

齐庄公回国之后，在郊外碰到杞梁的妻子，派人向他吊唁，她辞谢说："杞梁有罪，怎么敢劳动国君派人吊唁？如果能够免罪，还有先人的破屋在那里，下妾不能接受在郊外的吊唁。"于是齐庄公又到杞梁家去吊唁。

齐庄公预备封给臧纥土地。臧纥知道了，进见齐庄公。齐庄公对他说起攻击晋国的事，他答复说："功劳诚然太多了，可是君王却像老鼠，白天藏起来，晚上出动，不在宗庙里打洞，这是由于怕人的原因。如今君王听说晋国有了动乱而后出兵，一旦晋国安宁又准备事奉晋国，这不是老鼠又是什么？"齐庄公生气而没有封给纥田地。

孔子将："聪明是很难做到的啊。有了臧武仲的聪慧，而不能为鲁国容纳，这是有缘由的，由于他的所作不顺于事理而所为不合乎恕道。《夏书》说：'想着这个，一心在于这个'，这便是要顺于事理而合乎恕道。"

【讲评】

"嫡长子继承制度"本来是为了保障贵族的家族利益、防止动乱而建立的。但由于人的私心和欲望，春秋时期围绕贵族的立嗣仍然频频上演了一幕幕阴谋与喋血、上位与逃亡的悲剧。鲁国季氏的立嗣也是其中的一例。虽然在闵子马的劝说和公鉏的理智对待下此事和平地收了尾，但插手其事的臧纥还是倒了霉。臧纥逞小聪明而无大智慧，不懂得谦虚谨慎、与人为善之道，在季氏废长立幼时乱参谋，给自己惹来了祸难，被迫"犯门斩关"而流亡。孔子评论他用智不当，这种评价是恰当的。而季氏自乱其例，使得阴谋家丰点钻了空子，立了羯为孟孙氏的继承人，季武子对此却毫无办法。

《左传》中所记录的齐国杞梁之妻传说中是孟姜女的原型，自春秋晚期发端，起源于对杞梁妻不幸丧夫遭遇的感叹。自汉代孟姜女调逐渐流行，从而形成了孟姜女音乐系列，历经各代传承与演义，至明清趋于成熟；并衍生出许多相关的民间文艺作品，包括民歌等。孟姜女传说到后来虽与原型故事已经有了比较大的出入，但它所反映出的民众对战乱的不满、对征夫怨女的悲悯始终贯穿其中。

襄公二十四年

【原文】

[经]春，叔孙豹如晋。

[传]春，穆叔如晋，范宣子逆之，问焉，曰："古人有言曰死而不朽，何谓也？"穆叔未对，宣子曰："昔匄之祖，自虞以上为陶唐氏，在夏为御龙氏[①]，在商为豕韦氏[②]，在周为唐杜氏[③]，晋主夏盟为范氏，其是之谓乎？"穆叔曰："以豹所闻，此之谓世禄，非不朽也。鲁有先大夫曰臧文仲，既没其言立[④]，其是之谓乎。豹闻之，大上有立德[⑤]，其次有立功[⑥]，其次有立言[⑦]，虽久不废，此之谓不朽。若夫保姓受氏，以守宗祊[⑧]，世不绝祀，无国无之，禄之大者，不可谓不朽。"

叔孙豹

[传]范宣子为政，诸侯之币重，郑人病之。二月，郑伯如晋，子产寓书于子西以告宣子曰："子为晋国，四邻诸侯不闻令德，而闻重币，侨也惑之。侨闻君子长国家者，非无贿之患，而无令名之难。夫诸侯之贿聚于公室，则诸侯贰，若吾子赖之，则晋国贰。诸侯贰则晋国坏，晋国贰则子之家坏，何没没也[⑨]？将焉用贿？夫令名德之舆也，德国家之基也。有基无坏，无亦是务乎？有德则乐，乐则能久。诗云：'乐只君子，邦家之基[⑩]。'有令德也夫？'上帝临女，无贰尔心[⑪]。'有令名也乎？恕思以明德，则令名载而行之，是以远至迩安。毋宁使人谓子，子实生我，而谓子浚我以生乎？

象有齿以焚其身,贿也。”宣子说,乃轻币。是行也郑伯朝晋,为重币故,且请伐陈也。郑伯稽首,宣子辞。子西相曰:“以陈国之介恃大国,而陵虐于敝邑,寡君是以请罪焉,敢不稽首。”

【注释】

①御龙氏:就是刘累。

②豕韦氏:《一统志》说:“在今河南滑县东南五十里。”

③唐杜氏:《一统志》说:“唐在今山西翼城县西,杜即今陕西西安市长安区东南十五里之杜陵故城。”

④既没其言立:他死以后,他的话仍旧存在。

⑤大上有立德:最高有的是立德性的。譬如黄帝尧舜等。大音泰。

⑥其次有立功:次一等的是有功劳。譬如夏禹同后稷。

⑦其次有立言:再其次有立话存在的。如史佚臧文仲等。

⑧以守宗祊:以看守着宗庙的门。

⑨何没没也:为什么这样沉迷不悟。

⑩乐只君子,邦家之基:这是《诗经·小雅》的一句诗。意思是说这位君子很快乐,可以做邦家的基础。

⑪上帝临女,无贰尔心:这是《诗经·大雅》的一句诗,意思说上天在你的上边,不要发生两个心。

【译文】

春天,叔孙豹到晋国去,士匄出来迎接他,问叔孙豹说:“从前的人有句话说:‘死了不会腐朽的。’这是怎么说法呢?”叔孙豹还没有回答,士匄又说:“从前我匄的祖先,在虞朝以前就是陶唐氏,在夏朝时是御龙氏,在商朝是豕韦氏,在周朝是唐杜氏,到现在晋国主盟中夏了,便是范氏。死了不腐朽,不就是这种说法吗?”叔孙豹说:“我豹所听到的,这些叫作世禄,并不是叫不朽罢。鲁国有我的先大夫,叫作臧文仲,既死之后,他的说话还流传在世上,这才叫作死了不腐朽。豹听过的最好是树立德行;次一等的是树立功劳;最次的是树立说话,这三等人,哪怕是死了好久,却废不掉他的,这才叫作不朽呢!至于像那保守始祖的姓,承受先代的氏族,使宗庙世代守住,祭祀总不断绝,这哪一国没有呢?像你所说的，只是世禄的大的，不可说他是不朽罢！”

士匄执晋国的政权，将诸侯朝贡的礼物增加，郑国以为很不好。二月，郑伯到晋国去，子产写信托子西带给士匄，劝告他说：“你执了晋国的政权，四邻的诸侯，不听得你的善德，却听得你将加重诸侯的币帛，我很疑惑你呢？侨听得君子的治理国家，不愁没有财货，单虑没有很好的名誉。如果要想把诸侯的财货都聚在你晋国的公堂上面，那么诸侯便要离心；如果你自私自利，那么晋国人便要离心于你。诸侯离心了，晋国便不能保。晋人离心了，你的室家便不能保。为什么还要沉溺在财货中呢？贪财的祸患既然这般，还要用财做什么呢？好的名誉，好像德行的车子呢！德行是国家的基础，国家有了基础就不致败坏，你何不尽力去求那绝好的名誉呢？有了德行就能与人们同乐，便能久居其位，《诗经》上说：‘快乐得很的君子，是邦家的基础。’这就是说他有绝好的德性啊。又说：‘上帝来看顾你，你不要有两个心。’这是有绝好的名誉啊。能够把恕道存心，拿来显明自己的德行，那么自然有绝好的名誉做了车子，载了这德行，颁行在世上，所以远地方的人会慕着赶来，近地方人都安靖了，宁可使人议论你，说你实在能生养我民，而不愿听说你夺取我们钱财，拿来自养呢？象因有牙齿就此丧失它的身体，因为它的牙齿值钱的缘故啊！”士匄听了这话，心中欢喜，便减轻了诸侯的贡币。这次郑伯到晋国朝见，就是为的货币很重的缘故，并且请求讨伐陈国。郑伯行稽首礼，士匄辞谢。子西相礼说：“因为陈国仗着楚国，以欺负我们郑国，所以寡君请求向陈问罪，所以不敢不行稽首礼。”

【原文】

[经]仲孙羯帅师侵齐。

[传]孟孝伯侵齐，晋故也[①]。

[经]夏楚子伐吴。

[传]夏楚子为舟师以伐吴，不为军政[②]，无功而还。

[经]秋七月甲子朔，日有食之既[③]。

[传]齐侯既伐晋而惧，将欲见楚子，楚子使薳启强如齐聘，且请期[④]。齐社蒐军实，使客观之。陈文子曰：“齐将有寇。吾闻之，兵不戢必取其族。”

【注释】

①晋故也：这是因为晋国报复的缘故。

②不为军政：不订赏罚的差事。

③此经无传。这是鲁都曲阜看到的日食。

④且请期：并且问开会的日期。

【译文】

仲孙羯伐齐国，这是因为晋国的缘故。

夏天，楚王做水军预备伐吴国，但是他不做赏罚的规律，没有能成功就回来。

秋七月甲子初一这天，鲁国有日食。

齐侯既然伐晋国又害怕，很想与楚王相见，楚王派遣薳启强到齐国去聘问，且请会见的日期。齐国祭社的时候，陈列着各种兵器，使楚国的客人来看，陈须无说："齐国将遇到敌寇。我听见说过兵器若不藏起来，必定有害他的本身。"

【原文】

[经]齐崔杼帅师伐莒。

[经]大水[①]。

[经]八月癸巳朔，日有食之[②]。

[经]公会晋侯、宋公、卫侯、郑伯、曹伯、莒子、邾子、滕子、薛伯、杞伯、小邾子于夷仪。

[传]秋，齐侯闻将有晋师[③]，使陈无宇从薳启强如楚，辞且乞师[④]。崔杼帅师送之，遂伐莒，侵介根[⑤]。会于夷仪[⑥]，将以伐齐，水，不克[⑦]。

【注释】

①此经无传。

②此经无传。

③闻将有晋师：他听见晋国在夷仪开会将讨伐齐国。

④辞且乞师：因为有晋国军队的缘故，所以他说明不能朝楚的缘故，并且请楚国帮助他的军队。

⑤介根：《一统志》说："计斤故城在山东胶县西南五里之介根城。"

⑥夷仪：齐地，在山东省聊城市西南十二里。

⑦水不克：因为有雨水，所以不能攻齐国。

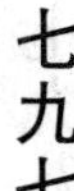

【译文】

鲁国有大水。

八月癸巳初一,鲁国有日蚀。

秋天,齐庄公听见晋国在夷仪开会,将讨伐齐国,就派陈无宇随从着薳启强到楚国去,说明不能与楚王相见的缘故,并且求助军队。崔杼帅着军队去护送,就讨伐莒国,侵了介根这地方。各诸侯在夷仪开会,将讨伐齐国,因为大水所以无法进攻。

【原文】

[经]冬,楚子、蔡侯、陈侯、许男伐郑。

[传]冬,楚子伐郑以救齐,门于东门,次于棘泽[①]。诸侯还救郑[②],晋侯使张骼、辅跞致楚师,求御于郑[③],郑人卜宛射犬[④]吉。子大叔戒之曰:"大国之人不可与也。"对曰:"无有众寡,其上一也。"大叔曰:"不然,部娄无松柏[⑤]。"二子在幄,坐射犬于外,既食而后食之,使御广车[⑥]而行,己皆乘乘车[⑦],将及楚师而后从之乘,皆踞转而鼓琴,近不告而驰之[⑧],皆取胄于橐而胄,入垒皆下,搏人以投,收禽挟囚。弗待而出,皆超乘抽弓而射。既免,复踞转而鼓琴曰:"公孙,同乘兄弟也,胡再不谋?"对曰:"曩者志入而已,今则怯也。"皆笑曰:"公孙之亟也。"

【注释】

①棘泽:《方舆纪要》说:"在今河南省新郑市东南。"

②诸侯还救郑:这是指在夷仪相会的诸侯。

③求御于郑:他们因为不认识郑国的方向,所以求郑国驾车的人。

④宛射犬:是郑国公孙。

⑤部娄无松柏:部娄是小山,松柏是大树。小山上不能长大树。意思说小国与大国不相同。

⑥广车:兵车。

⑦乘车:是文官坐的车,比较安定。

⑧近不告而驰之:接近了楚国军队,射犬不告诉他们两个人知道就打着马往前去。

【译文】

冬天，楚王帅兵伐郑救齐，便攻郑国的东门，宿在棘泽这地方。诸侯本来是要伐齐国的，听这消息便回转来救郑国。晋侯派张骼辅跞到楚兵中去挑战，想要找个郑国人驾车子，做个引导。郑人占卜了一回，是宛射犬吉利的。子大叔叮嘱他说："大国的人不容易相与的，应该要谦虚一点才好！"射犬回答说："不论国家大小，那在上位的，总有一定的分寸。"大叔说："不是这么说的，你不见小土堆上生不起松柏来吗？"后来，张骼辅跞坐在帐中，却使射犬坐在帐外，他二人等着自己吃完了后，方才给他吃，又使他驾着一辆兵车先走，自己却坐在安稳的车子中，快要进楚兵的地方了，方才跟射犬同坐在那兵车上，二人都盘膝坐在衣卷上弹琴，射犬心中恨他们无礼，近了敌人便故意不告诉他们，把车子飞跑的赶去，那二人便急忙向袋中取了头盔，戴在头上，走进营垒中，便都跳下车，空手打着楚人，向他车上抛去。又收拾起捉住的人，瘠着囚虏便走。射犬却不等他们了，就自己出来。那二人便都跳上车子，抽起弓来射那楚人。既然脱险后，却又坐在衣卷上弹琴了，并且说："公孙！我们同坐一车子，就好比兄弟呢！为什么进和出来都不同我们商量呢？"射犬心中害羞，口里遮掩说："起初是一心想进去罢了！现在倒是胆小呢！"那二人都冷笑着说："怕是你公孙的性急呢！"

【原文】

[经]公至自会[①]。

[传]楚子自棘泽还，使薳启强帅师送陈无宇。

[传]吴人为楚舟师之役故，召舒鸠人[②]，舒鸠人叛楚。楚子师于荒浦[③]，使沈尹寿与师祁犁[④]让之，舒鸠子敬逆二子，而告无之，且请受盟。二子复命，王欲伐之。薳子[⑤]曰："不可。彼告不叛，且请受盟，而又伐之，伐无罪也。姑归息民以待其卒，卒而不贰，吾又何求？若犹叛我，无辞有庸"乃还。

【注释】

①此经无传。

②舒鸠人：是楚属国的人，在今安徽省庐江县境。

③荒浦：《方舆纪要》说："即舒城东南十五里之黄陂与黄浦一音之转。"

④沈尹寿、师祁犁：皆楚大夫。

⑤薳子：楚令尹薳子冯。

【译文】

鲁襄公从开会的地方回来。

楚王从棘泽回去后，派薳启强率领军队护送陈无宇。

吴国人因为楚王用水军来讨伐他的缘故，就召舒鸠人来，舒鸠就违叛了楚国。楚王派军队到荒浦这地方，派楚大夫沈尹寿和师祁犁去责让他，舒鸠的君恭敬的迎接这两个人，而告诉他们并没有反叛这件事，并且请求接受盟誓。这两个人回来报告，楚王仍旧想着讨伐舒鸠，令尹薳子冯说："不可以，他告诉我们说不反叛，并且请接受盟誓，现在又要讨伐他，这是讨伐无罪的人。何不赶回国安息人民，你看他到末了何如？就是到了末了仍旧没有二心，那我们又要求什么？假设仍旧对我反叛，而后再加以讨伐。他没有话可讲，我们也可以立功。"就把楚国军队调回去了。

【原文】

[经]陈鍼宜咎出奔楚。

[传]陈人复讨庆氏之党，鍼宜咎出奔楚。

[经]叔孙豹如京师。

[传]齐人城郏[1]，穆叔如周聘且贺城，王嘉其有礼也，赐之大路[2]。

[经]大饥[3]。

[传]晋侯嬖程郑，使佐下军[4]，郑行人公孙挥如晋聘，程郑问焉曰："敢问降阶何由[5]？"子羽不能对，归以语然明[6]。然明曰："是将死矣，不然将亡。贵而知惧，惧而思降，乃得其阶，下人而已，又何问焉？且夫既登而求降阶者，知人也，不在程郑。其有亡衅乎？不然其有惑疾，将死而忧也。"

【注释】

①郏：《一统志》说："在今河南省洛阳城西北。"

②赐之大路：大路是周王所赐车的名。

③此经无传。

④使佐下军:为的替代栾盈。

⑤敢问降阶何由:请问从高位降为卑下如何自处。

⑥然明:就是鬷蔑。

【译文】

陈国人又讨庆氏的党羽,鍼宜咎就逃奔到楚国去了。

齐国人为周王修理王城,叔孙豹到周都聘问,且贺修城,周天子嘉他很礼貌,赏赐给他大路的车。

鲁国大饥荒。

晋平公喜欢程郑,使他代栾盈做下军佐,郑国的行人公孙挥到晋国来聘问,程郑问他说:"请问从高位降为卑下如何自处?"公孙挥不能回答。回到郑国告诉然明。然明说:"这个人将死了,要不然就是将逃亡。贵而知道害怕,害怕就想降下,就能得到他的道路,这只是比旁人低下就是了,又何必问呢?并且既然登到高位,而求降阶的,这是一种智慧的人,程郑不够如此。或者有逃亡的现象吗?要不就是他有疯病,将死而发愁啊!"

【讲评】

叔孙豹是春秋时期鲁国的著名贤臣,他长于辞令,忠于国事。他与晋国的范宣子讨论"死而不朽"的问题,提出"立德""立功""立言"之说,认为人生在世,应当有所建树,流芳后世,不能碌碌无为。叔孙豹的论述成为传世名言,激励了后来的很多人。也说明春秋时期人们已经认识到人难免一死,要珍惜生命,积极处世,为后人留下精神财富。这是人的性灵的觉醒,是春秋时期对"人"的认识上的巨大飞跃。

子产有很高的外交才能,善于利用强国之间及其内部的种种矛盾,为夹缝中的郑国求生存。子产擅长辞令,留下了不少名篇,受到时人和后来史家的推崇。当时晋国等强国收纳保护费很重,小国不堪承受,但又不能拒绝。子产寄书晋国执政范宣子,劝其减轻诸侯的赋税,引经据典,强调立德对于执政者之重要性,说得范宣子心悦诚服,达到了劝说的目的。

襄公二十五年

【原文】

[经]二十有五年春,齐崔杼帅师伐我北鄙。夏五月乙亥,齐崔杼弑其君光。公会晋侯、宋公、卫侯、郑伯、曹伯、莒子、邾子、滕子、薛伯、杞伯、小邾子于夷仪。六月壬子,郑公孙舍之帅师入陈。秋八月己巳,诸侯同盟于重丘。公至自会。卫侯入于夷仪。楚屈建帅师灭舒鸠。冬,郑公孙夏帅师伐陈。十有二月,吴子遏伐楚,门于巢,卒。

【原文】

[传]二十五年春,齐崔杼帅师伐我北鄙,以报孝伯之师也。公患之,使告于晋。孟公绰曰:"崔子将有大志,不在病我,必速归,何患焉?其来也不寇[①],使民不严,异于他日。"齐师徒归。

齐棠公之妻,东郭偃之姊也。东郭偃臣崔武子。棠公死,偃御武子以吊焉。见棠姜而美之,使偃取之。偃曰:"男女辨姓,今君出自丁,臣出自桓,不可。"武子筮之,遇《困》䷮之《大过》䷛。史皆曰:"吉。"示陈文子,文子曰:"夫从风,风陨妻,不可娶也。且其《繇》曰:'困于石,据于蒺藜,入于其宫,不见其妻,凶。'困于石,往不济也。据于蒺藜,所恃伤也。入于其宫,不见其妻,凶,无所归也。"崔子曰:"嫠也何害?先夫当之矣。"遂取之。

庄公通焉,骤如崔氏,以崔子之冠赐人。侍者曰:"不可。"公曰:"不为崔子,其无冠乎?"崔子因是,又以其间伐晋也,曰:"晋必将报。"欲弑公以说于晋,而不获间。公鞭侍人贾举,而又近之,乃为崔子间公。

夏五月,莒为且于之役故,莒子朝于齐。甲戌,飨诸北郭,崔子称疾不视事。乙亥,公问崔子,遂从姜氏。姜入于室,与崔子自侧户出。公拊楹而歌。侍人贾举止众从者而入。闭门,甲兴。公登台而请,弗许;请盟,弗许;请自刃于庙,弗许。皆曰:"君之臣杼疾病,不能听命。近于公宫,陪臣干掫有淫者,不知二命。"公逾墙,又射之,中股,反队,遂弑之。贾举、州绰、邴师、公孙敖、封具、铎父、襄伊、偻堙皆死。祝佗父祭于高唐,至,复命,不说弁而死于崔氏。申蒯侍渔者,退谓其宰曰:"尔以帑免,我将死。"其宰曰:"免,是反子之义也。"与之皆[②]死。崔氏杀鬷蔑于平阴。

【注释】

①不寇:没有掠夺。

②皆:即偕死,一起自杀而死。

【译文】

鲁襄公二十五年春季,齐国崔杼领着军队攻击我鲁国北部边境,报复孝伯那次的攻击。鲁襄公很担忧,派人向晋国报告。孟公绰说:“崔子要有大志,不在于困扰我国,必定很快撤军回国,忧虑什么?他来的时候不抢夺,使用民众不厉害,跟以前不同。”齐军空来一趟便回去了。

齐国棠公的妻子,为东郭偃的姐姐。东郭偃为崔武子的家臣。棠公死了,东郭偃为崔武子驾车去吊丧。崔杼一见棠姜就喜爱了她,让东郭偃去说媒娶棠姜。东郭偃讲:“男女婚配要分辨姓氏,您是丁公的后代,臣是桓公的后代,不能够通婚。”崔武子占筮,获得《困》䷮卦变为《大过》䷛。太史都讲:“吉利。”拿给陈文子看,陈文子讲:“丈夫跟从风,风坠落妻子,不能够娶的。并且它的《繇辞》讲:‘为石头所困窘,据守在蒺藜中,走进屋子,看不见妻,凶兆。’被石头所困窘,意味着前去不能成功。把守在蒺藜中,意味着依赖的会让人受伤。走进屋子,看不到妻,凶兆,意味着没有归宿。”崔式子讲:“她是寡妇有什么影响?先夫已经承担这凶兆了。”于是便娶了棠姜为妻。

齐庄公跟棠姜私通,常常到崔杼家去,拿崔武子的帽子赐给别人。他的侍从说:“不能够这样做。”庄公讲。“不是崔子,难道就没有帽子戴吗?”崔武子故而怀恨庄公,又由于庄公趁晋国有难攻打过晋国,说:“晋国必定要报这个仇。”崔武子想要杀死庄公讨好晋国,不过找不到下手的机会。庄公曾鞭打过侍从贾举,鞭打后又亲近他,于是贾举就为崔武子寻找机会杀死齐庄公。

夏天五月,莒国因为且于之役的原因,莒子到齐国朝见。五月十六日,庄公在北城设享礼款待他,崔武子推托有病不上朝办公。十七日,庄公去问候崔武子,趁机去幽会棠姜。姜氏进到内室,跟崔武子从侧门出去。庄公拍着柱子唱歌。侍人贾举阻挡庄公众随从于门外而自己进入崔家。贾举关上大门,甲士忽然出来。庄公登上高台请求饶命,众人不同意;请求结盟,不同意;请求在祖庙里自杀,不同意。众人都说:“君王的臣子杼在害病,不能听取您的命令。何况这儿靠近国君的宫室,陪臣奉命捉拿奸夫,不晓得其他命令。”庄公跳墙逃命，众人又射他，射中了大腿，反坠在墙里，于是便杀死庄公。贾举、州绰、邴师、公孙敖、封具、铎父、襄伊、偻堙都被杀了。祝佗父到高唐祭奠，回到国都，复命，没脱掉弁帽便在崔武子家里被杀掉。申蒯是管理渔业的官，退出来对他的家臣之长讲："你带领我的妻子儿女逃跑，我准备一死。"他的家臣之长说："我逃跑了，这是违反了您的忠义。"就跟申蒯一块自杀而死。崔杼在平阴杀死鬷蔑。

【原文】

晏子立于崔氏之门外。其人曰："死乎？"曰："独吾君也乎哉，吾死也？"曰："行乎？"曰："吾罪也乎哉，吾亡也？"曰："归乎？"曰："君死，安归？君民者，岂以陵民？社稷是主。臣君者，岂为其口实[①]？社稷是养。故君为社稷死则死之，为社稷亡则亡之；若为己死而为己亡，非其私昵，谁敢任之？且人有君而弑之，吾焉得死之，而焉得亡之？将庸何归？"门启而入，枕尸股而哭，兴，三踊而出。人谓崔子："必杀之！"崔子曰："民之望也。舍之，得民。"

卢蒲癸奔晋，王何奔莒。叔孙宣伯之在齐也，叔孙还纳其女子灵公。嬖，生景公。丁丑，崔杼立而相之，庆封为左相。盟国人于大宫，曰："所不与崔、庆者。"晏子仰天叹曰："婴所不唯忠于君、利社稷者是与，有如上帝！"乃歃。辛巳，公与大夫及莒子盟。大史书曰："崔杼弑其君。"崔子杀之。其弟嗣书，而死者二人；其弟又书，乃舍之。南史氏闻大史尽死，执简以往，闻既书矣，乃还。

闾丘婴以帷缚其妻而载之，与申鲜虞乘而出。鲜虞推而下之，曰："君昏不能匡，危不能救，死不能死，而知匿其昵，其谁纳之？"行乃弇中，将舍，婴曰："崔、庆其追我。"鲜虞曰："一与一，谁能惧我？"遂舍，枕辔而寝，食马而食。驾而行，出弇中，谓婴曰："速驱之！崔、庆之众，不可当也。"遂来奔。

崔氏侧庄公于北郭。丁亥，葬诸士孙之里。四翣，不跸[②]，下车七乘，不以兵甲。

晋侯济自泮，会于夷仪，伐齐，以报朝歌之役。齐人以庄公说，使隰鉏请成，庆封如师；男女以班；赂晋侯以宗器、乐器，自六正、五吏、三十帅、三军之大夫、百官之正长师旅及处守者皆有赂。晋侯许之，使叔向告于诸侯。公使子服惠伯对曰："君舍有罪以靖小国，君之惠也。寡君闻命矣。"

晋侯使魏舒、宛没逆卫侯，将使卫与之夷仪。崔子止其帑，以求五鹿。

初，陈侯会楚子伐郑。当陈隧者，井堙木刊，郑人怨之。六月，郑子展、子产帅车七百乘伐陈，宵突陈城，遂入之。陈侯扶其大子偃师奔墓，遇司马桓子，曰："载余！"曰："将巡城！"遇贾获载其母妻，下之，而授公车。公曰："舍而母。"辞曰："不祥。"与其妻扶其母以奔墓，亦免。

子展命师无入公宫，与子产亲御诸门。陈侯使司马桓子赂以宗器。陈侯免[3]，拥社，使其众男女别而累，以待于朝。子展执絷而见，再拜稽首，承饮而进献。子美入，数俘而出。祝祓社，司徒致民，司马致节，司空致地，乃还。

【注释】

①口实：指俸禄。

②跸：清道、警戒。

③免：丧服。

【译文】

晏子站在崔家的大门外，他的随从讲："殉死吗？"晏子讲："独是我一个人的国君吗？我殉死。"跟随的人讲："逃走吗？"晏子讲："是我的罪过吗？我逃亡。"跟随的人说："回去吗？"晏子讲："国君死了，我回到哪里去？作为民众的国君，难道是用他的地位来凌驾于民众之上吗？是为主持国家。作为国君的臣下，难道只是为了他的俸禄吗？是为保护国家。故而国君为国而死，则臣下也为他而死；为国而逃亡，则臣下也为他而逃亡。要是国君为自己而死、为自己而逃亡，不是他个人溺爱的人，谁敢承担陪死、陪逃的责任？何况别人有了国君而杀死他，我如何能为他而死，又如何能为他而逃亡呢？可是又能回到哪儿去呢？"大门开了，晏子进去，头枕着尸体的大腿上号哭，而后站起来，往上跳了三下才出去。有人对崔杼说："必须要杀死他！"崔杼说："他是民众仰望的人，放了他，能得民心。"

卢蒲癸逃往晋国，王何逃往莒国。叔孙宣伯在齐国的时候，叔孙还把叔孙宣伯的女儿嫁给齐灵公。获得宠爱，生了景公。五月十九日，崔杼立他为国君并辅助他，庆封做左相。与国人在太公的宗庙里结盟，讲："有不亲附崔氏、庆氏的。"晏子仰天长叹讲："婴要是不亲附忠君、利国的人，有天帝为证！"于是便歃血。五月二十三日，齐景公跟大夫还有莒子结盟。太史记录说："崔杼弑其君。"崔杼杀死太史。太史的弟弟继续这样写而被杀的，已有两个人。太史还有弟弟又如此写，崔杼便不杀了。南史氏听说太史都死，拿着竹简前去。听说已经如实记录了,这才回去。

闾丘婴用车子的帷幕把他的妻子包捆起来,装上车,与申鲜虞一块乘车出逃。鲜虞把闾丘婴的妻子推下车,讲:“国君昏庸不能纠正,危难不能救援,死了不能同死,只晓得把自己亲爱的人藏匿起来,有谁会接受我们?”专到中狭道,想要住下来。闾丘婴说:“崔氏、庆氏可能在追我们。”鲜虞说:“一对一,谁能让我们害怕?”便住下来,头枕着马缰睡觉,先喂马再自己吃饭。套上马继续赶路,走出了中狭道,对闾丘婴讲:“快点赶马,崔氏、庆氏人多,是不能抵御的。”于是逃往我鲁国。

崔杼没把庄公的棺柩殡于庙便放在城北郭外。五月二十九日,把庄公葬在士孙之里,用四之礼,不清路开道,送葬的车子只有七辆,不用甲兵。

晋侯渡过泮水,跟诸侯在夷仪会合,攻击齐国,以报复朝歌那次战役。齐国人想用杀庄公之事征得晋国欢喜,派隰鉏请求讲和。庆封抵达军中,将男女奴隶分开排列捆绑着。把宗庙里的祭器,乐器送与晋侯。从六卿、五吏、三十师帅、三军大夫、各部门的主管官员、师旅属官跟留守官员等,都赠送了财礼。晋国同意与齐国讲和。派叔向通告诸侯。鲁襄公派子服惠伯答复说:“君王宽恕有罪者,以稳定小国,是君王的恩惠。寡君听到命令了。”

晋侯派魏舒、宛没迎接卫献公,想要让卫国把夷仪给卫献公居住。崔杼扣留了卫献公的妻子跟儿女,以此来谋求五鹿这个地方。

先前,陈侯会合楚国攻击郑国,陈军路过的路上,水井被填塞,树木被砍伐,郑国人埋怨他们。六月,郑国的子展、子产领着七百辆战车攻打陈国,夜间忽然袭击陈国都城,于是便攻进了城。陈侯扶着他的太子偃师逃往坟地去,遇上司马桓子,讲:“你的车载上我!”司马桓子说:“我正要巡察城池。”碰到贾获,车上装着他的母亲和妻子,便让母亲跟妻子下车而把车子交给陈侯。陈侯讲:“安置好你的母亲。”贾获辞谢说:“妇女跟您同坐一车不吉祥。”于是与妻子一块扶着母亲逃奔到坟地,也免于灾难。

子展命令军队不要进到陈侯的宫室,与子产亲自监守着宫门。陈侯派司马桓子将宗庙的祭器赠送给他们。陈侯穿着丧服,抱着土地神的神主,让他手下的那些男男女女分别排列、捆绑,在朝廷上等着。子展手拿缰绳进见陈侯,再拜叩头,捧着酒杯向陈侯进贡。子产进去,数了一下俘虏的人数便出来了。郑国人向土地神祝告除去灾难,司徒归还百姓,司马归还兵符,司空归还土地,便撤兵回国了。

【原文】

秋七月己巳，同盟于重丘，齐成故也。

赵文子为政，令薄[①]诸侯之币而重其礼。穆叔见之。谓穆叔曰："自令以往，兵其少弭矣！齐崔、庆新得政，将求善于诸侯。武也知楚令尹。若敬行其礼，道之以文辞，以靖诸侯，兵可以弭。"

楚薳子冯卒，屈建为令尹，屈荡为莫敖。舒鸠人卒叛楚，令尹子木伐之，及离城，吴人救之。子木遽以右师先，子强、息桓、子捷、子骈、子盂帅左师以退。吴人居其间七日。子强曰："久将垫隘，隘乃禽也。不如速战。请以其私卒诱之，简师陈以待我。我克则进，奔则亦视之，乃可以免。不然，必为吴禽。"从之。五人以其私卒先击吴师。吴师奔，蹬山以望，见楚师不继，复逐之，傅诸其军。简师会之，吴师大败。遂围舒鸠，舒鸠溃。八月，楚灭舒鸠。

卫献公入于夷仪。

郑子产献捷于晋，戎服将事。晋人问陈之罪，对曰："昔虞阏父为周陶正，以服事我先王。我先王赖其利器用也，与其神明之后也，庸以元女大姬配胡公，而封诸陈，以备三恪。则我周之自出，至于今是赖。桓公之乱，蔡人欲立其出。我先君庄公奉五父而立之，蔡人杀之。我又与蔡人奉戴厉公，至于庄、宣，皆我之自立。夏氏之乱，成公播荡[②]，又我之自入，君所知也。今陈忘周之大德，蔑我大惠，弃我姻亲，介恃楚众，以冯陵我敝邑，不可亿逞。我是以有往年之告。未获成命，则有我东门之役。当陈隧者，井堙木刊。敝邑大惧不竞，而耻大姬。天诱其衷，启敝邑心。陈知其罪，授手于我。用敢献功。"晋人曰："何故侵小？"对曰："先王之命，唯罪所在，各致其辟。且昔天子之地一圻，列国一同，自是以衰。今大国多数圻矣。若无侵小，何以至焉？"晋人曰："何故戎服？"对曰："我先君武、庄，为平、桓卿士。城濮之役，文公布命，曰：'各复旧职！'命我文公戎服辅王，又授楚捷，不敢废王命故也。"士庄伯不能诘，复于赵文子。文子曰："其辞顺，犯顺不祥。"乃受之。

冬十月，子展相郑伯如晋，拜陈之功。子西复伐陈，陈及郑平。

仲尼曰："《志》有之：'言以足志，文以足言。'不言谁知其志？言之无文，行而不远。晋为伯，郑入陈，非文辞不为功。慎辞也。"

【注释】

①薄：轻。

②播荡:流离失所。

【译文】

秋天七月十二日,诸侯在重丘结盟,这是由于已和齐国讲和。

赵武执政,他下令减轻诸侯的贡品,不过加强了对礼仪的重视。穆叔见他时,他说:“从今之后,尽量避免发生战争。齐国的崔杼、庆封刚刚获得政权,正在和诸侯求和。我跟楚国的令尹比较熟悉。要是言行恭敬有礼,再加上优美的外交辞令,就可以使诸侯安定下来,战争便能够消除。”

楚国的薳子冯逝世,屈建出任令尹,屈荡为莫敖。此时舒鸠人最终背叛了楚国。屈建就发兵攻击,军队抵达离城。吴国人前来救援,屈建连忙让右翼部队冲上去,让子强、息桓、子捷、子骈、子盂领着左翼部队撤退。吴国人在楚国左右两军之间驻扎了七天。子强讲:“停留时间太长,军队便会疲弱,疲弱了便容易被抓捕。不如速战速决。请允许我带领家兵去引诱敌军,你们挑选精锐部队严阵以待。我能战胜他们便继续前进,要是失败了,你们就看情况决定怎么办,这样能够免于被俘。不然的话,必定被吴军俘虏。”大家听从了他的话。由五个人领着自己的家兵先进攻吴军。吴军逃亡,登上山回头一看,见楚军没有继续追赶,就折回来逼近楚军。跟楚军精锐部队遭遇,最后吴军大败。楚军又攻击舒鸠,舒鸠人也溃散了。八月,楚国灭掉了舒鸠国。

卫献公来到夷仪住下。

郑国的子产到晋国进献获得的战利品,那时身穿军服。晋国人问他陈国犯了什么罪,他答复说:从前虞阏父出任周朝的陶正时,由于顺服才侍奉我们周武王。武王为奖励他能制造武器,十分有用,再加上他是虞舜的后代,就把大女儿太姬嫁给他,并封他在陈地,从而让黄帝、尧、舜的后代得到了妥善的安置。故而陈国是周朝的外甥,它到现在还依靠着周朝。陈桓公死后陈国出现了动乱,蔡国人想把他们的外甥厉公立为国君,我们先君庄公服侍五父,立他为君,蔡国人杀死五父。我们又和蔡国人共同拥立厉公,至于庄公跟宣公,都是我们所立的。夏征舒之乱后,陈成公流离失所,又是我们让他回国就位的,这一点国君您也晓得。现在陈国忘记了周朝大德,无视我国的恩惠,不认我们这个亲戚,依靠楚国人多,攻击我国城池,不过并没有达到目的。我国故而在去年请求贵国帮助攻击陈国,没有获得允许,后来又出现了陈国攻打郑国东门的战役。陈军所到之处,填平井水,砍伐树木。我国很担忧因此受到削弱而让太姬蒙受耻辱。也是上天助我,让我们萌发了攻击陈国的念头。陈国深知他们的罪过,甘愿受到惩罚。故而我国才敢前来献功。"晋国人说:"为何要侵略比你们小的国家?"子产答复说:"先王曾下令,只要犯了罪,都要分别给予处罚。再说从前天子的土地东西南北一千里,诸侯的土地四百里,其他伯、子、男依次递减。现在大国的土地居然多至几千里,要是不是侵略小国,如何能有这么多?"晋国人说:"你为何穿着军服进献战利品?"子产答复说:"我们先君武公、庄公曾做过平王、桓王的卿士。城濮之战中,晋文公下令:'每个人都恢复原来的职位。'命令我们文公穿上军服辅助天子,并接受楚国的俘虏献给天子。我穿着军服进献俘虏,是由于不敢废弃天子的命令。"士弱哑口无言,回去向赵武复命。赵武说:"他的答复顺乎情理,要是我们硬要违背情理,是不吉祥的。"就接受了子产献上的战利品。

冬天十月,子展作为郑简公的相礼到晋国,对晋国接受了战利品表示感谢。子西又攻击陈国,陈国跟郑国讲和。

孔子讲:"《志》中有句话说:'言语用来表达思想,文采用以修饰言语。'要是不会讲话,谁能了解他的志向呢?要是说话没有文采,他的话便不能广为流传。晋国成为霸主,郑国侵犯陈国,都是讲究文辞的结果,不然便不会成功。要恭慎地使用辞令啊!"

【原文】

楚蒍掩为司马,子木使庀赋,数甲兵。甲午,蒍掩书土田,度山林,鸠薮泽,辨京陵,表淳卤,数疆潦,规偃豬,町原防,牧隰皋,井衍沃,量入修赋。赋车籍马,赋车兵、徒兵、甲楯之数。即成,以授子木,礼也。

十二月,吴子诸樊伐楚,以报舟师之役。门于巢。巢牛臣曰:"吴王勇而轻,若启之,将亲门[①]。我获射之,必殪[②]。是君也死,疆其少安。"从之。吴子门焉,牛臣隐于短墙以射之,卒。

楚子以灭舒鸠赏子木。辞曰:"先大夫蒍子之功也。"以与蒍掩。

晋程郑卒。子产始知然明,问为政焉。对曰:"视民如子。见不仁者诛之,如鹰鹯[③]之逐鸟雀也。"子产喜,以语子大叔,且曰:"他日吾见蔑之面而已,今吾见其心矣。"子大叔问政于子产。子产曰:"政如农功,日夜思之,思其始而成其终。朝夕而行之,行无越思,如农之有畔,其过鲜矣。"

卫献公自夷仪使与宁喜言,宁喜许之。大叔文子闻之,曰:"乌乎!《诗》所谓'我躬不说,皇恤我后'者,宁子可谓不恤其后矣。将可乎哉?殆必不可。君子之行,思其终也,思其复也。《书》曰：'慎始而敬终，终以不困。'《诗》曰'夙夜匪懈，以事一人。'今宁子视君不如弈棋，其何以免乎？弈者举棋不定，不胜其耦[4]。而况置君而弗定乎？必不免矣。九世之卿族，一举而灭之。可哀也哉！"

会于夷仪之岁，齐人城郏。其五月，秦、晋为成。晋韩起如秦涖盟，秦伯车如晋涖盟，成而不结。

【注释】

①亲门：亲自进入城门。

②殪：死。

③鹯：猛禽，像鹰。

④耦：犹言对手，即下棋的对方。

【译文】

楚国芀掩做司马，令尹子木让他治理军赋，检点盔甲兵器。十月初八，芀掩记录土地情况，测量山林的木材，聚集水泽的出产，分别高地的不同情形，标出瘠薄的土地，计算水淹地边界，测定地下含水多的土地，分划小块耕地，在多草的沼泽地上放牧，在平坦肥美的土地上分划井田。计量各种收入制定赋税制度。让民众交纳车、马赋税，征收战车上士兵拿的武器、步卒拿的武器、盔甲盾牌。任务完成之后，芀掩把它交给子木，这是合乎礼的。

十二月，吴王诸樊攻击楚国，为报复舟师之役。攻击巢邑的城门。巢牛臣说："吴王勇敢而轻率，要是我们打开城门，他即将亲自进入城门。我们乘机射他，必定能射死。这个国君死了，边境上便能稍微安定。"听从了他的意见。吴王进到城门，牛臣隐藏在矮墙后用箭射他，吴王死。

楚王因为灭了舒鸠赏赐子木。子木辞谢讲："这是先大夫芀子的功劳。"楚王就把奖励给了芀掩。

晋国程郑死。子产才开始明白然明，向他询问如何施政。然明答复说："把民众看成像自己的儿子。看见不仁的人就诛戮他，就像鹰鹯追捕鸟雀一样。"子产很快乐，把他的话告诉子太叔，而且说："过去我见到的只是然明的面貌，如今我看见他的心了。"子太叔向子产询问政事。子产说："政事如同农活一样，白天黑夜要想着它，想着它的开始又想着要获得好的结果。早晨晚上去做，所做的不要超越所想的，如同农田有田界一样，他的过失就少了。”

卫献公从夷仪派人跟宁喜谈复位的事，宁喜同意了。太叔文子听说了，说：“唉！《诗经》所说‘我自身都不能被容纳，哪里有闲暇顾念我的后代的话，宁子能够说是不顾他的后代了。难道能行吗？恐怕是必定不行的。君子的行动，要想到它的结果，要想到下次再做。逸《书》讲：‘谨慎开始而且不怠慢结果，结果便不会困窘。’《诗经》说：‘早晚不敢懈怠，来事奉一人。’如今宁子看待国君不如下棋，他如何能免于祸难呢？下棋的人举棋不定，便是怕不能胜他的对手。而何况安置国君却不能决定呢？一定不能免于祸难了。九代的卿族，全部被灭亡。可悲啊！”

晋侯在夷仪会见诸侯那一年，齐国人在郏地修城。那年的五月，秦国、晋国讲和。晋国韩起到秦国参与结盟，秦国伯车到晋国参与结盟，即使讲和但却不巩固。

【讲评】

《左传》总是用生动的故事情节与细节来记述人物活动，通过个性化的人物的言行来反映历史，为后代小说塑造人物、展现故事提供了很好的范例。如《左传》叙述崔杼弑君事件，先是设伏，借孟公绰预言齐国权臣崔杼将作乱，然后逐步展开和深化情节，层层推进，写崔杼续娶，庄公好色与崔妻私通，以崔氏冠赐人，君臣矛盾升级。忽然插叙贾举一事，其实也是在小处设伏，是为了说明庄公失德事多，众叛亲离，必然灭亡。情节高潮是崔杼设计引庄公到居处杀死。庄公死到临头还不悔悟，昏君形象跃然纸上。作者接着叙述了庄公被弑后的余波，情节有始有终，布局完整。庄公死后，齐国群臣表现各异，有的仓皇出逃，有的慷慨赴死。而其中晏子的言行最为特异，他一方面不满荒淫丧命的君主，不愿意愚昧无辜地为这样的君主殉死，另一方面又憎恨崔杼的暴乱，不愿与之合作。所以他笃守社稷之臣的本分，勇敢地去为庄公哭丧，尽了君臣之义。在与崔、庆盟誓时改了誓词，表示只能效忠对社稷有利的人。晏子这些言行有人讥之为滑头，这是不恰当的。生当乱世，群臣争权，正直之士如晏子选择了忠于社稷，忠于公室，不介入任何权势集团，独善其身，是可以理解的。尤其是他殉国不徇私的言论受到后来史家的高度评论，如吴闿生《左传微》卷七引刘宗尧语认为此语是“精卓不磨之论，可破千古以来专制之朝尊主卑臣之谬说”。

楚康王是一位有才略的君主，他认识到兴起的吴国对楚国的威胁，审时度势，组建水军,并发动舟师战役,以对抗吴国的水军,虽然因对方有防备而无功返回,但也向对方展示了一下楚国的实力,具有威慑的效果。随着吴楚双方的扩张,为了争夺中间地带,两国的边境战争不断,总的来说,在康王时期楚国还占有优势。如两次攻打舒鸠,并设置县,就是对吴作战的典型事例。

襄公二十六年

【原文】

[传]春,秦伯之弟鍼如晋修成,叔向命召行人子员,行人子朱曰:"朱也当御[①]。"三云,叔向不应。子朱怒曰:"班爵同[②],何以黜朱于朝?"抚剑从之[③]。叔向曰:"秦晋不和久矣,今日之事幸而集[④],晋国赖之。不集,三军暴骨,子员道二国之言无私,子常易之。奸以事君者,吾所能御也。"拂衣从之,人救之。平公曰:"晋其庶乎[⑤]!吾臣之所争者大。"师旷曰:"公室惧卑,臣不心竞而力争,不务德而争善,私欲已侈,能无卑乎?"

【注释】

①朱也当御:我应当轮到做这个职位。

②班爵同:同为大夫。

③抚剑从之:按着宝剑追叔向。

④幸而集:幸而能够成功。

⑤晋其庶乎:晋国或者很能够治理了。

【译文】

秦伯的弟弟鍼到晋国去同晋国和好,叔向叫行人子员去答谢秦国的聘问。行人子朱说:"我应当去。"说了三次,叔向不答应。子朱生了气说:"我同子员都是大夫的官,为什么在朝廷上使我降等?"就按着剑去追叔向。叔向就说:"秦晋两国,久已不相和睦,今日的事情,侥幸能成功,晋国必定仰赖他,要是不能成功,打起仗来,三军将士就要暴露骨头。子员称道两国的话没有私心,你常变换去说。用奸来事奉君,我是可以管理的。"叔向就牵着子朱衣服争吵起来,由旁人来劝解他们。晋平公说:"晋国或者庶几能治理了!

我的臣们所争的事情大。”师旷在旁边说:“公室恐怕要卑了,这两个人不能心竟而由力争,不务德性而自己说他所争的是对的,这是私欲已经很多,能够不卑吗?”

【原文】

[经]二月辛卯,卫宁喜弑其君剽,卫孙林父入于戚以叛。甲午,卫侯衎复归于卫。

[传]卫献公使子鲜为复[①],辞。敬姒[②]强命之。对曰:“君无信,臣惧不免。”敬姒曰:“虽然,以吾故也。”许诺。初,卫公使与宁喜言。宁喜曰:“必子鲜在,不然必败。”故公使子鲜,子鲜不获命于敬姒,以公命与宁喜言曰:“苟反,政由宁氏,祭则寡人[③]。”宁喜告蘧伯玉,伯玉曰:“瑗不得闻君之出,敢闻其入。”遂行,从近关出。告右宰谷[④],右宰谷曰:“不可。获罪于两君[⑤],天下谁畜之?”悼子曰:“吾受命于先人不可以贰[⑥]。”谷曰:“我请使焉而观之。”遂见公于夷仪,反曰:“君淹恤在外十二年矣,而无忧色,亦无宽言,犹夫人也[⑦]。若不已,死无日矣。”悼子曰:“子鲜在。”右宰谷曰:“子鲜在何益?多而能亡,于我何为?”悼子曰:“虽然,不可以已。”孙文子在戚,孙嘉聘于齐,孙襄[⑧]居守。二月庚寅,宁喜、右宰谷伐孙氏不克,伯国[⑨]伤。宁子出舍于郊[⑩],伯国死,孙氏夜哭。国人召宁子,宁子复攻孙氏,克之。辛卯,杀子叔[⑪]及大子角。书曰宁喜弑其君剽,言罪之在宁氏也。孙林父以戚如晋。书曰入于戚以叛,罪孙氏也。臣之禄君实有之,义则进,否则奉身而退,专禄以周旋,戮也。甲午,卫侯入。书曰复归,国纳之也。大夫逆于竟者,执其手而与之言;道逆者自车揖之;逆于门者颔之而已[⑫]。公至,使让大叔文子曰:“寡人淹恤在外,二三子[⑬]皆使寡人朝夕闻卫国之言,吾子独不在寡人。古人有言曰:‘非所怨勿怨。’寡人怨矣。”对曰:“臣知罪矣。臣不佞,不能负羁绁以从扞牧圉,臣之罪一也;有出者,有居者[⑭],臣不能贰通外内之言以事君,臣之罪二也。有二罪敢忘其死。”乃行,从近关出,公使止之。

[传]卫人侵戚东鄙,孙氏愬于晋,晋戍茅氏[⑮]。殖绰[⑯]伐茅氏,杀晋戍三百人,孙蒯追之,弗敢击。文子曰:“厉之不如?”遂从卫师,败之圉,雍鉏获殖绰,复愬于晋。

【注释】

①子鲜为复:叫子鲜帮他回到卫国去。

②敬姒:是卫献公同子鲜的生母。

③政由宁氏祭则寡人:政权全由宁喜来掌管,我只管祭祀。

④右宰谷:卫大夫。

⑤不可获罪于两君：从前出卫献公，现在弑公孙剽。

⑥不可以贰：不可以变心。

⑦犹夫人也：仍旧是那一种人。

⑧孙嘉、孙襄：全是孙林父的儿子。

⑨伯国：是孙襄。

⑩宁子出舍于郊：宁喜就到郊外去住，预备逃奔的方便。

⑪子叔：卫侯剽。

⑫颔之而已：只是同他点点头。

⑬二三子：他们诸位。

⑭有出者，有居者：出者是指卫献公说，有居者是指着公孙剽说。

⑮茅氏：是戚的东部。戚在今河北省濮阳县北七里，茅氏在戚城之东。

⑯殖绰：本是齐人现在卫国。

【译文】

卫献公叫他弟弟子鲜为他设法回国，子鲜辞谢不能够，他们的生母敬姒强迫子鲜。子鲜回答说："君没有信用，我怕办了之后不免于祸。"敬姒就说："虽然如此，但是因为我的缘故。"子鲜后来许诺。最初的时候，献公叫人跟宁喜说。宁喜回答说："必须是子鲜做中间，不然必定失败。"所以献公就命令子鲜，子鲜既然没有方法应付敬姒，就用献公的命令同宁喜说："假设返到卫国，政权由宁氏主管，我只管祭祀。"宁喜告诉蘧瑗。蘧瑗说："我在君出去的时候没有参加，现在敢来参加他回来。"他就走了，从近的关口出去。告诉右宰谷，右宰谷说："不可以，得罪了两君，天下谁还能够容纳我们。"宁喜就说："我受命于我的先人，不可以变心。"右宰谷说："我请派我去看看。"就到夷仪去见献公。回来说："君住在外面已经十二年，既然没有忧愁的颜色，也没有宽容的话，仍旧是这么一个人。若仍旧如此不改，死亡没有日子了。"宁喜说："子鲜在。"右宰谷说："子鲜在有什么用处？顶多能够逃亡在外，于我有什么用呢？"宁喜说："虽然如

卫献公

此，但是没有方法不动了。”这时候，孙林父在戚，他的儿子孙嘉出聘于齐国，又一个儿子孙襄守孙氏的家。二月庚寅，宁喜、右宰谷讨伐孙氏没能成功，可是孙襄受了伤，宁喜看见这种情形就住到郊外去，预备出奔。后来孙襄死了，孙氏夜里哭，贵族们叫宁喜，宁喜又进攻孙氏，这回打败他。辛卯这天，杀卫侯剽同他的太子角。《春秋》上写着说宁喜弑他的君剽，意思是罪过在宁氏。孙林父就将戚邑带到晋国去。《春秋》上写着孙林父入戚叛，这意思是罪状在孙氏。凡是臣的俸禄，应该属于君，合道理则往前进，否则就自己退下，专仗着俸禄与君周旋，这是该杀戮的。甲午这天，卫献公回到卫国。《春秋》上写着复归，表示卫国使他回去。大夫在边境上迎接他，献公就拉着手跟他说话，在道路上迎接的，就在车上跟他作揖，在门口迎接的，只点点头而已。献公到了宫中以后，派人责让大叔仪说：“寡人留在外边，诸位大夫全叫我早晚听见卫国的报告，你唯独心不在我。古人说过话：‘不应怨望的不要怨望。’寡人可是怨望了。”他回答说：“我知道罪状了。我不才，不能够背着马缰绳跟着你从行，这是我罪状的第一种。如你是出去的，而剽在卫国，我没有方法把事情里外相通，以侍奉你，这是我第二种罪状。有二种罪状，还敢忘了死吗？”他就走了，从近的关口出去，卫献公派人阻住他来。

卫国人因为孙林父以戚叛的缘故，就侵略东边。孙林父就到晋国去告诉，晋国就派军队去戍守茅氏。殖绰就讨伐茅氏，杀晋戍守的兵三百人。孙林父的儿子孙蒯追赶他，也不敢动手。孙林父就骂他说：“你还不如一个厉鬼。”孙蒯被骂以后，就追逐卫国军队，在圉这地方打败他，孙林父的家臣雍鉏逮着殖绰，又到晋国去告诉。

【原文】

[传]郑伯赏入陈之功，三月甲寅朔，享子展，赐之先路三命之服，先八邑。赐子产次路、再命之服，先六邑。子产辞邑曰：“自上以下，降杀以两，礼也。臣之位在四①，且子展之功也，臣不敢及赏礼，请辞邑。”公固予之，乃受三邑。公孙挥曰：“子产其将知政矣②，让不失礼。”

[经]夏，晋侯使荀吴来聘。

[传]晋人为孙氏故召诸侯，将以讨卫也。夏，中行穆子来聘，召公也③。

【注释】

①臣之位在四：上卿是子展，次卿是子西，再下是良霄，后来又立子产为卿，所以说是

第四位。

②子产其将知政矣：子产恐怕将要掌政权了。

③召公也：召鲁襄公开澶渊的会。

【译文】

郑伯赏他的诸臣攻入陈国的功劳，三月甲寅朔，宴享子展，赐给他先路的车与三命的服装，为八邑赏赐的先。又赏给子产次路的车与再命的服装，在赏赐六邑之前，子产辞让邑说："由上边以至下边，全是以两为等次，这是合于礼的。我的位置在第四，并且这是子展的功劳，臣不敢接受赏礼，请辞让邑的赏赐。"郑伯非给不可，就收了三邑。公孙挥就说："子产恐怕将当政权了，谦让不失掉礼节。"

晋国人因为孙林父的缘故，召盟诸侯，预备讨伐卫国，夏天，晋国的荀吴来聘，是召鲁襄公去开会。

【原文】

[传]楚子、秦人侵吴，及雩娄[1]，闻吴有备而还，遂侵郑。五月，至于城麇[2]，郑皇颉[3]戍之，出与楚师战，败，穿封戌囚皇颉，公子围[4]与之争之，正于伯州犁。伯州犁曰："请问于囚。"乃立囚。伯州犁曰："所争君子也[5]，其何不知？"上其手曰："夫子为王子围，寡君之贵介弟也。"下其手曰："此子为穿封戌，方城外之县尹也。谁获子？"囚曰："颉遇王子弱焉[6]。"戌怒，抽戈逐王子围，弗及。楚人以皇颉归。印堇父[7]与皇颉戍城麇，楚人囚之以献于秦。郑人取货于印氏以请之，子大叔为令正[8]，以为请。子产曰："不获。受楚之功，而取货于郑，不可谓国，秦不其然。若曰：'拜君之勤郑国，微君之惠，楚师其犹在敝邑之城下。'其可。"弗从，遂行，秦人不予。更币从子产而后获之。

【注释】

①雩娄：楚地，《一统志》说："在河南省商城县东南。"

②城麇：《释地》说："在今河南西华县西境为陈郑境上邑，故云戍也。"

③皇颉：郑大夫。

④公子围：是楚灵王。

⑤所争君子也：争功的两人一个是王子围，一个是穿封戌，全不是小人。

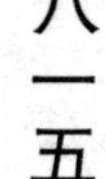

⑥颉遏王子弱焉：我遇见王子围失败了。

⑦印堇父：郑大夫。

⑧令正：做主辞令的官。

【译文】

楚王和秦国人去侵伐吴国，到了雩娄的地方，听得吴国已有防备了，便回来顺便侵伐郑国。五月中到了城麇，有个郑大夫皇颉守在那里，出兵和楚军打仗，被打得大败。楚国的穿封戌拘拿住皇颉，公子围和他争功，就辩证曲直在伯州犁那里，伯州犁说："只问囚虏便得了！"便吩咐皇颉站在庭中，伯州犁说："他们争你的都是君子，很容易认识的，你哪里会不知道呢？"便高举他的手指点王子围说："这个是王子围，是寡君的贵介弟呢。"又低着他的手指，点着穿封戌说："这个是穿封戌，是方城外的县尹呢，到底是哪个捉住你的？"那囚虏会意了，便说："我碰见了王子，败在他手中的。"穿封戌便大怒，抽起戈来追赶王子围，没有追到，楚人便带了皇颉回国去。印堇父是和皇颉同守城麇的，楚人便一并囚着印堇父，献给秦国。后来郑人便向印氏要出些财货来，去赎那印堇父。游吉做传话的，拿私贿去讨情。子产说："讨不回来的，他们受了楚国献的功，却私自得我郑国的贿，这不成为国了，秦国一定不肯这样做的，如果说：'谢你君的关心我郑国。倘没有你君的暗中帮忙，恐怕楚军到现在还在敝邑的城下呢！'这样说法，那么可以了！"他们不听从，便到秦国去，秦人果然不允许。后来终究换了币帛，依着子产的说话，方才讨回。

【原文】

[经]公会晋人郑良霄、宋人、曹人于澶渊。

[经]晋人执卫宁喜。

[传]六月，公会晋赵武、宋向戌、郑良霄、曹人于澶渊，以讨卫疆戚田[①]，取卫西鄙懿氏[②]六十以与孙氏。赵武不书，尊公也。向戌不书后也。郑先宋，不失所也。于是卫侯会之，晋人执宁喜，北宫遗[③]。使女齐[④]以先归。卫侯如晋，晋人执而囚之于士弱氏[⑤]。秋七月，齐侯、郑伯为卫侯故如晋，晋侯兼享之。晋侯赋嘉乐[⑥]，国景子[⑦]相齐侯，赋蓼萧[⑧]，子展相郑伯，赋缁衣[⑨]。叔向命晋侯拜二君曰："寡君敢拜齐君之安我先君之宗祧也，敢拜郑君之不贰也。"国子使晏平仲私于叔向曰："晋君宣其明德于诸侯，恤其患而补其阙，正其违而治其烦，所以为盟主也。今为臣执君，若之何？"叔向告赵文子，文子以告晋侯。晋侯

言卫侯之罪，使叔向告二君[10]。国子赋辔之柔矣[11]，子展赋将仲子兮[12]。晋侯乃许归卫侯。叔向曰："郑七穆，罕氏其后亡者也，子展俭而壹[13]。"

【注释】

①疆戚田：划清戚的封疆。

②懿氏：《一统志》说："在今河北濮阳县北五十七里。"

③北宫遗：北宫括的儿子。

④女齐：晋国司马侯。

⑤士弱氏：晋国管理监狱的大夫。

⑥嘉乐：《诗经·大雅》的一篇诗。

⑦国景子：是国弱。

⑧蓼萧：《诗经·小雅》的一篇。

⑨缁衣：《诗经·郑风》的一篇。

⑩告二君：将卫侯的罪状，就是因为他杀晋国的戍兵，告诉齐侯同郑伯。

⑪辔之柔矣：逸诗。

⑫将仲子兮：《诗经·郑风》的一篇。

⑬子展俭而壹：子展是很勤俭而用心专壹。

【译文】

六月，鲁襄公去会合晋国赵武、宋国向戌、郑国良霄、曹人在澶渊的地方，为的讨伐卫国并且疆临戚的田界，取卫国西边懿氏六十井给孙林父。《春秋》上不写赵武，是因为尊重鲁襄公，也不写向戌，是因为他到的晚。郑国在宋国的先，这是按他到的先后，于是卫献公去开会，晋国人捕获了宁喜、北宫遗，使司马侯先送他们回晋国去。卫献公也到晋国去了。晋国人把他逮起来，囚到士弱氏的家中。秋七月，齐侯、郑伯为了卫献公也到晋国去。晋平公亦请他们两人宴会。晋平公歌唱《嘉乐》这篇诗。国弱为齐侯的相礼，赋《蓼萧》这篇诗，子展做郑伯的相礼，赋《缁衣》这篇诗。叔向命晋平公拜两位君说："晋国君敢拜齐国君的安定我国的宗祧，又敢拜郑国君的不贰心。"国弱使晏婴私下同叔向说："晋国君宣布他的明德对于诸侯，怜恤他们的患难，而补正他的阙失，正他的违背，治理他的烦难，所以能做盟主。现在为孙林父而执卫侯，这是怎么回事?"叔向告诉赵武，赵武转告晋侯。晋平公述说卫献公的真正罪状，使叔向转告两位君。国弱赋《辔之柔矣》这篇诗。子展赋《将仲子兮》这篇诗。晋平公就答应送还卫献公。叔向又说："郑国七穆之中，罕氏是最后亡的一个，子展能够节俭而心志专壹。"

【原文】

[经]秋宋公杀其世子痤。

[传]初，宋芮司徒[①]生女子，赤而毛，弃诸堤下。共姬[②]之妾，取以入，名之曰弃，长而美。平公入夕[③]，共姬与之食。公见弃也，而视之尤[④]。姬纳诸御，嬖，生佐[⑤]，恶而婉[⑥]。大子痤美而很[⑦]，合左师[⑧]畏而恶之。寺人惠墙伊戾[⑨]为大子内师而无宠。秋，楚客聘于晋，过宋，大子知之，请野享之，公使往，伊戾请从之。公曰："夫不恶女乎？"对曰："小人之事君子也，恶之不敢远，好之不敢近，敬以待命，敢有贰心乎？纵有共其外，莫共其内，臣请往也。"遣之，至则欿用牲加书征之[⑩]，而骋告公曰："大子将为乱，既与楚客盟矣。"公曰："为我子又何求？"对曰："欲速[⑪]。"公使视之，则信有焉。问诸夫人与左师，则皆曰："固闻之。"公囚大子，大子曰："唯佐也能免我。"召而使请曰："日中不来，吾知死矣。"左师闻之聒而与之语[⑫]，过期，乃缢而死。佐为大子，公徐闻其无罪也，乃亨伊戾。左师见夫人之步马者[⑬]，问之，对曰："君夫人氏也。"左师曰："谁为君夫人？余胡弗知。"圉人归以告夫人，夫人使馈之锦与马，先之以玉，曰："君之妾弃使某献。"左师改命曰"君夫人"。而后再拜稽首受之。

【注释】

①芮司徒：是宋大夫。

②共姬：鲁国的伯姬。

③平公入夕：平公是共姬的儿子，晚上去见他的母亲。

④而视之尤：见着她很美。

⑤佐：宋元公。

⑥恶而婉：长得很难看，但是心中和顺。

⑦大子痤美而很：大子痤长得美，而心很恶。

⑧合左师：即向戌。

⑨惠墙伊戾：惠墙是氏，伊戾是名字。

⑩至则欿用牲加书征之：到了以后就假作洼了一个坑，上面还有牛再加上盟誓的书来做证明。

⑪欲速：意思是说赶紧得到君位。

⑫聒而与之语：就故意多同他说话。

⑬步马者：养马的。

【译文】

起初，宋大夫芮司徒生了一女儿，满身是红色，又都是毛，就把她抛弃在堤下。宋共姬的侍妾看见了她，便抱她进去养着，取名叫弃。后来长大了，容貌却很美丽，平公到母亲那里去请晚安，共姬给他吃些食物，平公就看见了弃，而且看得非常出神。共姬就叫她去服侍宋平公，很是得宠。生个儿子名叫佐，相貌虽不好，心地却很和顺，平公的大子叫痤，相貌虽好，心地却凶甚拗强，合左师既怕他，又厌恶他。有个太监以惠墙为氏名伊戾的，做了大子宫内的教师，却是并不宠用他。他心中很怨恨。秋天，有个楚客聘问到晋国去，经过宋国，太子痤素和楚客交好的，请求宋公说要在郊外请他吃一顿。宋平公允许了他，教他前去。伊戾便请要跟去，平公说："大子不是厌恶你吗？"他回答说："小人的服侍君子，哪怕怒我，也不敢远离他；哪怕喜欢我，也不敢分外亲近，只是很恭敬的侍候他；敢有什么二心吗？纵然有人供应他外边的一切事，可是没有人供应他里边的一切事，只可让臣同去了。"宋平公便派他同去。伊戾到了那里便假造结盟的样子，掘地成欿，用牲畜放在那里，加上盟书，做出太子要谋乱的见证来，便立刻骑马回来，告诉平公说："太子将要作乱了，已经和楚客订了盟约。"平公说："既然是我的儿子，这君位早晚是他的，他还要求什么呢？"回答说："他想快点取得君位啊！"平公便派人去看，果然有的，就问夫人和左师，他们也都说："本来听得的。"平公便把太子拘禁起来。太子说："只有佐能够救我的。"便叫人去请他来，说："如果过了中午还不来，我便知道一定要死了。"左师听到这事，竟故意嚷着和佐谈话，使他误过时期。既过期后，太子痤便自己吊死。佐就做了太子。平公后来慢慢听见太子并没有罪，就烹死伊戾。左师有一天看到替夫人调练马的马夫，就问他说："这马是谁的？"回答说："君夫人氏的。"左师说："哪个是君夫人，我怎么不知道呢？"后来养马的人回去，便把这话告诉夫人，夫人就派人送他缎帛和马，先用玉送去说："君的妾名弃的，派某人献进。"左师便吩咐派来的人改称君夫人，然后方才拜两拜，磕头收受。

【原文】

［传］郑伯归自晋，使子西如晋聘，辞曰："寡君来烦执事，惧不免于戾[①]，使夏[②]谢不敏。"君子曰善事大国。

［传］初，楚伍参与蔡太师子朝友，其子伍举与声子[③]相善也。伍举娶于王子牟，王子牟为申公而亡，楚人曰伍举实送之，伍举奔郑，将遂奔晋。声子将如晋，遇之于郑郊，班荆相与食而言复故[④]。声子曰："子行也，吾必复子。"及宋，向戌将平晋楚，声子通使于晋。还如楚，令尹子木与之语，问晋故焉[⑤]；且曰："晋大夫与楚孰贤？"对曰："晋卿不如楚，其大夫则贤，皆卿材也。如杞、梓，皮革自楚往也。虽楚有材，晋实用之[⑥]。"子木曰："夫[⑦]独无族姻乎？"对曰："虽有而用楚材实多，归生[⑧]闻之，善为国者赏不僭而刑不滥。赏僭则惧及淫人，刑滥则惧及善人。若不幸而过，宁僭无滥。与其失善，宁其利淫，无善人则国从之[⑨]。诗曰：'人之云亡，邦国殄瘁[⑩]。'无善人之谓也。故夏书曰：'与其杀不辜，宁失不经[⑪]。'惧失善也。商颂有之曰：'不僭不滥，不敢怠皇，命于下国，封建厥福[⑫]。'此汤所以获天福也。古之治民者劝赏而畏刑，恤民不倦，赏以春夏，刑以秋冬。是以将赏为之加膳，加膳则饫赐[⑬]，此以知其劝赏也。将刑为之不举，不举则彻乐[⑭]，此以知其畏刑也。夙兴夜寐，朝夕临政，此以知其恤民也。三者礼之大节也，有礼无败。今楚多淫刑，其大夫逃死于四方而为之谋主，以害楚国，不可救疗，所谓不能也[⑮]。子仪之乱，析公奔晋[⑯]，晋人寘诸戎车之殿[⑰]，以为谋主。绕角之役[⑱]，晋将遁矣。析公曰：'楚师轻窕，易震荡也。若多鼓钧声，以夜军之，楚师必遁。'晋人从之，楚师宵溃，晋遂侵蔡，袭沈，获其君，败申息之师于桑隧，获申丽而还。郑于是不敢南面，楚失华夏，则析公之为也。雍子之父兄谮雍子，君与大夫不善是也[⑲]，雍子奔晋。晋人与之鄐，以为谋主。彭城之役，晋楚遇于靡角之谷[⑳]，晋将遁矣，雍子发命于军曰：'归老幼，反孤疾，二人役，归一人，简兵蒐乘[㉑]，秣马蓐食[㉒]，师陈焚次，明日将战，行归者而逸楚囚。'楚师宵溃，晋降彭城而归诸宋，以鱼石归[㉓]。楚失东夷，子辛死之，则雍子之为也。子反与子灵[㉔]争夏姬，而雍害其事[㉕]，子灵奔晋，晋人与之邢，以为谋主。扞御北狄，通吴于晋，教吴叛楚，教之乘车射御驱侵，使其子狐庸为吴行人焉，吴于是伐巢，取驾，克棘，入州来，楚罢于奔命，至今为患，则子灵之为也。若敖之乱[㉖]，伯贲之子贲皇奔晋，晋人与之苗，以为谋主。鄢陵之役[㉗]，楚晨压晋军而陈，晋将遁矣。苗贲皇曰：'楚师之良在其中军王族而已，若塞井夷灶成陈以当之，栾范易行以诱之[㉘]，中行二郤必克二穆[㉙]，吾乃四萃于其王族，必大败之。'晋人从之，楚师大败，王夷师

燔[30]，子反死之，郑叛吴兴，楚失诸侯，则苗贲皇之为也。”子木曰：“是皆然矣。”声子曰：“今又有甚于此。椒举娶于申公子牟，子牟得戾而亡，君大夫谓椒举女实遣之，惧而奔郑，引领南望曰：‘庶几赦余[31]。’亦弗图也[32]，今在晋矣。晋人将与之县以比叔向，彼若谋害楚国，岂不为患？”子木惧，言诸王益其禄爵而复之。声子使椒鸣[33]逆之。

[经]八月壬午许男宁卒于楚。

【注释】

①不免于戾：恐怕不免于得罪大国。

②夏：子西的名字。

③伍举声子：伍举是椒举。声子是蔡太师子朝的儿子。

④班荆相与食而言复故：他们二人坐在地下吃饭，而商量回楚国的事情。

⑤问晋故焉：打听晋国的事情。

⑥虽楚有材，晋实用之：楚国虽然有才干，晋国用他们。

⑦夫：指晋国。

⑧归生：声子的名字。

⑨无善人则国从之：若没有好人，这个国家必定要亡了。

⑩人之云亡，邦国殄瘁：这是《诗经·大雅》的诗。意思说这人若死了，全国也糟了。

⑪与其杀不辜，宁失不经：夏朝逸书。与其杀了冤枉的人，宁可失去刑法。

⑫不僭不滥，不敢怠皇，命于下国，封建厥福：赏也不敢多，刑法也不敢滥，不敢懈怠，命令着各国，使他们全有福气。

⑬加膳则饫赐：加膳就赏赐以下的人。

⑭不举则彻乐：不举盛宴的，就撤掉奏乐。

⑮所谓不能也：因为楚园不能用他的才干。

⑯子仪之乱，析公奔晋：在鲁文公十四年。

⑰寘诸戎车之殿：把他搁到戎车的殿后。

⑱绕角之役：在鲁成公六年。

⑲君与大夫不善是也：楚国的君同大夫，不分别他的曲直。

⑳晋楚遇于靡角之谷：在鲁成公十八年。

㉑简兵蒐乘：简择军队，看车辆。

㉒秣马蓐食：喂了马而军队于夜间吃饭。

㉓晋降彭城而归诸宋，以鱼石归：在襄公元年。

㉔子灵：巫臣。

㉕雍害其事：子反亦雍害巫臣使他不能取夏姬。

㉖若敖之乱：在鲁宣公四年。

㉗鄢陵之役：在鲁成公十六年。

㉘栾范易行以诱之：栾氏同范氏简易军备来引诱楚军。

㉙中行二郤必克二穆：中行偃佐上军，二郤指郤锜他是将上军，郤至佐新军，这上军同新军联合起来，必定打败子重子辛的军队。因为他们全是楚穆王的后人。

㉚王夷师熸：楚共王被射伤，楚军全打败。

㉛庶几赦余：希望楚国赶紧赦免我。

㉜亦弗图也：而楚国也不注意到这点。

㉝椒鸣：是伍举的儿子。

【译文】

郑伯从晋国请卫献公以后回到郑国，叫公孙夏到晋国聘问，就说："寡君又来麻烦执事，恐怕失敬大国而不免于罪戾，使夏来敬谢不敏。"君子说这很善于事奉大国。

最初的时候，楚国的伍参与蔡国的太师子朝友爱，而他们的儿子伍举和归生很想亲善。伍举娶了王子牟的女儿，王子牟做到楚国的申公伏罪逃亡，楚国人说伍举实在送他出国的。伍举逃到郑国，想就逃去晋国。归生将到晋国去，两人在郑国郊外碰见了，坐在草地上聚餐，而商量将来回到楚国。归生说："你去吧！我必定叫你回来。"到了宋国，宋国的向戌将联合晋楚的和平，归生到晋国去。回到楚国，楚令尹屈建跟他说话，问晋国的故事，并且问："晋国的大夫与楚国大夫哪一国较多贤材？"归生回答说："晋国的卿不如楚国，他的大夫贤材很多，全多是卿的才干。如同杞、梓、皮革全都来自楚国。虽然楚国有才干，晋国常常用他们。"屈建就说："晋国都没有亲戚吗？"他回答说："虽然有，而用的楚国才干很多。我归生听见说，善治理国家的人，赏不错误，而刑也不滥。赏错误了，就怕赏到淫人，刑滥的就怕到了善人。若不幸的时候而错误了，宁可赏的错误，而刑不要滥，与其失掉善人，宁可利于淫人，没有善人这国家就会亡了。《诗经·大雅》说：'善人亡了，邦国全都毁了。'这是没有善人的缘故。所以《夏书》也说：'与其杀无罪的，宁可失掉不用常法的人。'这就是怕丢掉善人的缘故啊。《商颂》也有这句话：'赏若不错误，刑也不能错误，不敢懈怠自宽暇，所以能够命令在下国，做了天子。'这成汤所以得到天命的福气。古代的治理人民的人很想着愿意多赏赐，而畏惧刑法。不倦的怜恤人民，赏在春夏，刑是在秋冬。所以将赏赐的事就叫加膳，加膳就赏赐属下，是以知道为的劝善。将刑就不设盛宴，不设盛宴就撤除音乐，这就所以畏惧刑法。早晨起来，夜里睡觉，早晨夜里临执政权，这所以知道他是怜恤人民。这三件事全是礼的大节，有礼就不会失败。现在楚国很多刑法，他的大夫们全逃亡死在四方，去做谋主，来谋害楚国，没有方法救治，这也是我所谓楚国人不能用他的才能。子仪的乱事，析公逃奔到晋国去，晋国把他摆到戎车的殿后，以他做谋主。绕角那战役，晋国本来已经要逃走了，析公就说：'楚国军队很轻窕，容易受震荡。如果多鼓动同样的声音，夜里使他们听，楚国军队必定逃走。'晋国人果然听从他的话，楚国军队夜里就逃走了。晋国遂侵略蔡国，偷袭沈国，捕获沈国的君，败楚国中息的军队在桑隧的地方，获得申丽，晋国军才回国。郑国于是不敢向南与楚国联合，楚国失去了中原，这都是析公的作为啊。雍子的父兄说雍子的坏话，楚王与大夫们不分别他的曲直，雍子逃到晋国去。晋人给他鄐的地方，叫他做谋主，在彭城的战役，晋楚两国军队在靡角之谷相遇见，晋国又要逃走了，雍子在军中发命令说：'把老幼全送回去，送还没有父亲同有病的人，一家有二个人出征的就派一个人回去，简择步卒与车辆，给马早点吃草，军队也早点吃，摆起阵来烧毁住的房间，明天将打仗，叫回去的人全走，而把楚国的囚犯也放开。'楚国军队夜里就崩溃了。晋国把彭城降服而归到宋国，只叫鱼石回到晋国去。楚国丢掉东方夷人，而子辛也死了，这全是雍子的作为。令尹子反与巫臣争夺夏姬，而妨害巫臣的事情，巫臣逃奔到晋国去，晋人给他邢的地方，叫他做谋主。挡御着北狄，使吴国同晋国相通，教给吴人反叛楚国，教吴国用车战，驾车射箭，叫他儿子狐庸在吴国做行人官，吴国于是伐巢取驾、克棘，进入州来，楚国劳苦于奔命，到现在为楚国的祸患，这就是巫臣的作为。若敖的乱事，伯贲的儿子贲皇逃奔到晋国，晋人给他苗这地方，使他做谋主。鄢陵的战役，楚国军队早晨就压着晋军摆成阵势，晋国军队就要逃走，苗贲皇说：'楚国军队的好的只在他中军王族而已，如果堵塞井，折了灶摆成阵势来抵抗他，栾范两军简易兵备来引诱他，中行偃同郤锜这上军连上郤至的新军来攻打子重子辛的军队，四面来包围他的王族的军队，必定大败他。'晋国军队听从他，楚军大败，王受伤，军队全毁了，子反死了，郑国叛了楚国，吴国兴起来，楚国失掉诸侯，这就是苗贲皇的作为。"屈建就说："这全不错。"归生又说："现在有比这更厉害。椒举娶了申公子牟的女儿，子牟得罪逃离楚国。君大夫们全说椒举你是送他去的，他怕就逃到郑国去了，他向着南边望说：'庶几可以赦了我。'而楚国人也不以他为意，现在他到了晋国了。晋人将给他一个地方，以他才能与叔向一样，他若想着谋害楚国，岂不是可以为患难吗？"屈建害怕了，对楚王说加上他的爵位而使他回国。归生就使伍举的儿子椒鸣去迎接他。

【原文】

[经]冬楚子蔡侯陈侯伐郑。

[经]葬许灵公。

[传]许灵公如楚请伐郑，曰："师不兴，孤不归矣。"八月卒于楚。楚子曰："不伐郑何以求诸侯。"冬十月，楚子伐郑，郑人将御之。子产曰："晋楚将平，诸侯将和，楚王是故昧于一来①，不如使逞而归，乃易成也。夫小人之性衅于勇，啬于祸，以足其性而求名焉者，非国家之利也，若何从之。"子展说，不御寇。十二月乙酉，入南里②，堕其城，涉于乐氏③，门于师之梁④，县门发，获九人焉，涉于汜而归。而后葬许灵公。

【注释】

①楚王是故昧于一来：就这原因，楚王就冒昧的来攻郑国。

②南里：郑邑，今河南省新郑市南五里。

③乐氏：《汇纂》说："今河南省新郑市境，洧水济渡处。"

④师之梁：郑国城门。

【译文】

许灵公到楚国去请求伐郑国，他说："楚国军队若不出，我就不回许国去。"八月，他就死在楚国。楚王说："要不讨伐郑国，怎么样能够求到诸侯的来。"冬十月，楚王讨伐郑国，郑国想抵抗他。子产说："晋国同楚国将和平，诸侯们也将和平相处，楚王所以他冒昧的来攻，不如使他快意回去，就容易成功了。小人因血气而动，自取祸败，只为了逞性求名，这不是国家的利益，为什么听从他们。"子展听了这话很高兴，不抵抗楚国。十二月乙酉这天，楚军登入南里，毁掉他的城池，就渡过乐氏小河，攻打郑国都城的城门师之梁，郑人下县门坚守，楚人逮着郑国九个人，就渡过汜水而回到楚国，然后给许灵公下葬。

【原文】

[传]卫人归卫姬于晋,乃释卫侯,君子是以知平公之失政也。

[传]晋韩宣子聘于周,王使请事[①],对曰:“晋士起将归时事于宰旅,无他事矣。”王闻之曰:“韩氏其昌阜于晋乎,辞不失旧。”

[传]齐人城郏之岁[②]其夏齐乌馀[③]以廪丘[④]奔晋,袭卫羊角[⑤]取之,遂袭我高鱼[⑥],有大雨,自其窦[⑦]入,介于其库[⑧],以登其城,克而取之,又取邑于宋。于是范宣子卒,诸侯弗能治也。及赵文子为政,乃卒治之。文子言于晋侯曰:“晋为盟主,诸侯或相侵也,则讨之使归其地。今乌馀之邑皆讨类也,而贪之,是无以为盟主也,请归之。”公曰:“诺。孰可使也?”对曰:“胥梁带[⑨],能无用师。”晋侯使往。

【注释】

①王使请事:问为什么来聘问。

②城郏之岁:在鲁襄公二十四年。

③乌馀:是齐大夫。

④廪丘:《一统志》说:“今山东范县东南七十里,有义东堡,即古廪邱。”

⑤羊角:据《山东通志》说:“在今山东范县东南七十里与廪邱相近。”

⑥高鱼:《汇纂》说:“在今山东郓城西境之高鱼乡。”

⑦窦:因为天下雨,水窦门开着。

⑧介于其库:到高鱼的库中,拿甲胄穿起来。

⑨胥梁带:是晋大夫。

【译文】

卫国把他女儿嫁给晋国,于是晋平公就释放卫献公,君子现在明白了,晋平公已失了为政之道。

晋国的韩起到周去聘问,周王问他为什么来聘问,他回答说:“晋国的士起将归时事的贡职,没有旁的事。”周王听了说:“韩氏在晋国恐怕要昌大了,他的文辞不失掉旧样子。”

齐国人修王城郏那一年,夏天,齐大夫乌馀拿廪丘这地方奔逃到晋国,他又偷袭卫国的羊角占领他，又偷袭鲁国的高鱼，这天正赶上大雨，他就从高鱼的水道近城，到了他的库中，穿上盔甲，登上他的城，就占领他。又占领宋国的一个城，这时候士匄死了，诸侯也没有方法治理他，到了赵武管理政权以后，就治理这件事。赵武对晋平公说："晋国是盟主，诸侯互相侵害，就讨伐他们，退还他的地方。现在乌馀所有的城邑，皆属于该追讨这一类，而晋国贪图他们，这就不能做盟主了，请归还给他们。"晋平公说："好吧！但是谁可以派呢？"回答说："胥梁带这人能够，不必用军队。"晋平公就派他办理。

【讲评】

惟楚有才，惟晋用之。春秋时期大国图强的一个重要条件就是人才战略。贤君明主往往大力招揽人才，知人善用，辅助自己成就伟业。声子对楚国令尹子木所说的一番关于人才的言论，其主要目的是说服对方招回伍举，但有理有据，用无可辩驳的大量事实说明了楚国不重视人才造成人才流失，反而大不利于故国的严重后果。子木听后悚然，请回了流亡的伍举。不过楚国在人才上的失误并未就此避免，后来伍举之孙伍子胥流亡吴国，帮助吴国差点灭亡了楚国，酿成了更为严重的灾难。

楚共王无嫡子，有五个庶子，公子招、公子围、公子比、公子黑肱、公子弃疾，其中三位相继为王，即康王、灵王、平王。公子围(楚灵王)是《左传》着力描写的君主的反面典型之一。《左传》通过数个典型场景和事件使得这个人物形象逐渐丰满，个性鲜明突出。《左传》很注意人物的出场，这一点为后世小说所借鉴。如公子围一出场，就发生了依仗权势跟穿封戌争夺郑国战俘的事情，这种安排颇具匠心，正表现了围的飞扬跋扈。通过北宫文子和卫襄公的议论，展示旁人眼中围的骄奢无礼。

襄公二十七年

【原文】

[经]二十有七年春，齐侯使庆封来聘。夏，叔孙豹会晋赵武、楚屈建、蔡公孙归生、卫石恶、陈孔奂、郑良霄、许人、曹人于宋。卫杀其大夫宁喜。卫侯之弟鱄出奔晋。秋七月辛巳，豹及诸侯之大夫盟于宋。冬十有二月乙亥朔，日有食之。

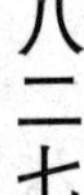

【原文】

[传]二十七年春,胥梁带使诸丧邑者具车徒以受地,必周①。使乌馀具车徒以受封,乌馀以其众出。使诸侯伪效乌馀之封者,而遂执之,尽获之。皆取其邑而归诸侯,诸侯是以睦于晋。

齐庆封来聘,其车美。孟孙谓叔孙曰:"庆季之车,不亦美乎?"叔孙曰:"豹闻之:'服美不称,必以恶终。'美车何为?"叔孙与庆封食,不敬。为赋《相鼠》,亦不知也。

卫宁喜专,公患之。公孙免馀请杀之。公曰:"微宁子不及此,吾与之言矣。事未可知,只成恶名,止也。"对曰:"臣杀之,君勿与知。"乃与公孙无地、公孙臣谋,使攻宁氏。弗克,皆死。公曰:"臣也无罪,父子死余矣。"夏,免馀复攻宁氏,杀宁喜及右宰穀,尸诸朝。石恶将会宋之盟,受命而出。衣其尸,枕之股而哭之。欲敛以亡,惧不免,且曰:"受命矣。"乃行。

子鲜曰:"逐我者出,纳我者死,赏罚无章,何以沮劝?君失其信,而国无刑,不亦难乎!且鱄实使之。"遂出奔晋。公使止之,不可。及河,又使止之。止使者而盟于河,托于木门,不乡卫国而坐。木门大夫劝之仕。不可。曰:"仕而废其事,罪也;从之,昭吾所以出也。将谁愬乎?吾不可以立于人之朝矣。"终身不仕。公丧之,如税服,终身。

公与免馀邑六十,辞曰:"唯卿备百邑,臣六十矣,下有上禄,乱也。臣弗敢闻。且宁子唯多邑,故死。臣惧死之速及也。"公固与之,受其半。以为少师。公使为卿,辞曰:"大叔仪不贰,能赞大事。君其命之。"乃使文子为卿。

宋向戌善于赵文子,又善于令尹子木,欲弭诸侯之兵以为名。如晋,告赵孟。赵孟谋于诸大夫,韩宣子曰:"兵,民之残也,财用之蠹,小国之大灾也。将或弭之,虽曰不可,必将许之。弗许,楚将许之,以召诸侯,则我失为盟主矣。"晋人许之。如楚,楚亦许之。如齐,齐人难之。陈文子曰:"晋、楚许之,我焉得已。且人曰弭兵,而我弗许,则固携吾民矣!将焉用之?"齐人许之。告于秦,秦亦许之。皆告于小国,为会于宋。

五月甲辰,晋赵武至于宋。丙午,郑良霄至。六月丁未朔,宋人享赵文子,叔向为介。司马置折俎,礼也。仲尼使举是礼也,以为多文辞。戊申,叔孙豹、齐庆封、陈须无、卫石恶至。甲寅,晋荀盈从赵武至。丙辰,邾悼公至。壬戌,楚公子黑肱先至,成言于晋。丁卯,宋向戌如陈,从子木成言于楚。戊辰,滕成公至。子木谓向戌:"请晋、楚之从交相见也。"庚午,向戌复于赵孟。赵孟曰:"晋、楚、齐、秦,匹也。晋之不能于齐,犹楚之不能于秦也。楚君若能使秦君辱于敝邑，寡君敢不固请于齐？”壬申，左师复言于子木。子木使驲谒诸王。王曰：“释齐、秦，他国请相见也。”秋七月戊寅，左师至。是夜也，赵孟及子皙盟，以齐言。庚辰，子木至自陈。陈孔奂、蔡公孙归生至。曹、许之大夫皆至。以藩为军。

晋、楚各处其偏。伯夙谓赵孟曰：“楚氛甚恶，惧难。”赵孟曰：“吾左还[②]，入于宋，若我何？”辛巳，将盟于宋西门之外，楚人衷甲。伯州犁曰：“合诸侯之师，以为不信，无乃不可乎？夫诸侯望信于楚，是以来服。若不信，是弃其所以服诸侯也。”固请释甲。子木曰：“晋、楚无信久矣，事利而已。苟得志焉，焉用有信？”大宰退，告人曰：“令尹将死矣，不及三年。求逞志而弃信，志将逞乎？志以发言，言以出信，信以立志，参以定之。信亡，何以及三？”赵孟患楚衷甲，以告叔向。叔向曰：“何害也。匹夫一为不信，犹不可，单毙其死。若合诸侯之卿，以为不信，必不捷矣。食言者不病，非子之患也。夫以信召人，而以僭济之，必莫之与也，安能害我？且吾因宋以守病，则夫能致死。与宋致死，虽倍楚可也。子何惧焉？又不及是。曰‘弭兵’以召诸侯，而称兵以害我，吾庸多矣，非所患也。”

季武子使谓叔孙以公命，曰：“视邾、滕。”既而齐人请邾，宋人请滕，皆不与盟。叔孙曰：“邾、滕，人之私也。我，列国也，何故视之？宋、卫，吾匹也。”乃盟。故不书其族，言违命也。

晋、楚争先。晋人曰：“晋固为诸侯盟主，未有先晋者也。”楚人曰：“子言晋、楚匹也，若晋常先，是楚弱也。且晋、楚狎主诸侯之盟也久矣！岂专在晋？”叔向谓赵孟曰：“诸侯归晋之德只，非归其尸盟也。子务德，无争先。且诸侯盟，小国固必有尸盟者。楚为晋细，不亦可乎？”乃先楚人。书先晋，晋有信也。

【注释】

①周：秘密。

②左还：左转。还同“旋”。

【译文】

二十七年春天，胥梁带通知各个失去土地的诸侯领着兵马前来收回自己的土地，行动一定要隐秘。又告知乌馀带领人马前来接受封地，乌馀带着他的人马全都出动。胥梁带让诸侯装着准备把土地送给乌馀的样子，把乌馀抓了起来，而且一网打尽。把他侵略的土地全都夺回来还给了诸侯。诸侯故而跟晋国更加友好。

齐国的庆封来鲁国聘问，乘坐的车子十分豪华。孟孙对叔孙讲："庆封的车子不是太漂亮了吗？"叔孙说："我听说：'一个人的车服要是跟他的身份地位不相称，一定会招致恶果。'车子再漂亮有什么用呢？"叔孙请庆封吃饭，庆封很不恭敬。叔孙吟诵了《相鼠》一诗讽刺他，他也浑然不知。

卫国的宁喜专权独断，卫献公很担忧。公孙免馀请求杀了他。献公说："要是没有宁喜的协助，我不可能到今日这一步，再说我曾经同意过让他掌管政权。杀他之事未必能成功，反倒落一个恶名，不要这么干。"公孙免馀回答说："我去杀他，国君便全当不晓得这件事。"就跟公孙无地、公孙臣一同谋划，让他们攻击宁氏。没有成功，两人都被杀害。献公说："公孙臣没有罪，他们父子都是为我而死的。"夏天，公孙免馀再次攻击宁氏，杀害宁喜跟右宰縠，把他们的尸体放到朝廷上示众。石恶准备到宋国参与盟会，接受了命令后，出来。给宁喜穿上衣服，并枕着大腿大哭一场。他准备入殓后再逃跑，又害怕不能免于祸患，就说："已经接受了命令，还是早点走吧。"就动身走了。

子鲜说："赶走国君的人逃走了，接纳国君的人却被杀死，赏罚这样不公，如何能劝恶扬善呢？国君不讲信用，国家没有正常的刑罚，不也很难吗？再说是我让宁喜接纳献公回来的。"就预备逃往晋国。献公派人劝止他，没有成功。走到黄河岸边，献公又派人挽留他。他拒绝了使者，并对黄河发誓决不回去，而后隐居在晋国的木门，连坐下时都不肯面对卫国。木门大夫动员他出来做官。他不同意。他说："要是出来做官却不能尽职尽责，那是罪过；要是恪尽职守，就等于向世人表明了我逃亡的缘故。我向谁去说明这些呢？我不能在异国他乡做官。"从这后终身不仕。献公把他的出走视为一桩不幸事件，为此身着丧服一直到逝世。

卫献公送给公孙免馀六十座城邑，公孙免馀推辞说："只有卿才能拥有一百座城邑，我已经有六十座了，居下位却享有上位的福禄，便会导致祸患。我不敢想象这种后果。并且宁喜也正由于拥有太多的城邑才招致杀身之祸。我害怕自己也会过早地死亡。"献公坚持要给他，他勉强接受了一半。又让他做了少师。献公要升他为卿，他拒绝说："太叔仪忠心不二，可以辅助国君成就大事，国君还是任用他吧。"献公只好任用太叔仪为卿。

宋国的向戌跟晋国的赵武关系很好，跟楚国的令尹子木也很要好，他准备出面调停消除诸侯之间的战争，以提高自己的声望。到晋国告诉赵武，赵武跟大夫们商量，韩起说："战争，让民众遭受残害，使各国的经济蒙受损失，更是弱小国家的巨大灾难。如今有人提出了消除战争的倡议，即使不一定能做到，也必定要同意他。我们不同意，楚国将会同意他，并以此号召诸侯，我们一定失去盟主的地位。"晋国人同意了向戌的请求。向戌到楚国，楚国人也同意了。到了齐国，齐国人开始不赞同。陈文子说："晋、楚两国已经同意，我们如何能阻挠？再说人家说是要'消除战争，'我们不赞成，就会让民众产生二心，还如何使用他们呢？"齐国人便同意了。向戌又到秦国，秦国也同意了。各大国又分别通知自己的附属小国，到宋国参加盟会。

五月二十七日，晋国的赵武到了宋国。二十九日，郑国的良霄也到了。六月一日，宋国人设宴款待赵武，叔向为副宾。司马把煮熟的肉折碎摆到桌上，这是合于礼的。后来孔子看见有关这次宴会的记录，觉得使用的华丽辞藻太多。二日，鲁国的叔孙豹、齐国的庆封、陈国的须无、卫国的石恶来到宋国。八日，晋国的荀盈随赵武来到。十日，邾悼公来到。十六日，楚国的公子黑肱先到一步，跟晋国达成了和议。二十一日，宋国的向戌到陈国，跟令尹子木商量盟约中有关楚国的条款。二十二日，滕成公来到。子木对向戌提出："让晋、楚两国的盟国相互朝见。"二十四日，向戌向赵武转达了这一提议。赵武说："晋、楚、齐、秦四国地位相当，晋国不能指挥齐国，如同楚国不能指挥秦国一样。要是楚君能让秦君到我国朝见，寡君又如何能不让齐国去朝见楚国呢？"二十六日，向戌又告诉了子木，子木派人乘驿车去请示楚康王。康王讲："把齐国跟秦国的问题放下，先让其他国家相互朝见。"秋季七月二日，向戌回到宋国。晚上，赵武跟公子黑肱拟定了盟辞，统一了意见。四日，子木从陈国赶来。陈国的孔奂、蔡国的公孙归生也来到。曹国、许国的大夫也都到会。各国带来的军队只用篱笆围起来作为屏障。

晋、楚两军分别驻扎在南北两地。荀盈对赵武讲："楚国方面气氛很紧张，或许他们会发难。"赵武说："我们向左转入宋都，能把我们如何？"五日，诸侯预备在宋都西门之外结盟，楚国人在外衣里面套上皮甲。伯州犁说："集合了诸侯的军队，却这样不讲信用，或许不行吧？诸侯本来是信任楚国，才前来顺服的。要是不讲信用，便是自愿丢弃使诸侯信服的东西了。"坚持请求脱下皮甲。子木讲："晋、楚之间互不信任由来已久，只要对我们有利便行了。只要能达到目的，哪儿还用得着讲什么信用？"伯州犁下去后对人说："令尹即将死了，至多不出三年。只求满足欲望而抛弃信用，欲望能满足吗？有了某种思想才能形成为言论，有了言论才能产生信用，有了信用才能实现思想，这三个方面互相关联，互为条件。现在令尹失去了信用，如何能活到三年呢？"赵武对楚国人内穿皮甲深为担忧，告诉了叔向。叔向讲："这有什么害怕的？一个普通人背信弃义，尚且不行，不得好死。要是召集诸侯的卿却做出失信之事，一定也不会取得成功。说话不算数的人并不可怕,这不是您的祸患。这次会盟本是以信用号召大家的,要是以虚伪欺骗诸侯,一定没有人听从他,又如何能危害我们呢?再说我们能够依赖宋国防范意外,晋军人人奋力作战,和宋军一块拼死抗楚,即使楚军再多一倍也能够抵抗得住。您又怕什么?何况事情还不至于到这一步。楚国以消除战争为名召集了诸侯,却发动战争危及我国,这对我们十分有利,不是祸患。"

季武子派人向叔孙传达襄公的命令,讲"视邾、滕两国而定。"不久齐国人请求把邾国作为属国,宋国人请求把滕国作为属国,邾、滕二国就不参与结盟。叔孙讲:"邾、滕二国是别人的附属国。我们是诸侯国,如何能比照邾、滕二国呢?宋国、卫国才跟我们的地位相等。"便参与了结盟。《春秋》只写"豹"而没有写他的族名,意思是他违反了国君的命令。

晋、楚为先后顺序争执起来。晋国人将:"晋国本来就是诸侯盟主,没有谁可以排在晋国前面。"楚国人讲:"你们说过晋、楚两国地位平等,要是晋国事事都领先,便说明楚国地位低下了。再说晋、楚两国轮流主持诸侯盟会也由来已久,如何能一直由晋国主持呢?"叔向对赵武说:"诸侯归服晋国主要是由于德行,不是由于主持结盟。您尽管致力于修养德行,不必去抢夺盟誓的先后。再说诸侯结盟,小国原本也有参加负责具体事务的。全当楚国作为晋国的小国主持盟会不便行了吗?"于是便让楚国先行歃血盟誓。《春秋》把晋国写在前面,是由于晋国有信用。

【原文】

壬午,宋公兼享晋、楚之大夫,赵孟为客。子木与之言,弗能对;使叔向侍言焉,子木亦不能对也。乙酉,宋公及诸侯之大夫盟于蒙门之外。子木问于赵孟曰:"范武子之德何如?"对曰:"夫子之家事治,言于晋国无隐情,其祝史陈信于鬼神无愧辞。"子木归,以语王。王曰:"尚矣哉!能歆神人,宜其光辅五君以为盟主也。"子木又语王曰:"宜晋之伯也,有叔向以佐其卿,楚无以当之,不可与争。"晋荀盈遂如楚涖盟。

郑伯享赵孟于垂陇,子展、伯有、子西、子产、子大叔、二子石从。赵孟曰:"七子从君,以宠武也。请皆赋以卒君贶,武亦以观七子之志。"子展赋《草虫》。赵孟曰:"善哉!民之主也。抑武也不足以当之。"伯有赋《鹑之贲贲》。赵孟曰:"床第之言不逾阈,况在野乎?非使人之所得闻也。"子西赋《黍苗》之四章。赵孟曰:"寡君在,武何能焉?"子产赋《隰桑》。赵孟曰:"武请受其卒章。"子大叔赋《野有蔓草》。赵孟曰:"吾子之惠也。"印段赋《蟋蟀》。赵孟曰："善哉！保家之主也，吾有望矣。"公孙段赋《桑扈》。赵孟曰："匪交匪敖，福将焉往？若保是言也，欲辞福禄得乎？"卒享。文子告叔向曰"伯有将为戮矣。诗以言志，志诬其上，而公怨之，以为宾荣，其能久乎？幸而后亡。"叔向曰："然，已侈！所谓不及五稔[①]者，夫子之谓矣。"文子曰："其余皆数世之主也。子展其后亡者也，在上不忘降。印氏其次也，乐而不荒。乐以安民，不淫以使之，后亡，不亦可乎？"

【注释】

①五稔：五年。

【译文】

七月初六，宋公同时设享礼款待晋国、楚国的大夫，赵文子做主宾。子木和他谈话，赵文子不能答复；让叔向在旁边陪着谈话，子木也不能答复。初九，宋公跟诸侯的大夫的蒙门外边结盟。子木向赵文子询问说："范武子的德行怎么样？"赵文子答复说："这位老人的家事治理得有秩序，对晋国没有隐瞒不可讲的事情，他的祝史以诚信陈告鬼神没有言不由衷的话。"子木回国，把赵文子的话告诉楚王。楚王说："高尚啊！可以让神和人高兴，他光荣地辅助五世国君做盟主是合适的了。"子木又告诉楚王说："晋国做诸侯的领袖是应当的，有叔向辅助它的卿，楚国是无法抵御它的，不能跟他们相争。"晋国荀盈于是便到楚国参与结盟。

赵文子

郑伯在垂陇设享礼款待赵文子，子展、伯有、子西、子产、子太叔、二子石跟随郑伯。赵文子说："这七位大夫跟随着君王，是宠爱武啊。请求都赋诗来完成君王的恩赐，武借此也能够看见七位的志向。"子展赋《草虫》这首诗。赵文子说："好啊！是民众的主人。但武是不能够承当的。"伯有赋《鹑之贲贲》这首诗。赵文子说："床上的话不出门槛，何况在野外呢？这不是让人应当听见的。"子西赋《黍苗》的第四章。赵文子讲："有寡君在，武如何能和他相比呢？"子产赋《隰桑》这首诗。赵文子讲："武请求接受它的最后一章。”子太叔赋《野有蔓草》这首诗。赵文子讲:“这是大夫的恩惠。”印段赋《蟋蟀》这首诗。赵文子讲:“好啊!是保住家族的大夫。我有希望了。”公孙段赋《桑扈》这首诗。赵文子讲:“不骄不傲,福禄还会跑到哪去?要是能保持这些话,希望推辞福禄能行吗?”享礼结束了。赵文子告诉叔向说:“伯有即将被杀了。诗用来表达心意,心意在诬蔑他的国君,而国君怨恨他,又觉得宾客光荣,他可以长久吗?后灭亡是他的侥幸。”叔向说:“是这样,太骄奢!所说的不到五年,讲的就是这个人了。”赵文子说:“其余的都是能够传到数世的大夫。子展或许是最后消亡的,居上位却不忘记降抑自己。印氏是最后第二家消亡的,欢乐而不荒唐。以安定民众为乐,不过分使用民众,灭亡在后,不也是应当的吗?”

【原文】

宋左师请赏,曰:“请免死之邑。”公与之邑六十,以示子罕。子罕曰:“凡诸侯小国,晋、楚所以兵威之,畏而后上下慈和,慈和而后能安靖其国家,以事大国,所以存也。无威则骄,骄则乱生,乱生必灭,所以亡也。天生五材,民并用之,废一不可。谁能去兵?兵之设久矣,所以威不轨而昭文德也。圣人以兴,乱人以废。废兴、存亡、昏明之术,皆兵之由也;而子求去之,不亦诬乎?以诬道蔽诸侯,罪莫大焉。纵无大讨,而又求赏,无厌之甚也!”削而投之。左师辞邑。向氏欲攻司城,左师曰:“我将亡,夫子存我,德莫大焉。又可攻乎?”君子曰:“彼己之子,邦之司直,乐喜之谓乎!‘何以恤我,我其收之’,向戌之谓乎!”齐崔杼生成及强而寡,取东郭姜,生明。东郭姜以孤入,曰棠无咎,与东郭偃相崔氏。崔成有病而废之,而立明。成请老于崔,崔子许之;偃与无咎弗予,曰:“崔,宗邑也,必在宗主。”成与强怒,将杀之,告庆封曰:“夫子之身亦子所知也,唯无咎与偃是从,父兄莫得进矣。大恐害夫子,敢以告。”庆封曰:“子姑退。吾图之。”告卢蒲嫳。卢蒲嫳曰:“彼,君之仇也。天或者将弃彼矣。彼实家乱,子何病焉?崔之薄,庆之厚也。”他日又告。庆封曰:“苟利夫子,必去之。难,吾助女。”九月庚辰,崔成、崔强杀东郭偃、棠无咎于崔氏之朝。崔子怒而出,其众皆逃,求人使驾,不得;使圉人驾,寺人御而出,且曰:“崔氏有福,止余犹可。”遂见庆封。庆封曰:“崔、庆一也。是何敢然?请为子讨之。”使卢蒲嫳帅甲以攻崔氏。崔氏堞[①]其宫而守之。弗克,使国人助之;遂灭崔氏,杀成与强而尽俘其家,其妻缢。嫳复命于崔子,且御而归之。至则无归矣,乃缢。崔明夜辟诸大墓。辛巳,崔明来奔。庆封当国。楚薳罢如晋莅盟,晋侯享之。将出,赋《既醉》。叔向曰:“薳氏之有后于楚国也,宜哉!承君命,不忘敏。子荡将知政矣。敏以事君,必能养民,政其焉往?”崔氏之乱,申鲜虞来奔;仆赁于野,以丧庄公。

冬,楚人召之。遂如楚为右尹。十一月乙亥朔,日有食之。辰在申,司历过也,再失闰矣。

【注释】

①堞其宫:加筑宫墙。

【译文】

宋国的左师请求奖赏,说:"请赐给免死的城邑。"宋平公赐予他六十个城邑。他把简册拿给子罕看,子罕说:"但凡诸侯小国,晋国、楚国都用武力威胁它。他们恐惧而后上下慈爱和睦,慈爱和睦而后能安定他们的国家,以事奉大国,这是小国所以生存的缘故。没有威胁他们就骄傲,骄傲了便出现祸乱,祸乱出现就一定被消灭,这是小国消亡的原因。上天生出了金、木、水、火、土五种材料,民众全部使用了它们,废掉一种都不行,谁能去掉兵器呢?兵器的设置已经很久了,它是用来威慑越轨和宣扬文德的。圣人因为武力而兴起,作乱的人因为武力而被废弃,废兴存亡、昏明之术,都是武力所造成的。而您谋求去除它,不也是欺骗吗?以欺骗之术蒙蔽诸侯,没有比这更大的过错了。就算没有大的讨伐,而又求取赏赐,这是贪得无厌到极处了!"子罕削掉简册上的字,抛弃它。左师撤销了城邑的请求。向氏想要攻击子罕,左师说:"我即将灭亡,他老人家让我生存,恩德没有比这更大的了,又可以攻击吗?"君子说:"'那位人物,是国家主持正义的人',说的便是子罕吧!'以什么赐予我,我都要接受它',讲的就是向戌吧!"齐国崔杼生了成和强便死了妻子,又娶东郭姜为妻,生了明。东郭姜带了前夫的儿子进门,名叫棠无咎,和东郭偃辅佐崔氏。崔成有病而被废除了,立了崔明为继承人。崔成请求退休到崔地养老,崔杼同意了他。东郭偃跟棠无咎不同意给,说:"崔地,是宗庙所在的地方,必定要归于宗主。"崔成跟崔强发怒了,要杀死他们,告诉庆封说:"他老人家的身事也是您所晓得的,只有听从棠无咎和东郭偃的,诸位父兄谁都不能进言。很怕有害于他老人家,谨敢以此向您报告。"庆封说:"您暂时退出去,我思考一下。"庆封告诉卢蒲。卢蒲说:"他,是国君的仇人。上天或许要丢弃他了。他真的家中出了乱子,您担忧什么呢?崔家的削弱,就是庆家的加强。"过几天崔成跟崔强又对庆封说这件事。庆封说:"要是有利于他老人家,必定要去掉他们。有危难,我来帮助你。"九月初五,崔成、崔强在崔氏的朝廷上杀死东郭偃、棠无咎。崔杼生气地走出，他的手下人都逃了，找人驾车，找不到。让养马的人套上车，寺人驾驶着车子出去。崔杼还说："崔氏要是有福，祸患只停止在我身上还能够。"于是进见庆封。庆封讲："崔、庆是一家。这些人如何敢这样？请让我为您征讨他们。"派卢蒲领着甲士进攻崔家。崔家修建他们的宫墙守卫着，没有攻下来。发动国人帮助攻击，于是就灭掉了崔氏，杀死崔成与崔强，并夺取了崔家的全部人口和财货。崔杼的妻子上吊而死。卢蒲向崔杼复命，且驾着车子送他回家。崔杼到家，则无家可归了，便上吊而死。崔明晚上躲藏在墓群里。九月初六，崔明逃奔来鲁国，庆封掌握了齐国政权。楚国薳罢到晋国参加结盟，晋侯设享礼款待他。罢宴毕即将退出时，赋了《既醉》这首诗。叔向讲："薳氏在楚国有后嗣将长享禄位，是应当的啊！承受国君的命令，不忘掉敏以行事。子荡即将执政了。机敏和尽力事奉国君，一定能抚养民众。政权还能跑到哪里去？"崔氏的暴乱，申鲜虞逃奔来鲁国，在郊外雇佣了仆人，为齐庄公服丧。

冬季，楚国人召请申鲜虞，于是他便到楚国做了右尹。十一月初一，日食。那时斗柄指向中星，因为司历官的过错，缺少了两次闰月。

【讲评】

晋国、楚国、齐国、秦国等强国彼此力量消耗，都想再一次休战。宋国大夫向戌为第二次弭兵积极进行外交活动，促成了十四国在宋国的西门之外结盟。第二次弭兵之盟由于晋、楚互有戒心而进行得紧张、激烈，但还算勉强结束。结盟后，春秋争霸战争暂时停止。战争的减少使得中原诸侯国承受的战争灾难减轻很多，但同时这些国家对晋国、楚国承担起更重的朝见聘礼。晋、楚两国以牺牲盟国的利益达到了暂时的和解。不过两次由宋促成的弭兵会盟对春秋时期的局势产生了巨大的影响，有力推动了历史进程。对于促成者宋国来说，弭兵会盟的成功，反映了作为小国的宋国在春秋政治舞台上扮演着非常重要的角色，标志着宋国外交的胜利。

齐国的崔杼与庆封是一对乱臣贼子，崔、庆之乱是大夫专权、公室衰落的一场斗争。崔、庆都凶残嗜杀，但又各有特点，崔杼蛮横，庆封奸猾，双方互相利用。崔氏因利益之争引起家族内讧，崔杼对家务处理不当，而且轻信庆封，却被包藏祸心的庆氏趁机来了个一锅端，应验了崔杼娶东郭姜时的卜筮判词，老牌政客崔杼家破人亡而悲惨地死去，从此庆氏在齐国政坛上一枝独秀，独揽朝纲。崔杼不甘戴绿帽子，杀死了好色荒淫的齐侯，更不该的是杀了秉笔直书的太史兄弟，在众多乱臣贼子中留下了赫赫声名；终于因为家务难断而惹来灭门之祸。古人说"修身、齐家、治国平天下"十分有道理。崔氏自身德行缺乏,出事了连为他赶车的人都找不到,把损友庆封视为知己;家事混乱,儿子们和家臣互不相让,受人唆使,酿成祸难由头,如此种种,怎能不失败呢?

襄公二十八年

【原文】

[经]二十八年春,无冰。

[传]二十八年春,无冰。梓慎[①]曰:"今兹宋,郑其饥乎?岁在星纪而淫于玄枵[②],以有时菑,阴不堪阳[③],蛇乘龙[④],龙,宋、郑之星也,宋郑必饥。玄枵虚中也[⑤],枵秏名也,土虚而民耗[⑥],不饥何为?"

[传]夏,齐侯、陈侯、蔡侯、北燕伯、杞伯、胡子、沈子[⑦]、白狄朝于晋,宋之盟故也。齐侯将行,庆封曰:"我不与盟,何为于晋?"陈文子曰:"先事后贿,礼也。小事大未获事焉,从之如志,礼也。虽不与盟,敢叛晋乎?重丘之盟,未可忘也,子其劝行。"

【注释】

①梓慎:鲁大夫。

②岁在星纪而淫于玄枵:岁是岁星,应当在星纪就是在丑,而错行至玄枵,就是错行至子。

③以有时菑,阴不堪阳:时菑指着无冰的现象,菑音义同灾。这是由于阴不能抗阳。

④蛇乘龙:龙就是岁星,龙在下边,而蛇在上面,所以说蛇乘龙。

⑤玄枵虚中也:玄枵包括三宿,而虚星在中间。

⑥土虚而民耗:土处而不实,人民损失。

⑦胡子、沈子:是楚国的属国。因为宋盟誓的时候说"晋楚之从交相见"所以他们全去朝见晋国。

【译文】

二十八年春,没有冰。鲁国大夫梓慎说:"今年宋国同郑国恐怕要饥荒了。岁星应当在丑，而错走到子，因此就没有冰，阴气受不了阳气的压迫。蛇在岁星龙以上，龙是宋国郑国的星辰，所以宋、郑必定要饥荒。玄枵三宿，虚星在他中间，枵的应同秏相近，土地虚秏，而人民不生产，不饥荒怎么样呢？”

夏天，齐侯、陈侯、蔡侯、北燕伯、杞伯、胡子、沈子、白狄到晋国朝见，这是因为在宋国盟誓的缘故。齐景公本来要去，庆封就说：“我们不要参加盟誓，为什么要到晋国去？”陈须无说：“先做事情后贿赂，这是合于礼的。小国事奉大国，没有得到事奉，先从事他如他所欲望的，这是合于礼的。虽然没有参加宋的盟，齐国还敢反叛晋国吗？我们不要忘了重丘的盟会，你必须劝君去。”

【原文】

[经]夏卫石恶出奔晋。

[传]卫人讨宁氏之党，故石恶出奔晋。卫人立其从子圃以守石氏之祀[①]，礼也。

[经]邾子来朝。

[传]邾悼公来朝，时事也[②]。

[经]秋八月大雩。

[传]秋八月，大雩，旱也。

[传]蔡侯归自晋，入于郑。郑伯享之，不敬。子产曰：“蔡侯其不免乎？日其过此也[③]，君使子展廷劳于东门之外而傲，吾曰犹将更之，今还受享而惰，乃其心也。君小国事大国，而惰傲以为己心，将得死乎？若不免，必由其子，其为君也，淫而不父[④]。侨闻之，如是者恒有子祸。”

【注释】

①立其从子圃以守石氏之祀：就立他的哥哥或弟弟的儿子石圃以保存否氏的祭祀。因为他的祖先石碏曾有过大功在卫国。

②时事也：这是按着时候来朝见，不是宋的盟誓的关系。

③日其过此也：从前到晋国去的时候，也经过郑国。

④淫而不父：他荒淫而不能做父亲，因为他同他的太子班的夫人相通。

【译文】

卫国人讨伐宁喜的党羽，所以石恶逃奔到晋国去。卫国人立他的侄子石圃，以看守

石氏的祭祀,这是合于礼的。

邾悼公来鲁国朝见,这是照例来的,不是宋盟的关系。

秋天八月,鲁国举行求雨的典礼,因为有旱灾。

蔡侯从晋国回,经过郑国,郑伯享宴他,蔡侯不恭敬。子产就说:"蔡侯将不免于祸害了,以前他往晋国去的时候,郑君派子展在近郑国都城东门之外去慰劳他,当时蔡侯很骄傲,我还希望他将来会更改。现在回来的时候,受到享宴,而他惰,这恐怕他心理的作用。他是小国事奉大国,而惰或骄傲,这是他心中如此,这还能够善终吗?要不能够免必定由于他的儿子。他这做人君的荒淫而不守父道。我听见说过这种的人必定有儿子的祸患。"

【原文】

[经]仲孙羯如晋。

[传]孟孝伯如晋,告将为宋之盟故如楚也。蔡侯之如晋也,郑伯使游吉如楚,及汉,楚人还之曰:"宋之盟君实亲辱。今吾子来,寡君谓吾子姑还,吾将使驲奔问诸晋而以告[①]。"子大叔曰:"宋之盟,君命将利小国而亦使安定其社稷,镇抚其民人,以礼承天之休[②],此君之宪令,而小国之望也。寡君是故使吉奉其皮币,以岁之不易,聘于下执事[③],今执事有命曰女何与政令之有?必使而君弃而封守,跋涉山川,蒙犯霜露,以逞君心,小国将君是望,敢不唯命是听,无乃非盟载之言,以阙君德,而执事有不利焉。小国是惧,不然其何劳之敢惮[④]?"子大叔归复命,告子展曰:"楚子将死矣!不修其政德,而贪昧于诸侯,以逞其愿,欲久得乎?周易有之,在复䷗之颐䷚[⑤],曰:'迷复凶[⑥]。'其楚子之谓乎?欲复其愿[⑦],而弃其本[⑧],复归无所,是谓迷复,能无凶乎?君其往也,送葬而归,以快楚心。楚不几十年未能恤诸侯也。吾乃休吾民也。"裨竈[⑨]曰:"今兹周王及楚子皆将死,岁弃其次而旅于明年之次,以害鸟帑[⑩],周楚恶之。"

【注释】

①使驲奔问诸晋而以告:驲是驿车。将派驿车马到晋国去问,再回来告诉你。

②以礼承天之休:用礼节接受上天的福禄。

③聘于下执事:郑伯不能来楚国朝见,所以派我来聘问楚国的执事官。

④其何劳之敢惮:那我不敢怕什么辛苦。

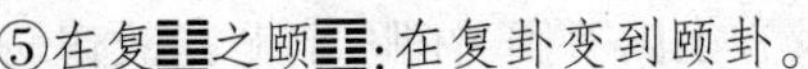
⑤在复䷗之颐䷚:在复卦变到颐卦。

⑥迷复凶:这是复卦的上六爻辞。意思是说居到上边的位子而失迷,这是很凶的。

⑦欲复其愿:楚王愿意郑君来朝见达到他的愿望。

⑧而弃其本:而不修德就是丢掉他的本心。

⑨裨竈:郑大夫。

⑩以害鸟帑:鸟帑是指着朱鸟的尾。

【译文】

仲孙羯到晋国去,告诉晋国鲁襄公因为宋盟的缘故,要到楚国去朝见。当时蔡侯到晋国去的时候,郑伯派游吉到楚国,到了汉水的时候,楚国人使他退回来说:“宋的盟会,郑君实在亲自到我这儿来,现在改了游吉来,我楚君要我告诉你说,你姑且回去,我将派人乘驿车跑到晋国去问明白,再告诉你知道。”游吉就说:“宋的盟会,你楚王命对小国有利而使他们能够安定他们的社稷,镇抚他们的人民,用礼节承受上天的福禄,这是你的法令,而小国们所希望的,所以我们的国君,使我拿着皮币,因为每岁的不容易,所以郑君不能亲自来朝见,就叫我来聘问执事们。现在执事们说你又不参加什么政令,必定使你们的国君弃掉他的封守,跋涉山川,蒙犯着霜或露,以使楚王的心快活,小国全都指望着你,不敢不唯命是听,但是这不是盟书上所说的话,这是使君德有阙,而对于执事,也有不利的地方。小国只是害怕,要不然我又何必怕劳苦呢?”游吉回到郑国,告诉子展说:“楚王将死,不修他的政治,而贪昧于诸侯,以达到他的愿望,要想长久,可以吗?在《周易》中有这句话,在复卦䷗变到颐䷚卦,说‘迷复凶’,这就是指楚王说的,想达到他的愿望,而扔掉他的本心,想回来也无从回来,这叫作迷复。能没有凶事吗?你就去吧,送了楚王葬再回国,使楚人心里全都快乐。楚国不到十年,未能怜恤诸侯,我们可以使我们人民休息。”郑大夫裨竈说:“今年周王及楚王皆将死,岁星丢掉他的次序,而错行到明年的次序,以害到朱鸟的尾巴,周楚全要受此凶祸。”

【原文】

[传]九月郑游吉如晋,告将朝于楚以从宋之盟。子产相郑伯以如楚,舍不为坛[①]。外仆[②]言曰:“昔先大夫相先君,适四国,未尝不为坛。自是至今,亦皆循之。今子草舍,无乃不可乎?”子产曰:“大适小则为坛,小适大苟舍而已,焉用坛?侨闻之,大适小有五美,宥

其罪戾，赦其过失，救其菑患，赏其德刑，教其不及。小国不困，怀服如归，是故作坛以昭其功，宣告后人无怠于德。小适大有五恶，说其罪戾[3]，请其不足，行其政事[4]，共其职贡，从其时命[5]，不然则重其币帛，以贺其福而吊其凶，皆小国之祸也，焉用作坛以昭其祸？所以告子孙无昭祸焉可也。”

【注释】

①舍不为坛：做个草房子，不做个土坛。

②外仆：管居住地方的人。

③说其罪戾：自己解说他的罪状。

④行其政事：奉行大国的政令。

⑤从其时命：从着大国朝会的命令。

【译文】

九月，郑国游吉到晋国去，告诉郑君遵从宋的盟誓，将到楚国朝见。子产相郑伯到楚国去，住到草房子里，不封土为坛。管住的仆人说：“从前我们大夫们，相着先君们，到诸侯的国家未尝不封土成坛，一直到现在，全都遵循他。现在你盖了一间草屋，大约是不可以吧！”子产回答说：“大国到小国那里去，就封土坛。小国往大国那儿去，盖个草房子就好了，何必用坛呢！我听见说大国到小国那儿去有五件美事。赦宥他的罪戾，赦他的过失，救他的祸患，赏他修德守法，教导他不知道的。小国不困倦，服从跟到家里一样，所以做了一个坛，以昭明他的勋功，使后人全都明白，对于德行不要懈怠。至于小国到大国那儿去，有五件坏的事情，自解说他的罪戾，奉请他不成的事，奉行大国的政事，供给大国所要的职责，听从他朝会的命令，不然就加重他的货币，为的贺大国的福，而吊大国的凶灾，这全是小国的灾祸，又何必作坛以昭示小国的祸？只要是告诉子孙不要昭祸就是了。”

【原文】

[经]冬齐庆封来奔。

[传]齐庆封好田，而耆酒，与庆舍[1]政，则以其内实迁于卢蒲嫳氏[2]，易内而饮酒，数日，国迁朝焉[3]，使诸亡人得贼者以告而反之[4]，故反卢蒲癸，癸臣子之[5]，有宠妻之[6]。庆舍之士谓卢蒲癸曰：“男女辨姓，子不辟宗，何也？”曰：“宗不余辟，余独焉辟之？赋诗断

章，余取所求焉，恶识宗？”癸言王何而反之，二人皆嬖[7]，使执寝戈而先后之。公膳日双鸡[8]，饔人窃更之以鹜，御者知之，则去其肉而以其洎馈[9]。子雅、子尾[10]怒，庆封告卢蒲嫳，卢蒲嫳曰：“譬之如禽兽，吾寝处之矣。”使析归父告晏平仲[11]。平仲曰：“婴之众不足用也，知无能谋也，言弗敢出[12]，有盟可也。”子家[13]曰：“子之言云，又焉用盟？”告北郭子车[14]，子车曰：“人各有以事君，非佐[15]之所能也。”陈文子谓桓子[16]曰：“祸将作矣，吾其何得？”对曰：“得庆氏之木百车于庄[17]。”文子曰：“可慎守也已！”卢蒲癸、王何卜攻庆氏，示子之兆[18]曰：“或卜攻雠，敢献其兆。”子之曰：“克，见血。”冬十月，庆封田于莱，陈无宇从。丙辰，文子使召之，请曰：“无宇之母疾病，请归。”庆季[19]卜之，示之兆曰：“死。”奉龟而泣[20]，乃使归。庆嗣[21]闻之，曰：“祸将作矣。”谓子家[22]速归，祸作必于尝，归犹可及也，子家弗听，亦无悛志。子息[23]曰：“亡矣，幸而获在吴越。”陈无宇济水而戕舟发梁。卢蒲姜[24]谓癸曰：“有事而不告我，必不捷矣。”癸告之。姜曰：“夫子[25]愎，莫之止，将不出，我请止之。”癸曰：“诺。”十一月乙亥，尝于大公之庙，庆舍涖事[26]。卢蒲姜告之，且止之，弗听，曰：“谁敢者？”遂如公。麻婴为尸[27]，庆奊为上献[28]，卢蒲癸、王何执寝戈，庆氏以其甲环公宫[29]。陈氏鲍氏之圉人为优[30]，庆氏之马善惊，士皆释甲束马[31]而饮酒，且观优，至于鱼里[32]，栾、高、陈、鲍之徒介庆氏之甲，子尾抽桷击扉三，卢蒲癸自后刺子之，王何以戈击之，解其左肩，犹援庙桷动于甍[33]，以俎壶[34]投杀人而后死，遂杀庆绳[35]麻婴。公惧，鲍国曰：“群臣为君故也。”陈须无以公归，税服而如内宫。庆封归遇告乱者，丁亥，伐西门弗克，还伐北门，克之，入伐内宫，弗克。反陈于岳[36]，请战弗许，遂来奔。献车于季武子，美泽可以鉴。展庄叔[37]见之曰：“车甚泽，人必瘁，宜其亡也。”叔孙穆子食庆封，庆封汜祭[38]穆子不说，使工为之诵茅鸱[39]。亦不知，既而齐人来让[40]，奔吴，吴句馀予之朱方[41]，聚其族焉，而居之，富于其旧。子服惠伯谓叔孙曰：“天殆富淫人，庆封又富矣！”穆子曰：“善人富，谓之赏，淫人富，谓之殃，天其殃之也，其将聚而歼旃[42]。”

【注释】

①庆舍：庆封的儿子。

②以其内实迁于卢蒲嫳氏：内是指着宝物同妻妾。把他的宝物同妻妾全搬到卢蒲嫳的家中。

③国迁朝焉：于是凡朝见庆封的，全到卢蒲嫳家中去朝见。

④使诸亡人得贼者以告而反之：亡人是指着因为崔氏的难而去奔到外国去的人。得

到贼人告诉给庆封,庆封叫他们全回来。

⑤子之:庆舍。

⑥有宠妻之:庆舍很宠爱他,就拿他的女儿嫁给卢蒲癸。

⑦二人皆嬖:王何同卢蒲癸现在皆为庆氏所宠爱。

⑧公膳日双鸡:齐景公每天吃两个鸡。

⑨洎馈:洎是肉汤。盛汤给齐景公喝。

⑩子雅、子尾:全都是齐惠公的孙子。

⑪使析归父告晏平仲:使齐大夫告晏平仲一同计谋子雅跟子尾。

⑫言弗敢出:但是不敢泄露计谋。

⑬子家:析归父。

⑭北郭子车:齐大夫。

⑮佐:子车的名字。

⑯桓子:陈须无的儿子陈无宇。

⑰得庆氏之木百车于庄:可以得到庆氏的木材一百辆车之多在大道上。

⑱兆:占卜的龟兆。

⑲庆季:即庆封。

⑳奉龟而泣:无宇捧着龟甲就哭了。

㉑庆嗣:庆封的族人。

㉒子家:庆封。

㉓子息:庆嗣。

㉔卢蒲姜:卢蒲癸的妻子,庆舍的女儿。

㉕夫子:指庆舍。

㉖涖事:临祭事。

㉗麻婴为尸:麻婴做祭祀所用的尸。

㉘庆𨿅为上献:庆𨿅做先献。

㉙环公宫:包围着公的住所,因为大公的庙在公宫里头。

㉚优:演戏的。

㉛士皆释甲束马:庆氏的军队,全都把盔甲取下了拴上马。

㉜鱼里:齐国都城中的里名。

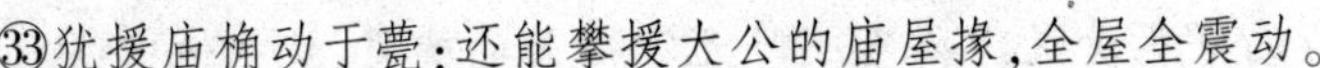

㉝犹援庙桷动于甍：还能攀援大公的庙屋椽，全屋全震动。

㉞俎壶：祭祀用的茶壶。

㉟庆绳：庆集。

㊱岳：里名。

㊲展庄叔：鲁大夫。

㊳汜祭：远出散祭品。

㊴茅鸱：是一篇逸诗，讽刺不敬的人。

㊵来让：责让鲁国。

㊶吴句馀予之朱方：吴王夷末给他朱方那块地方。朱方在今江苏省镇江县城南。

㊷其将聚而歼旃：就把他的族人合聚在一块被杀。

【译文】

齐国庆封喜欢打猎，又喜欢喝酒，把政权交给他的儿子庆舍。把他所有的宝物、妻妾全迁到卢蒲嫳的家中，交换妻妾而饮酒，几天以后，齐国要见庆封的，全到卢蒲嫳家里，很多逃亡崔杼祸难的人，得到贼人告诉庆封，庆封就叫他们回来。因此使卢蒲癸回来。癸做庆舍的臣子，庆舍很喜爱他，就把女儿嫁给他。庆舍的家人对卢蒲癸说："男女应该分辨姓，你为什么不躲避同宗的女人？"他回答说："是同宗的人不躲避我，我怎么样能躲避他呢！这等于歌诗一样，断章取义，我只希望所要求，又怎么知道谁是同宗呢？"卢蒲癸又对庆舍说王何，使他回来，二个人全很得宠于庆氏，使他们拿着寝戈在左右。齐景公每天吃两只鸡，做饭的偷着改了鸭，敬献的人知道了，去掉了它的肉，只拿着汤来给景公吃。惠公的孙子，子雅、子尾，因此就发怒，庆封以他们发怒的现象，告诉给卢蒲嫳。卢蒲嫳说："譬如禽兽一样，我可以杀他们，而盖他们的皮。"庆封使析归父告诉晏婴，想对付子雅子尾。晏婴说："我的家众不够用，他们也不能够计谋，你这几句话我也不敢泄露，我可以对你们盟誓。"析归父说："婴说了话了，何必用盟呢？"告诉北郭子车。子车说："人各有事君的能力，这件事不是我能做的。"陈须无对他儿子陈无宇说："祸乱将作了，我会得到什么呢？"他就回答说："会得到庆氏的木料一百车在大道上。"陈须无说："可以谨慎的守住他。"卢蒲癸同王何占卜攻打庆氏，把所得的龟兆献给庆舍看，说："有人占卜攻打他的仇人，我敢供献他的龟兆给你看。"庆舍说："成功，必定流血。"冬十月，庆封到莱这地方田猎，陈无宇随从去了。丙辰这天，陈须无叫他儿子回来，就说："无宇的母亲病得厉害，请准许他回来。”庆封占卜给他的龟兆看说：“要死。”陈无宇捧着龟就哭，就叫他回去。庆封的族人庆嗣说：“祸乱将发作了。”叫庆封赶紧回家。祸乱作必定在秋祭，赶紧回去，仍旧赶得上，庆封不听，也没有改变的意思。庆嗣就说：“要灭亡了，幸运的话，还能逃奔到吴越。”陈无宇过河就毁掉船，把桥也拆掉。卢蒲姜对卢蒲癸说：“有事情而不告诉我知道，必定不能成功。”卢蒲癸告诉他们想杀庆舍。卢蒲姜说：“他很刚愎，要不劝止他，他将不出来，我请去劝止他。”卢蒲癸说：“好吧！”十一月乙亥，在大公的庙中，行秋祭典礼，庆舍去管祭事，卢蒲姜告诉他，并且劝他不要去，他不听。说：“谁敢来对付我？”就到公的宫中。麻婴代表做尸，庆绳做先献的人，卢蒲癸王何拿着寝戈，庆氏拿他的甲兵环绕公宫。陈氏鲍氏的马夫唱戏，庆氏的马匹很容易惊吓。兵士都弃掉盔甲，把马拴住，一面喝酒，且听唱戏，一直到鱼里，子雅、子尾、陈须无、鲍国他们的军队，穿了庆氏的盔甲，子尾抽了庙椽子敲门三下，卢蒲癸在后面就用枪刺庆舍，王何在前面打他，把他的左肩膀解下，庆舍还能攀援庙椽上使全屋震动，用祭祀的壶投过来杀人而后死。就杀了庆绳同麻婴。齐景公害怕了，鲍国说：“群臣是为的你啊！”陈须无陪着景公回来，脱了祭服就到宫里边去。庆封回来遇见有人告诉乱事起了，丁亥攻打西门，未能成功，又绕到北门，攻克了，想攻宫内，没能成功。回去摆阵在岳这地方，请战，不准许，所以奔到鲁国来，把车献给季孙宿，车辆很美，光彩可以照人。鲁大夫展庄叔看见就说：“车很有光彩，人必定憔悴，他的逃亡是应当的。”叔孙豹请他吃饭，庆封的祭祀不恭敬，叔孙豹不高兴，叫乐工给他唱《茅鸱》这篇诗，庆封也不明白。后来齐国人来责让鲁国，庆封就逃奔到吴国，吴子夷末给他朱方的地方，聚集他的族人住在那儿，不久他的财富比以前还多。子服惠伯对叔孙豹说：“天很使淫人富贵，庆封又有财富了。”叔孙豹说：“善人有财富叫作赏，淫人有财富叫作殃，天大概是要给他殃，必将聚他族人然后来歼灭他。”

【原文】

［传］癸巳，天王崩。未来赴，亦未书，礼也。

［传］崔氏之乱，丧群公子，故鉏在鲁，叔孙还在燕，贾在句渎之丘[①]，及庆氏亡，皆召之，具其器用而反其邑焉。与晏子邶殿[②]其鄙六十，弗受。子尾曰：“富人之所欲也，何独弗欲？”对曰：“庆氏之邑足欲，故亡，吾邑不足欲也。益之以邶殿乃足欲，足欲亡无日矣。在外不得宰吾一邑，不受邶殿，非恶富也，恐失富也。且夫富如布帛之有幅焉，为之制度，使无迁也。夫民生厚而用利，于是乎正德以幅之，使无黜嫚，谓之幅利。利过则为败，吾

不敢贪多，所谓幅也。”与北郭佐邑六十，受之。与子雅邑，辞多受少。与子尾邑，受而稍致之。公以为忠，故有宠。释卢蒲嫳于北竟。求崔杼之尸，将戮之，不得。叔孙穆子曰："必得之，武王有乱臣十人，崔杼其有乎？不十人不足以葬。”既崔氏之臣曰："与我其拱璧，吾献其柩。”于是得之。十二月乙亥朔，齐人迁庄公殡于大寝，以其棺尸崔杼于市。国人犹知之，皆曰崔子也。

【注释】

①句渎之丘：此事在鲁襄公二十一年。

②邶殿：《一统志》说："都昌在今山东昌邑县西二里。”邶殿疑近都昌。

【译文】

癸巳这天周天王死了。没有来告丧，也没有写在竹简上，这是合于礼的。

崔杼那个乱子的时候，丢掉齐国很多公子，所以鉏在鲁，叔孙还在燕，贾在句渎之丘。等到庆氏败亡以后，齐景公全叫他们回国给他们预备好了器用，并且送还他们的封邑。给晏婴邶殿这地方，有边鄙的六十邑，晏婴不接受。子尾说："富是人人所愿望的，你为什么独自不愿意呢?”晏婴回答说："庆封的邑满足他的愿望，所以他灭亡了，我本来的邑不够欲望，再加上邶殿就够了，假设满足了欲望，我就灭亡没有日子了。在外边我不能管我的一个邑，所以不接受邶殿，不是怕富，是恐怕丢掉富。并且富等于布或绸子是有幅度的，给它定了一个幅度，就是使它不要迁移，并且人民生来的厚而用利益，就正他德性，以作为幅度，使他不会特别的放松，这叫作幅度的利。利益超过去，就失败了，我不敢贪多，这就所谓幅度。”齐景公给北郭佐邑六十，他接受了，给子雅的邑，他辞谢多的，就受少的。给子尾的邑，先接受而慢慢地还给景公。景公以为他很忠心，就很得到宠爱。驱放卢蒲嫳到北边的边境上。求崔杼的尸首，将杀尸首，但是得不到。叔孙豹说："必然可以得到，周武王有治乱的能力的臣子十人，崔杼能够有吗？不十个人不能够下葬。”不久，崔杼的臣就说："把他的大璧给我，我就把他的棺材献出。”于是就得到了。十二月乙亥初一，齐国人把庄公的棺材迁到路寝去，再举行殡礼，拿他的旧棺材，摆在崔杼的尸首旁边在市上。贵族们全知道，就说这是崔杼。

【原文】

[经]十有一月公如楚。

[传]为宋之盟故,公及宋公、陈侯、郑伯、许男如楚。公过郑,郑伯不在,伯有廷劳于黄崖[①],不敬。穆叔曰:“伯有无戾于郑,郑必有大咎。敬,民之主也,而弃之,何以承守?郑人不讨,必受其辜。济泽之阿[②],行潦之苹藻[③],寘诸宗室[④],季兰尸之[⑤],敬也。敬可弃乎?”及汉,楚康王卒,公欲反。叔仲昭伯[⑥]曰:“我楚国之为,岂为一人行也?”子服惠伯曰:“君子有远虑,小人从迩,饥寒之不恤,谁遑其后,不如姑归也。”叔孙穆子曰:“叔仲子专之矣[⑦],子服子始学者也。”荣成伯[⑧]曰:“远图者忠也。”公遂行。宋向戌曰:“我一人之为,非为楚也。饥寒之不恤,谁能恤楚,姑归而息民,待其立君而为之备。”宋公遂反。

[经]十有二月甲寅天王崩。

[传]王人来告丧,问崩日,以甲寅告,故书之以征过也。

[经]乙未,楚子昭卒。

[传]楚屈建卒,赵文子丧之如同盟,礼也。

【注释】

①黄崖:在今河南省新郑县东二十里。

②济泽之阿:很薄的土壤。

③行潦之苹藻:小河中的贱菜。

④寘诸宗室:搁到宗庙中。

⑤季兰尸之:由女子来管理。

⑥叔仲昭伯:叔仲带。

⑦叔仲子专之矣:叔仲子可以专任。

⑧荣成伯:鲁大夫荣驾鹅。

【译文】

因为宋的盟誓的缘故,鲁襄公同宋公陈侯郑伯许男到楚国去。鲁襄公经过郑国,郑伯不在都城,伯有就到黄崖这地方去迎劳,不恭敬。叔孙豹说:“伯有若不叫郑国所诛戮,郑国必得到大灾害。恭敬是人民的主人,而放弃它,就没法承先祖守自己的家,郑国人若不讨伐伯有，必定受了他的灾害。济泽的薄土，小河边的苹藻贱菜，摆到宗庙里头，女子季兰来管理，是因为恭敬。敬可以放弃吗？”到了汉水，楚康王死了，鲁襄公想回国，叔仲带说：“我可是为的楚国，岂是为他一个人去的吗？”子服惠伯说：“君子有远虑，小人从近路，饥寒全不怜恤，谁顾他以后的事情，不如姑且归鲁国。”叔孙豹说：“叔仲带可以专任，子服只是开始学习的。”荣驾鹅说：“远图的人是忠于国家的。”鲁襄公就仍旧前往。宋国向戌说：“我是专为一个人的存亡，不是为的楚国。饥寒尚不能怜恤，谁还能够怜恤楚国呢？姑且回到宋国去，安息人民。等到他立君以后再看他怎么样，来防备他。”宋公就回国。

周人来告诉灵王的丧事，问他是哪天死的，回答说是甲寅那天，所以就这样写着，以证明这是过错。

楚国令尹屈建死了，赵武对他如同盟一样，这很合理的。

【讲评】

庆封以为除掉了崔杼，自己就可以大权独揽，高枕无忧了，结果被庄公的余党用计歼灭庆氏在齐的势力，逃到吴国。《左传》多处描述了庆封的贪婪无知，他作为执政的贵族，对于交际场所要掌握的礼节都不了解，不懂别人引《诗》中的讽刺之意，做客却遍祭诸神，这些都成为时人的笑柄。庆封可以算作是《左传》所塑造的贪暴又缺乏修养的贵族的反面典型之一。

襄公二十九年

【原文】

[经]二十有九年：春，王正月，公在楚。

夏，五月，公至自楚。

庚午，卫侯衎卒。

阍弑吴子馀祭。

仲孙羯会晋荀盈、齐高止、宋华定、卫世叔仪、郑公孙段、曹人、莒人、滕人、薛人、小邾人，城杞。

晋侯使士鞅来聘。

杞子来盟。

吴子使札来聘。

秋,九月,葬卫献公。

齐高止出奔北燕。

冬,仲孙羯如晋。

【原文】

[传]二十九年,春,王正月,公在楚,释不朝正于庙也[①]。楚人使公亲襚[②],公患之。穆叔曰:"祓殡而襚[③],则布币也。"乃使巫以桃、茢先祓殡[④]。楚人弗禁,既而悔之。

二月,癸卯,齐人葬庄公于北郭[⑤]。

夏,四月,葬楚康王。公及陈侯、郑伯、许男送葬,至于西门之外。诸侯之大夫皆至于墓。楚郏敖即位[⑥]。王子围为令尹[⑦]。郑行人子羽曰:"是谓不宜,必代之昌。松柏之下,其草不殖[⑧]。"

【注释】

①释:解释。

②襚:为死人穿衣。

③祓殡:扫除棺殡凶邪。

④桃:桃木,桃棒,用于驱鬼。茢:笤帚,可扫除不祥。

⑤郭:城外。周代礼法,死于兵者不能葬于兆域之内。齐庄公死于兵,因此被葬于北郭。

⑥郏敖:楚康王之子。

⑦王子围:楚康王之弟。

⑧殖:繁殖,繁衍。

【译文】

二十九年春季,周历正月,"公在楚",并以此来解释他为何不在祖庙听政。楚国人让鲁襄公亲自为楚康王的尸体赠送寿衣,襄公对这感到忧虑。穆叔说:"先扫除棺材的凶邪然后给死者赠送衣服，这就等于朝见时陈列皮币。”于是就让巫人用桃棒、笤帚先在棺材上扫除凶邪。楚国人没有禁止，不久以后又感到后悔。二月初六日，齐国人在外城北部安葬齐庄公。

夏四月，安葬楚康王，鲁襄公和陈哀公、郑简公、许悼公都参加送葬，到达西门外边，各诸侯的大夫都到了墓地。楚国的郏敖即位，王子围做令尹。郑国的使者子羽说：“这叫作不合适，令尹必然要代替楚君王而昌盛。松柏的下面，草是不能繁殖的。”

【原文】

[传]公还，及方城。季武子取卞，使公冶问，玺书追而与之①，曰：“闻守卞者将叛，臣帅徒以讨之②。既得之矣，敢告。”公冶致使而退，及舍，而后闻取卞。公曰：“欲之而言叛，只见疏也。”公谓公冶曰：“吾可以入乎？”对曰：“君实有国，谁敢违君？”公与公冶冕服，固辞，强之而后受③。公欲无入，荣成伯赋《式微》④，乃归。五月，公至自楚。公冶致其邑于季氏⑤，而终不入焉。曰：“欺其君，何必使余？”季孙见之，则言季氏如他日⑥。不见，则终不言季氏。及疾，聚其臣，曰：“我死，必无以冕服敛，非德赏也⑦。且无使季氏葬我！”

【注释】

①玺书：用封泥加印把信封好。

②徒：部下，这里指军队。讨：讨伐。

③受：接受。

④《式微》出自《诗·邶风》。

⑤致：送还，交还。

⑥他日：往日，往常。

⑦德赏：因功德而获得的赏赐。

【译文】

鲁襄公回来，到达方城山。季武子占取卞地，派公冶来请示襄公，用封泥加印把信封好了追上去给了公冶，信上说：“听到戍守卞地的人打算叛变，下臣率领部下讨伐他，已经得到卞地了，谨此报告。”公冶说完这些就退出去，到达帐篷以后才听到占取了卞地。鲁襄公说：“想要这块地方而又说叛变，只能是对我表示疏远。”

鲁襄公对公冶说："我可以进入国境吗？"公冶回答说："君王据有国家，谁敢违背君王？"鲁襄公赐给公冶冕服，公冶坚决辞谢，勉强他，然后才接受了。鲁襄公不想进入国境，荣成伯赋《式微》这首诗，鲁襄公这才回国。五月，鲁襄公从楚国回来。

公冶把他的封邑送还给季氏，始终不再进入季孙的家门，说："季孙欺骗他的国君，何必派我？"季孙和他见面，就和季孙像以前一样说话。不相见，公冶始终不谈季氏。等到公冶病危，聚集他的家臣，说："我死了以后，一定不要用冕服入殓，因为这不是由于德行而所得的赏赐。并且还不要让季氏来安葬我。"

【原文】

[传]葬灵王。郑上卿有事，子展使印段往。伯有曰："弱[①]，不可。"子展曰："与其莫往，弱不犹愈乎[②]？《诗》云[③]：'王事靡盬，不遑启处。'东西南北，谁敢宁处[④]？坚事晋、楚，以蕃王室也[⑤]。王事无旷[⑥]，何常之有？"遂使印段如周。

吴人伐越，获俘焉，以为阍[⑦]，使守舟。吴子馀祭观舟，阍以刀弑之。

【注释】

①弱：年少官微。

②犹：也。愈：超过。

③《诗》：此处指《诗・小雅・四牡》。

④宁处：安宁居住，指安居乐业。

⑤蕃：守卫，捍卫。

⑥旷：缺失。

⑦阍：守门，守门人。

【译文】

安葬周灵王。郑国的上卿子展有事不能去，他派印段前去。伯有说："他太年轻，不能让他去。"子展说："尽管年轻，也比没有人去总要好一点吧？《诗》说：'王事应当细致，没有工夫安居。'东西南北，谁敢安安稳稳地居住？坚定地侍奉晋国、楚国，用以捍卫王室。王事没有缺失，有什么常例不常例？"于是就派印段前去成周。

吴国人进攻越国，抓到了俘虏，让他做看门人，派他看守船只。吴王余祭观看船只，看门人用刀杀死了吴王。

【原文】

[传]郑子展卒,子皮即位。于是郑饥而未及麦[①],民病[②]。子皮以子展之命,饩国人粟[③],户一钟,是以得郑国之民。故罕氏常掌国政,以为上卿。宋司城子罕闻之,曰:"邻于善,民之望也。"宋亦饥,请于平公,出公粟以贷[④],使大夫皆贷。司城氏贷而不书[⑤],为大夫之无者贷。宋无饥人。叔向闻之,曰:"郑之罕,宋之乐,其后亡者也,二者其皆得国乎!民之归也,施而不德[⑥],乐氏加焉[⑦],其以宋升降乎!"

【注释】

①饥:饥荒。麦:麦收。

②病:困乏,疲弊。

③饩:赠送食物。

④贷:借贷,借给。

⑤书:书简,这里指契约。

⑥不德:不以之为德,即不以此为恩德。

⑦加:更加,越加。

【译文】

郑国的子展死了,子皮即位为上卿。当时郑国因闹饥荒而还没有到麦收的时候,百姓困乏。子皮用子展的遗命把粮食赠给国内的人们,每户一钟,因此得到郑国百姓的拥护。所以罕氏能够长久地掌握国政,一直为上卿。宋国的司城子罕听到了,说:"多做善事,这是百姓的期望。"宋国也发生了饥荒,司城子罕向宋平公请求,拿出公家的粮食借给百姓,让大夫也都出借粮食。司城氏出借粮食不写契约,又为缺少粮食的大夫借给百姓。宋国没有挨饿的人。叔向听到了,说:"郑国的罕氏,宋国的乐氏,大约是最后才会灭亡啊,两家恐怕都要掌握国政吧!这是因为百姓归向他们的缘故。施舍而不自以为给人恩惠,乐氏就更高出一筹了,这一家大概是会随着宋国的盛衰而盛衰吧!"

【原文】

[传]晋平公,杞出也,故治杞[①]。六月,知悼子合诸侯之大夫以城杞[②],孟孝伯会之。

郑子大叔与伯石往。子大叔见大叔文子，与之语。文子曰："甚乎其城杞也[3]！"子大叔曰："若之何哉？晋国不恤周宗之阙，而夏肄是屏[4]。其弃诸姬，亦可知也已。诸姬是弃，其谁归之？吉也闻之，弃同即异，是谓离德。《诗》曰[5]：'协比其邻，昏姻孔云。'晋不邻矣[6]，其谁云之！"

【注释】

①治：修整，修治。

②城：修筑城墙。

③甚：过分。

④夏肄：夏朝的残余，指杞国。

⑤《诗》：指《诗·小雅·正月》。

⑥邻：亲近。

【译文】

晋平公，是杞国国君女儿所生的，所以平公决定帮助修整杞国的城墙。六月，知悼子会合诸侯的大夫为杞国筑城，孟孝伯参加了。郑国的子太叔和伯石也来了。子太叔见到太叔文子，就同他说话。文子说："为杞国筑城这件事太过分了！"子太叔说："拿他怎么办好啊！晋国不担心周室的衰微，反而保护夏朝的残余，它会丢弃姬姓诸国，也就可以想到了。抛弃同属姬姓的诸国，还有谁去归向他？我听说：'丢弃同姓而亲近异姓，这叫作离德。'《诗》说：'和谐他的近亲，姻亲就会和他友好来往。'晋国把近亲不看做近亲，还有谁来和他友好往来？"

【原文】

[传]齐高子容与宋司徒见知伯，女齐相礼[1]。宾出，司马侯言于知伯曰："二子皆将不免。子容专[2]，司徒侈[3]，皆亡家之主也。"知伯曰："何如？"对曰："专则速及，侈将以其力毙，专则人实毙之，将及矣。"

范献子来聘，拜城杞也。公享之[4]，展庄叔执币[5]。射者三耦[6]。公臣不足，取于家臣。家臣，展瑕、展玉父为一耦；公臣，公巫召伯、仲颜庄叔为一耦；鄫鼓父、党叔为一耦。

【注释】

①女齐:即司马侯。

②专:自专,专横。

③侈:奢侈。

④享:以享礼款待。

⑤币:束帛。

⑥耦:对,两人为一耦。

【译文】

齐国的高子容和宋国的司徒进见知伯,女齐作为相礼,客人出去了,女齐对知伯说:“这两位将要有灾难。子容专权,司徒奢侈,都是使家族灭亡的人。”知伯说:“怎么样呢?”女齐回答说:“专横就会很快招致祸患,奢侈将会由于力量强大而致死,专横,别人就会要他的命。他马上就要招来祸患了。”

范献子来鲁国聘问,拜谢在杞国筑城。鲁襄公设宴招待他,展庄叔负责赠送客人的礼物。参加射礼的要有三对人。公臣的人选不够,在家臣中选取。家臣,展瑕、展王父作为一对,公臣,公巫召伯、仲颜庄叔作为一对,鄫鼓父、党叔作为一对。

【原文】

[传]晋侯使司马女叔侯来治杞田,弗尽归也。晋悼夫人愠曰[①]:“齐也取货,先君若有知也,不尚取之。”公告叔侯。叔侯曰:“虞、虢、焦、滑、霍、杨、韩、魏,皆姬姓也,晋是以大。若非侵小,将何所取?武、献以下,兼国多矣[②],谁得治之?杞,夏馀也,而即东夷[③]。鲁,周公之后也,而睦于晋。以杞封鲁犹可,而何有焉?鲁之于晋也,职贡不乏,玩好时至,公卿大夫相继于朝,史不绝书,府无虚月[④]。如是可矣,何必瘠鲁以肥杞[⑤]?且先君而有知也,毋宁夫人,而焉用老臣?”

杞文公来盟,书曰“子”,贱之也[⑥]。

【注释】

①愠:生气。

②兼:兼并。

③即:接近,亲近。

④府:国库。虚:空虚,间断。

⑤瘠:使贫瘠,指削弱。

⑥贱:贬低,不尊重。

【译文】

晋平公派司马女叔侯去鲁国,使鲁国归还杞国土地,但鲁国没有全部归还给杞国。晋悼公夫人气愤地说:"女齐办事不得力,先君如果能知道这点,不会选取他去的。"晋平公把这件事告诉了叔侯。叔侯说:"虞国、虢国、焦国、滑国、霍国、杨国、韩国、魏国,都是姬姓国家,依靠这些国家,晋国才日益强大起来。如果不是入侵小国,将要从哪里取得土地呢?武公、献公以来,兼并的国家就多了,最后还给谁了?杞国,是夏朝的后代,亲近东夷。鲁国,是周公的后代,而和晋国和睦。把杞国封给鲁国还是可以的,有什么杞国不杞国?鲁国对于晋国,贡品不缺乏,珍贵的玩物按时送到,公卿大夫一个接一个前来朝见,史官没有中断过记载,国库没有一个月不接受鲁国的贡品。像这样就可以了,何必再要削弱鲁国而增强杞国?如果先君有知,他也许会让夫人前去办理这样的事,又哪里用得着老臣我?"

杞文公来鲁国结盟,《春秋》称他为"子",这是表示对他不尊重。

【原文】

[传]吴公子札来聘[①],见叔孙穆子,说之。谓穆子曰:"子其不得死乎!好善而不能择人。吾闻君子务在择人。吾子为鲁宗卿,而任其大政,不慎举,何以堪之?祸必及子!"

请观于周乐[②]。使工为之歌《周南》《召南》[③]。曰:"美哉!始基之矣[④],犹未也,然勤而不怨矣[⑤]。"为之歌《邶》《鄘》《卫》。曰:"美哉渊乎!忧而不困者也。吾闻卫康叔、武公之德如是[⑥],是其《卫风》乎!"为之歌《王》曰[⑦]:"美哉!思而不惧,其周之东乎!"为之歌《郑》。曰:"美哉!其细已甚[⑧],民弗堪也,是其先亡乎!"为之歌《齐》。曰:"美哉!泱泱乎,大风也哉!表东海者,其大公乎!国未可量也。"为之歌《豳》。曰:"美哉!荡乎!乐而不淫,其周公之东乎[⑨]!"为之歌《秦》。曰:"此之谓夏声。夫能夏则大,大之至也。其周之旧乎!"为之歌《魏》。曰:"美哉!沨沨乎!大而婉,险而易行[⑩],以德辅此,则明主也。”为之歌《唐》。曰:“思深哉!其有陶唐氏之遗民乎[11]!不然,何忧之远也?非令德之后[12],谁能若是?”为之歌《陈》。曰:“国无主,其能久乎!”自《郐》以下,无讥焉[13]。为之歌小雅。曰:“美哉!思而不贰,怨而不言,其周德之衰乎!犹有先王之遗民焉。”为之歌大雅。曰:“广哉,熙熙乎!曲而有直体,其文王之德乎!”为之歌颂。曰:“至矣哉!直而不倨,曲而不屈,迩而不偪,远而不携[14],迁而不淫,复而不厌,哀而不愁,乐而不荒,用而不匮,广而不宣,施而不费,取而不贪,处而不底,行而不流[15]。五声和[16],八风平[17],节有度[18],守有序[19],盛德之所同也。”

【注释】

①吴公子札:即季札,吴王寿梦的小儿子。

②周乐:周王室的音乐舞蹈。

③工:乐工。《周南》《召南》,《诗经》十五国风开头的两种。下面所提到的都是国风中各国的诗歌。

④基:奠定基础。

⑤勤:勤劳。怨:怨恨。

⑥康叔:周公的弟弟,卫国开国君主。武公:康叔的九世孙。

⑦《王》:即《王风》,周平王东迁洛邑后的乐歌。

⑧细:琐碎。这里以音乐象征政令。

⑨周公之东:指周公东征。

⑩险:不平,指音乐的变化。

⑪陶唐氏:指帝尧。

⑫唐:在今山西太原。晋国开国国君叔虞初封于唐。

⑬讥:讥讽,批评。

⑭倨:傲慢。携:游离。

⑮荒:过度。底:停顿,停滞。

⑯五声:指宫、商、角、徵、羽。

⑰八风:指金、石、丝、竹、翰、土、革、木做成的八类乐器。

⑱节:节拍。度:尺度。

⑲守有序:乐器演奏遵守一定的次序。

【译文】

吴国的公子札来鲁国聘问，见到叔孙穆子，很喜欢他。对穆子说："您恐怕不得善终吧！喜欢善良而不能够选择贤人，我听说君子应当选贤择能。您作为鲁国的宗卿而主持国政，不慎重举荐善人，国家怎么能受得了呢？祸患必然到您身上。"

公子札请求欣赏周朝的乐舞。于是让乐工为他歌唱《周南》《召南》。季札说："美啊！王业开始奠定基础了，虽然还没有完成，但是百姓勤劳而不怨恨了。"为他歌唱《邶风》《鄘风》《卫风》之歌，他说："美好又深厚啊！忧愁而不窘迫。我听说卫康叔、武公的德行就像这样，这大概就是《卫风》吧！"为他歌唱《豳风》之歌，他说："美好啊！思虑而不恐惧，大概是周室东迁以后的音乐吧！"为他歌唱《郑风》之歌，他说："美好啊！但是它琐碎得太过分了，百姓不能忍受的。这大概是郑国要先灭亡的原因吧！"为他歌唱《齐风》之歌，他说："美好啊，宏大呵！不愧是大国的音乐啊！作为东海的表率的，大概是太公的国家吧！国家前途不可限量。"为他歌唱《王风》之歌，他说："美好啊，坦荡无邪！欢乐而有节制，大概是周公东征的音乐吧！"为他歌唱《秦风》之歌，他说："这就叫作西方的夏声。夏就是大，大到极点了，恐怕是周朝的旧乐吧！"为他歌唱《魏风》，他说："美好啊！抑扬顿挫呵！粗犷而又婉转，说明政令虽然艰难但并不难于推行，再用德行加以辅助，就是贤明的君主了。"为他歌唱《唐风》，他说："思虑很深啊！大概有陶唐氏的遗民吧？否则，为什么那么忧思深远呢？不是美德者的后代，谁能像这样？"为他歌唱《陈风》，他说："国家没有主人，难道能够长久吗？"从《郐风》以下的诗歌，季札听了就没有评论了。乐师为他歌唱《小雅》，他说："美好啊！忧愁而没有三心二意，怨恨却不溢于言表，恐怕是周朝德行衰微的乐章吧！还是有先王的遗风啊！"为他歌唱《大雅》，他说："广博啊，和谐呵！抑扬曲折而本质刚健，大概是文王的德行吧！"为他歌唱《颂》，他说："到达顶点了！正直而不倨傲，曲折而不卑下，亲近而不相逼，疏远而不离心，活泼而不淫乱，反复而不厌倦，哀伤而不忧愁，欢乐而不荒淫，使用而不匮乏，宽广而不显露，施舍而不浪费，收取而不贪婪，静止而不停滞，行进而不流荡。五声和谐，八风协调。节拍有一定的尺度，乐器都按次序，这都是盛德之人所共同具有的美德。"

【原文】

[传]见舞《象箾》《南籥》者[①]，曰："美哉！犹有憾。"见舞《大武》者[②]，曰："美哉！周

之盛也，其若此乎！”见舞《韶濩》者[③]，曰：“圣人之弘也，而犹有惭德[④]，圣人之难也。”见舞《大夏》者[⑤]，曰：“美哉！勤而不德[⑥]，非禹，其谁能修之？”见舞《韶箾》者[⑦]，曰：“德至矣哉，大矣！如天之无不帱也[⑧]，如地之无不载也。虽甚盛德，其蔑以加于此矣[⑨]。观止矣！若有他乐，吾不敢请已。”

其出聘也，通嗣君也。故遂聘于齐，说晏平仲，谓之曰：“子速纳邑与政。无邑无政，乃免于难。齐国之政，将有所归，未获所归，难未歇也[⑩]。”故晏子因陈桓子以纳政与邑，是以免于栾、高之难。

【注释】

①《象箾》：舞名，武舞。《南籥》：舞名，文舞。

②《大武》：周武王的乐舞。

③《韶濩》：商汤的乐舞。

④惭德：缺憾。

⑤《大夏》：夏禹的乐舞。

⑥不德：不自夸有功。

⑦《韶箾》：虞舜的乐舞。

⑧帱：覆盖。

⑨蔑：无，没有。

⑩歇：停歇，停止。

【译文】

公子札看到跳《象箾》《南籥》舞，说：“美好啊！但还有遗憾。”看到跳《大武》舞，说：“美好啊！周朝兴盛的时候，大概就像这样吧！”看到跳《韶濩》舞，说：“像圣人那样的宏大，尚且还有所惭愧，可见当圣人不容易啊！”看到跳《大夏》舞，说：“美好啊！有功劳而不自以为有德，不是禹，还有谁能做到呢？”看到跳《韶濩》舞，说：“功德到达顶点了，伟大啊！如同上天一样覆盖一切，又像大地一样承载一切。即使再高尚的德行，也不会超过这种尽善尽美的境界了。真让我叹为观止。如果还有别的音乐，我不敢再请求欣赏了。”

公子札出国聘问，目的是为新君谋求友好。因此随后就到齐国聘问，喜欢晏平仲，对他说：“您赶快交还封邑和政权。没有封邑没有政权，这才能免于祸难。齐国的政权将会

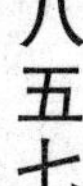

另有归属，如果做不到，祸难不会停止。"所以晏子通过陈桓子交还了政权和封邑，因为这样，而免于栾氏、高氏发动的祸难。

【原文】

[传]聘于郑，见子产，如旧相识，与之缟带[①]，子产献纻衣焉[②]。谓子产曰："郑之执政侈，难将至矣！政必及子。子为政，慎之以礼[③]。不然，郑国将败。"

适卫，说蘧瑗、史狗、史䲡、公子荆、公叔发、公子朝，曰："卫多君子，未有患也。"

自卫如晋，将宿于戚，闻钟声焉，曰："异哉！吾闻之也：'辩而不德[④]，必加于戮。'夫子获罪于君以在此，惧犹不足，而又何乐？夫子之在此也，犹燕之巢于幕上。君又在殡，而可以乐乎？"遂去之。文子闻之，终身不听琴瑟[⑤]。

【注释】

①缟带：白绢做成的大带。

②纻衣：麻布做的衣服。

③慎：谨慎，慎重。

④辩：通变，发动变乱的意思。

⑤琴瑟：这里代指音乐。

【译文】

季札

季札到郑国聘问，见到子产，好像老相识。给子产赠送白绢大带，子产给季札献上麻布衣服。公子札对子产说："郑国的执政者奢侈，祸难将要来临了！政权必然落到您手中。您执政。要用礼来谨慎地处事。否则，郑国将会败亡。"

季札到达卫国，与蘧瑗、史狗、史䲡、公子荆、公叔发、公子朝谈得很投机，他说："卫国有很多贤能的君子，不会有什么祸患。"

公子札从卫国去晋国，准备在戚地住宿。听到钟声，说："奇怪啊！我听说了，一个人发动变乱而没有德行，必然遭到诛戮。那个人得罪了国君因而住在这里，害怕还来不及，又有什么可以寻欢作乐的？那个人在这地方，就像燕子在帐幕上做窝。国君停棺还没有安葬，难道可以寻欢作乐吗？”于是就离开戚地。孙文子听到了这番话，到死都不再听音乐。

【原文】

[传]适晋，说赵文子、韩宣子、魏献子，曰：“晋国其萃于三族乎！”说叔向，将行，谓叔向曰：“吾子勉之！君侈而多良，大夫皆富，政将在家①。吾子好直②，必思自免于难。”

秋，九月，齐公孙虿、公孙灶放其大夫高止于北燕。乙未，出。书曰“出奔”，罪高止也。高止好以事自为功，且专，故难及之。

冬，孟孝伯如晋，报范叔也③。

为高氏之难故，高竖以卢叛。十月，庚寅④，闾丘婴帅师围卢。高竖曰：“苟使高氏有后，请致邑。”齐人立敬仲之曾孙酀，良敬仲也。十一月，乙卯⑤，高竖致卢而出奔晋。晋人城绵而寘旃。

【注释】

①家：私家。

②直：耿直，直率。

③报：回报。

④庚寅：二十七日。

⑤乙卯：二十三日。

【译文】

公子札到了晋国，喜爱赵文子、韩宣子、魏献子，说：“晋国的政权大约要聚集在这三家了！”他对叔向评价也很高，离别时，对叔向说：“您努力吧！国君奢侈而优秀的臣下很多，大夫都富有，政权将要归于私家。您喜欢直话直说，一定要考虑使自己免于祸难。”

秋九月，齐国的公孙虿、公孙灶放逐他们的大夫高止到北燕。初二日，出国。《春秋》记载说“出奔”，这是出于归罪于高止。高止喜欢生事，而且自己居功，同时又喜欢专权，所以他就会有祸难。

冬季，孟孝伯去到晋国，这是回报范叔的聘问。

由于高氏受到放逐的缘故，他的儿子高竖在卢地发动叛乱。十月二十七日，闾丘婴带兵包围卢地。高竖说："如果让高氏有后代继承禄位，我就把封邑交还给国君。"齐国人立了敬仲的曾孙酀，这是认为敬仲贤良。十一月二十三日，高竖归还卢地随后逃亡到晋国，晋国人在绵地筑城，把他安置在那里。

【原文】

[传]郑伯有使公孙黑如楚，辞曰："楚、郑方恶[①]，而使余往，是杀余也。"伯有曰："世行也[②]。"子晰曰："可则往，难则已，何世之有？"伯有将强使之。子晰怒。将伐伯有氏。大夫和之[③]。十二月，己巳，郑大夫盟于伯有氏。裨谌曰："是盟也，其与几何？《诗》曰[④]：'君子屡盟，乱是用长[⑤]。'今是长乱之道也。

祸未歇也，必三年而后能纾[⑥]。"然明曰："政将焉往？"裨谌曰："善之代不善，天命也，其焉辟子产？举不逾等，则位班也[⑦]。择善而举，则世隆也[⑧]。天又除之，夺伯有魄。子西即世，将焉辟之？天祸郑久矣，其必使子产息之，乃犹可以戾[⑨]。不然，将亡矣。"

【注释】

①恶：交恶，互相憎恨。

②世行：世代为行人官的意思。

③和：说和，和解。

④《诗》：这里指《诗·小雅·巧言》。

⑤长：滋长。

⑥纾：解除。

⑦位班：按照次序。

⑧世隆：世人尊重。

⑨戾：定，安定。

【译文】

郑国伯有叫公孙黑到楚国去，他辞谢说："楚国与郑国交往甚不好，而叫我去，这是想杀我。"伯有说："你辈辈做行人官。"公孙黑就说："可以就去，困难就不去，何必论世不世呢？"伯有将强迫他去，公孙黑恼怒，将攻伐伯有，大夫们全赞成。十二月己巳那天，郑大夫们在伯有家里盟会。郑大夫裨谌说:“这种盟誓还能够长得多久?《诗经》上说过:‘君子屡次盟誓,乱更由此加多。’这是一种长乱的道理,祸没有停止,必三年以后方能解除。”然明说:“政权将归给谁呢?”裨谌说:“善人替代不善人,这是天命,政权如何能躲过子产?推举官职不能逾越等次,论位子子产也应当掌政权。择善人而推举,也以子产为最高,天又保佑他,夺走伯有的魂魄。子西就要死了,子产怎么能躲开呢?天祸害郑国已经很久,必定使子产来安息他,就可以安定,要不然郑国恐怕就要灭亡。”

【讲评】

吴公子季札是历史上有名的贤人,《左传》作者极力推崇,几乎完美。他品德高尚,不计名利,多次拒绝国君之位。学识渊博,熟悉世事,善于品评。他周游列国时对各国名流的评说、告诫等都成为流传千古的佳话。尤其是他在鲁国观周乐时对音乐、政治的谈论,已经成为古代音乐史、美学史、文学史的经典篇章。吴闿生《左传微》卷七引刘宗尧语:“春秋之有季子,亦凤麟也。左氏欲借其人为衰世树之风声,故于其器识、襟抱、性情、志节,尽情铺叙,所谓旷世相感,虽叙事之文,实当与孟子‘圣人百世之师’篇并读,以求其神味也。”

襄公三十年

【原文】

[经]三十年春,王正月,楚子使薳罢来聘。夏四月,蔡世子般弑其君固。五月甲午,宋灾,宋伯姬卒。天王杀其弟佞夫。王子瑕奔晋。秋七月,叔弓如宋,葬宋共姬。郑良霄出奔许,自许入于郑,郑人杀良霄。冬,十月葬蔡景公。晋人、齐人、宋人、卫人、郑人、曹人、莒人、邾人、滕人、薛人、杞人、小邾人会于澶渊,宋灾故。

【原文】

[传]三十年春,王正月,楚子使薳罢来聘,通嗣君也。穆叔问:“王子之为政何如?”对曰:“吾侪小人,食而听事,犹惧不给命而不免于戾,焉与知政?”固问焉,不告。穆叔告大夫曰:“楚令尹将有大事,子荡将与焉,助之,匿其情矣。”

子产相郑伯以如晋，叔向问郑国之政焉。对曰："吾得见与否，在此岁也。驷、良方争，未知所成。若有所成，吾得见，乃可知也。"叔向曰："不既和矣乎？"对曰："伯有侈而愎，子皙好在人上，莫能相下也。虽其和也，犹相积恶也，恶至无日矣。"

二月癸未，晋悼夫人食舆人之城杞者。绛县人或年长矣，无子，而往与于食。有与疑年，使之年。曰："臣小人也，不知纪年。臣生之岁，正月甲子朔，四百有四十五甲子矣，其季于今三之一也。"吏走问诸朝，师旷曰："鲁叔仲惠伯会郤成子于承匡之岁也。是岁也，狄伐鲁。叔孙庄叔于是乎败狄于咸，获长狄侨如及虺也、豹也，而皆以名其子。七十三年矣。"史赵曰："亥有二首六身，下二如身，是其日数也。"士文伯曰："然则二万六千六百有六旬也。"赵孟问其县大夫，则其属也。召之，而谢过焉，曰："武不才，任君之大事，以晋国之多虞，不能由吾子，使吾子辱在泥涂久矣，武之罪也。敢谢不才。"遂仕之，使助为政。辞以老。与之田，使为君复陶，以为绛县师，而废其舆尉。

于是，鲁使者在晋，归以语诸大夫。季武子曰："晋未可媮[①]也。有赵孟以为大夫，有伯瑕以为佐，有史赵、师旷而咨度焉，有叔向、女齐以师保其君。其朝多君子，其庸可媮乎？勉事之而后可。"

夏四月己亥，郑伯及其大夫盟。君子是以知郑难之不已也。

蔡景侯为大子般娶于楚，通焉。大子弑景侯。

初，王儋季卒，其子括将见王，而叹。单公子愆期为灵王御士，过诸廷，闻其叹而言曰："乌乎！必有此夫！"入以告王，且曰："必杀之！不戚而愿大，视躁而足高，心在他矣。不杀，必害。"王曰："童子何知？"及灵王崩，儋括欲立王子佞夫，佞夫弗知。戊子，儋括围芀，逐成愆。成愆奔平畤。五月癸巳，尹言多、刘毅、单蔑、甘过、巩成杀佞夫。括、瑕、廖奔晋。书曰："天王杀其弟佞夫。"罪在王也。

或叫于宋大庙，曰："譆譆！出出！！"鸟鸣于亳社，如曰："譆譆。"甲午，宋大灾。宋伯姬卒，待姆也。君子谓"宋伯姬，女而不妇[②]。女待人，妇义事也。"

六月，郑子产如陈莅盟。归，复命。先大夫曰："陈，亡国也，不可与也。聚禾粟，缮城郭，恃此二者，而不抚其民。其君弱植，公子侈，大子卑，大夫敖，政多门，以介于大国，能无亡乎？不过十年矣。"

【注释】

①媮：轻视。

②女而不妇：行女道，非妇道。女，闺女；妇，媳妇。

【译文】

三十年春天，周历正月，楚王派薳罢来鲁国聘问，为新君谋求两国友好。穆叔问："王子围的执政情况怎么样？"薳罢答复说："我们这些小人吃了饭就办事，就这样还常常害怕完不成使命不能免于罪过，哪儿有功夫过问国家大事呢？"再三问他，依然不答复。穆叔对大夫们说："楚国的令尹可能要发动政变，薳罢将会参加，薳罢在帮助他掩饰内情。"

子产作为相礼跟郑简公前去晋国，叔向问起郑国的政权。子产答复说："我预测今年能见分晓。如今子皙和伯有正在争权，还不晓得调停的最后结果。要是能被调和，我晓得了结果，才能晓得如何。"叔向说："他们二人不是已经和好了吗？"子产讲："伯有骄奢而刚愎，子皙喜欢高居别人之上，双方互不相让。即使表面上已经和好，不过彼此积怨已深，很快就会爆发。"

二月二十二日，晋悼公夫人慰劳修建杞城的役卒吃饭。有一个绛县的老年人，因为没有儿子，就自己去吃饭了。有人怀疑他的年龄，让他说出自己的岁数。他说："我是个小人，不晓得自己的年龄。只记得我出生那一年，是正月初一甲子日，到现在已经过了四百四十五个甲子了，最末一个甲子日到今日刚刚二十天。"官吏到朝廷上询问。师旷讲："他出生于鲁国的叔仲惠伯在承匡会见成子那一年。那一年，狄人攻击鲁国。叔孙庄叔在咸地击败了狄人，抓捕了长狄侨如和虺、豹，把几个人的名字都作为他儿子的名字。算来已经七十三岁了。"史赵说："'亥'这个字有两个头，六个身子，把两个头拿下来当作身子，这便是他活的天数。"士文伯说："那么便是二万六千六百六十天了。"赵武问老人的县大夫是谁，才晓得他是自己的下属。于是赵武把老人请来，向他道歉说："我赵武无能，却出任了国家重任，由于晋国忧患丛生，故而没能重用您，让您屈居下位这么多年，这是我的罪过。再次向您道歉。"就要让他做官，协助自己处理政务。老人借口年老推辞了。赵武送给他一些田地，让他负责为国君处理免役之事，并兼任绛县掌管田地的县师，并免去了那个征他做役卒的舆尉的职务。

这时鲁国的使者正在晋国访问，回国后告诉了大夫们。季武子讲："晋国不可轻视。有赵武为上卿，有士文伯辅助，有史赵、师旷为顾问，有叔向跟女齐出任国君的师保。他们的朝中有很多君子，可以小看他们吗？只有尽力服侍才行。"

夏天四月某日，郑简公跟他的大夫们盟誓。君子故而而晓得郑国的祸乱还没有

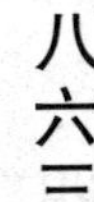

结束。

蔡景公从楚国为太子般娶了妻子，又跟儿媳私通。太子般就杀了景公。

先前，周灵王的弟弟儋季逝世后，他的儿子儋括脱掉丧服去见灵王，在朝廷上叹息起来。单国的公子愆期是灵王的侍卫，路过朝廷，听见叹息声便说："哎呀！他必定是想夺取政权。"进去告诉了灵王，而且说："必需要把这个人杀死！他父亲刚死，却已经没有悲哀而有了这种野心，您看他东张西望，走路时脚抬得很高，说明已心怀不轨。要是不杀了他，以后一定成为祸害。"灵王说："你小孩子晓得什么？"等到灵王逝世后，儋括准备立王子佞夫为王，佞夫不晓得这回事。二十八日，儋括包围了苭地，赶跑了邑大夫成愆。成愆逃亡到了平畤。五月四日，尹言多、刘毅、单蔑、甘过、巩成杀死佞夫。括、瑕、逃亡到了晋国。《春秋》记录为"天王杀其弟佞夫，"意思是过错在于周景王。

有人在宋国的太庙中大喊大叫："嘻嘻，快跑快跑。"鸟也在亳社上鸣叫，声音也如"嘻嘻"。五月五日，宋国出现了大火灾，宋伯姬被烧死，她是为了等保姆出来才被烧死的。君子觉得"宋伯姬象个小姐而不象个已嫁的妇人，小姐应当等保姆陪着才走，而已嫁的妇人就完全能够依据具体情况灵活行事。"

六月，郑国的子产到陈国参加会盟。回来后复命，对大夫们说："陈国即将灭亡，不能再跟它结好。他们积聚粮食，修治城郭，只晓得依仗这两点而不晓得安抚民众。他们的国君地位不牢固，公子奢侈，太子卑微，大夫傲慢，政出多门，如此处在大国之间，还能不消亡吗？超不过十年了。"

【原文】

秋七月，叔弓如宋，葬共姬也。

郑伯有耆酒，为窟室，而夜饮酒，击钟焉，朝至，未已。朝者曰："公焉在？"其人曰："吾公在壑谷。"皆自朝布路而罢。既而朝，则又将使子皙如楚，归而饮酒。庚子，子皙以驷氏之甲伐而焚之。伯有奔雍梁，醒而后知之。遂奔许。

大夫聚谋。子皮曰："《仲虺之志》云：'乱者取之，亡者侮之。'推亡固存，国之利也。罕、驷、丰同生，伯有汰侈，故不免。"人谓子产就直助强。子产曰："岂为我徒？国之祸难，谁知所敝？或主强直，难乃不生，姑成吾所。"辛丑，子产敛伯有氏之死者而殡之，不及谋而遂行。印段从之。子皮止之。众曰："人不我顺，何止焉？"子皮曰："夫子礼于死者，况生者乎？"遂自止之。壬寅，子产入。癸卯，子石入。皆受盟于子皙氏。乙巳。郑伯及其大夫盟于大宫，盟国人于师之梁之外。

伯有闻郑人之盟己也，怒；闻子皮之甲不与攻己也，喜，曰："子皮与我矣。"癸丑，晨，自墓门之渎入，因马师颉介于襄库，以伐旧北门。驷带率国人以伐之。皆召子产，子产曰："兄弟而及此，吾从天所与。"伯有死于羊肆。子产襚之，枕之股而哭之，敛而殡诸伯有之臣在市侧者，既而葬诸斗城。子驷氏欲攻子产。子皮怒之，曰："礼，国之干也，杀有礼，祸莫大焉。"乃止。

于是游吉如晋还，闻难，不入。复命于介。八月甲子，奔晋。驷带追之，及酸枣。与子上盟，用两珪质于河。使公孙肸入盟大夫。己巳，复归。书曰："郑人杀良霄"，不称大夫，言自外入也。

于子蟜之卒也，将葬，公孙挥与裨灶晨会事焉。过伯有氏，其门上生莠[①]。子羽曰："其莠犹在乎？"于是岁在降娄，降娄中而旦。裨灶指之曰："犹可以终岁，岁不及此次也已。"及其亡也，岁在娵訾之口，其明年乃及降娄。

仆展从伯有，与之皆死。羽颉出奔晋，为任大夫。

鸡泽之会，郑乐成奔楚，遂适晋。羽颉因之，与之比而事赵文子，言伐郑之说焉，以宋之盟故，不可。子皮以公孙鉏为马师。

楚公子围杀大司马蔿掩而取其室。申无宇曰："王子必不免。善人，国之主也。王子相楚国，将善是封殖，而虐之，是祸国也。且司马，令尹之偏，而王之四体也。绝民之主，去身之偏，艾王之体，以祸其国，无不祥大焉？何以得免？"

为宋灾故，诸侯之大夫会，以谋归宋财。冬十月，叔孙豹会晋赵武、齐公孙虿、宋向戌、卫北宫佗、郑罕虎及小邾之大夫，会于澶渊。既而无归于宋，故不书其人。

君子曰："信其不可不慎乎！澶渊之会，卿不书，不信也。夫诸侯之上卿，会而不信，宠名皆弃，不信之不可也如是。《诗》曰'文王陟降，在帝左右'，信之谓也；又曰'淑慎尔止，无载尔伪'，不信之谓也。"书曰："某人某人会于澶渊，宋灾故"，尤之也。不书鲁大夫，讳之也。

郑子皮授子产政，辞曰："国小而逼，族大宠多，不可为也。"子皮曰："虎帅以听，谁敢犯子？子善相之，国无小，小能事大，国乃宽。"

子产为政，有事伯石，赂与之邑。子太叔曰："国皆其国也，奚独赂焉？"子产曰："无欲实难。皆得其欲，以从其事，而要其成。非我有成，其在人乎？何爱于邑，邑将焉往？"子太叔曰："若四国何？"子产曰："非相违也，而相从也，四国何尤焉？《郑书》有之曰：'安定国家,必大焉先。'姑先安大,以待其所归。"既伯石惧而归邑,卒与之。伯有既死,使太史命伯石为卿,辞。太史退,则请命焉。复命之,又辞。如是三,乃受策入拜。子产是以恶其为人也,使次己位。

子产使都鄙有章,上下有服,田有封洫[2],庐井有伍。大人之忠俭者,从而与之;泰侈者因而毙之。丰卷将祭,请田焉。弗许,曰:"唯君用鲜,众给而已。"子张怒,退而征役。子产奔晋,子皮止之,而逐丰卷。丰卷奔晋。子产请其田里,三年而复之,反其田里及其入焉。

从政一年,舆人诵之,曰:"取我衣冠而褚之,取我田畴而伍之。孰杀子产,吾其与之。"及三年,又诵之曰"我有子弟,子产诲之;我有田畴,子产殖之。子产而死,谁其嗣之?"

【注释】

①莠:狗尾草。

②封洫:田地疆界与沟洫。

【译文】

秋天,七月,叔弓去到宋国,这是因为安葬共姬。

郑国的伯有爱好喝酒,造了地下室,并在晚上喝酒,奏乐。朝见的人来到,他还没有喝完酒。朝觐的人说:"主人在哪里?"他的手下人回答:"我们的主人在地下室。"朝觐的人都分路回去。不久晢伯有去朝见郑伯,又要派子晢去楚国,回家之后又喝酒。七月十一日,子晢带着驷氏的甲士攻击而且放火烧了他的家。伯有逃亡到雍梁,酒醒之后才晓得是怎么回事,于是又逃往许国。大夫们聚集在一块商量。子皮说:"《仲虺之志》说:'动乱的就攻击它,灭亡的就欺辱它。'摧毁灭亡的而巩固存在的,这是国家的利益。罕氏、驷氏、丰氏本来是同胞兄弟,伯有骄傲奢侈,故而不免于祸难。"有人对子产说:"要靠拢正直的帮助强大的。"子产说:"他们难道是我的同伙?国家的灾难,谁知道怎样平定?要是有主持国政的人强大而且正直,灾难就不会出现。姑且保住我的地位吧。"十二日,子产收了伯有氏死者的尸体而进行殡葬,来不及跟大夫们商量就出走了。印段跟随他。子皮不让他走。大伙说:"别人不顺从我们,为何不让他走?"子皮说:"这个人对死去的人有礼,何况对活着的人呢?"于是就自己劝止子产。十三日,子产进到国都。十四日,印段进入国都。两个人都在子皙家中接受了盟约。十六日，郑简公跟他的大夫们在太庙会盟，又跟国内的人们在师之梁门外结盟。

伯有听见郑国人为他结盟，很生气；听见子皮的甲士没有参加攻打他，很高兴，说：“子皮帮助我了。”二十四日，从墓门的排水洞进去，靠着马师颉用襄库的皮甲装备士兵，领着他们攻击旧北门。驷带率领国内的人们攻打伯有。两家都召请子产。子产讲：“兄弟之间到了这地步，我服从上天所要保佑的一家。”伯有死在买卖羊的街市上，子产给伯有的尸体穿上衣服，头枕在尸体的大腿上而为他号哭，收尸而且把棺材停放在街市旁边伯有部下的家中，很快又葬在斗城。驷氏想要攻击子产。子皮为这生气，说：“礼仪，是国家的支柱。杀害有礼的人，没有比这再大的灾难了。”于是就停止了。

那时，游吉去晋国以后回来，听说出现祸难，不进入。让副手回来复命。八月初六日，逃亡到晋国。驷带追击他，抵达酸枣。游吉和驷带结盟，把两件玉珪沉在黄河里表达诚意。让公孙肸进入国都跟大夫结盟。十一日，游吉再次回到国内。《春秋》记录说：“郑人杀良霄。”不称他为大夫，这是说伯有从国外进来已经失去官位了。

当子蟜死了之后，即将安葬时，公孙挥和裨灶早晨会商丧事。他们路过伯有氏家时，看到门上长了狗尾草，公孙挥说：“他们门上的狗尾草还在吗？”那时岁星在降娄，降娄星在天空中部，天就亮了。裨灶指着降娄星，说：“还能够等岁星绕一周，不过活不到岁星再到这个位次就是了。”到来伯有被杀，岁星正在訾的口上，明年才能抵达降娄。

仆展跟从伯有，和他一块死去。羽颉逃跑到晋国，做了任邑的长官。

鸡泽的会见，郑国的乐成逃跑到楚国，就乘机去到晋国。羽颉依靠他，和他勾结着一块侍奉赵文子，提出了攻击郑国的建议。因为有宋国盟誓的缘故，赵文子不答应。子皮让公孙代替羽颉做了马师。

楚国的公子围杀了大司马芳掩而抢占了他的家财。申无宇说：“王子一定不能免于祸难。善人，是国家的栋梁。王子辅佐楚国的政事，应当培养善人，如今反倒对他们暴虐，这是危及国家。而且司马，是令尹的辅助，也是国君的手足。断绝民众的栋梁，去掉自己的辅助，斩除国君的手足，以危及国家，没有比这再大的不吉利了。如何能免于祸难呢？”

为了宋国火灾的原因，诸侯的大夫会面，以商量给宋国赠送财货。冬十月，叔孙豹跟晋国赵武、齐国的公孙虿、宋国的向戌、卫国的北宫佗、郑国的罕虎还有小邾国的大夫在澶渊会面，事情完了又没有给宋国赠送什么东西，故而《春秋》没有记录与会者的姓名。

君子说："信用恐怕不能不谨慎吧！澶渊的会面，不记录卿的名字，这是因为不守信用的原因。诸侯的上卿，会见了又不守信用，他们尊贵的姓名全部丢弃了，不守信用是这样的不能够啊。《诗》说，'文王或升或降，全是在天帝的左右'，这是说要守信用。又说，'好好地恭慎你的行动，不要表现你的虚伪'，这是说不守信用。"《春秋》记录说："某人某人会于澶渊，宋灾故"，这是为了谴责你们。不记录鲁国的大夫，这是因为为他隐瞒。

郑国的子皮把政权交与子产，子产拒绝说："国家小而逼近大国，家族庞大而受宠的人又多，不能管理好。"子皮说："虎领着他们听从，谁敢触犯您？您好好地辅佐国政吧。国家不在于小，小国可以事奉大国，国家就能够得到缓和了。"

子产管理政事，有事情要伯石去办，赠送给他城邑，子太叔说："国家是大家的国家，为何独给他送东西？"子产说："要没有欲望真的是难的。让他们满足欲望，去办他们的事情而取得成功。这不是我的成功，难道是别人的成功吗？对城邑有什么爱惜的，它会跑到哪儿去？"子太叔说："四方邻国将如何看待？"子产说："如此做不是为了互相违背，而是为了互相顺从，四方的邻国对我们有什么可谴责的？《郑书》有这样的话：'安定国家，一定要优先照顾大族。'暂时先照顾大族，以等着它的后果。"不久，伯石害怕而把封邑交还，最终子产还是把城邑给了他。伯有死了之后，郑简公让太史去命令伯石做卿，伯石辞谢。太史退出，伯石又请求太史重新发布命令，命令下来了又辞谢。如此一连三次，这才接受策书入朝拜谢。子产故而讨厌伯石的为人，不过又怕他作乱，便让他居于仅次于自己的地位。

子产让城市跟乡村有所区别，上下尊卑各有职责，土田四界有水沟，庐舍跟耕地能相互适应。对卿大夫中忠诚节俭的，听从他，亲近他；骄傲奢侈的，依法惩治。

丰卷准备祭奠。请求猎取祭品。子产不同意，说："只有国君祭祀才用新猎取的野兽，普通人只要大致足够就行了。"丰卷发怒，退出以后便召集士兵。子产要逃亡到晋国，子皮劝止他而驱赶了丰卷。丰卷逃亡到晋国，子产请求不要没收他的田地住宅，三年之后让丰卷回国复位，把他的田地住宅与全部收入都还给他。

子产参加政事一年，人们歌唱道："计算我的家产而收财物税，丈量我的耕地而征收田税。谁杀害子产，我便助他一臂。"到了三年，又歌唱道："我有子弟，子产教导；我有土田，子产栽培。子产若死，谁来继位？"

【讲评】

子产在国内大力推行的政治改革，顺应了历史潮流和民众意愿，取得了很好的效果，充分反映出他果断的性格和雷厉风行的行事风格。他主张宽猛兼用，在安定大族的基础上严厉打击贵族中的不法分子，向贵族征收赋税，制定法令，增强了郑国实力。不过改革的道路不是一帆风顺的，子产也遭到了贵族中的守旧势力的强烈反对和恶毒的诅咒，此时的子产发挥出他的成熟的政治智慧，有礼有节，在子皮等的支持下取得了成功。《左传》记叙引用的两则民谣生动地反映了国人对子产改革前后迥然不同的态度。

襄公三十一年

【原文】

[经]三十有一年：春，王正月。

夏，六月辛巳，公薨于楚宫。

秋，九月癸巳，子野卒。

己亥，仲孙羯卒。

冬，十月，滕子来会葬。

癸酉，葬我君襄公。

十有一月，莒人弑其君密州。

【原文】

[传]三十一年，春，王正月，穆叔至自会。见孟孝伯，语之曰："赵孟将死矣。其语偷[①]，不似民主[②]。且年未盈五十，而谆谆焉如八九十者[③]，弗能久矣。若赵孟死，为政者其韩子乎！吾子盍与季孙言之，可以树善，君子也。晋君将失政矣，若不树焉，使早备鲁，既而政在大夫，韩子懦弱，大夫多贪，求欲无厌，齐、楚未足与也，鲁其惧哉！"孝伯曰："人生几何，谁能无偷？朝不及夕[④]，将安用树？"穆叔出而告人曰："孟孙将死矣。吾语诸赵孟之偷也，而又甚焉。"又与季孙语晋故，季孙不从。

【注释】

①偷：苟且偷安。

②民主：百姓之主。

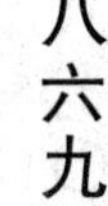

③谆谆:迟钝昏乱的样子。

④朝不及夕:早晨不能顾及晚上。

【译文】

三十一年春天,周历正月,穆叔从会盟地澶渊回来,去见孟孝伯,对他说:“赵孟要死了。他的话听起来有点苟且偷安,不像为民之主的人;年纪还不满五十,就变得唠唠叨叨好像八九十岁的人,不会活得很长了。如果赵孟死了,晋国执政的人大概是韩起吧!您何不去和季孙说说这件事?司以和他建立良好的关系,他是个君子。晋国国君将要失去权柄了。如果不去建立良好的关系,让韩起早点为鲁国做些事;不久以后一旦国政由大夫执掌,到时韩起软弱无力,大夫多数贪婪,要求和私欲没有满足,齐国又不能依靠楚国,鲁国就很令人担心了!”孟孝伯说:“人的一生能有多久,谁不会有点苟且呢?早晨不知道晚上的事,哪里用得着建立良好关系呢?”穆叔出去告诉别人说:“孟孝伯将要死了。我告诉他赵孟苟且偷安,他却比孟伯更加苟且!”又和季孙谈及晋国的事,季孙也不听从他的意见。

【原文】

[传]及赵文子卒,晋公室卑,政在侈家[①]。韩宣子为政,不能图诸侯。鲁不堪晋求,谗慝弘多,是以有平丘之会[②]。

齐子尾害闾丘婴,欲杀之,使帅师以伐阳州[③]。我问师故。夏,五月,子尾杀闾丘婴,以说于我师。工偻洒、渻灶、孔虺、贾寅出奔莒[④]。出群公子。

公作楚宫。穆叔曰:“《大誓》云:‘民之所欲,天必从之。’君欲楚也夫,故作其宫。若不复适楚,必死是宫也。”六月,辛巳,公薨于楚宫。叔仲带窃其拱璧[⑤],以与御人,纳诸其怀而从取之,由是得罪。

【注释】

①侈家:指春秋时豪奢的卿大夫家族。

②平丘:卫邑,在今河北省长垣县西南。

③阳州:地名,今山东东平县东北有阳州城。

④莒:周国名,嬴姓。

⑤拱璧：大璧，后泛指珍宝。

【译文】

等到赵文子死去，晋国公室卑微，政权落入骄奢的卿大夫手中。韩宣子执政，不能谋求诸侯的拥护。鲁国忍受不了晋国的索求，奸邪的小人很多，因此有平丘的会见。

齐国的子尾担心闾丘婴为患，想杀掉他，便派他率领军队讨伐阳州。鲁国询问他们出兵的缘故。夏天五月，子尾杀死闾丘婴以给鲁军一个说法。工偻洒、渻灶、孔虺、贾寅逃亡到莒国。子尾驱逐了群公子。

襄公按照楚国的样式修建了一座宫殿。穆叔说："《大誓》说：'百姓所要求的，上天必定听从。'君王是想侍奉楚国了吧，因为这种原因才修建楚式宫殿。如果不再去楚国，必定会死在这座宫殿里。"六月二十八日，襄公死在楚宫里。叔仲带偷了襄公的大玉璧，交给御者，放在他的怀里，接着又取走，因此获罪。

【原文】

［传］立胡女敬归之子子野，次于季氏。秋，九月，癸巳，卒，毁也。

己亥，孟孝伯卒。

立敬归之娣齐归之子公子裯。穆叔不欲，曰："大子死，有母弟则立之，无则长立，年钧择贤，义钧则卜，古之道也。非适嗣，何必娣之子？且是人也，居丧而不哀，在戚而有嘉容[①]，是谓不度。不度之人，鲜不为患。若果立之，必为季氏忧。"武子不听，卒立之[②]。比及葬，三易衰，衰衽如故衰[③]。于是昭公十九年矣，犹有童心。君子是以知其不能终也。

冬，十月，滕成公来会葬，惰而多涕。子服惠伯曰："滕君将死矣。怠于其位，而哀已甚，兆于死所矣[④]。能无从乎？"癸酉，葬襄公。

【注释】

①嘉容：高兴的样子，指面有喜色。

②卒：最终。

③衰衽：代丧服掩于裳际的衣襟。

④兆：征兆。

【译文】

立胡国国君的女儿敬归的儿子子野为国君,寄居在季氏那里。秋天九月十一日,子野死了,是由于哀伤过度所致。

十七日,孟孝伯死了。

立敬归的妹妹齐归的儿子公子裯为国君。穆叔不同意,说:"太子死了,有同母的弟弟就立他,没有就立年长的;年龄相同就选择贤能的,德才相当就占卜,这是古代的常规。子野不是嫡子,何必一定要立他母亲妹妹的儿子?况且这个人,居丧而不哀痛,在父丧期间却面有喜色,这叫作不讲法度。不讲法度的人,很少有不制造祸乱的。如果真的立了他,必然成为季氏的祸患。"季武子不听劝告,最终还是立了公子裯为新君。等到安葬襄公时,换了三次孝服,衣襟每次都脏得和没换时一样。当时昭公(即公子裯)已经十九岁了,还有童心,君子因此知道他不能善终。

冬天十月,滕成公来参加葬礼,表现轻慢而流了很多眼泪。子服惠伯说:"滕国国君将要死了。该做的表现怠慢,而且悲哀太过分,在丧礼中已经有征兆了,能够不跟着死吗?"

【原文】

[传]公薨之月①,子产相郑伯以如晋②,晋侯以我丧故,未之见也。子产使尽坏其馆之垣③,而纳车马焉。士文伯让之④,曰:"敝邑以政刑之不修,寇盗充斥,无若诸侯之属辱在寡君者何⑤?是以令吏人完客所馆,高其闬闳⑥,厚其墙垣,以无忧客使。今吾子坏之,虽从者能戒,其若异客何?以敝邑之为盟主,缮完葺墙⑦,以待宾客。若皆毁之,其何以共命⑧?寡君使匄请命⑨。"对曰:"以敝邑褊小,介于大国,诛求无时⑩,是以不敢宁居,悉索敝赋,以来会时事⑪。逢之不闲,而未得见,又不获闻命,未知见时,不敢输币⑫,亦不敢暴露⑬。其输之,则君之府实也。非荐陈之⑭,不敢输也。"

【注释】

①薨:诸侯死去叫薨。

②相:辅佐。郑伯:指郑简公。

③坏:拆毁。馆垣:宾馆的围墙。

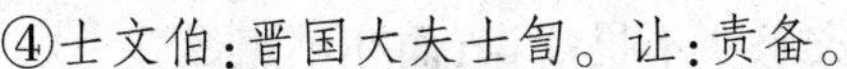

④士文伯：晋国大夫士匄。让：责备。

⑤属：臣属，属官。在：问候。

⑥闬闳：指住宅的大门。

⑦完：同“院”，指墙垣。葺：用草盖墙。

⑧共命：供给宾客所求。

⑨请命：请问理由。

⑩诛求：索取，强制征收。无时：没有定时。

⑪会：朝会。时事：随时朝贡的事。

⑫输币：送上财物。

⑬暴露：露天存放。

⑭荐陈：进献并当庭陈列。

【译文】

鲁襄公死的那一月，子产辅佐郑简公去晋国。晋平公因为鲁国有丧事的缘故，没有接见他们。子产让人把宾馆的围墙全部推倒让自己的车马进去。晋国的士文伯责怪他，说：“敝邑由于政事和刑罚没有治理好，盗贼充斥国内，无奈诸侯的下属辱临敝邑问候寡君，所以派官吏修缮宾馆，大门修得高高的，围墙筑得厚厚的，也好让宾客不要担忧。现在您拆掉了它，尽管您的随从能够戒备，可是别的宾客怎么办呢？因为敝邑是盟主，故修缮围墙，以接待宾客；如果把它们都毁掉，那我们怎样供应宾客的需要呢？寡君派匄前来请教。”子产回答说：“因为敝邑狭小，处在大国之间，责备索求没有固定的时候，因此不敢安居，搜罗敝邑的全部财货，前来贵国朝会。正遇上执事没有空闲，没能见到，又没有接到命令，不知道会见的日期。我们不敢献上贡品，也不敢露天放着。如果呈献上去，这些都是君主府库中的财物，不经过一定的荐陈仪式，不敢献纳。

【原文】

［传］其暴露之，则恐燥湿之不时而朽蠹，以重敝邑之罪。侨闻文公之为盟主也，宫室卑庳①，无观台榭②，以崇大诸侯之馆。馆如公寝③，库厩缮修，司空以时平易道路④，圬人以时塓馆宫室⑤。诸侯宾至，甸设庭燎⑥，仆人巡宫，车马有所，宾从有代，巾车脂辖⑦，隶人、牧、圉，各瞻其事⑧。百官之属，各展其物。公不留宾⑨，而亦无废事。忧乐同之，事则

巡之。教其不知,而恤其不足。宾至如归,无宁灾患?不畏寇盗,而亦不患燥湿。

【注释】

①卑庳:低小。

②观:门阙。台:土筑高坛。

③公寝:国君住的宫室。

④平易:平整。

⑤圬人:泥瓦匠人。幂:涂墙,粉刷。

⑥甸:甸人,掌管柴火的官。庭燎:古代庭中照明的火炬。

⑦巾车:管理车辆的官。脂:指加油。辖:车轴头的挡铁。

⑧隶人:清洁工。瞻:看管。

⑨不留宾:不让来客滞留。

【译文】

如果放在露天,又怕忽而日晒忽而雨淋而腐烂生虫,从而加重敝邑的罪过。我听说文公做盟主的时候,宫室低矮促狭,没有台榭可以供观赏,却把接待诸侯的馆舍修得又高又大,馆舍好像晋君的寝宫一样;馆内的仓库马房修缮完好,司空按时平整道路,泥瓦工按时泥沫馆舍的房屋;诸侯的客人到达,甸师点起火把照亮院,仆人巡视宾馆,车马有一定的处所安置,宾客的随从有专人代替,巾车为车轴上油,隶人、牧、圉各自照管分内的事,各主管部门的属官陈列出招待宾客的礼品;文公不让宾客逗留耽搁,但也没有因此而使公务荒废;同忧乐共患难,宾客有事则安抚他们;有不知道的事情就加以教导,有不足的地方就体谅宽宥。宾客来到好像回到家里一样,难道还会有什么灾祸吗?肯足不怕被抢劫偷盗,也不担心日晒雨淋。

【原文】

[传]今铜鞮之宫数里[①],而诸侯舍于隶人。门不容车,而不可逾越。盗贼公行,而夭厉不戒[②]。宾见无时,命不可知。若又勿坏,是无所藏币以重罪也。敢请执事,将何以命之?虽君之有鲁丧,亦敝邑之忧也。若获荐币,修垣而行,君之惠也。敢惮勤劳!”

文伯复命。赵文子曰:“信[③]。我实不德,而以隶人之垣以赢诸侯[④],是吾罪也。”使士文伯谢不敏焉。晋侯见郑伯,有加礼[5],厚其宴、好而归之[6]。乃筑诸侯之馆。

【注释】

①铜鞮之宫:晋侯的别宫,在山西沁县南。

②天厉:天灾。不戒:无法防备。

③信:确实,可信。

④垣:这里指房舍。赢:接待。

⑤加礼:礼节特别隆重。

⑥宴:宴会。好:指宴会上送给宾客的礼物。

【译文】

现在晋君铜鞮宫绵延数里,而诸侯各国的宾客却居住在隶人住的地方;大门进不去车子,又无法翻墙而入;盗贼明目张胆肆意横行,而且上天降下的疾病也无法防备;接见宾客没有定时,君王召见的命令也不知道什么时候发布。如果不推倒围墙,就没有地方收藏贡赋而加重我们的罪过。谨敢请教执事,您对我们将有什么指示?虽然君主遇到了鲁国的丧事,但这也是敝邑的忧戚啊。如果能奉献贡赋,把围墙修好回国,这是君主的恩惠,怎么会畏惧辛勤和劳苦呢?士文伯复命,赵文子说:"的确是这样。我们实在德行有缺失,用给隶人居住的围墙来招待诸侯,这是我们的罪过啊!"便派士文伯去承认自己不明事理。晋平公接见郑简公,礼节特别隆重,设盛宴并赠以丰厚的礼品,然后送他回去。事后晋国修筑了接待诸侯的宾馆。

【原文】

[传]叔向曰:"辞之不可以已也如是夫[1]!子产有辞,诸侯赖之,若之何其释辞也?《诗》曰[2]:'辞之辑矣[3],民之协矣。辞之绎矣[4],民之莫矣[5]。'其知之矣。"

郑子皮使印段如楚,以适晋告,礼也。

莒犁比公生去疾及展舆,既立展舆,又废之。犁比公虐,国人患之[6]。十一月,展舆因国人以攻莒子,弑之,乃立。去疾奔齐,齐出也。展舆,吴出也。书曰"莒人弑其君买朱鉏。"言罪之在也。

【注释】

①辞：言辞。

②《诗》：出自《诗·大雅·板篇》。

③辑：和谐。

④绎：悦耳，动听。

⑤莫：安定。

⑥患之：以之为患，为此感到担忧。

【译文】

叔向说："辞令不能废弃就像这样吧！子产善于辞令，诸侯都因为有了他而获得了利益。为什么要放弃辞令呢？《诗》说：'辞令和谐，百姓和顺。辞令动听，百姓安定。'子产懂得其中的道理啊！"

郑国的子皮派印段去楚国，把到晋国的事报告给楚国，这是合于礼的。

莒国犁比公生了去疾和展舆。展舆已经被立为太子，又废了他。犁比公暴虐，国内的人为此感到担忧。十一月，展舆依靠都城的人攻打犁比公，杀了他，才自立为国君。去疾逃亡到齐国，这是因为他是齐女所生的缘故。展舆，是吴女所生。《春秋》记载说"莒人弑其君买朱鉏"，这是说罪过在犁比公。

【原文】

[传]吴子使屈狐庸聘于晋，通路也[①]。赵文子问焉，曰："延州来季子，其果立乎？巢陨诸樊，阍戕戴吴[②]，天似启之，何如？"对曰："不立。是二王之命也，非启季子也。若天所启，其在今嗣君乎！甚德而度，德不失民，度不失事，民亲而事有序，其天所启也。有吴国者，必此君之子孙实终之[③]。季子，守节者也。虽有国，不立。"

【注释】

①通路：沟通两国交往之路。

②阍：守门人。

③终：最后。

【译文】

吴王派屈狐庸到晋国聘问，这是为了沟通两国交往之路。赵文子询问他，说："初封在延、后加封了州来的季子最终能立为国君吗？攻打巢地死了诸樊，看门人杀了戴吴，上天似乎为季子打开了做国君的大门，怎么样？"屈狐庸回答说："不会立为国君。这是两位国王的命运不好，不是为季子打开做国君的大门。如果上天打开了大门，大概是为了现在的嗣君吧？他很有德行而且做事合于法度。有德行就不会失去百姓，合于法度做事就不会失误；百姓亲附而且事情符合秩序，是上天所开启的吧！保有吴国的，必定是他的子孙一直到最后。季子，是保持节操的人，即使把国家交给他，他也是不肯做国君的。"

【原文】

［传］十二月，北宫文子相卫襄公以如楚，宋之盟故也。过郑，印段迋劳于棐林[①]，如聘礼而以劳辞。文子入聘[②]。子羽为行人，冯简子与子大叔逆客。事毕而出，言于卫侯曰："郑有礼，其数世之福也。其无大国之讨乎！《诗》云[③]：'谁能执热，逝不以濯[④]。'礼之于政，如热之有濯也。濯以救热，何患之有？"

【注释】

①迋：去，往。棐林：郑国地名，在今河南新郑市。

②入聘：进入国都行聘问之礼。

③《诗》：指《诗·大雅·桑柔》。

④濯：洗。

【译文】

十二月，北宫文子辅佐卫襄公出访楚国，这是为了履行宋国的盟约。经过郑国，印段到棐林去慰问他们，依照国家之间聘问的礼节而使用慰劳的辞令。北宫文子进入郑国国都聘问，子羽充当行人，冯简子和子太叔迎接客人。聘问之礼完毕出来，北宫文子对卫襄公说："郑国做事合于礼仪，这是几代人的福气，不会有大国讨伐他们了！《诗》说：'谁能在酷热时，却不去洗澡来爽身呢？'礼仪对于政事，好像天热时洗澡。洗澡可以消除酷热，还有什么可担心的？"

【原文】

[传]子产之从政也，择能而使之。冯简子能断大事；子大叔美秀而文；公孙挥能知四国之为，而辨于其大夫之族姓、班位、贵贱、能否[①]，而又善为辞令；裨谌能谋，谋于野则获[②]，谋于邑则否。郑国将有诸侯之事，子产乃问四国之为于子羽，且使多为辞令；与裨谌乘以适野，使谋可否；而告冯简子，使断之；事成，乃授子大叔使行之，以应对宾客，是以鲜有败事[③]。北宫文子所谓有礼也。

【注释】

①辨：明辨。族姓：家族姓氏。班位：个别位置，指官职爵位。

②获：正确。

③败事：将事情办坏。

【译文】

子产执掌政事，选任有才能的人。冯简子能决断大事；子太叔仪表风度美好而精通典籍；公孙挥了解各国诸侯的政令，同时对各国大夫家族姓氏、官职爵位、地位尊卑、才能大小都能明辨，并且又善于辞令；裨谌能出谋划策，但在郊外僻静处谋划就能获得成功，而在城里谋划则不行。郑国将要与诸侯交涉，子产就向公孙挥询问四方诸侯的国内动向，而且让他妥善地准备好外交辞令；和裨谌一起乘车到郊外，让他考虑是否可行；再把考虑的结果告诉冯简子，让他决断；计划完成后，就交给子太叔让他执行，同宾客交往应对。因此很少把事情办坏。这就是北宫文子所说的“合于礼”。

【原文】

[传]郑人游于乡校[①]，以论执政。然明谓子产曰[②]：“毁乡校，何如？”子产曰：“何为？夫人朝夕退而游焉[③]，以议执政之善否[④]。其所善者，吾则行之；其所恶者，吾则改之。是吾师也，若之何毁之？我闻忠善以损怨，不闻作威以防怨[⑤]。岂不遽止[⑥]？然犹防川[⑦]，大决所犯，伤人必多，吾不克救也。不如小决使道[⑧]，不如吾闻而药之也[⑨]。”然明曰：“蔑也今而后知吾子之信可事也。小人实不才[⑩]。若果行此，其郑国实赖之，岂唯二三臣？”

仲尼闻是语也，曰：“以是观之，人谓子产不仁，吾不信也。”

【注释】

①乡校:古代地方学校。周代特指六乡州党的学校。也是乡人聚会议事的地方。

②然明:郑国大夫融蔑,然明是他的字。

③退:工作完毕后回来。

④忠善:尽力做善事。损:减少。

⑤作威:摆出威风。

⑥遽:很快,迅速。

⑦防:堵塞。川:河流。

⑧道:同“导”,疏通,引导。

⑨药之:以之为药,用它做治病的药。

⑩小人:自己的谦称。不才:没有才能。

【译文】

郑国人在乡校游乐,议论执政者的得失。因此然明对子产说:“毁掉乡校,怎么样?”子产说:“为什么要毁乡校?人们早晚做完事情到那里游乐,并议论执政者的得失。他们认为好的,我就推行它;他们讨厌的,我就改掉它:这实际上是我的老师,为什么要毁掉它呢?我听说用忠善之行可以减少怨恨,没有听说用威势压人来防止怨恨。难道用强硬手段就能把众人的嘴巴立刻堵住?可是这种方法就像防止河水一样:如果河堤决了大口子,必然有很多人遭受伤害,我就无法挽救了。还不如开个小口子加以疏导。不妨让我把听到的批评作为治病的药石来看待。”然明说:“我从今以后知道您确实可以成就大事了。小人实在没有才能。如果真这样做下去,整个郑国都会得到利益,岂止是几位大臣呢?”

孔子听到这些话,说:“从这事看来,有人说子产不仁,我绝不相信!”

【原文】

[传]子皮欲使尹何为邑[①]。子产曰:“少[②],未知可否?”子皮曰:“愿,吾爱之,不吾叛也。使夫往而学焉,夫亦愈知治矣。”子产曰:“不可。人之爱人,求利之也。今吾子爱人则以政,犹未能操刀而使割也,其伤实多。子之爱人,伤之而已,其谁敢求爱于子?子于

郑国,栋也。栋折榱崩[3],侨将厌焉[4]。敢不尽言?子有美锦,不使人学制焉。大官大邑,身之所庇也,而使学者制焉。其为美锦,不亦多乎?侨闻学而后入政,未闻以政学者也。若果行此,必有所害。譬如田猎,射御贯[5],则能获禽,若未尝登车射御,则败绩厌覆是惧,何暇思获?"子皮曰:"善哉!虎不敏。吾闻君子务知大者远者,小人务知小者近者。我,小人也。衣服附在吾身,我知而慎之;大官大邑,所以庇身也,我远而慢之[6]。微子之言,吾不知也。他日我曰:'子为郑国,我为吾家,以庇焉,其可也。'今而后知不足。自今请虽吾家,听子而行。"子产曰:"人心之不同,如其面焉。吾岂敢谓子面如吾面乎?抑心所谓危,亦以告也。"子皮以为忠,故委政焉。子产是以能为郑国。

【注释】

①为邑:做宰邑。

②少:年纪轻。

③榱:椽,栋梁。

④厌:通"压"。

⑤贯:通"惯",熟练。

⑥慢:轻视,怠慢。

【译文】

子皮想让尹何担任自己封邑的宰邑。子产说:"太年轻,不知道行不行。"子皮说:"他为人忠厚。我喜欢他,他不会背叛我的。再说他虽然年轻,但让他到那里去学习,想必他就进一步懂得如何处理政事了。"子产说:"不行!别人喜欢一个人,总是考虑对那个人有利。现在您喜欢一个人却将政事交给他,就像一个人还不会拿刀子却让他去切东西,那对他的伤害一定会很多的。您喜欢一个人,却又要让他受到伤害罢了,那谁还敢求取您的喜欢呢?您在郑国,好比栋梁,栋梁折断,椽子会崩塌,我将会被压在底下,怎么敢不把话全部说完?假如您有一块美丽的织锦,是不会让别人拿来学习裁剪的。重要的官职和大的封邑,是自身赖以庇护的东西,反而让人学习着治理,它与美丽的织锦比不是重要得多吗?我只听说学习以后才参与政务,没有听说通过做官来学习的。如果这样做,必定有害处。好比打猎,射箭驾车熟练,就能获取禽兽,如果没有驾过车射过箭,那么一心害怕车辆翻覆人被碾压,哪里有空想着猎取野物呢?"子皮说:"说得太好了!我真是糊涂。

我听说君子想到大事,看得长远。小人则只能想到小事,看到眼前。我是小人啊。衣服穿在我身上,我知道慎重地对待它;重要官职和大的封邑是用来庇护自身的,我反而疏忽而轻视它。没有您的这番话,我还不知道其中的道理呢。从前我说过,您治理郑国,我治理我的家族以庇护我自己,这就可以了。从今以后我才知道自己的能力不够。从现在起我请求,即使是我的家族的事情,也听凭您的意见去做。”子产说:“人心不相同,好像人的面孔一样。我哪里敢说您的面孔像我的面孔呢?不过心里觉得这样做危险,就告诉您了。”子皮认为子产忠诚,所以把政事全部托付给他,子产因此能够治理郑国。

【原文】

[传]卫侯在楚,北宫文子见令尹围之威仪[1],言于卫侯曰:“令尹似君矣,将有他志,虽获其志,不能终也。《诗》云[2]‘靡不有初,鲜克有终。’终之实难,令尹其将不免。”公曰:“子何以知之?”对曰:“《诗》云:‘敬慎威仪[3],惟民之则。’令尹无威仪,民无则焉。民所不则,以在民上,不可以终。”公曰:“善哉!何谓威仪?”对曰:“有威而可畏谓之威,有仪而可象[4]谓之仪。君有君之威仪,其臣畏而爱之,则而象之,故能有其国家,令闻长世[5]。"

【注释】

①威仪:庄重的仪容、举止。

②出自《诗·大雅·荡》。

③出自《诗·大雅·抑》。敬慎:即谨慎。

④可象:可以效仿。

⑤长世:历世久远;永存。

【译文】

卫侯在楚国,北宫文子看见令尹王子围的威仪,对卫侯说:“令尹的举止像个国君了,他很可能有野心。即使能实现他的野心,也必然难以善终。《诗》说:‘万事都有开始,但坚持到底的却不多。’想得善终实在很难。令尹恐怕会不能免于祸难了。”卫侯说:“您通过什么知道的?”北宫文子回答说:“《诗》说:‘谨慎自己的威仪,它是百姓的准则。’令尹没有威仪,百姓就没有了效法的榜样。百姓所不效法的人,却位居百姓之上,不得善终啊。”卫侯说:“好啊!什么叫威仪?”北宫文子回答说:“有威严使人敬畏叫作威,有仪态使人仿效叫作仪。国君有国君的威仪，他的臣子敬畏并爱戴他，把他作为准则并仿效他。所以能够保有他的国家，流芳百世。

【原文】

[传]臣有臣之威仪，其下畏而爱之[①]，故能守其官职，保族宜家[②]。顺是以下皆如是，是以上下能相固也。《卫诗》曰：'威仪棣棣[③]，不可选也。'言君臣上下，父子兄弟，内外大小，皆有威仪也。《周诗》曰：'朋友攸摄[④]，摄以威仪。'言朋友之道，必相教训以威仪也。《周书》数文王之德，曰：'大国畏其力，小国怀其德。'言畏而爱之也。《诗》云：'不识不知，顺帝之则。'言则而象之也。纣囚文王七年，诸侯皆从之囚，纣于是乎惧而归之，可谓爱之。文王伐崇，再驾而降为臣[⑤]，蛮夷帅服[⑥]，可谓畏之。文王之功，天下诵而歌舞之。可谓则之。文王之行，至今为法，可谓象之。有威仪也。故君子在位可畏，施舍可爱，进退可度，周旋可则，容止可观，作事可法，德行可象，声气可乐，动作有文，言语有章，以临其下，谓之有威仪也。"

【注释】

①爱：爱戴。

②保族宜家：保有家族，善治家邦。

③棣棣：雍容娴雅的样子。

④摄：辅助。

⑤再驾：再度兴师。

⑥蛮夷：古代对四方边远地区少数民族的泛称。亦专指南方少数民族。帅服：相率而归服。

【译文】

臣子有臣子的威仪，他的下属敬畏并爱戴他，所以能保持他的官职，保有家族，善治家邦。以此类推都是这个道理。因此上下才能互相团结一致，牢不可破。《卫诗》说：'威仪雍容娴雅，好处无法计算。'这是说君臣、上下、父子、兄弟、内外、大小都有威仪。《周诗》说：'朋友之间互相帮助，用以辅助的就是威仪。'这是说朋友之道一定要用威仪来相互教导。《周书》列举文王的德行，说：'大国畏惧他的力量，小国怀念他的恩德。'这是说对他敬畏而又爱戴。《诗》说:‘好像无识无知,依顺天帝的法则。’也就是说要把他作为准则并效法天帝。纣王囚禁文王七年,诸侯都跟着他去坐牢,纣王于是感到害怕,便把文王放了回去,可以说是爱戴文王了。周文王攻打崇国,第二次出兵而崇国降服称臣,蛮夷也相继归服,可以说是敬畏文王了。文王的功业,是可以被天下人赞颂也能使天下人用歌舞庆祝的,可以说是以文王为法则了。文王的行为,现在还以法令的形式保存着,可以说是效法文王了。这是因为有威仪的缘故!所以君子治理政事令人敬畏,施舍使人爱戴,进退可以作为规则,周旋应酬可以作为准则,仪容举止令人赏心悦目,做事情可以代表法度,德行可以让人效法,声音辞令可以使人高兴,动作符合礼仪,言语有条理,用这些来对待下面,就叫作有威仪。”

【讲评】

冯李骅《春秋左绣·读左卮言》说:“《左传》大抵前半出色写一管仲,后半出色写一子产。”《左传》对子产在政治上的才能作了充分的展现,其典型事例很多。一是他的应对敏捷,辞令出色,可称为郑国行人之冠。他擅自拆毁晋国使馆的墙壁,惹得晋国问罪,子产说明了自己不得不拆墙的原因,借晋先代霸主文公对诸侯使者的态度与现在的晋国执政的怠惰做对比,言辞委婉而褒贬鲜明,说得晋人无词以对,不仅不再责问,而且恭恭敬敬地接待郑国君臣一行。这番精彩的言论赢得晋国贤臣叔向的称赞,感叹了语言的巨大魔力,可见子产驾驭语言的能力确实高超。二是子产善于用人,凭你再高的水平,一个人的能力毕竟是有限的,一个高明的领导的成功之道在于因人而用,发现人才,合理使用人才,发挥集体的智慧和能力,也就是现在我们所说的团队精神。从《左传》可见,子产一直在积极搜寻人才,身边聚集了一批优秀人才,如冯简子、子大叔、公孙挥等,所以郑国国政“鲜有败事”。三是重视舆论,了解民情。子产比较明智,他主张保留乡校,让一般人有议政的自由,与执政者之间有个交流的渠道。既可以下情上达,对民情的了解更具体细致,又可以让一般人的不满情绪得到疏导和缓解。四是反对子皮任用尹何,不因为子皮位高权重而随声附和,而是以国事为重,敢于直谏,分析透彻明晰,其忠直赢得了子皮的高度评价和坚决支持。这点对子产来说十分重要。事实上,子产在郑国勇于改革而又能排除困扰进行,与子皮对他的信任是分不开的。

昭公

昭公元年

【原文】

[经]元年春,王正月,公即位。叔孙豹会晋赵武、楚公子围、齐国弱、宋向戌、卫齐恶、陈公子招、蔡公孙归生、郑罕虎、许人、曹人于虢。三月,郓。

夏,秦伯之弟鍼出奔晋。六月丁巳,邾子华卒。晋荀吴帅师败狄于大卤。

秋,莒去疾自齐入于莒。莒展舆出奔吴。叔弓帅师疆郓田。葬邾悼公。

冬十有一月己酉,楚子麇卒。楚公子比出奔晋。

【原文】

[传]元年春,楚公子围聘于郑,且娶于公孙段氏。伍举为介。将入馆,郑人恶之,使行人子羽与之言;乃馆于外。既聘,将以众逆;子产患之,使子羽辞,曰:"以敝邑褊小,不足以容从者,请墠[①]听命。"令尹命大宰伯州犁对曰:"君辱贶寡大夫围,谓围:'将使丰氏抚有而室。'围布几筵,告于庄、共之庙而来。若野赐之,是委君贶于草莽也,是寡大夫不得列于诸卿也。不宁唯是,又使围蒙其先君,将不得为寡君老,其蔑以复矣!唯大夫图之!"子羽曰:"小国无罪,恃实其罪。将恃大国之安靖己,而无乃包藏祸心以图之?小国失恃,而惩诸侯使莫不憾者,距违君命,而有所壅塞不行是惧!不然,敝邑馆人之属也,其敢爱丰氏之祧?"伍举知其有备也,请垂橐而入,许之。

正月乙未入,逆而出。遂会于虢,寻宋之盟也。祁午谓赵文子曰:"宋之盟,楚人得志于晋。今令尹之不信,诸侯之所闻也。子弗戒,惧又如宋。子木之信称于诸侯,犹诈晋而驾焉,况不信之尤者乎!楚重得志于晋,晋之耻也。子相晋国,以为盟主,于今七年矣。再合诸侯,三合大夫,服齐、狄,宁东夏,平秦乱,城淳于,师徒不顿,国家不罢,民无谤讟,诸侯无怨,天无大灾,子之力也!有令名矣,而终之以耻,午也是惧,吾子其不可以不戒!"文子曰:"武受赐矣。然宋之盟,子木有祸人之心,武有仁人之心,是楚所以驾于晋也。今武犹是心也，楚又行僭，非所害也。武将信以为本，循而行之。譬如农夫，是穮是蓘，虽有饥馑，必有丰年。且吾闻之：‘能信不为人下。’吾未能也。《诗》曰：‘不僭不贼，鲜不为则。’信也。能为人则者，不为人下矣。吾不能是难，楚不为患！”楚令尹围请用牲，读旧书加于牲上而已，晋人许之。

三月甲辰，盟。楚公子围设服离卫[2]。叔孙穆子曰：“楚公子美矣，君哉！”郑子皮曰：“二执戈者前矣！”蔡子家曰：“蒲宫有前，不亦可乎？”楚伯州犁曰：“此行也，辞而假之寡君。”郑行人挥曰：“假不反矣。”伯州犁曰：“子姑忧子皙之欲背诞也。”子羽曰：“当璧犹在，假而不反，子其无忧乎？”齐国子曰：“吾代二子愍矣！”陈公子招曰：“不忧何成？二子乐矣。”卫齐子曰：“苟或知之，虽忧何害？”宋合左师曰：“大国令，小国共。吾知共而已。”晋乐王鲋曰：“《小旻》之卒章善矣！吾从之。”

退会，子羽谓子皮曰：“叔孙绞而婉，宋左师简而礼，乐王鲋字[3]而敬，子与子家持之，皆保世之主也。齐、卫、陈大夫其不免乎：国子代人忧，子招乐忧，齐子虽忧弗害。夫弗及而忧，与可忧而乐，与忧而弗害，皆取忧之道也，忧必及之。《大誓》曰：‘民之所欲，天必从之。’三大夫兆忧，忧能无至乎？言以知物，其是之谓矣。”

【注释】

①墠：供祭祀用的经过清扫的地面。

②离卫：两个卫士。离，通“俪”，偶。

③字：自重自爱。

【译文】

元年春季，楚公子围到郑国聘问，而且娶了公孙段家的女子。伍举担任副手。即将进入宾馆了，郑国人恐惧公子围另有图谋，让行人子羽婉言拒绝；于是便住在城外。举行聘礼之后，打算领着众人迎接新妇；子产担心这件事，派子羽辞谢，说：“因为敝邑狭小，不能够容纳您的随从，请让我们清除地面为墠来听从您的命令。”令尹公子围命令太宰伯州犁答复说：“承蒙贵国君赐给寡大夫围恩惠，讲：‘将让丰氏的女儿做你的妻子。’围陈列几筵，在庄王、共王的神庙里祭奠之后前来迎亲。要是在野外行礼，这是把贵君的恩赐丢在草丛里了，这是让寡大夫不能居于卿的行列里了。不仅这样，又让围欺蒙了自己的先君，将不能再做寡君的诸臣之长，或许无法回国复命了！请大夫思考一下！”子羽说：“小国没有罪过，依靠大国却不设防就是它的过错。小国想仰仗大国来安定自己，而大国或许是包藏祸心来谋算小国吧！担忧的是小国失去大国的依赖，使得诸侯对大国有所戒惧，并都憎怨大国，抗拒违背贵君的命令，让大国的命令壅塞而无法通行！不然的话，敝邑便是贵国宾馆一类的地方，哪儿敢爱惜丰氏的祖庙？”伍举晓得郑国有了防备，请求倒挂箭囊进入国都，郑国同意了。

正月乙未日，公子围进到郑都，迎娶新妇离开。于是在郑国的虢地跟诸大夫会面，这是为了接续宋国盟会的友好。祁午对赵文子说：“在宋国盟会上，楚国人先歃血在晋国人的面前满足了心愿。如今令尹的不守信用，是诸侯都听说了的。您要是不戒备，怕又要跟上次在宋国那样。子木的信用在诸侯中受到称赞还欺骗晋国而凌驾在它上面，何况是特别不守信用的人呢！楚国要是再次比晋国先歃血，这是晋国的耻辱啊。您辅助晋国，作为盟主，到如今已经七年了。两次会合诸侯，三次会合大夫，让齐国、狄人归服，让东方的华夏各国安定，平定秦国造成的战乱，在杞国的淳于修城，军队不劳顿，国家不疲乏，民众没有谤言，诸侯没有怨恨，上天没有降大灾，这全是您的功劳啊！已经有了好名声，即以耻辱来告终，我恐惧的正是客中情况，您不能不警惕！”文子说：“我接受您的教诲了。不过宋国的会盟，子木有害人之心，我有爱人之心，故而楚国凌驾在晋国之上。现在我的心仍然如旧，要是楚国又做不守信用的事，这便不是它能伤害得了的。我将把信用作为根本，遵从它去做事。就像农夫，努力耘地除草用土培苗根，就算有灾荒，也一定会有好收成。并且我听说：‘能守信用不会身处人下。’我还没可以做到啊。《诗》说：‘不欺诈不为害，很少不成为民众的榜样。’这是因为守信用的缘故。可以做别人榜样的，不会久居人下啊。我难在没能做到这一点，楚国不用担忧！”楚令尹公子围请求运用祭礼的牲畜，只宣读一下在宋国会盟的旧约，把盟约放在牺牲上面就行了，晋国人同意了。

三月甲辰日，会盟。楚国公子围衣着国君的服饰，两个士兵持戈侍卫。叔孙穆子讲：“楚国公子的服饰真美啊，像个国君！”郑国子皮讲：“两个执戈的人走在前面！”蔡国的子家说：“蒲宫他先前都能够居住，有持戈侍卫走在前面不也是能行的吗？”楚国的伯州犁讲：“这次出来的时候，辞行时向国君借来的。”郑国的行人公孙挥讲：“借了不会归还了。”伯州犁说：“您暂且去担忧子皙背命作乱的事吧。”子羽说：“公子去疾还在，令尹借楚王的服饰而不归还，您难道就没有担忧吗？”齐国的国子说：“我替这二位担忧啊！”陈国的公子招说：“不忧虑如何能做事情？这两位倒该高兴呢。”卫国的齐子说：“要是有人事先知道，即使有值得忧虑的事，又有什么影响？”宋国的合左师向戌说：“大国发命令，小国奉命而行。我晓得尽职就是了。”晋国的乐王鲋讲：“《小》的最后一章很好！我依着它去做。”

退出会场，子羽对子皮说：“叔孙的话适宜而委婉，向戌的话简要而合乎礼仪，乐王鲋的话自爱而恭敬，您跟子家的话持平不偏激，都是能够保持几代爵禄的大夫。齐国、卫国、陈国的大夫，或许就不会免于灾难吧：国子替别人担忧，公子招以担忧为乐，齐子即使忧虑却不知道危害在哪里。事不关己而担忧，以担忧为乐，忧虑而不知危害，都会招致忧虑，忧虑必定会降临到他们头上。《大誓》说：‘民众所要求的，上天必定听从。’三位大夫有忧虑的兆头，忧患能不到来吗？通过言谈能够了解人的性格，或许说的就是这个吧。”

【原文】

季武子伐莒，取郓。莒人告于会。楚告于晋曰：“寻盟未退而鲁伐莒，渎齐盟，请戮其使！”

乐桓子相赵文子，欲求货于叔孙，而为之请。使请带焉，弗与。梁其跁曰：“货以藩身，子何爱焉？”叔孙曰：“诸侯之会，卫社稷也。我以货免，鲁必受师，是祸之也，何卫之为？人之有墙，以蔽恶也；墙之隙坏，谁之咎也？卫而恶之，吾又甚焉。虽怨季孙，鲁国何罪？叔出季处，有自来矣，吾又谁怨？然鲋也贿，弗与，不已。”召使者，裂裳帛而与之，曰：“带其褊矣。”

乐桓子

赵孟闻之，曰：“临患不忘国，忠也；思难不越官，信也；图国忘死，贞也；谋主三者，义也。有是四者，又可戮乎？”乃请诸楚曰：“鲁虽有罪，其执事不辟难，畏威而敬命矣。子若免之，以劝左右，可也。若子之群吏处不辟污，出不逃难，其何患之有？患之所生，污而不治，难而不守，所由来也。能是二者，又何患焉？不靖其能，其谁从之？鲁叔孙豹可谓能矣，请免之以靖能者！子会而赦有罪，又赏其贤，诸侯其谁不欣焉望楚而归之，视远如迩？疆埸之邑，一彼一此，何常之有？王伯之令也，引其封疆而树之官，举之表旗而著之制令，过则有刑，犹不可壹，于是乎虞有三苗，夏有观、扈，商有姺、邳，周有徐、奄。自无令王，诸侯逐进，狎主齐盟，其又可壹乎？恤大舍小，足以为盟主，又焉用之？封疆之削，何国蔑有？主齐盟者，谁能辩焉？吴、濮有衅，楚之执事岂其顾盟？莒之疆事，楚勿与知，诸侯无烦，不亦可乎？莒、鲁争郓，为日久矣。苟无大害于其社稷，可无亢[①]也。去烦宥善，莫不竞劝。子其图之！"固请诸楚，楚人许之，乃免叔孙。

令尹享赵孟，赋《大明》之首章。赵孟赋《小宛》之二章。事毕，赵孟谓叔向曰："令尹自以为王矣，何如？"对曰："王弱，令尹强，其可哉！虽可，不终。"赵孟曰："何故？"对曰："强以克弱而安之，强不义也。不义而强，其毙必速。《诗》曰：'赫赫宗周，褒姒灭之。'强不义也。令尹为王，必求诸侯。晋少懦矣，诸侯将往。若获诸侯，其虐滋甚，民弗堪也，将何以终？夫以强取，不义而克，必以为道。道以淫虐，弗可久已矣！"

【注释】

①亢：庇护，保卫。

【译文】

季武子征讨莒国，占领了郓地。莒人向盟会报告。楚国对晋国讲："续盟还没结束，鲁国就进攻莒国，亵渎盟约，请杀死鲁国使者！"

乐桓子辅助赵文子，想向叔孙豹索求财货，而为叔孙向赵文子求情。派人向叔孙要带子，叔孙不给。梁其跁说："财货是用来保护自身的，您为何要吝惜它呢？"叔孙说："诸侯的会面，是为了保卫国家。我用财货去除祸患，鲁国就必定会受到征讨，这是给它带来祸患，哪儿是什么保卫它啊？人所以有墙壁，是用来阻止坏人的；墙壁要是裂缝毁坏，是谁的过错呢？为了保卫它反倒让它受害，我的罪过又超过了墙壁。即使怨恨季孙，不过鲁国又有什么过错呢？叔孙出国由季孙守国，历来便是这样的，我又去埋怨谁呢？不过乐王鲋喜爱财货，不给他，不会完结。"叔孙召见使者，撕下一块裙子的帛给他，说："带子或许太窄了。"

赵孟知道这件事，说："面对祸患而不忘记国家，这是忠心；忧虑祸难时不放弃职守，这是诚实；为国家着想而忘记死亡，这是坚贞；计谋以忠、信、贞三点为出发点，这是道义。有这四点，还能够诛杀吗？"于是向楚国请求说："鲁国即使有罪，它的执事不逃避祸难，恐惧贵国的威严并恭敬地听命了。您要是赦免他，用来劝勉您的左右，是能行的。要是您的众官吏在国内不躲开劳苦之事，在国外不逃避灾难，还有什么可担心的？忧患之所以产生，便是对内有劳苦之事而不能治理，对外有灾难而不能坚守，都是由此而来的。可以做到这两点，又有什么可忧虑的呢？不能安定贤能的人，谁能听从他呢？鲁国的叔孙豹能够说是贤能的人了，请赦免他，用来安定贤能的人！您参加盟会而赦免有罪的国家，又嘉奖贤能的人，诸侯有谁不欣然仰望楚国而且归附它，路途再远也觉得很近呢？边境上的城邑，有时归这国，有时归那国，哪有一定的呢？天子霸主的政令，划定疆界并设置官吏，树立标志并写在制度法令上，越过边界便要惩罚，还不能使之固定不变，于是虞舜时代有三苗，夏朝有观氏、扈氏，商朝有国、邳国，周朝有徐国、奄国。自从没有了英明的天子，诸侯竞相扩展疆域，更换着主持结盟，难道又能够划定不变吗？担忧大的祸难，舍弃小的过错，能够做盟主，哪儿用得着管这些？边疆的削减，哪个国家没有？主持结盟的，谁可以理清它？吴国、百濮要是有隙可乘的话，楚国的执事，难道还能顾及盟约吗？莒国边境上的事情，楚国不要过问，诸侯不去烦劳，不也是能行的吗？莒国、鲁国争夺郓地，时间很长了。要是对他们的国家存亡没有大的危害，能够不去庇护。免除烦劳，宽宥善人，没有人不争相为善的。您还是思考一下吧！”坚决向楚国请求，楚国人同意了，于是赦免了叔孙。

楚令尹公子围设宴款待赵孟，赋《大明》的首章。赵孟赋《小宛》的第二章。事情完毕后，赵孟对叔向讲：“令尹自以为是国王了，如何？”叔向答复说：“国王弱小，令尹强大，也许能够成功吧！即使能够成功，不过不能善终。”赵孟说：“为何？”叔向答复说：“强大的战胜弱小的却心安理得，这是强大的方面不符合道义。不符合道义却很强大，他的灭亡一定迅速。《诗》说：‘声威显赫的宗周，褒姒灭亡了它。’这是由于强大而不符合道义的原因。令尹做了楚王，一定要求得到诸侯的支持。晋国稍显衰弱了，诸侯将会去亲近他。要是获得诸侯的支持，他的暴虐就会更加厉害，民众不堪忍受，他如何能得善终呢？用强力夺得君位，不符合道义却可以取胜，一定认为是符合常道的。把荒淫暴虐当作常道，是不能够长久的啊！”

【原文】

夏四月，赵孟、叔孙豹、曹大夫入于郑，郑伯兼享之。子皮戒赵孟，礼终。赵孟赋《瓠叶》，子皮遂戒穆叔，且告之。穆叔曰：“赵孟欲一献；子其从之。”子皮曰：“敢乎？”穆叔曰：“夫人之所欲也，又何不敢？”及享，具五献之笾豆于幕下。赵孟辞，私于子产曰：“武请于冢宰矣！”乃用一献，赵孟为客。礼终乃宴。穆叔赋《鹊巢》，赵孟曰：“武不堪也！”又赋《采蘩》，曰：“小国为蘩。大国省穑而用之，其何实非命？”子皮赋《野有死麇》之卒章，赵孟赋《常棣》，且曰：“吾兄弟比以安，龙[①]也可使无吠！”穆叔、子皮及曹大夫兴，拜，举兕爵，曰：“小国赖子，知免于戾矣！”饮酒乐，赵孟出，曰：“吾不复此矣！”天王使刘定公劳赵孟于颍，馆于洛汭。刘子曰：“美哉禹功，明德远矣！微禹，吾其鱼乎！吾与子弁冕、端委以治民、临诸侯，禹之力也。子盍亦远绩禹功而大庇民乎？”对曰：“老夫罪戾是惧，焉能恤远？吾济偷食，朝不谋夕，何其长也？”刘子归，以语王曰：“谚所谓老将知而耄及之者，其赵孟之谓乎！为晋正卿以主诸侯，而侪于隶人，朝不谋夕，弃神人矣。神怒，民叛，何以能久？赵孟不复年矣。神怒，不歆其祀；民叛，不即其事；祀、事不从，又何以年？”叔孙归，曾夭御季孙以劳之。旦及日中不出。曾夭谓曾阜曰：“旦及日中，吾知罪矣，鲁以相忍为国也，忍其外不忍其内，焉用之？”阜曰：“数月于外，一旦于是，庸何伤？贾而欲赢，而恶嚣乎？”阜谓叔孙曰：“可以出矣。”叔孙指楹。曰：“虽恶是，其可去乎？”乃出见之。郑徐吾犯之妹美，公孙楚聘之矣，公孙黑又使强委禽焉。犯惧，告子产。子产曰：“是国无政，非子之患也。唯所欲与。“犯请于二子，请使女择焉。皆许之。子皙盛饰入，布币而出。子南戎服入，左右射，超乘而出。女自房观之，曰：“子皙信美矣。抑子南，夫也，夫夫妇妇，所谓顺也。”适子南氏。子皙怒，既而橐甲以见子南，欲杀之而取其妻。子南知之，执戈逐之，及冲，击之以戈。子皙伤而归，告大夫曰：“我好见之，不知其有异志也，故伤。”大夫皆谋之。子产曰：“直钧，幼贱有罪，罪在楚也。”乃执子南而数之，曰：“国之大节有五，女皆奸之。畏君之威，听其政，尊其贵，事其长，养其亲，五者所以为国也。今君在国，女用兵焉，不畏威也；奸国之纪，不听政也；子皙上大夫，女嬖大夫而弗下之，不尊贵也；幼而不忌，不事长也；兵其从兄，不养亲也。君曰：‘余不女忍杀，宥女以远。’勉，速行乎，无重而罪！”五月庚辰，郑放游楚于吴。将行子南，子产咨于大叔。大叔曰：“吉不能亢身，焉能亢宗？彼同政也，非私难也。子图郑国，利则行之，又何疑焉？周公杀管叔而蔡蔡叔，夫岂不爱？王室故也。吉若获戾，子将行之，何有于诸游？”秦后子有宠于桓，如二君于景。其母曰：“弗去，惧选！”癸卯鍼适晋，其车千乘，书曰：“秦伯之弟鍼出奔晋。”罪秦伯也。后子享晋侯，造舟于河，十里舍车，自雍及绛。归取酬币，终事八反。司马侯问焉，曰：“子之车尽于此而已乎？”对曰：“此之谓多矣。若能少此，吾何以得见？”女叔齐以告公，且曰：“秦公子必归。臣闻君子能知其过，必有令图。令图，天所赞也。”后子见赵孟，赵孟曰：“吾子其曷归？”对曰：“鍼惧选于寡君。是以在此，将待嗣君。”赵孟曰：“秦君何如？”对曰:“无道。”赵孟曰:“亡乎?”对曰:“何为? 一世无道,国未艾[②]也。国于天地,有与立焉。不数世淫,弗能毙也。”赵孟曰:“夭乎?”对曰:“有焉。”赵孟曰:“其几何?”对曰:“鍼闻之:国无道而年谷和熟,天赞之也。鲜不五稔。”赵孟视荫,曰:“朝夕不相及,谁能待五?”后子出,而告人曰:“赵孟将死矣。主民,玩岁而愒日,其与几何?”郑为游楚乱故,六月丁巳,郑伯及其大夫盟于公孙段氏。罕虎、公孙侨、公孙段、印段、游吉、驷带私盟于闺门之外,实薰隧。公孙黑强与于盟,使大史书其名,且曰“七子”。子产弗讨。晋中行穆子败无终及群狄于大原,崇卒也。将战,魏舒曰:“彼徒我车,所遇又阨,以什共车,必克。困诸阨。又克,请皆卒,自我始。”乃毁车以为行,五乘为三伍。荀吴之嬖人,不肯即卒,斩以徇。为五陈以相离:两于前,伍于后,专为右角,参为左角,偏为前拒,以诱之。翟人笑之。未陈而薄之。大败之。莒展舆立,而夺群公子秩。公子召去疾于齐。

【注释】

①尨:长毛的狗。

②艾:绝。

【译文】

夏四月,赵孟、叔孙豹跟曹国大夫进入郑国,郑简公想要同时设宴招待他们。子皮向赵孟通报宴享的日期,通知的礼节完成后,赵孟吟诵《瓠叶》这首诗。子皮接着告知叔孙豹,而且把赵孟吟诗的情况告诉了他。叔孙豹说:“赵孟想要献酒一次的宴享,您还是听从他。”子皮讲:“我敢吗?”叔孙豹说:“是那个人的愿望,又有何不敢的?”到了宴享,在东房准备了进酒五次的笾、豆等食具。赵孟拒绝,而且私下跟子产说:“我已经向上卿子皮请求过了。”于是改用一献的规格。赵孟作主客,享礼结束便宴饮,穆叔朗诵《鹊巢》一诗,赵孟说:“我不敢当。”又朗诵《采蘩》,并说:“小国如同蘩,大国节省爱惜地运用它,不管什么命令都会服从。”子皮吟了《野有死》的末章,赵孟吟了《常棣》,而且说:“我们如兄弟一样亲密而安好,能够让长毛狗不叫。”叔孙豹、子皮还有曹国大夫站起来,行拜礼,举起酒杯讲:“我们小国依靠您,晓得能够免除罪过了。”都喝酒喝得很快乐。赵孟走出来说:“我不会再如此喝酒了。”周天子派刘定公到颍地慰问赵孟,让他住在洛水边上。刘定公讲:“禹的功劳真美好!光明的德行流播广远。如果没有禹。我们大概喂鱼了吧!我跟您戴着礼帽,衣着礼服,来治理民众。与诸侯交往,靠的是禹的力量。您何不也远继禹的功绩而庇护广大的民众呢?”赵孟答复说:“我老头子只害怕犯下罪过,哪能担心长远的事情?我们这类人苟且度日,早上不替晚上打算,哪能思考长远的事呢?”刘定公回去,把这些报告给周天子,说:“俗话所说的老了会明智些,不过昏乱又到了他身上,说的是赵孟这类人吧!作为晋国的正卿来主管诸侯事务,却相当于普通仆隶,早晨不替晚上打算,这等于丢弃了神灵和民众,神灵发怒,民众叛离,依赖什么能长久?赵孟不能再过年了。神灵生气,不享用他的祭祀;民众叛离,不替他从事工作。祭奠和工作都不能进行,又如何能过得了年?”叔孙豹会盟归国,曾夭为季孙驾车去慰问他。从早等到中午,叔孙豹不出来。曾夭对曾阜讲:“从早上等到中午,我们晓得自己的罪过了。鲁国以相互忍让治理国家,在国外能忍在国内不能忍,那又有何用呢?”曾阜讲:“叔孙几个月在外辛劳,你们在这儿等一个早上,有什么影响呢?商人要是想赚钱,难道还讨厌喧闹吗?”曾阜对叔孙豹说:“能够出去了。”叔孙豹指着堂上的大柱子说:“就算厌恶这个,难道能够去掉吗?”便出去接见他们。郑国徐吾犯的妹妹很美丽,子南已经下了聘礼,子又派人硬是给她送去彩礼。徐吾犯很害怕,报告子产。子产说:“这是国家政令混乱,不是您的忧虑,只要她愿意嫁给谁就把她嫁给谁。”徐吾犯向两位请求,让女儿在两人中选择,都同意了。子皙装扮华丽进去,陈放好聘礼而后出来。子南穿着战袍进去,左右开弓,一跃登车而出。姑娘从偏房里观看他们,说:“子皙真的漂亮,不过子南像个男子汉。丈夫要像个男人,妻子要像个女人,这即是所谓顺。”便嫁给了子南。子皙恼怒,很快他就把铠甲穿在里面去见子南,想杀害他而强娶他的妻子。子南知道了,拿起戈追赶子,追至十字路口,用戈打击他,子负伤而归,告诉大夫们说:“我好意去见他,不料他有别的想法,故而被他打伤。”大夫们都商量这件事,子产说:“理由相等,年轻低贱的有罪,故而罪在子南。”于是逮捕了南而一一列举他的罪过,讲:“国家的大节有五条,你都违犯了。敬重国家的威严,听从国家的政令,尊敬贵人,事奉长辈,供养亲属。这五条是用来治理国家的根本。要是君主处在国都,你却在此动用兵器,是不敬畏威严。违犯国家的法纪,是不听从命令。子为上大夫,你是下大夫,却不谦让他,是不尊敬贵人。年纪小却不恭慎,是不事奉长辈。用兵器追杀堂兄,是不恭养亲属。国君说了:‘我不忍杀你。赦免你把你放逐到远方。’尽你的力量,快点走吧!不要加重你的罪过!”五月初二日,郑国放逐子南到吴国,即将让子南动身时,子产向太叔征求建议。太叔讲:“我连自身都不能保护,哪能保护宗族呢?他的事是属于国政,不是私家的灾难。你替郑国打算,有益处就实行它,又担忧什么呢?周公杀管叔,放逐蔡叔,难道他不爱这两个兄弟?是为了王室的原因啊!我要是犯法获罪,您也将实行惩处,对我们游家人又有什么担忧的呢?”秦景公的弟弟鍼获得桓公的宏信,在景公就位时和景公就像两君并列。他的母亲说:“要是不离开秦国,恐怕会被放逐。”五月二十五日,鍼前去晋国,他带去的车有一千辆。《春秋》记录说:“秦景公的弟弟鍼逃跑到晋国。”是归罪秦景公。宴享晋平公,在黄河上并舟为桥,每隔十里停放一些车辆,从雍城一直到绛城。回去取酬酒的礼物,到结束宴享时来去了八次。司马侯询问鍼说:“您的车子全都在这里了吗?”鍼答复说:“这可说很多了!要是能少于这些,我如何会见到您呢?”司马侯把这些话报告给晋平公,而且说:“秦公子一定返回秦国。我听说君子能晓得自己的过错,必定会有好的打算。好的打算,是上天愿意帮助的。”秦后子进见赵孟,赵孟说:“您何时回国?”后子答复说:“我害怕被国君流放,故而留在这里,将等待继位的国君。”赵孟问:“秦君如何?”答复说:“没有道义。”赵孟说:“会亡国吗?”答复说:“如何会亡国呢?一代君主无道,国家的命脉没有断绝。国家建立在天地之间,一定有辅佐它建立的人。不是连续几代君主荒淫,是不会灭亡的。”赵孟问:“国君会短命吗?”答复说:“会的。”赵孟又问:“大约多长时间?”答复说:“我知道,国家无道却粮食丰收,是上天在帮助它。少则不过五年。”赵孟一边看着太阳的影子,一边说:“早上到不了晚上,谁能等待五年?”后子出来,告诉别人说:“赵孟即将死了,主持民众的大事,既轻抛时光又急不可待,还能活多久呢?”郑国由于游楚作乱的原因,六月初九,郑简公跟他的大夫们在公孙段家举办盟誓,罕虎、子产、公孙段、印段、游吉、驷带等人也在闺门外私自结盟,实际上在薰隧。公孙黑硬参加了会盟,让太史写上他的名字,并且同其他六人并称“七子”。子产没有声讨他。晋国的荀吴在太原击败了无终和各部狄人,这是由于他重视步兵的原因。战斗开始前,魏舒说:“对方是步兵,我们是战车,两军相遇的地方又狭窄险要,只要用十人对待一辆车,我们就一定被击败。要是被敌人围困在险要地方,我们又会被战胜,请全都改成步兵,从我开始。”于是抛弃战车改成步兵行列,五辆战车改编成三伍,荀吴的宠臣不肯编入步兵,便将他斩了来示众。编成五种战阵来互相配合,两阵在前,伍阵在后,专阵作为右翼,参阵作为左翼,偏阵作为前锋,以引诱敌人。狄族人讥笑他们。没等狄族部队摆好战阵便逼近进攻,大胜他们。莒国的展舆就位后,取消了很多公子的俸禄。公子们前往齐国去请去疾。

【原文】

秋,齐公子鉏纳去疾,展舆奔吴。

叔弓帅师疆郓田，因莒乱也。于是莒务娄、瞀胡及公子灭明以大厖与常仪靡奔齐。

君子曰："莒展之不立，弃人也夫！人可弃乎？《诗》曰：'无竞维人。'善矣。"

晋侯有疾，郑伯使公孙侨如晋聘，且问疾。叔向问焉，曰："寡君之疾病，卜人曰：'实沈、台骀为祟。'史莫之知，敢问此何神也？"子产曰："昔高辛氏有二子，伯曰阏伯，季曰实沈，居于旷林，不相能[①]也。日寻干戈，以相征讨，后帝不臧，迁阏伯于商丘，主辰。商人是因[②]，故辰为商星。迁实沈于大夏，主参。唐人是因，以服事夏、商。其季世曰唐叔虞。当武王邑姜方震大叔，梦帝谓己：'余命而子曰虞，将与之唐，属诸参，而蕃育其子孙。'及生，有文在其手曰'虞'遂以命之。及成王灭唐而封大叔焉，故参为晋星。由是观之，则实沈，参神也。昔金天氏有裔子曰昧，为玄冥师，生允格、台骀。台骀能业其官，宣汾、洮，障大泽，以处大原。帝用嘉之，封诸汾川。沈、姒、蓐、黄，实守其祀。今晋主汾而灭之矣。由是观之，则台骀，汾神也。抑此二者，不及君身。山川之神，则水旱疠疫之灾，于是乎禜之。日月星辰之神，则雪霜风雨之不时，于是乎禜之。若君身，则亦出入饮食哀乐之事也。山川星辰之神，又何为焉？侨闻之，君子有四时：朝以听政，昼以访问，夕以修令，夜以安身。于是乎节宣其气，勿使有所壅闭湫底，以露其体。兹心不爽，而昏乱百度。今无乃壹之，则生疾矣。侨又闻之，内官不及同姓，其生不殖。美先尽矣，则相生疾，君子是以恶之。故《志》曰：'买妾不知其姓，则卜之。'违此二者，古之所慎也。男女辨姓，礼之大司也。今君内实有四姬焉，其无乃是也乎？若由是二者，弗可为也已。四姬有省犹可，无则必生疾矣。"叔向曰："善哉！肸未之闻也。此皆然矣。"

叔向出，行人挥送之，叔向问郑故焉，且问子皙。对曰："其与几何？无礼而好陵人，怙富而卑其上，弗能久矣。"

晋侯闻子产之言，曰："博物君子也。"重贿之。

【注释】

①不相能：互相不和。

②商人是因：商朝人沿袭下来。

【译文】

秋天，齐国的公子鉏把去疾送回莒国，展舆则逃往吴国。

叔弓带兵划定郓地的疆界，这是利用莒国发生了动乱的机会。这时，莒国的务娄、瞀胡跟公子灭明带着大厖和常仪两座城邑逃往齐国。

君子觉得:“莒国的展舆不能被立为国君,是由于丧失了民心吧!民心能失去吗?《诗经》说:‘最强莫过得民心。’讲得太好了。”

晋平公有了病,郑简公派子产前往晋国聘问,顺便问候平公的病情。叔向问子产:“寡君的病情很重,占卜的人说:‘是实沈、台骀在作怪。’太史不晓得他们是谁。请问这是什么神啊?”子产讲:“先前高辛氏有两个儿子,大的称阏伯,小的称实沈。他们住在森林中,互不相容,每日都大动干戈,互相攻打。尧帝觉得他们不好,就把阏伯迁到商丘,以心宿来确定时节,商朝沿用这种方法,故而心宿就成了商星。把实沈迁往大夏,用参宿来确定时节,唐国人沿用此种办法,以事奉夏、商两朝。唐国的末代国君称唐叔虞。当周武王的王后邑姜怀着太叔时,曾梦到上帝对自己说:‘我为你的儿子起名为虞,准备把唐国送给他,属于参宿,他的子孙将繁衍不绝。’太叔生下后,手掌上有一个极象虞字的花纹,于是就为他取名‘虞’。等到成王灭了唐国,就把太叔封到那里,故而参宿便成为晋国的星宿。从这看来,实沈是参宿之神。先前金天氏有一个儿子叫昧,主管水官。他生了允格跟台骀两个儿子。台骀能继承父亲的官位,疏通了汾水跟洮水,又为大泽修筑了堤防,让民众住在高平地区。颛顼帝因此而嘉奖他,把汾水流域封给了他。沈、姒、蓐、黄四国便是他的后代,一直祭奠他。现在晋国占领了汾水流域,灭亡了这些国家。从这看来,台骀是汾水之神。不过这二位神灵都与贵君的疾病无关。山川之神兴水旱跟瘟疫之灾,能够通过祭祀禳除,日月星辰之神兴风霜雨雪之灾,也能够通过祭奠禳除。至于贵君的疾病,乃是由于逸劳、饮食、哀乐之事所致,跟山川、星辰之神有什么关系呢?据我所知,君子有四个时间,早上用于处理政事,白天用于四处出访,夜晚用于修订政令,晚上用于休养身体。如此才能有节制地散发血气体气,从而让血气不至于壅塞不通,保证身体健康。要是心情不愉快,处理事情便会昏乱不堪。如今贵君很可能是精气集中到一处,故而导致生病。据我所知,不能以同姓女子为姬妾,否则其子孙不能昌盛。要是娶同姓女子为妾,这个女子一定是极为美丽,美丽集中到一人身上,就会由此而生病,君子最忌讳这一点。故而《志》书中说:‘要是买妾不晓得她的姓氏,便要通过占卜来弄清。’违背了昼夜昏乱跟娶同姓女子这两条,是古人都害怕的。男女通婚首先要辨明姓氏,这是礼仪中最主要的。如今贵君的姬妾中有四人是姬姓,恐怕是由于这个缘故吧!若是由于这两点,恐怕他的病就无法医治了。要是赶快把这四个姬姓女子去掉还来得及,否则必定要生病。”叔向讲:“太好了!我还没有听说过这些。这都是真的啊。”

叔向出来时，郑国的外交官员送他。叔向问起郑国的情形，同时问起子。外交官员答复说："他还能坚持多久啊！没有礼貌又喜欢凌驾于他人之上，依靠富有而看不起他的上级，他长久不了。"

晋平公听完了子产的话，讲："他真是个知识渊博的君子啊。"就送给子产很多礼物。

【原文】

晋侯求医于秦。秦伯使医和视之，曰："疾不可为也。是谓：'近女室，疾如蛊。非鬼非食，惑以丧志。良臣将死，天命不佑。'"公曰："女不可近乎？"对曰："节之。先王之乐，所以节百事也，故有五节，迟速本末以相及，中声以降，五降之后，不容弹矣。于是有烦手淫声，慆堙心耳，乃忘平和[①]，君子弗听也。物亦如之，至于烦，乃舍也已，无以生疾。君子之近琴瑟，以仪节也，非以慆心也。天有六气，降生五味，发为五色，徵为五声，淫生六疾。六气曰阴、阳、风、雨、晦、明也。分为四时，序为五节。过则为灾，阴淫寒疾，阳淫热疾，风淫末疾，雨淫腹疾，晦淫惑疾，明淫心疾。女，阳物而晦时，淫则生内热惑蛊之疾。今君不节不时，能无及此乎？"

出告赵孟。赵孟曰："谁当良臣？"对曰："主是谓矣！主相晋国，于今八年，晋国无乱，诸侯无阙，可谓良矣。和闻之，国之大臣，荣其宠禄，任其大节，有灾祸兴而无改焉，必受其咎。今君至于淫以生疾，将不能图恤社稷，祸孰大焉！主不能御，吾是以云也。"

赵孟曰："何谓蛊？"对曰："淫溺惑乱之所生也。于文，皿虫为蛊，谷之飞亦为蛊；在《周易》，女惑男，风落山，谓之《蛊》䷑。皆同物也。"赵孟曰："良医也。"厚其礼而归之。

【注释】

①烦手：繁复的手法。淫声：过度而非义的音乐，即靡靡之音。慆：淫荡，过度。堙：堵塞。平和：平正和谐。

【译文】

晋平公向秦国求医。秦景公派医和给他看病，医和说："病不能治了。这称为：'亲近女人，病象蛊惑。不是由于鬼神，不是因为饮食，而是被迷惑丧失意志。良臣即将死去，上天不能保佑。'"平公问："女人不能亲近吗？"答复说："节制它。先王的音乐，是用来节制百事的，故而有五声的节奏，快慢本末相互调节，声音和谐以后降下来，五声下降停止以后，便不允许再弹了。这时候再弹便会出现繁复的手法和靡靡之音，使人心荡耳塞，便会忘记平正和谐，故而君子是不听的。事情也像音乐一样，一到过度，就应当罢止，不要由此生病。君子接近女色，是用来表示礼仪节度的，不是用来使心淫荡的。天有六种气象，派生出五种味道，表现为五种颜色，应验为五种声音，以上这些过了头就会发生六种疾病。六种气象称为阴、晴、风、雨、夜、昼。分为四段时间，顺序为五声的节奏。过了头便是灾祸，阴没有节制是寒病，阳没有节制是热病，风没有节制是四肢病，雨没有节制是腹病，晚上没有节制是迷惑病，白天没有节制是心病。女人，属于阳事而时间在夜里，对女人没有节制就会发生内热蛊惑的疾病。如今您不节制不分昼夜，能不到此种地步吗？”

医和出来告诉赵孟。赵孟说：“谁想当良臣？”答复说：“讲的便是您了！您辅助晋国，到如今八年，晋国没有动乱，诸侯没有不恭敬，能够说是良了。和听说这样的话，国家的大臣，光荣地受到国君的宠信享受俸禄，承担国家的大事，有灾祸出现而不能改变，一定受到灾殃。如今国君到了没有节制的程度因而生病，将要不能为国家图谋忧虑，还有什么忧患比这个更大的吗！您不能禁止，我故而才这样说。”

赵孟问：“什么叫蛊？”答复说：“这是沉迷惑乱所产生的。在文字里，器皿中的毒虫为蛊，谷物中的飞虫也为蛊；在《周易》里，女人迷惑男人，大风吹落山木叫《蛊》䷑。这全是同类事物。”赵孟讲：“好医生啊。”送给他很贵重的礼物而送他回去。

【原文】

楚公子围使公子黑肱、伯州犁城犨、栎、郏，郑人惧。子产曰：“不害。令尹将行大事[①]，而先除二子也。祸不及郑，何患焉？”

冬，楚公子围将聘于郑，伍举为介。未出竟，闻王有疾而还。伍举遂聘。十一月己酉，公子围至，入问王疾，缢而弑之。遂杀其二子幕及平夏。右尹子干出奔晋。宫厩尹子皙出奔郑。杀大宰伯州犁于郏。葬王于郏，谓之郏敖。使赴于郑，伍举问应为后之辞焉。对曰：“寡大夫围。”伍举更之曰：“共王之子围为长。”

子干奔晋，从车五乘。叔向使与秦公子同食，皆百人之饩。赵文子曰：“秦公子富。”叔向曰：“底[②]禄以德，德钧以年，年同以尊。公子以国，不闻以富。且夫以千乘去其国，强御已甚。《诗》曰：‘不侮鳏寡，不畏强御。’秦、楚，匹也。”使后子与子干齿。辞曰：“鍼惧选，楚公子不获，是以皆来，亦唯命。且臣与羁齿，无乃不可乎？史佚有言曰：‘非羁何忌？’”

楚灵王即位，薳罢为令尹，薳启疆为大宰。郑游吉如楚，葬郏敖，且聘立君。归，谓子产曰："具行器矣！楚王汰侈而自说其事，必合诸侯。吾往无日矣。"子产曰："不数年，未能也。"

十二月，晋既烝。赵孟适南阳，将会孟子余。甲辰朔，烝于温。庚戌卒。郑伯如晋吊，及雍及复。

【注释】

①大事：此指弑君。

②底：得到。

【译文】

楚国公子围派公子黑肱、伯州犁在犨、栎、郏地修城，郑国人很担心。子产讲："不影响。令尹将要干大事，而先除掉这两位。祸患不会涉及郑国，担忧什么？"

冬季，楚国公子围将要到郑国聘问，伍举作为副手。没有走出国境，知道楚王有病公子围返回。伍举便到郑国聘问。十一月初四，公子围抵达，进宫问候楚王的病情，把楚王勒死了。并杀死楚王的两个儿子幕跟平夏。右尹子干逃跑到晋国。宫厩尹子逃跑到郑国。把太宰伯州犁杀害在郏地。把楚王埋葬在郏地，称他为郏敖。派使者到郑国发讣告，伍举问使者关于继承人的措辞。使者讲："寡大夫围。"伍举更正他讲："共王的儿子围是老大。"

子干逃跑到晋国，跟随的车子有五辆。叔向让他跟秦国公子后子食禄一样，都是一百人的口粮。赵文子讲："秦国公子富有。"叔向讲："获得俸禄依据德行，德行相等依据年龄，年龄相同依据地位。公子的食禄依据他国家的大小，没有听说依据富有。并且带着一千辆车子离开他的国家，强暴太过分了。《诗经》讲：'不欺侮鳏寡，不害怕强暴。'秦国、楚国是地位一样的国家。"于是便让后子跟子干并列。后子辞谢说："鍼担心被驱赶，楚公子得不到信任，故而都来到晋国，也就唯命是听。并且下臣跟旅客并列，恐怕不行吧？史佚有话说：'不是旅客为什么要对他恭敬？'"

楚灵王就位，薳罢做令尹，薳启疆做太宰。郑国游吉到楚国，参加郏敖的葬礼，同时聘问新国君的即位。回国后，对子产讲："准备盟会的行装吧！楚王骄傲奢侈并自我欣赏他所做的事情，一定要会合诸侯。我没有几天便要前去了。"子产讲："没有几年时间，是办不到的。”

十二月,晋国已经举办了冬祭。赵孟到南阳去,准备祭奠他的曾祖孟子余。十二月初一,在温地家庙举办冬祭。十二月初七去世。郑简公去晋国吊丧,抵达雍地就回去了。

【讲评】

徐吾犯妹不仅美貌,而且是少见的有机会由自己选择配偶的女子,在春秋时期是十分难得的了。她对两位求婚者的评论更是难得地反映了对男性美的看法,即以英武勇力为美,而不是华丽的衣饰和财富。

子产的博闻强识的特点由晋平公问疾的典型事例加以展现。子产不仅讲述了作祟的二神的来历,而且阐述了人事与鬼神无关的观点,认为疾病产生与病人的身体素质、生活习惯有密切关系,赢得了晋国人的由衷称赞。

楚灵王篡夺王位并杀死侄子,可以说是预谋已久、肆无忌惮,是他蛮横个性的自然发展,有识之士早已有预言。春秋时期贵族集团内部父子、母子、兄弟、叔侄之间为争夺权力而相互残杀的事情层出不穷,毫无亲情可言。不过如楚灵王做得这样理直气壮、毫不掩饰倒不多见,跟他狂妄自大、暴虐骄奢的一贯做派相吻合。楚灵王在做令尹的时候就野心勃勃,处处以王的身份自居,僭用楚君的仪仗出席外交场合,铲除异己,扶植亲信,终于趁着侄子郏敖病重的机会弑君夺位,开始了他恣意纵横的后半生。

昭公二年

【原文】

[经]春,晋侯使韩起来聘。

[传]二年春,晋侯使韩宣子来聘,且告为政而来见,礼也。观书于大史氏,见易象与鲁春秋,曰:“周礼尽在鲁矣!吾乃今知周公之德,与周之所以王也!”公享之,季武子赋緜之卒章[①],韩子赋角弓[②]。季武子拜曰:“敢拜子之弥缝敝邑,寡君有望矣。”武子赋节之卒章[③]。既享,宴于季氏,有嘉树焉,宣子誉之。武子曰:“宿敢不封殖此树,以无忘角弓。”遂赋甘棠。宣子曰:“起不堪也,无以及召公。”宣子遂如齐纳币,见子雅,子雅召子旗[④],使见宣子。宣子曰:“非保家之主也,不臣。”见子尾,子尾见强[⑤],宣子谓之如子旗。大夫多笑

之，唯晏子信之，曰："夫子[6]君子也，君子有信，其有以知之矣。"自齐聘于卫，卫侯享之，北宫文子赋淇澳[7]，宣子赋木瓜[8]。夏四月韩须[9]如齐逆女，齐陈无宇送女致少姜。少姜有宠于晋侯，晋侯谓之少齐。谓陈无宇非卿，执诸中都[10]。少姜为之请曰："送从逆班，畏大国也，犹有所易，是以乱作[11]。"

［经］夏，叔弓如晋。

［传］叔弓聘于晋，报宣子也。晋侯使郊劳[12]，辞曰："寡君使弓来继旧好，固曰女无敢为宾，彻命[13]于执事，敝邑弘矣，敢辱郊使，请辞。"致馆辞曰："寡君命下臣来继旧好，好合使成，臣之禄也，敢辱大馆[14]。"叔向曰："子叔子知礼哉！吾闻之曰：'忠信，礼之器也。卑让，礼之宗也。'辞不忘国，忠信也。先国后己，卑让也。诗曰：'敬慎威仪，以近有德。'夫子近德矣。"

【注释】

①赋緜之卒章：緜是《诗经·大雅》篇名，意在文王有四辅，文王以比晋君，四辅以比韩起。

②角弓：是《诗·小雅》的一篇，意谓"兄弟婚姻无相远矣"。

③节之卒章：是《诗·小雅》的一篇，卒章言晋德能畜万邦。

④子旗：子雅的儿子。

⑤强：子尾的儿子。

⑥夫子：指韩起。

⑦淇澳：是《卫风》的一篇诗，意指韩起德行可比卫武公。

⑧木瓜：同是《卫风》，意在厚报以为好。

⑨韩须：韩起的儿子。

⑩中都：江永说"《水经注·沁水》篇云'光沟水迳中都亭南，又南迳中都亭西，注于沁水。'地在野王县，今河南沁阳县东南，中都应在此，正当由齐适晋必经之地。"

⑪犹有所易，是以乱作：言齐怕晋，改变礼法，以至于此，这是少姜所用客气话。

⑫郊劳：照聘礼，使人到，地主派人至郊外行郊劳礼。

⑬彻命：达到命令。

⑭臣之禄也，敢辱大馆：这是臣的荣禄，不敢再接受馆舍。

【译文】

昭公二年，春天，晋侯派韩起来聘问，且告诉他已经掌管政权，为这个来见，这是很合于礼的。在太史氏看书，看见易象同鲁国的《春秋》就说："周礼全在鲁国了。我现在才知道周公的德性，与周的所以能够称王。"昭公宴享他，季孙宿歌唱《緜》的末一段，韩起歌唱《角弓》这篇诗。季孙宿拜谢说："我敢拜谢你补合我们的国家，我们的寡君很有希望了。"季孙宿歌唱《节》的最末一章。既然享礼完了以后，在季氏家复宴，季氏有一棵好的树，韩起称赞它，季孙宿说："我敢不尽心培植这棵树，以便不要忘了《角弓》这篇诗。"就歌唱《甘棠》。韩起说："我够不上，比不上召公。"韩起就到齐国去纳订婚的礼币，看见子雅，子雅叫他儿子子旗来见韩起。韩起说："这个人不是保家的人，他没有做臣的样子。"又看见子尾，子尾使他看他的儿子高强，韩起批评他跟对子旗一样。大夫们听了这话都非笑他，只有晏婴信服他的话说："韩起是个君子，君子是有信实的，所以他能够知道。"从齐国到卫国聘问，卫侯宴享他，北宫佗歌唱《淇澳》这篇诗，韩起答以《木瓜》这篇诗。夏天四月韩起的儿子韩须到齐国迎接少姜，齐国陈无宇送少姜到晋国，少姜颇被晋侯的宠爱，称少姜为少齐。称陈无宇不是卿，把他在中都这地方逮起来。少姜替他说话说："送的人跟迎的人班次相同，这是怕大国的缘故，为此改易礼制，所以乱子就来了。"

叔弓到晋国聘问，是为的回报韩起的，晋侯派人到郊外慰劳他，他辞谢说："我的君使弓来继续旧的好，再三说你不要做宾客，把命令达到执事官，我们的国君就满意了，哪里敢接受郊劳，请辞谢。"给他住的地方，也辞谢说："我国的君叫我来继续旧的和好，和好成功这是我的荣禄，哪里敢羞辱大的馆舍。"叔向说："子叔子很懂得礼。我听见说：'忠信是礼的器。卑让是礼的宗。'言辞不忘国家，这是忠信。先说国家而后自己，这是卑让。《诗经》说过：'恭敬慎重对于威仪，以接近有德的人。'这位夫子可谓近于德性。"

【原文】

[经]秋，郑杀其大夫公孙黑。

[传]秋，郑公孙黑将作乱，欲去游氏而代其位，伤疾作而不果。驷氏与诸大夫欲杀之。子产在鄙，闻之惧弗及，乘遽而至[1]，使吏数之曰："伯有之乱[2]，以大国之事而未尔讨也，尔有乱心无厌，国不女堪，专伐伯有，而罪一也。兄弟争室[3]，而罪二也。熏隧之盟，女矫君位[4]，而罪三也。有死罪三，何以堪之？不速死，大刑将至。"再拜稽首辞曰："死在朝

夕，无助天为虐。”子产曰：“人谁不死，凶人不终，命也。作凶事，为凶人，不助天，其助凶人乎？”请以印为褚师。子产曰：“印也若才，君将任之。不才，将朝夕从女。女罪之不恤，而又何请焉？不速死，司寇将至。”七月壬寅缢，尸诸周氏之衢，加木焉。

【注释】

①乘遽而至：坐驿车快来。

②伯有之乱：见襄公三十一年。

③兄弟争室：指争娶徐吾犯的妹妹。

④女矫君位：指使太史写七子事。

【译文】

秋天，郑国的公孙黑将作乱事，想去掉游氏而接代他的位子，可惜他以前受的伤发作，就不能办这件事。他的族人跟诸大夫全要杀他。子产在乡下听见说了，怕赶不上，就赶紧坐着驿车跑来了，叫小吏数说他的罪状说：“伯有的乱事，因为大国的事情劳苦而没能够讨伐你，你的乱心是无厌的，国家全受不住，专伐伯有，这是第一件罪状。兄弟争娶徐吾犯的妹妹，这是第二件罪状，熏隧的盟誓，你冒充君的位子，这是第三件罪状。有这三件死罪，你怎么受得了呢？你要不快死，大刑罚就来了。”公孙黑就再叩头说：“我的死亡在早晨或晚上，你不要帮着天做虐人。”子产就说：“人谁不死呢？凶人不得善终，这合于命运的，作凶事，做凶人，我不帮助天，还能帮助凶人吗？”公孙黑请把他的儿子做市官。子产说：“印要有才干，君将任用他。要没有才干，将早晨晚上跟着你去，你的罪恶还不怜恤吗？你还有什么请求呢？你要不快死了，司寇将来了。”七月壬寅这天上吊自杀，把他尸首摆在周氏的胡同里，把他的罪状写在木头上。

【原文】

[经]冬，公如晋，至河乃复。

[经]季孙宿如晋。

[传]晋少姜卒，公如晋，及河，晋侯使士文伯来辞曰：“非伉俪也，请君无辱。”公还，季孙宿遂致服焉。叔向言陈无宇于晋侯曰：“彼何罪？君使公族逆之，齐使上大夫送之，犹曰不共，君求以贪，国则不共，而执其使，君刑已颇[①]，何以为盟主？且少姜有辞。”冬十

月，陈无宇归。

[传]十一月，郑印段如晋吊。

【注释】

①君刑已颇：你的刑罚已经不公平。

【译文】

晋少姜死了，鲁昭公到晋国去，到了黄河边，晋侯派士文伯来辞谢说："不是正式的伉俪，请你不要亲来劳问。"昭公就回来，让季孙宿留在那里致送丧服。叔向对晋侯说陈无宇："他有什么罪呢？你使公族大夫来迎接，齐国使上大夫来送，这你还说不恭敬，你的要求太贪心了，晋国也不恭敬，又把他的使臣逮起来，你的刑罚已经不公平，这怎么样能做盟主呢？并且少姜很有理由。"冬天十月，陈无宇回到齐国。

十一月，郑国的印段到晋国吊丧。

【讲评】

子产的政治手段圆熟，不仅果断干练，而且善于权谋，所以在内忧外患的情况下总能及时化解危机，掌控郑国的局势。他的隐忍和权谋在对郑贵族公孙黑（子皙）的处理上得到充分的展示。公孙黑势力强大，屡屡违法，而子产顾忌国内动乱，一忍再忍，欲擒故纵。等到公孙黑恶贯满盈，时机成熟，子产迅疾赶来，数说其罪状，迫其速死，结束得干净利落。足以说明子产对此事的老谋深算。韩席筹《左传分国集注》引吴曾祺对此的评论说："子皙之罪应死久矣，然事机未至，只得静以待之。及见其事可图，乃如兔起鹘落，有迫不及待之势。传写子产乘遽而至，何等辣心辣手！乃数以三罪，与前数子南五罪恰好相对，特前是权词，此乃铁案。子产亦是一老狱吏也。"不过，子产的"辣心辣手"是以国事为出发点的，并非为一己私利，既有爱国之心，又有政治手腕，可称为社稷良臣。

昭公三年

【原文】

[经]三年春，王正月丁未，滕子原卒。夏，叔弓如滕。五月，葬滕成公。秋，小邾子来

朝。八月,大雩。冬,大雨雹。北燕伯款出奔齐。

【原文】

[传]三年春,王正月,郑游吉如晋,送少姜之葬。梁丙与张趯见之。梁丙曰:“甚矣哉!子之为此来也。”子大叔曰:“将得已乎?昔文、襄之霸也,其务不烦诸侯。令诸侯三岁而聘,五岁而朝,有事而会,不协而盟。君薨,大夫吊,卿共葬事;夫人,士吊,大夫送葬。足以昭礼命事谋阙而已,无加命矣。今嬖宠之丧,不敢择位,而数于守適,唯惧获戾,岂敢惮烦?少姜有宠而死,齐必继室。今兹吾又将来贺,不唯此行也。”张趯曰:“善哉!吾得闻此数也。然自今,子其无事矣。譬如火焉,火中,寒暑乃退。此其极也,能无退乎?晋将失诸侯,诸侯求烦不获。”二大夫退。子大叔告人曰:“张趯有知,其犹在君子之后乎!”

丁未,滕子原卒。同盟,故书名。

齐侯使晏婴请继室于晋,曰:“寡君使婴曰:‘寡人愿事君,朝夕不倦,将奉质币,以无失时,则国家多难,是以不获。不腆先君之適,以备内官,焜耀[①]寡人之望,则又无禄,早世殒命,寡人失望。君若不忘先君之好,惠顾齐国,辱收寡人,徼福于大公、丁公,照临敝邑,镇抚其社稷,则犹有先君之適及遗姑姊妹若而人。君若不弃敝邑,而辱使董振择之,以备嫔嫱,寡人之望也。’”

韩宣子使叔向对曰:“寡君之愿也。寡君不能独任其社稷之事,未有伉俪。在缞绖之中,是以未敢请,君有辱命,惠莫大焉。若惠顾敝邑,抚有晋国,赐之内主,岂唯寡君,举群臣实受其贶。其自唐叔以下,实宠嘉之。”

既成昏,晏子受礼。叔向从之晏,相与语。叔向曰:“齐其何如?”晏子曰:“此季世也,吾弗知。齐其为陈氏矣!公弃其民,而归于陈氏。齐旧四量,豆、区、釜、钟。四升为豆,各自其四,以登于釜。釜十则钟。陈氏三量,皆登一焉,钟乃大矣。以家量贷,而以公量收之。山木如市,弗加于山。鱼盐蜃蛤,弗加于海。民参其力二入于公,而衣食其一。公聚朽蠹,而三老冻馁。国之诸市,屦贱踊贵。民人痛疾,而或燠休之,其爱之如父母,而归之如流水,欲无获民,将焉辟之?箕伯、直柄、虞遂、伯戏,其相胡公、大姬,已在齐矣。”

叔向曰:“然。虽吾公室,今亦季世也。戎马不驾,卿无军行。公乘无人,卒列无长。庶民罢敝,而宫室滋侈。道瑾相望,而女富溢尤。民闻公命,如逃寇仇。栾、郤、胥、原、狐、续、庆、伯,降在皂隶。政在家门,民无所依。君日不悛,以乐慆忧。公室之卑,其何日之有?谗鼎之铭曰:‘昧旦丕显,后世犹怠。’况日不悛,其能久乎?”晏子曰:“子将若何”

叔向曰:“晋之公族尽矣。肸闻之,公室将卑,其宗族枝叶先落,则公室从之。肸之宗十一族,唯羊舌氏在而已。肸又无子。公室无度,幸而得死,岂其获祀?”

初,景公欲更晏子之宅,曰:“子之宅近市,湫隘嚣尘,不可以居,请更诸爽垲者。”辞曰:“君之先臣容焉,臣不足以嗣之,于臣侈矣。且小人近市,朝夕得所求,小人之利也,敢烦里旅?”公笑曰:“子近市,识贵贱乎?”对曰“既利之,敢不识乎?”公曰:“何贵何贱?”于是景公繁于刑,有鬻踊者。故对曰:“踊贵屦贱。”既已告于君,故与叔向语而称之。景公为是省于刑。

君子曰:“仁人之言,其利博哉!晏子一言而齐侯省刑。《诗》曰:‘君子如祉,乱庶遄已。’其是之谓乎!”

及晏子如晋,公更其宅,反,则成矣。既拜,乃毁之,而为里室,皆如其旧。则使宅人反之,曰:“谚曰:‘非宅是卜,唯邻是卜’。二三子先卜邻矣,违卜不祥,君子不犯非礼,小人不犯不祥,古之制也。吾敢违诸乎?”卒复其旧宅。公弗许,因陈桓子以请,乃许之。

夏四月,郑伯如晋,公孙段相,甚敬而卑,礼无违者。晋侯嘉焉,授之以策,曰:“子丰有劳于晋国,余闻而弗忘。赐女州田,以胙乃旧勋。”伯石再拜稽首,受策以出。君子曰:“礼,其人之急也乎!伯石之汏也,一为礼于晋,犹荷其禄,况以礼终始乎?《诗》曰:‘人而无礼,胡不遄死。’其是之谓乎!”

初,州县,栾豹之邑也。及栾氏亡,范宣子、赵文子、韩宣子皆欲之。文子曰:“温,吾县也。”二宣子曰:“自郤称以别,三传矣。晋之别县不唯州,谁获治之?”文子病[2]之,乃舍之。二子曰:“吾不可以正议而自与也。”皆舍之。及文子为政,赵获曰:“可以取州矣。”文子曰:“退!二子之言,义也。违义,祸也。余不能治余县,又焉用州?其以徼祸也。君子曰:‘弗知实难。’知而弗从,祸莫大焉。有言州必死。”

丰氏故主韩氏,伯石之获州也,韩宣子为之请之,为其复取之之故。

五月,叔弓如滕,葬滕成公,子服椒为介。及郊,遇懿伯之忌,敬子不入。惠伯曰:“公事有公利,无私忌。椒请先入。”乃先受馆,敬子从之。

晋韩起如齐逆女。公孙虿为少姜之有宠也,以其子更公女而嫁公子。人谓宣子:“子尾欺晋,晋胡受之?”宣子曰:“我欲得齐而远其宠,宠将来乎?”

【注释】

①焜耀:照明,照亮。焜,明。

②病：惭愧。

【译文】

三年春天，周历正月，郑国的游吉到晋国为少姜送葬。梁丙跟张趯求见他。梁丙说："您亲自前去送葬，有点太过分了！"游吉讲："我们也是不得已才这样做的。先前文公、襄公称霸诸侯时，他们都尽量不给诸侯带来更多麻烦，只是让每三年派大夫聘问一次，每五年让朝觐一次，平时有事才会见，诸侯间有了冲突才举办盟会。国君逝世，派大夫吊丧，卿参加葬礼；夫人去世，派士吊唁，大夫参加葬礼。只要可以昭明礼节、颁布命令、商量补救缺失就行了，而且没有额外的命令。而如今是国君宠姬的丧礼，我们不敢依照惯例仅派一个相应身份的人来，而是运用了超过夫人规格的礼节，怕的是得罪贵国，如何能嫌麻烦呢？少姜获得宠爱却又死去，齐国一定还要送来一位女子。到那时，我还要再来一趟，不仅仅是这一次啊。"张超说："好啊，从您的话中我懂得了朝会吊丧的礼数！但从今之后你恐怕不会再来了。就像大火星，当它运行到天空正中的位置时，寒气或暑气将会逐渐消退。由于这是它运行的极点，能不消退吗？晋国将会失掉诸侯的拥戴，诸侯便是想再麻烦，或许还得不到呢？"两个大夫回去后，游吉对别人说："张聪明懂礼，能够进入君子的行列。"

正月二十四日，滕国国君原逝世。滕是鲁国的同盟国家，故而《春秋》中才写了他的名字。

齐景公派晏婴前去晋国，请求允许再送一女子。晏婴讲："寡君派我前来说：'我愿意服侍国君，早晚都不敢怠慢，并依时奉献财物。只因国家多灾多难，故而不能亲自前来。本来先君这位嫡女可以伺候国君，实现了我的愿望，没料到她没有福气，短命而死，让我丧失了希望。国君要是还念及先君的旧好，看得起齐国，不嫌弃我的无能，托太公跟丁公的洪福，让我们继续蒙受恩惠，使国家能够安定的话，先君还有嫡女以及其他姑姐妹等人。国君要是不嫌弃，就请派一使者前来挑选，以作为姬妾。这是我的愿望。'"

韩起派叔向答复说："这应当是寡君的愿望。寡君不能独自承担国家重任，是由于没有正式的夫人。现在正处丧事期间，还不敢向贵国求婚。既然国君有这个命令，没有比这更大的恩惠了。要是贵国看得起我国，给我们以安抚，再赐给一位内主的话，那便不只是寡君的荣幸，连群臣也会受到恩惠，就算晋国自唐叔以下的历代祖先也都会表达赞许。"

订婚之后，晏婴接受了享礼的待遇，叔向陪他饮宴，两人边饮边谈。叔向讲："齐国的情况如何?"晏婴说："如今正处于末世，我不能保证齐国会不会落到陈氏手中。国君抛弃他的民众，甘愿拱手送给陈氏。齐国从前有四种量器，便是豆、区、釜、钟。四升为一豆，四豆为一区，四区为一釜，十釜为一钟。而陈氏的量器只有三种，都比国家统一的量器加大四分之一，钟的容量就更大了。他们用自家的大量器借粮给民众，而用公家的小量器收回。山里的木材运到市场上，价格不比山里的高。鱼、盐、蜃、蛤的价格也不比海边的贵。民众劳动创造的财富，有两份交给了国家，只有一份维持生活。国君积聚的东西腐朽生虫了，贫穷的老人却依然受到寒冷跟饥饿的威胁。国家的市场上，鞋子很便宜，而假肢却十分昂贵。民众痛苦或有病，陈氏就倍加安抚，民众爱戴他有如父母，故而归附他也象流水一般，就算不想让民众拥护陈氏也没有方法。箕伯、直柄、虞遂、伯戏等陈氏祖先以及先前封在陈国的胡公跟太姬的神灵已来到齐国要帮助陈氏了。"

叔向说："真的这样。就算是我国公室，如今也已到了末世了。战马不再驾车出征，卿不再领兵攻击，公室的车乘无人驾驭，步兵军队中没有长官。民众贫困不堪，公室却更加奢侈，路上饿死的人举目可见，受宠的人家依然财富多得容纳不下。民众听见国君的命令，就象碰到强盗一样避之唯恐不及。栾、郤、胥、原、狐、续、庆、伯八个家族的子孙已沦为卑贱的皂隶之官，政权落到大夫私人手里，民众生活无依无靠。国君没有哪一天能改过自新，只晓得沉溺于欢乐之中，掩饰日益增加的忧虑。公室的衰落还能有几天呢?谗鼎之铭说：'就算天不亮就起来，创建了显赫的业绩，或许后代子孙还会懒惰懈怠。'更何况国君没有一天悔改过，他还能维持长久吗?"晏婴说："您想要怎么办呢?"叔向讲："晋国的公族已经没有了。据我所知，只要公室即将衰微，其宗族如同树上的枝叶一样首先凋落，那么公室也将随之而凋零。我们这一宗共有十一族，只有羊舌氏一族存在。我又没有儿子，公室又没有法度，能得以善终就万幸了，难道还希望获得祭奠吗?"

先前，齐景公准备为晏婴调换住房，讲："你的房屋靠近市场，潮湿矮小，嘈杂喧嚣，尘土飞扬，无法居住，请您搬到高处宽敞明亮的房子中。"晏婴拒绝说："国君的先臣我的父辈就曾住在这儿，我没有继承父业，能住在这儿，就已经很过分了。再说靠近市场，早晚能买到想要的东西，很方便，何必再麻烦为我另建住房呢?"景公笑道："您靠近市场，晓得物品的贵贱吗?"晏婴说："既然很方便，如何能不晓得呢?"景公问："什么东西贵?什么东西贱?"这时景公滥施刑罚，很多人被砍断了脚，故而就有专门卖假肢的人。晏婴讲："假肢贵，鞋子贱。"晏婴把这一情况告诉景公后，故而又跟和叔向说起此事。景公为此减轻了惩罚。

君子对此评论讲:"一个仁慈的人,他的话能给众多的人带来利益。晏婴的一句话,就让齐侯减轻了惩罚。《诗经》说:'君子高兴之时,就是灾难结束之日。'说的就是此种情况吧!"

趁晏婴去了晋国,景公为他建造住房,等他回来时,新居已经建好。晏婴向景公拜谢之后,便把新宅拆掉了,并为被毁坏房屋的邻居重修了住房,一切都恢复到原来的模样,而后让邻居都搬回去居住。他讲:"谚语说:'住宅不需要占卜,只有邻居才需要占卜。'这些邻居都是我占卜后选择的,违反了占卜的结果是不吉利的,君子不去做不合礼的事情,小人不去做不吉利的事情,这是自古以来的制度。我敢违反它吗?"最后还是恢复了原来房子的模样。开始景公不同意。晏婴托陈桓子代为请求,景公才同意。

夏天四月,郑简公前去晋国,公孙段为相。公孙段十分恭敬并且谦卑,礼仪上也没有任何违反之处。平公对他很赞叹,授给他一份策书,说:"子丰对晋国有功,我听说之后就没有忘掉过。把州县的田地赐给你,作为对你们家从前功勋的酬劳。"公孙段两次叩头后接了策书出去。君子对此评论讲:"礼对人来说是极为重要的。公孙段为人一向骄傲,只有这一次在晋国注意了礼,就居然获得了晋君的赏赐,何况那些自始至终都讲究礼的人呢?《诗经》说:'要是为人而不知礼,何不快点死去?'说的便是此种情况吧!"

先前,州县是栾豹的封邑,等栾氏消亡以后,士匄、赵武、韩起都想得到这块土地。赵武讲:"管辖州县的温地是我的封邑。"士匄跟韩起说:"自从称把州县跟温县分开后,已经三易其主了。晋国把一个县一分为二的情形很多,不只是州县,谁又能依照分开以前的样子去治理呢?"赵武感到不好意思,便放弃了。士匄和韩起讲:"我们也不能由于有道理就为自己争取。"便都不要了。等到赵武执政,赵获说:"如今能够夺取州地了。"赵武说:"你滚出去!那两个人的话是合于道义的。违反了道义,便会招来灾祸,我连自己的封邑都治理不好,还要州邑做什么?岂不是自取祸害?君子说:'担忧的是不晓得祸患何时到来。'晓得会招祸又不去改正,便没有比这更大的灾难了。谁要再提起州县一事,便将他处死!"

丰氏族人到晋国时都住在韩氏家里,公孙段能得到州县,也是韩起为他请求的。韩起为的是有朝一日丰氏把州县还给晋国,他就能够获得这块土地了。

五月,叔弓到滕国,参加滕成公的葬礼,子服椒作为副手。来到滕都郊外那天,正是子服椒的父亲懿伯的忌日,叔弓决定不进入滕都。子服椒讲:"为国家办事只能考虑国家利益，不要由于私人忌讳而获得影响，请允许我先进去。”就领先住进了宾馆，叔弓这才跟了进去。

晋国的韩起到齐国为平公迎娶夫人。子尾由于少姜曾得到平公宠爱，便用自己的女儿代替齐景公的女儿嫁与平公，又把景公的女儿嫁与他人。有人对韩起说：“子尾欺骗了晋国，晋国为什么接受呢？”韩起讲：“我们本来就是要获得齐国的拥护，拒绝子尾，就是远离齐国的宠臣。如此，他还会亲近晋国吗？”

【原文】

秋七月，郑罕虎如晋，贺夫人，且告曰：“楚人日征敝邑，以不朝立王之故。敝邑之往，则畏执事，其谓寡君，“而固有外心’。其不往，则宋之盟云。进退罪也。寡君使虎布之。”宣子使叔向对曰：“君若辱有寡君，在楚何害？修宋盟也。君苟思盟，寡君乃知免于戾矣。君若不有寡君，虽朝夕辱于敝邑，寡君猜焉。君实有心，何辱命焉？君其往也！苟有寡君，在楚犹在晋也。”

张趯使谓大叔曰：“自子之归也，小人粪除先人之敝庐，曰：‘子其将来！’今子皮实来，小人失望。”大叔曰：“吉贱不获来，畏大国，尊夫人也。且孟曰：‘而将无事。’吉庶几焉。”

小邾穆公来朝。季武子欲卑之，穆叔曰：“不可。曹、滕、二邾，实不忘我好。敬以逆之，犹惧其贰。又卑一睦焉，逆群好也。其如旧而加敬焉！《志》曰：‘能敬无灾。’又曰：‘敬逆来者，天所福也。’”季孙从之。

八月，大雩，旱也。

齐侯田于莒，卢蒲嫳见，泣且请曰：“余发如此种种[①]，余奚能为？”公曰：“诺，吾告二子，归而告之。子尾欲复之”。子雅不可，曰：“彼其发短而心甚长，其或寝处我矣。”九月，子雅放卢蒲嫳于北燕。

燕简公多嬖宠，欲去诸大夫而立其宠人。冬，燕大夫比以杀公之外嬖。公惧，奔齐。书曰：“北燕伯款出奔齐，罪之也。”

十月，郑伯如楚，子产相。楚子享之，赋《吉日》。既享，子产乃具田备，王以田江南之梦。

齐公孙灶卒。司马灶见晏子，曰：“又丧子雅矣。”晏子曰：“惜也，子旗不免，殆哉！姜族弱矣，而妫将始昌。二惠竞爽，犹可，又弱[②]一个焉，姜其危哉！”

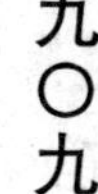

【注释】

①种种:形容头发短少,含有老迈衰颓之意。

②爽:明白。弱:犹言丧失、丧亡。

【译文】

秋天七月,郑国罕虎到晋国,祝贺夫人,而且报告说:"楚国人每天责问敝邑,由于没有朝贺新立国君的原因。敝邑要是前往,那么畏惧执事,或许认为寡君'本来就有外心'。要是不去,那么在宋国的盟约又是如此说的。进退都是罪过。寡君派虎前来陈述。"韩宣子派叔向答复说:"君王要是心向着寡君,在楚国有什么害处?这是重修在宋国会盟的友好。君王要是考虑盟约,寡君就晓得免除罪过了。君王要是心不向着寡君,就算早晚光临敝邑,寡君也会猜疑他。君王真的心向着寡君,何必辱没他的命令呢?国君还是前往吧!要是心向着寡君,在楚国如同在晋国一样。"

张趯派人对游吉说:"自从您回国之后,小人打扫了先人的破房子,说:'您或许还要来!'如今子皮来了,小人失望。"游吉说:"吉地位低下不能前去,这是畏惧大国,尊敬夫人。何况孟子说:'你即将没事了。'吉大约没事了。"

小邾穆公来鲁国朝见。季武子想要用低于诸侯的礼节款待他,叔孙豹说:"不行。曹国、滕国、两个邾国,确实不忘跟我国的友好。用恭恭敬敬的态度迎接他,还恐惧他有二心。反倒又降低一个友好国的地位,这是违反许多友好国家心意的。还是如过去一样而更加恭敬!《志》讲:'能恭敬没有灾祸。'又讲:'恭敬地迎接前来的人,是上天赐福的缘由。'"季武子听从了他的话。

八月,举办盛大的雩祭,这是由于旱灾的原因。

齐景公在莒地打猎,卢蒲嫳觐见,一边哭泣一边请求说:"我的头发这样短少,我还能做什么?"景公说:"好,我告诉那两位。"回去后便告诉了子尾跟子雅。子尾想要恢复卢蒲嫳的官职。子雅不答应,说:"他的头发短少而心计长,他也许要坐卧到我的皮上了。"九月,子雅把卢蒲嫳流放到燕国。

燕简公有很多宠爱的人,希望去掉大夫们而立他宠爱的人为大夫。冬季,燕国大夫们勾结起来杀死简公宠爱的人。简公恐惧,逃跑到齐国。《春秋》记录说:"燕简公逃跑到齐国,是罪过。"

十月,郑简公到楚国去,子产做相礼。楚灵王设享礼款待郑简公,赋《吉日》这首诗。享礼结束,子产便准备了打猎的用具,楚灵王跟郑简公在江南的云梦泽狩猎。

齐国子雅逝世。司马灶进见晏子,讲:"又失去子雅了。"晏子说:"是可惜呀,子旗也不能免于灾难,危险啊!姜姓氏族衰弱了,不过陈氏将要开始昌盛。惠公的两个子孙刚强明白,还能够维持姜氏,又失去了一个,姜氏恐怕危险啊!"

【讲评】

管仲、子产、晏子都是《左传》塑造的春秋贤相,但其面对的国内国际环境不同、个性和行事风貌都各不相同。晏子所在的齐国国内形势是公族卑弱而又骄奢淫逸,私家势力强大而又极力争夺民心,国外有强大的晋国处处压制,齐国只能顺服,齐景公请求继续嫁女给晋君的国书中措辞谦卑、极尽奉承之能事就可见一斑。晏子虽忧国忧民,有清醒的政治头脑,但进言多不被君主采纳,没有稳固的权力支持,又没有强硬的政治手段,只能徒叹奈何,独善其身罢了。综合这些因素,同是贤相代表,与子产、管仲相比,晏子的政治才能并没有充分的展现,是可以想见的。晏子之贤能,主要体现在诙谐多智、应对机敏、正直清廉、不依附任何政治集团等方面。

昭公四年

【原文】

[经]春王正月,大雨雹[①]。

[传]夏楚子、蔡侯、陈侯、郑伯、许男、徐子、滕子、顿子、胡子、沈子、小邾子、宋世子佐淮夷会于申。

[传]春王正月,许男如楚,楚子止之,遂止郑伯,复田江南,许男与焉。使椒举如晋求诸侯,二君[②]待之。椒举致命曰:"寡君使举曰:日君有惠,赐盟于宋,曰:'晋楚之从,交相见也。'以岁之不易,寡人愿结驩于二三君,使举请间。君若苟无四方之虞,则愿假宠以请于诸侯。"晋侯欲勿许,司马侯曰:"不可,楚王方侈,天或者欲逞其心以厚其毒,而降之罚,未可知也!其使能终,亦未可知也。晋楚唯天所相,不可与争,君其许之,而修德以待其归。若归于德,吾犹将事之,况诸侯乎?若适淫虐,楚将弃之,吾又谁与争?"曰:"晋有三

不殆，其何敌之有？国险而多马，齐楚多难，有是三者，何乡而不济？”对曰：“恃险与马，而虞邻国之难，是三殆也。四岳[③]三涂[④]阳城[⑤]大室[⑥]荆山[⑦]中南[⑧]九州之险也，是不一姓。冀之北土，马之所生，无兴国焉。恃险与马，不可以为固也，从古以然。是以先王务修德音以享神

晏子谏齐景公

人，不闻其务险与马也。邻国之难，不可虞也。或多难以固其国，启其疆土！或无难以丧其国，失其守宇。若何虞难？齐有仲孙之难，而获桓公，至今赖之。晋有里丕之难，而获文公，是以为盟主。卫邢无难，敌亦丧之。故人之难，不可虞也。恃此三者而不修政德，亡于不暇，又何能济？君其许之，纣作淫虐，文王惠和，殷是以陨，周是以兴。夫岂争诸侯？”乃许楚使，使叔向对曰：“寡君有社稷之事，是以不获春秋时见，诸侯君实有之，何辱命焉。”椒举遂请昏，晋侯许之，楚子问于子产曰：“晋其许我诸侯乎？”对曰：“许君。晋君少安，不在诸侯。其大夫多求，莫匡其君，在宋之盟，又曰如一，若不许君，将焉用之？”王曰：“诸侯其来乎？”对曰：“必来，从宋之盟，承君之欢，不畏大国，何故不来？不来者其鲁、卫、曹、邾乎？曹畏宋，邾畏鲁，鲁卫偪于齐而亲于晋，唯是不来。其余君之所及也，谁敢不至？”王曰：“然则吾所求者无不可乎？”对曰：“求逞于人不可，与人同欲尽济。”

【注释】

①此经无传。

②二君：郑伯同许男。

③四岳：东岳岱西岳华南岳衡北岳恒。

④三涂：《汇纂》说：“在河南省陆浑县故城东南八十里。”

⑤阳城：《一统志》说：“在今河南登封市东南三十八里，俗名车岭山。”

⑥大室：《一统志》说：“嵩山在河南登封市北十里，有三十六峰，东曰太室、西曰少室。”

⑦荆山：在新城沶乡县南。

⑧中南：《左传地名补注》：“终南山在长安南五十里。”

【译文】

春天正月，鲁国下了很多的雹。

昭公四年春王正月，许男到楚国去，楚子就叫他停留在那里预备跟他一同去打猎。又叫郑伯停住，再到江南打猎，许男也参加了。使椒举到晋国去，请他准许诸侯来会，郑许两个君在等待他。椒举告诉晋国说："寡君叫我来说：以前你曾经在宋的地方会盟，说：'晋楚所属的诸侯，得互相见面。'因为常有困难，我很愿意同两三君见面，使举来问你有无空闲。你假设没有各国的事情，很希望你帮助请各诸侯来。"晋平公不想答应，司马侯说："不可以，楚王正在奢侈，天或者要满足他的欲望，增加他的罪恶，再降给他处罚，这也未可知道。或者能让他善终，也未可以知道。晋和楚国只有天可帮助的，这不可以跟他争，你不如答应他，而自己修德行以等到他的归宿。要归到德行，我们晋国还将侍奉他，何况诸侯呢？要暴虐百姓，楚国人将不要他，我还跟谁争呢？"晋平公说："晋国有三件不怕的事情，还怕谁能够抵抗呢？国家有险要，而晋国马匹甚多，而齐国同楚国全有祸难，有这三种，到哪里也能成功呢！"回答说："仗着险要跟马匹，再加上邻国的祸难，这是三种可怕的事情。四岳、三涂、阳城、大室、荆山、中南这是九州的险要，但是不是一姓所有。冀的北方是马所生长的地方，并没有兴旺的国家，仗着险要同马不能做保险，自古就是如此。所以先王务必修德，以通神人，不听见他只要险要与马。邻国的困难，不可以希望他，或者是多难以完固他的国，增加他的疆土，或没有难失掉他的国家土地。为什么希望人家有难呢？齐国有公孙无知的难，就出了齐桓公，到现在全仰仗着他。晋国有里丕的难，而出了文公，做了盟主。卫国同邢国尚没有祸乱，而强敌也把他丧亡了。所以人家的祸难不可以希望，仗着这三件事，而不修理政治德性，只有覆亡又怎么能成功？你不如答应他。商纣是淫虐，文王是惠和，商所以灭，周所以兴起。岂在于争诸侯吗？"就答应了楚国。使叔向回答说："我因为有国家的事，所以不能够常跟你相见，至于诸侯，全由他们，你何必来问我。"椒举同时替楚王请求婚姻，晋平公也答应他了。楚王问子产说："晋还答应把诸侯给我们吗？"回答说："准许你。晋君现在想安乐，不在诸侯的身上，他大夫们都求富，没有人能够匡正他的君。并且在宋的盟誓说晋楚相等，要不答应你那有什么办法呢？"王又问他："诸侯来吗？"回答说："必定来，依从宋的盟誓，奉承楚国的欢乐，不怕大国晋，为什么不来呢？不来的只有鲁卫曹邾他们。曹国怕宋国，邾国怕鲁国，鲁国同卫国离齐国逼近，而对于晋国亲善，所以不来，其余的诸侯，全是你的威势所能达到的。"王又问说："然则我所求于人的没有不可以吗？"子产回答说："求快意于人不可以，跟人全都同心全可以成功。"

【原文】

[传]大雨雹,季武子问于申丰[①],曰:“雹可御乎?”对曰:“圣人在上无雹,虽有不为灾,古者日在北陆[②]而藏冰,西陆[③]朝觌而出之。其藏冰也,深山穷谷,固阴沍寒,于是乎取之。其出之也,朝之禄位,宾食丧祭,于是乎用之。其藏之也,黑牡秬黍,以享司寒。其出之也,桃弧棘矢,以除其灾。其出入也时,食肉之禄,冰皆与焉。大夫命妇,丧浴用冰,祭寒而藏之,献羔而启之,公始用之,火出而毕赋[④]。自命夫命妇至于老疾,无不受冰。山人取之,县人传之,舆人纳之,隶人藏之。夫冰以风壮,而以风出,其藏之也周,其用之也偏,则冬无愆阳,夏无伏阴,春无凄风,秋无苦雨,雷出不震,无菑霜雹,疠疾不降,民不夭札。今藏川池之冰弃而不用,风不越而杀,雷不发而震,雹之为菑,谁能御之?七月之卒章,藏冰之道也[⑤]。”

[经]楚人执徐子。

[传]夏诸侯如楚,鲁卫曹邾不会。曹邾辞以难,公辞以时祭,卫侯辞以疾。郑伯先待于申[⑥]。六月丙午,楚子合诸侯于申。椒举言于楚子曰:“臣闻诸侯无归,礼以为归。今君始得诸侯,其慎礼矣。霸之济否,在此会也,夏启有钧台之享[⑦],商汤有景亳之命[⑧],周武有孟津[⑨]之誓,成有岐阳[⑩]之蒐,康有酆宫[⑪]之朝,穆有涂山[⑫]之会,齐桓有召陵之师,晋文有践土之盟,君其何用?宋向戌、郑公孙侨在,诸侯之良也,君其选焉。”王曰:“吾用齐桓。”王使问礼于左师与子产。左师曰:“小国习之,大国用之,敢不荐闻。”献公合诸侯之礼六。子产曰:“小国共职,敢不荐守。”献伯子男会公之礼六。君子谓合左师善守先代,子产善相小国。王使椒举侍于后以规过,卒事不规,王问其故,对曰:“礼吾未见者有六焉,又何以规?”宋大子佐后至,王田于武城,久而弗见,椒举请辞焉。王使往曰:“属有宗祧之事于武城[⑬],寡君将堕币焉,敢谢后见[⑭]。”徐子,吴出也,以为贰焉,故执诸申。楚子示诸侯侈。椒举曰:“夫六王二公之事[⑮],皆所以示诸侯礼也,诸侯所由用命也。夏桀为仍之会,有缗[⑯]叛之,商纣为黎之蒐,东夷[⑰]叛之,周幽为大室之盟,戎狄叛之,皆所以示诸侯汏也,诸侯所由弃命也。今君以汏,无乃不济乎?”王弗听。子产见左师曰:“吾不患楚矣,汏而愎谏,不过十年。”左师曰:“然,不十年侈,其恶不远。远恶而后弃,善可如之,德远而后兴。”

【注释】

①申丰:鲁大夫。

②日在北陆:谓夏正十二月。

③西陆:谓夏正三月。

④火出而毕赋:火星出现在旧历三月四月中。就把冰全献完。

⑤七月之卒章,藏冰之道也:七月是《诗经·豳风》末了一章,就是藏冰的道理。

⑥申:楚地,今河南省南阳市北二十里有申城。

⑦夏启有钧台之享:《一统志》说:"钧台在禹县城南十五里,一称夏台。"

⑧景亳之命,《方舆纪要》说:"在今河南偃师县西十四里。"

⑨孟津:今河南孟津县西南三十里。

⑩岐阳:在陕西省岐山县东北五十里。

⑪酆宫:《一统志》说:"今陕西鄠县东三十五里有酆宫。"

⑫涂山:《一统志》说:"在安徽省怀远县东南八里。"

⑬属有宗祧之事于武城:因为为宗庙的祭祀所以到武城去打猎。武城是楚地,在今南阳市北有武亭。

⑭寡君将堕币焉,敢谢后见:言将待输币之时乃相见,见既在后故遣我来敢谢后见。

⑮夫六王二公之事:六王是指着夏启、商汤、周武王、成王、康王、穆王,二公是齐桓、晋文。

⑯缗:仍国之姓,在山东金乡县东北二十五里有缗城阜。

⑰东夷:东方的国家。

【译文】

天下雹子,季孙宿问申丰说:"可以使雹子停止吗?"他回答说:"要是圣人在上面就没有雹子,就是有也不会做灾害。古的时候在夏正十二月,就把冰藏起来,到了夏正三月,早晨把冰拿出来,藏冰的时候,在深山穷洼的地方,阴地很冷的地方去找寻它,等着冰出来的时候,在朝廷上有禄位,宾食丧祭就来用它。藏的时候用黑颜色的牲口同黑黍,这是祭祀管寒的神。拿出冰的时候,用桃的弧棘的箭,以消除它的灾害。它出进全按着规矩。吃肉的官人,冰全都参加。大夫同他的妻子们,死了以后用冰来沐浴,祭享寒流藏着它,献羔羊来开启它,公有优先权,先用它,等着火星出现的时候,就全都出来。自命夫以下至于老病的,没有不受到冰的。虞官来取它,县人来传送它,舆人来接纳,贱官来收藏。冰因为风来坚固,因为风而出现,收藏着很周密,用的也很普遍,冬天没有疾病,夏天没有冷病，春天没有寒风，秋天没有苦雨，雷出不震惊，没有灾同霜雹，疾病也不下来，人民不会短命。现在藏着在川池的冰，废弃而不用，风不散而为害，雷不发就震击，雹的为灾害，谁能够抵抗呢？诗经七月末了的一章，就讲的藏冰的道理。"

夏天，诸侯全到楚国去，鲁卫曹邾四国不参加开会。曹邾说有困难，鲁昭公说有祭祀，卫襄公说有病，郑伯先在申的地方等着。六月丙午，楚王在申这地方会诸侯。椒举对楚灵王说："我听说诸侯没有归宿，以礼为归宿，现在你刚得到诸侯，必定要慎重礼节。霸权的成功与否，皆以此会为关键。夏启有钧台的享宴，商汤有景亳的命令，周武王有孟津的盟誓。周成王有岐阳的大阅兵，周康王有在酆宫的朝见，穆王有涂山的会盟，齐桓公有召陵的出兵，晋文公有践土的盟誓，你用哪一种呢？宋国向戌，郑国的公孙侨在会中，这是诸侯良善的人，你可以问他们。"楚灵王说："我用齐桓公。"楚王使人问礼于向戌同子产。向戌说："小国练习，大国来用，我敢不说所听见的吗？"献上公合诸侯的礼六种。子产说："小国是看这个职守，我敢不贡献所守的吗？"献上伯子男会公侯的礼六种。君子说合左师向戌很会守先代的典礼，子产很会为小国的相礼。楚王叫椒举站到后面，以等到有错误的来说，结果到末了也不规劝，楚王问他什么缘故，他回答说："我所没有见的礼就是这六种，又怎么样来规劝呢？"宋国的太子佐最后来，楚王在武城打猎，久没有见他，椒举想让王辞谢不见，王叫他去说："现在为祭祀宗庙，所以在武城打猎，将来拿着布币再见。"徐子是吴国的外甥子，以为他有二心，就把他在申的地方逮起来。楚王对诸侯表现很奢侈，椒举就说："夏启、商汤、周武、成、康、穆六王的事情以及齐桓、晋文两公的事情，皆所以表现给诸侯看礼节，诸侯也因此就听从命令。夏桀在仍国开会时，有缗就反叛了，商纣在黎国阅兵，东夷就反叛了，周幽王在大室盟会，戎狄全反叛了，皆因为对诸侯表现太奢侈，所以诸侯全不听他的命令，现在你也用奢侈，恐怕不能成功吧！"楚灵王也不听。子产见着向戌说："我不怕楚国了，奢侈而刚愎，最多不过十年。"向戌说："对了，不十年的奢侈，他的恶不会远播，恶远播了人家全都放弃他，善也跟着一样，德远播了就会兴起。"

【原文】

[经]秋七月，楚子、蔡侯、陈侯、许男、顿子、胡子、沈子、淮夷伐吴，执齐庆封杀之。遂灭赖。

[传]秋七月楚子以诸侯伐吴，宋大子、郑伯先归，宋华费遂、郑大夫从，使屈申围朱方[①]。八月甲申克之，执齐庆封，而尽灭其族。将戮庆封，椒举曰："臣闻无瑕者可以戮人。

庆封惟逆命是以在此，其肯从于戮乎？播于诸侯，焉用之？"王弗听，负之斧钺，以徇于诸侯，使言曰："无或如齐庆封，弑其君，弱其孤，以盟其大夫。"庆封曰："无或如楚共王之庶子围，弑其君兄之子麇而代之，以盟诸侯。"王使速杀之，遂以诸侯灭赖。赖子面缚衔璧，士袒，舆榇从之，造于中军。王问诸椒举，对曰："成王克许[2]，许僖公如是，王亲释其缚，受其璧，焚其榇。"王从之，迁赖于鄢，楚子欲迁许于赖，使斗韦龟与公子弃疾城之而还。申无宇曰："楚祸之首将在此矣。召诸侯而来，伐国而克，城竟莫校，王心不违，民其居乎？民之不处，其谁堪之？不堪王命，乃祸乱也。"

【注释】

①朱方：在江苏省丹徒区。

②成王克许：这是楚成王打胜许国，在鲁僖公六年。

【译文】

秋七月，楚灵王率领诸侯们来伐吴国，宋国太子、郑伯先回国，宋华费遂同郑大夫随从着去伐吴国，叫屈申围了朱方这地方。八月甲申这天把它占据，把齐国的庆封逮住，将他的族人全部杀掉，将杀庆封的时候，椒举说："我听见说没有过错的人才可以杀人。庆封因为不听从命令，所以在这里，他还肯默默被杀戮吗？万一他把你的过错传播于诸侯，杀了他又有什么用处？"楚王不听，给他背上斧钺，叫他在诸侯面前徇行，并且说："不要跟齐国的庆封一样，把自己的君杀掉，削弱他的孤寡，而盟他的大夫。"庆封就说："不要跟楚共王的庶子围一样，把他哥哥的儿子君杀掉，替代他来盟诸侯。"楚王叫赶紧把他杀了，就拿诸侯的兵力灭了赖国。赖国子爵前面缚着双手，口中衔着玉石，士赤着背，抬着棺材到中军帐下。王问椒举，回答说："楚成王打胜了许国，许僖公就这样的办法。成王给他解开捆的绳子，接受玉石，把他棺材烧掉。"灵王就这样办。把赖迁到鄢的地方，楚王又想把许国迁到赖国，叫斗韦龟与公子弃疾给他修城，就回来了。申无宇说："楚国祸乱的开始就在这里。叫诸侯他们就来，讨伐一个国家成功，在外修城池没有诸侯敢争，像这般随心所欲，人民还能安居吗？人民不安居，谁能受得了呢？不受王的命令就是祸乱。"

【原文】

［经］九月取鄫。

[传]九月取鄟,言易也,莒乱,著丘公立而不抚鄟,鄟叛而来,故曰取。凡克邑不用师徒曰取。

[传]郑子产作丘赋[1],国人谤之,曰:"其父死于路,己为虿尾[2],以令于国,国将若之何?"子宽[3]以告。子产曰:"何害?苟利社稷,死生以之,且吾闻为善者不改其度,故能有济也。民不可逞,度不可改。诗曰:'礼义不愆,何恤于人言?'吾不迁矣。"浑罕曰:"国氏其先亡乎?君子作法于凉,其敝犹贪,作法于贪,敝将若之何?姬在列者,蔡及曹滕其先亡乎,偪而无礼,郑先卫亡,偪而无法,政不率法而制于心,民各有心,何上之有?"

【注释】

①丘赋:每十六井当出马一匹牛三头。

②己为虿尾:虿蝎子的尾巴。

③子宽:郑大夫。

【译文】

九月取鄟,这意思是说很容易。莒国乱了,著丘公立了以后,不安抚鄟国,鄟国反叛而来,所以叫作取。凡是不用军队,占领地方就叫取。

郑国子产作丘赋,国人很诽谤他说:"他父亲被杀了,他还毒害百姓,来命令国家,国将怎么办呢?"郑大夫子宽告诉子产。子产说:"这有什么害呢?只要对国家有利益,死生全不管。并且我听说为人善的不改他的法度,所以能成功。民不可以放纵,度不可以改变。逸诗上说:'礼只要不错,何怕人家说话。'我是不改的。"子宽就说:"子产恐怕要先灭亡了,君子作法的时候薄,他的弊病犹在于贪,作法于贪上,这弊病怎么办呢?姬姓在诸侯里头的,蔡及曹滕是先亡的,因为受他国逼迫而自身又无礼。郑国在卫国之前亡,因为受他国逼迫而自身又没有法度。施政不遵守法律,而好恶由心,民各有心,还有什么尊上呢?"

【原文】

[传]冬,吴伐楚,入棘、栎、麻[1],以报朱方之役。楚沈尹射奔命于夏汭,咸尹宜咎[2]城钟离,薳启强城巢,然丹城州来。东国水不可以城,彭生[3]罢赖之师。

[经]冬十有二月乙卯叔孙豹卒。

[传]初穆子去叔孙氏，及庚宗[4]，遇妇人，使私为食而宿焉。问其行，告之故，哭而送之。适齐娶于国氏，生孟丙，仲壬，梦天压己弗胜，顾而见人，黑而上偻，深目而豭喙[5]，号之曰："牛助余！"乃胜之。旦而皆召其徒，无之。且曰志之。及宣伯奔齐，馈之。宣伯曰："鲁以先子之故，将存吾宗，必召女。召女何如？"对曰："愿之久矣。"鲁人召之，不告而归，既立，所宿庚宗之妇人献以雉，问其姓[6]，对曰："余子长矣，能奉雉而从我矣。"召而见之，则所梦也。未问其名，号之曰牛，曰："唯。"皆召其徒使视之，遂使为竖，有宠，长使为政。公孙明[7]知叔孙于齐，归未逆国姜，子明取之。故怒[8]。其子长而后使逆之。田于丘莸[9]，遂遇疾焉。竖牛欲乱其室而有之，强与孟盟，不可。叔孙为孟钟曰："尔未际[10]，飨大夫以落之。"既具，使竖牛请日，入弗谒。出命之日，及宾至，闻钟声，牛曰："孟有北妇人之客[11]。"怒将往，牛止之，宾出，使拘而杀诸外[12]。牛又强与仲盟，不可。仲与公御莱书[13]观于公，公与之环。使牛入示之[14]，入不示，出命佩之。牛谓叔孙，见仲而何[15]。叔孙曰："何为？"曰："不见既自见矣，公与之环，而佩之矣。"遂逐之，奔齐。疾急，命召仲，牛许而不召，杜泄见，告之饥渴，授之戈。对曰："求之而至，又何去焉？"竖牛曰："夫子疾病，不欲见人。"使真馈于个而退。牛弗进，则置虚命彻。十二月癸丑，叔孙不食。乙卯卒，牛立昭子[16]而相之，公使杜泄葬叔孙。竖牛赂叔仲昭子与南遗，使恶杜泄于季孙而去之。杜泄将以路葬[17]，且尽卿礼。南遗谓季孙曰："叔孙未乘路，葬焉用之？且冢卿无路，介卿以葬，不亦左乎？"季孙曰："然。"使杜泄舍路，不可，曰："夫子受命于朝而聘于王，王思旧勋而赐之路，复命而致之君，君不敢逆王命而复赐之，使三官书之。吾子为司徒，实书名。夫子为司马与工正，书服，孟孙为司空，以书勋，今死而弗以，是弃君命也。书在公府而弗以，是废三官也。若命服生弗敢服，死又不以，将焉用之？"乃使以葬。季孙谋去中军，竖牛曰："夫子固欲去之。"

【注释】

①棘、栎、麻：程发轫说"则棘、栎、麻三邑亦应在寿春之东……故麻邑不在黄州之麻，而以砀山之麻最合"。至于栎邑与栗通假，《一统志》说："栗县故城，在今夏邑县治。"

②成尹宜咎：宜咎本来是陈大夫，襄公二十四年奔楚。

③彭生：楚大夫。

④庚宗：《汇纂》说："今山东泗水县东有庚宗亭与费县接界。"

⑤黑而上偻，深目而豭喙：面色很黑而他的肩膀是弯曲的，眼睛很深而嘴巴像猪。

⑥问其姓：问她有没有儿子。

⑦公孙明：齐大夫。

⑧故怒：怒其妻国姜。

⑨丘莸：在山东省疑在鲁之北境。

⑩尔未际：你没有同诸位大夫接见过。

⑪孟有北妇人之客：孟丙他请公孙明为客人。

⑫使拘而杀诸外：就叫牛把孟丙杀在城外。

⑬莱书：鲁昭公赶车的与仲同往公宫。

⑭使牛入示之：使牛拿进去给叔孙豹看。

⑮牛谓叔孙，见仲而何：牛告诉叔孙，令仲壬去见国君意下如何？

⑯昭子：叔孙豹的庶子叔孙婼。

⑰杜洩将以路葬：杜洩拿周王所赏给叔孙的车来葬他。

【译文】

冬天，吴伐楚，入棘栎麻，为的报复朱方的战役。楚国沈尹射逃命到夏汭，咸尹宜咎修钟离城，薳启强修巢这城，然丹修州来的城。在楚国东边以上三城都有水没方法修，所以彭生取消对赖国出兵。

当初叔孙豹避侨如的患难，离开叔孙氏奔往齐国，到了庚宗地方，碰着一个妇人，差她私下弄些食物吃了，便和她同宿。那妇人问他到什么地方去？便告诉了缘故。那妇人却哭了送他的行。既到齐国以后，便娶妻于国氏，生了孟丙，仲壬。他一天梦着天压自己，气力支撑不住了，一回头去，却见一人，面色很黑，上肩是弯下的，眼睛很深，嘴巴像猪一般，穆子便喊他说："牛来帮我！"才撑过来。到第二日，天亮了，将跟随都召集拢来，却没有一个和牛相像的人，就对那些人说："这事你们都给我记着。"等到侨如也奔到齐国去，穆子送食物给他吃。侨如说："鲁国因为我们先人的功劳，将要存留我们的宗族，一定来召你的，你便怎样？"穆子回答说："希望他来召已经好久了！"后来鲁人果然来召他。他便不告诉侨如就回去了。既然立做卿以后，他那宿过庚宗的妇人，献给他一只野鸡，穆子问她有儿子吗，妇人回答说："我的儿子已经大了，能够捧了野鸡跟我来了。"便喊他来一看，哪知就是梦中所看见的，便不问他叫什么名字，喊他叫"牛"。那孩子便答应一声！"唯！"叔孙豹便喊那些跟随，使他们来看。就叫他做个小僮，很宠用他，等到牛长大了，便叫他管理家政。齐大夫公孙明本和叔孙很要好的，叔孙回国去，却不来迎接国姜，子明就把她娶了去，所以叔孙豹很怒。他的儿子年长了，叔孙方才使人去迎接他们，叔孙豹有一天在丘莸地方打猎，就生了病，竖牛要想扰乱他的家室，据为己有，强迫孟丙和他订盟，孟丙不肯，叔孙本替孟丙铸了口钟，对他说："你还没有和诸大夫交际过，可以在涂钟缝落成的时候，宴会那些大夫了！"孟丙既备办了酒筵，便使竖牛进去向父亲要个日期，竖牛进去后，却不告明叔孙，出来便诈说一个日期。等到宾客都来了，叔孙听得打钟的声音，便诧怪问竖牛，牛说："孟丙有你北方那个妇人的堂客在家中呢！"叔孙便大怒，要去看他。竖牛拦阻他，不放他出去，及宾客既去，便使他拘执起来，杀孟丙在门外。牛又强迫和仲壬订盟，仲也不肯，后来仲和昭公的御士莱书游观在公的宫中，公赏赐他一只玉环。仲壬便使竖牛拿玉环给叔孙观看，牛进去了，不给他看。出来就诈称叫你佩戴了吧！牛一面又对叔孙说："叫仲壬去见国君，怎么样？"叔孙说："这是什么话？"牛说："你不使他引见，他已自己去引见过了，公给他玉环，他已经佩戴的了！"叔孙便把他驱逐出境，仲壬就逃到齐国去。叔孙病重了，叫他去叫仲壬回来，牛应许了却并不去叫，管家杜泄进去见，叔孙告诉他饥饿口渴，给他一把长枪，叫他去杀牛。杜泄回答说："你只向他要食物，他自会来的，为什么要去掉他呢？"竖牛后来就索性说："穆子害了病，不喜欢见人。"便一概不见，使他们送食物的，只放在东西厢便退出去，牛却并不将食物送进去，只把倒空的食器放在那里，便叫他们撤去。十二月癸丑那天，叔孙得不到食物，乙卯那天便死了，牛就立了昭子，自己做他的家相。昭公派杜泄去葬叔孙。竖牛便私贿叔仲昭子，和季氏的家臣南遗，使他们在季孙那里说杜泄的坏话，要想除去他。杜泄正要用路车葬叔孙，而且都要用卿礼。南遗便对季孙说："叔孙活着的时候，还没有乘过路车，葬的时候为什么倒要用起来呢？而且最长的卿尚且没有路车，次卿倒要用路车葬，在礼法上不是说不过去吗？"季孙说："是的。"便使杜泄不要用路车，杜泄不肯，他说："夫子是受命在朝中，去朝聘过天王的，天王因他有礼，想念他先人的旧功，才赏给他路车，他不敢自乘，复命的时候，送进君主那里，君主不敢违背王命，仍旧赏给了他。使三位官员记录下来，那时你做司徒，是写定名位的，我们夫子做司马兼作工正，记上车服的器用，孟孙做司空，是记功劳的，如今死了再不用，这分明是弃掉君命了。纪录的文书还在公府中，仍旧不用，这分明是废掉三官了。若是王命的服，活着的时候不敢穿，死了又不用它，还有什么用处呢？"季孙便使他拿去葬。季孙后来又打算废去中军，竖牛说："夫子本来早想废去它的。"

【讲评】

州吁、竖牛等的命运惊人的相似,都是庶子,都野心勃勃、残忍狡诈,不甘于低贱的身份,企图凭借父亲宠爱博得尊贵的地位,积极地陷害无辜之人。这类人既可恶,又可怜,是等级森严的贵族制度下发生的人格扭曲,是贵族集团荒淫昏悖的土壤上滋生出来的邪恶之花。这些敢于扰乱家族的恶行能够顺利实施,与他们父辈的淫乱昏庸和纵容是分不开的。

昭公五年

【原文】

[经]五年春,王正月,舍中军。楚杀其大夫屈申。公如晋。夏,莒牟夷以牟娄及防、兹来奔。秋七月,公至自晋。戊辰,叔弓帅师败莒师于蚡泉。秦伯卒。冬,楚子、蔡侯、陈侯、许男、顿子、沈子、徐人、越人伐吴。

【原文】

[传]五年春,王正月,舍中军,卑公室也。毁中军于施氏,成诸臧氏,初作中军,三分公室而各有其一。季氏尽征之,叔孙氏臣其子弟,孟氏取其半焉。及其舍之也,四分公室,季氏二,二子各一。皆尽征之,而贡于公。

以书使杜泄告于殡,曰:“子固欲毁中军,既毁之矣,故告。”杜泄曰:“夫子唯不欲毁也,故盟诸僖闳,诅诸五父之衢。”受其书而投之,帅士而哭之。

叔仲子谓季孙曰:“带受命于子叔孙曰,葬鲜者自西门。”季孙命杜泄。杜泄曰:“卿丧自朝,鲁礼也。吾子为国政,未改礼,而又迁之。群臣惧死,不敢自也。”既葬而行。

仲至自齐,季孙欲立之。南遗曰:“叔孙氏厚则季氏薄。彼实家乱,子勿与知,不亦可乎?”南遗使国人助竖牛以攻诸大库之庭。司宫射之,中目而死。竖牛取东鄙三十邑,以与南遗。

昭子即位,朝其家众,曰:“竖牛祸叔孙氏,使乱大从①,杀適立庶,又披其邑,将以赦罪,罪莫大焉。必速杀之。”竖牛惧,奔齐。孟、仲之子杀诸塞关之外,投其首于宁风之棘上。仲尼曰:“叔孙昭子之不劳,不可能也。周任有言曰:‘为政者不赏私劳,不罚私怨。’《诗》云:‘有觉德行,四国顺之。’”

初,穆子之生也,庄叔以《周易》筮之,遇《明夷》䷣之《谦》䷎,以示卜楚丘。楚丘曰:“是将行,而归为子祀。以谗人入,其名曰牛,卒以馁死。《明夷》,日也。日之数十,故有十时,亦当十位。自王已下,其二为公,其三为卿。日上其中,食日为二,旦日为三。《明夷》之《谦》,明而未融,其当旦乎。故曰为子祀,日之《谦》,当鸟,故曰明夷于飞。明而未融,故曰垂其翼。象日之动,故曰君子于行。当三在旦,故曰三日不食。《离》,火也,《艮》,山也。《离》为火,火焚山,山败。于人为言,败言为谗。故曰有攸往。主人有言,言必谗也。纯《离》为牛,世乱谗胜,胜将适《离》,故曰其名曰牛。《谦》不足,飞不翔,垂不峻,翼不广,故曰其为子后乎。吾子,亚卿也,抑少不终。”

楚子以屈申为贰于吴,乃杀之。以屈生为莫敖,使与令尹子荡如晋逆女。过郑,郑伯劳子荡于汜,劳屈生于菟氏。晋侯送女于邢丘。子产相郑伯,会晋侯于邢丘。

公如晋,自郊劳至于赠贿,无失礼。晋侯谓女叔齐曰:“鲁侯不亦善于礼乎?”对曰:“鲁侯焉知礼?”公曰:“何为?自郊劳至于赠贿,礼无违者,何故不知?”对曰:“是仪也,不可谓礼。礼所以守其国,行其政令,无失其民者也。今政令在家,不能取也。有子家羁,弗能用也。奸大国之盟,陵虐小国。利之之难,不知其私。公室四分,民食于他。思莫在公,不图其终。为国君,难将及身,不恤其所。礼之本末,将于此乎在,而屑屑焉习仪以亟[②]。言善于礼,不亦远乎?”君子谓叔侯于是乎知礼。

【注释】

①大从:重大的条理,常规。

②屑屑:区区。亟:急。

【译文】

五年春天,周历正月,鲁国撤掉了中军建制,这是为了进一步降低公室的地位。这一决定开始在施氏家中策划,在臧氏家中最终形成。先前设立中军时,把公室的军队一分为三,季孙、叔孙、孟孙三家各自掌握一军。对分得的军队,季孙氏全都征收田赋或卒乘;叔孙氏则把年轻力壮者当作奴隶兵对待,年老体弱者作为自由民对待;孟孙氏则一半为自由民,一半为奴隶兵。到了这次撤销中军,则把原来属于公室的军队一分为四,季孙氏分两部分,叔孙、孟孙各占一部分,全都作为自由民对待,采取征兵或征税的方式,而后向公室交纳一定贡赋。

季孙用策书的形式让杜泄把此事告诉死去的叔孙豹:"您本来就想要撤销中军建制,如今把它撤去了,特此向您报告。"杜泄说:"叔孙豹正由于不愿意撤去中军,故而才在僖闳盟誓,又在五父之衢诅咒。"接了策书后扔到地上,领着众人大哭起来。

叔仲子对季孙讲:"叔孙命令我说:给未能善终的人送葬要从西门经过。"季孙让杜泄从西门出城。杜泄讲:"卿的丧礼要从朝廷的正门出去,这是鲁国一贯的礼制。您主持国政,未经正式修改却随意进行变更,群臣害怕故而招来杀身之祸,不敢服从您的决定。"安葬叔孙豹之后,杜泄去了楚国。

仲壬从齐国回来,季孙想要立他为叔孙氏继承人。南遗讲:"叔孙氏一旦强大,季孙氏便会被削弱。他们内部出现了家乱,您就装作不晓得这回事,不也能行吗?"南遗又让人帮助竖牛在大库的庭院中进攻仲壬,司宫一箭射中仲壬的眼睛,仲壬去世。竖牛把东部边境的三十座城邑送给了南遗。

昭子成为叔孙氏的继承人,把家族的人召集起来说:"竖牛祸乱叔孙氏,把一些重要问题的正常秩序扰乱了。杀死嫡子,立了庶子,又把封邑分给他人,想要逃避自己的罪责。他罪大恶极,一定要尽快除掉!"竖牛十分害怕,逃往齐国。后来孟丙跟仲壬的儿子,在塞关之外把他杀了,并把他的头扔到宁风的草丛中。孔子对此评论讲:"昭子不但不报答竖牛,反倒将其杀死,这是难能可贵的。周任曾说过:'执政的人决不能奖赏私功,也不能惩处私怨。'"《诗经》也说:"君主德行正直,四方国家归顺。"

先前,叔孙豹出生时,其父亲庄叔曾用《周易》进行占筮,结果碰到明夷卦变成谦卦,把这一结果拿给卜人楚丘看,楚丘解释讲:"这表明这个孩子以后要逃到国外,不过最后能回来为您祭奠,回来时带着一个奸邪之人,此人名牛。这个孩子将会因饥饿而死。明夷便是太阳,太阳的数目是十,一天被分为十个时段,故而这个孩子以后一定能获得相当于十等的爵位。从王以下,第二是公,第三是卿。太阳从地下上升时相当于王,露出地面相当于公,离开地面则相当于卿。明夷卦变为谦卦,说明天即使亮了不过太阳还没有升高,大体相当于刚刚离开地面时的情况,故而说他能够为您祭奠。太阳变为谦卦时,相当于鸟,故而说明夷飞翔。天即使亮了但太阳还没有升高,故而说垂着翅膀。又象征太阳的运行,故而说君子要出奔。太阳刚刚离开地面时相当于第三位,故而说三天不吃东西。离为火,艮为山。离是火,火烧山,山便会崩毁。艮对人来说便是言语,说别人的坏话便是谗言,故而说有人离去,主人要说话。这话必定是坏话。与离相配的是牛,社会动荡不安,谗言坏话得逞,一旦得逞便会归于离,故而说这个奸邪之人叫牛。谦便是不能满足,即使能飞不过飞不远,下垂便是飞不高,有翅膀,不过飞不太远。故而说他基本能成为您的继承人。您是次卿,不过您的继承人却难得善终。”

楚灵王觉得屈申暗中勾结吴国,把他杀掉。任命屈生为莫敖,并派他跟令尹子荡到晋国迎亲。路过郑国时,郑简公在氾地慰劳子荡,在菟氏慰劳屈生。晋平公把女儿送至邢丘,子产陪同郑简公在邢丘会盟平公。

昭公前去晋国,从开始时的郊劳之礼直至结束时的赠礼,都没有失礼之处。平公对女叔齐讲:“鲁侯不也很精通礼吗?”女叔齐说:“鲁侯哪儿懂得礼呢?”平公说:“这是为何?从郊劳直到赠礼,没有任何一处违礼,他如何不懂礼呢?”女叔齐说:“这仅仅是仪式,不能算是礼。礼是用来保护国家,推行政令,拥有民众的工具。如今鲁国的政权都落在大夫之手,国君无力收回;有子家羁这样的贤人却不能被重用;违背与大国之间的盟约,欺压小国;利用别国的动乱乘机侵略,却不晓得自己也面临危难;公室的军队一分为四,民众依靠三家大夫养活,臣民心中已经没有了国君的位置,国君自己也根本不再思考后果。作为国君灾难即将降临,却丝毫也不担忧。礼的根本跟枝节都在这几个方面,而他却只急于学习一些无关紧要的仪式。说他精通礼,不跟实际相距太远了吗?”君子觉得女叔齐在这个问题上很懂得礼。

【原文】

晋韩宣子如楚送女,叔向为介。郑子皮、子大叔劳诸索氏。大叔谓叔向曰:“楚王汏侈已甚,子其戒之。”叔向曰:“汏侈已甚,身之灾也,焉能及人?若奉吾币帛,慎吾威仪,守之以信,行之以礼,敬始而思终,终无不复。从而不失仪,敬而不失威,道之以训辞,奉之以旧法,考之以先王,度之以二国,虽汏侈,若我何?”

及楚,楚子朝其大夫曰:“晋,吾仇敌也。苟得志焉,无恤其他。今其来者,上卿、上大夫也。若吾以韩起为阍,以羊舌为肸司宫,足以辱晋,吾亦得志矣,可乎?”大夫莫对。薳启强曰:“可。苟有其备,何故不可?耻匹夫不可以无备,况耻国乎?是以圣王务行礼,不求耻人。朝聘有珪,享覜有璋,小有述职,大有巡功,设机而不倚,爵盈而不饮,宴有好货,飧有陪鼎,入有郊劳,出有赠贿,礼之至也。国家之败,失之道也,则祸乱兴,城濮之役,晋无楚备,以败于邲。邲之役,楚无晋备,以败于鄢。自鄢以来,晋不失备,而加之以礼,重之以睦，是以楚弗能报而求亲焉。既获姻亲，又欲耻之，以召寇仇，备之若何？谁其重[1]此"若有其人，耻之可也。若有未有，君亦图之。晋之事君，臣曰可矣。求诸侯而麇至。求昏而荐女，君亲送之，上卿及上大夫致之。犹欲耻之，君其亦有备矣。不然，奈何？韩起之下，赵成、中行吴、魏舒、范鞅、知盈；羊舌肸之下，祁午、张趯、籍谈、女齐、梁丙、张骼、辅跞、苗贲皇，皆诸侯之选也。韩襄为公族大夫，韩须受命而使矣。箕襄、邢带、叔禽、叔椒、子羽，皆大家也。韩赋七邑，皆成县也。羊舌四族，皆强家也。晋人若丧韩起、杨肸，五卿八大夫辅韩须、杨石，因其十家九县，长毂九百，其余四十县，遗守四千，奋其武怒，以报其大耻，伯华谋之，中行伯、魏舒帅之，其蔑不济矣。君将以亲易怨，实无礼以速寇，而未有其备，使群臣往遗之禽，以逞君心，何不可之有？"王曰："不谷之过也，大夫无辱。"厚为韩子礼。王欲敖叔向以其所不知，而不能。亦厚其礼。

韩起反，郑伯劳诸圉。辞不敢见，礼也。

【注释】

①重：任，犹言承担。

【译文】

晋国韩宣子去楚国护送晋女，叔向做副手。郑国子皮、子太叔在索氏慰问他们。太叔对叔向讲："楚王骄纵过分，您还是戒备一点他。"叔向讲："骄纵太过分，是他自身的灾难，哪能涉及别人？要是奉献我们的财礼，谨慎地保持我们的威仪，保持信用，遵循礼仪，开始恭敬并思考结果，以后无不照样办。听从而不失仪节，恭慎而不失威严，以古圣先贤的言语作引导，遵行旧时的法度，用先王的事情进行考核，把两国的利害得失进行衡量，楚王即使骄纵，能把我如何？"

到了楚国，楚灵王让大夫们上朝说："晋国，是我们的仇敌。要是能在它面前满足愿望，便不必担忧其他国家。如今他们来的人，是上卿、上大夫。要是我们让韩起做守门人，让叔向做管理宫殿的官，这能够羞辱晋国，我们也满足愿望了，行吗？"大夫们没有一个人答复。薳启强说："能行。要是有防备，为什么不行？羞辱一个普通人不能够没有防备，何况羞辱一个国家呢？故而圣明的君主一定遵行礼仪，不求羞辱别人。朝见聘问有珪，宴享觐见有璋，小国有述职的规矩，大国有巡守的制度，设置了几而不依靠，爵中酒满而不饮用，宴会时送给好的礼品，吃饭时加上好的菜肴。入境有郊外的慰问，出境有赠送的财物，这些全是礼仪的最高形式。国家的衰败，是因为不遵行这种常道，祸乱就会出现。城濮战役，晋国得胜而没有防备楚国，故而在邲吃了败仗。邲地战役，楚国得胜而没有防备晋国，故而在鄢吃了败仗。自从鄢地战役以来，晋国没有失掉防备，并且对楚国礼仪有加，以和睦为重，故而楚国不能报复而要求亲近了。既然获得了婚姻的亲戚关系，又想要羞辱他们，来自招仇敌，防备它又能如何？谁来承担这个责任？要是有承担责任的人，羞辱他们是能行的。要是没有这样的人，君王还是考虑一下这件事。晋国事奉君王，臣下说能行了。要求会合诸侯就一块到来，求婚就进奉女子，国君亲自送她，上卿跟上大夫送到我国。还想要羞辱他们，君王可能也要有所防备了。不如此，怎么办？韩起之下，有赵成、中行吴、魏舒、范鞅、知盈；叔向之下，有祁午、张趯、籍谈、女齐、梁丙、张骼、辅跞、苗贲皇，都是诸侯所应当选拔的良臣。韩襄做公族大夫，韩须接受命令而出使了。箕襄、邢带、叔禽、叔椒、子羽，都是大氏族。韩氏征收赋税的七个城邑，全是大县。羊舌氏四族，全是强盛的家族。晋国人要是失去韩起、叔向，五卿八大夫辅助韩须、杨石，依赖他们十家九县，战车九百辆，其余四十县，留守的战车四千辆，振奋他们的勇武发泄他们的愤怒，来报复他们的奇耻大辱，伯华出谋划策，中行伯、魏舒领着他们，恐怕就没有不成功的了。君王即将把亲近换成怨仇，真的是没有礼仪而迅速招来敌人，不过又没有防备，让群臣前去晋国送给人家擒拿，用来满足君王的心意，有什么不能行？”楚灵王说：“这是我的过失，不要辱没大夫再说了。”对韩起厚加优礼。楚王希望用叔向不晓得的事物来傲视他，不过办不到。于是也对他厚加优礼。

韩起回国，郑简公在圉地慰问他。韩起辞谢不敢进见，这是合乎礼的。

【原文】

郑罕虎如齐，娶于子尾氏。晏子骤见之。陈桓子问其故，对曰：“能用善人，民之主也。”

夏，莒牟夷以牟娄及防、兹来奔。牟夷非卿而书，尊地也。莒人愬于晋，晋侯欲止公。范献子曰：“不可。人朝而执之，诱也。讨不以师，以诱以成之，惰也。为盟主而犯此二者，无乃不可乎？请归之，间而以师讨焉。”乃归公。

秋七月，公至自晋。莒人来讨，不设备。戊辰，叔弓败诸蚡泉，莒未陈也。

冬十月，楚子以诸侯及东夷伐吴，以报棘、栎、麻之役。薳射以繁扬之师会于夏汭。越大夫常寿过帅师会楚子于琐。闻吴师出，薳启强帅师从之；遽不设备，吴人败诸鹊岸。

楚子以驲至于罗汭。吴子使其弟蹶由犒师;楚人执之,将以衅鼓。王使问焉,曰:“女卜来吉乎?”对曰:“吉!寡君闻君将治兵于敝邑,卜之以守龟,曰:‘余亟使人犒师,请行以观王怒之疾徐而为之备,尚克知之。’龟兆告吉,曰:‘克可知也。’君若欢焉好逆使臣,滋敝邑休怠而忘其死,亡无日矣。今君奋焉震电冯[①]怒,虐执使臣将以衅鼓,则吴知所备矣。敝邑虽羸,若早修完,其可以息师。难易有备,可谓吉矣!且吴社稷是卜,岂为一人?使臣获衅军鼓,而敝邑知备,以御不虞,其为吉孰大焉?国之守龟,其何事不卜?一臧一否,其谁能常之?城濮之兆,其报在邲。今此行也,其庸有报志?”乃弗杀。楚师济于罗汭,沈尹赤会楚子,次于莱山。薳射帅繁阳之师先入南怀。楚师从之,及汝清。吴不可入,楚子遂观兵于坻箕之山。是行也,吴早设备,楚无功而还,以蹶由归。楚子惧吴,使沈尹射待命于巢,薳启强待命于雩娄礼也。秦后子复归于秦,景公卒故也。

【注释】

①冯:盛。

【译文】

郑国的子皮去到齐国,在子尾氏那里娶妻,晏子屡次觐见他,陈桓子问他缘由,晏子答复说:“能任用好人,是民众的主人。”

夏季,莒国的牟夷带了牟娄及防地、兹地前来投靠。牟夷不是卿而记录他的名字,是由于重视土地。莒国人向晋国控诉,晋平公想要扣留昭公,范献子讲:“不行。人家来朝聘却拘留他,是引诱。征讨不用军队,而用引诱的方式获得成功,这是惰慢。作为盟主而犯了这两条,恐怕不行吧?请让他回去,找机会再用军队征讨他。”便让昭公回国。

秋七月,昭公从晋国回到鲁国。莒国人前来攻击,没有设防。十四日,叔弓在泉击败了他们,是由于莒国还没有摆好阵势。

冬十月,楚灵王率诸侯和东夷攻击吴国,以报复棘地、栎地、麻地那次战役。薳射领着繁扬的军队在夏会师,越国大夫常寿过领着军队在琐地和楚王会合,听见吴军出兵,薳启强带兵追击吴军。仓促间没有设防,吴国军队在鹊岸击败了他。楚灵王坐驿车到达罗汭。吴王派他的弟弟蹶由犒劳楚军,楚国人抓捕了他,准备杀死他用血祭鼓。楚王派人问他说:“你占卜过到这儿来吉利吗?”蹶由答复说:“吉利。寡君听说您将在敝国用兵,用守龟占卜这事,说:‘我赶紧派人犒劳军队,请求前去以观察楚王发怒的大小而做好准备,但愿能让我晓得吉凶！'占卜的龟兆告知我们吉利，说：'成功能够预知。'君王要是高兴友好地迎接使臣，滋长敝邑的懈怠，而让我们忘却了将死，那么灭亡也便没几天了。如今您勃然大发雷霆，虐待抓捕使臣，并想要用来祭鼓，那么吴国晓得防备了。敝邑即使疲弱，要是早日把城郭修缮完备，也许能够阻止贵军。祸难平安都有防备，可说吉利了。并且吴国占卜的是国家，难道是为了使臣一人？使臣能够祭军鼓，而敝邑晓得了如何防备，以抵御意外，作为吉利哪个比这更大呢？国家的守龟，什么事不能占卜？一时吉利一时凶险，谁可以保证一定？城濮之战占卜的龟兆，它的应验在邲地，我今日此行吉利的预兆，难道也将应验？"于是楚王没有杀他。楚军从罗汭渡河，沈尹赤跟楚王会合，驻扎在莱山。薳射领着繁扬的军队首先进入南怀，楚军跟着进入，抵达汝清。不能进到吴国。楚王便在坻箕之山检阅军队。此次行动，吴国早有防备，楚军无功而返，领着蹶由回去了。楚王害怕吴国，让沈尹射在巢地待命，薳启强在雩娄待命，这是合于礼的。秦景公的弟弟鍼又回去秦国，是由于景公死去的原因。

【讲评】

春秋中后期，晋国和楚国在争霸战中呈相持状态，晋国通过从军事等方面扶持吴国以牵制楚国的力量。而楚国因为申公巫臣的背叛，实力受损。楚灵王时为了解除吴国对楚的威胁，连续采取了数次大规模的战略行动，但是因为吴国已经强大起来，最终无功而返。

昭公六年

【原文】

[经]六年：春，王正月，杞伯益姑卒。

葬秦景公。

夏，季孙宿如晋。

葬杞文公。

宋华合比出奔卫。

秋，九月，大雩。

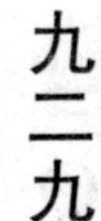

楚薳罢帅师伐吴。

冬，叔弓如楚。

齐侯伐北燕。

【原文】

［传］六年，春，王正月，杞文公卒，吊如同盟[①]，礼也。大夫如秦，葬景公，礼也。

【注释】

①吊如同盟：指鲁国像吊唁同盟国那样去吊唁杞文公。

【译文】

六年春，周历正月，杞文公死了。鲁国前去吊唁好像对同盟的国家一样，这是合于礼的。鲁国大夫到秦国，参加秦景公的葬礼，这是合于礼的。

【原文】

［传］三月，郑人铸刑书[①]。叔向使诒子产书曰[②]："始吾有虞于子，今则已矣[③]。昔先王议事以制，不为刑辟，惧民之有争心也。犹不可禁御[④]，是故闲之以义，纠之以政，行之以礼，守之以信，奉之以仁，制为禄位，以劝其从，严断刑罚，以威其淫[⑤]。惧其未也，故诲之以忠，耸之以行[⑥]，教之以务，使之以和，临之以敬，蒞之以强，断之以刚。犹求圣哲之上，明察之官，忠信之长，慈惠之师，民于是乎可任使也，而不生祸乱。民知有辟，则不忌于上，并有争心，以征于书，而徼幸以成之，弗可为矣。夏有乱政，而作《禹刑》。商有乱政，而作《汤刑》。周有乱政，而作《九刑》。三辟之兴。皆叔世也[⑦]。今吾子相郑国，作封洫，立谤政，制参辟[⑧]，铸刑书，将以靖民，不亦难乎？《诗》曰[⑨]：'仪式刑文王之德，日靖四方。'又曰：'仪刑文王，万邦作孚。'如是，何辟之有？民知争端矣，将弃礼而征于书。锥刀之末[⑩]，将尽争之。乱狱滋丰，贿赂并行。终子之世，郑其败乎！肸闻之：'国将亡，必多制。'其此之谓乎！"

【注释】

①铸刑书：刑书铸在鼎上，即制定刑法。

②诒:送给,赠送。

③已:停止。

④御:防止,使停止。

⑤威:威胁。

⑥耸:耸动。

⑦叔世:中落之世,指末世。

⑧谤政.引起诽谤的政令,指丘赋制度。参辟:即三辟,夏、商、周三代的三种法典。

⑨《诗》:《诗·大雅·文王》。

⑩锥刀之末:刑书的一字一句,即细枝末节的小事。

【译文】

三月,郑国把刑书铸在鼎上。叔向派人送给子产一封信,说:"开始我对您寄予希望,现在则彻底失望了。从前先王衡量事情的轻重来判罪,不制定刑法,这是担心百姓有争执的想法。这样还是不能防止犯罪,因此用道义来防范,用政令来约束,用礼仪来引导,用信用来守护,用仁爱来奉养,制定禄位,以勉励服从的人,严厉地判罪,以威胁放纵的人。还恐怕不能收效,所以用忠诚来训诫他们,根据行为来奖励他们,教导他们专心于本来的事业,用和悦的态度使用他们,用严肃面对他们,用威严对待他们,用坚决的态度判断他们的罪行。还要访求聪明贤能的卿、明白事理的官吏、忠诚守信的乡长、慈祥和蔼的老师,百姓在这种情况下才可能俯首听命,而不至于发生祸乱。百姓知道了刑律,就对上面的人不恭敬。大家都有争执的想法,用刑律作为根据为自己辩解,而且侥幸得到成功,国家就更不能治理了。夏朝有违犯政令的人,就制定禹刑。商朝有触犯政令的人,就制定汤刑。周朝有触犯政令的人,就制定九刑。三种法律的产生,都处于末世了。现在您辅佐郑国,划定田界水沟,设置推行受到百姓批评的丘赋制度,制定三种法律,把刑律铸在鼎上,准备用这样的办法安定百姓,不也是很难吗?《诗》说:'效法文王的德行,日益抚定四方的国家。'又说:'效法文王,万邦信赖。'像这样,为什么要有刑律?百姓知道了争夺的依据,将会丢弃礼仪而征用刑书。刑书的一字一句,都要争个明白。触犯刑律的案件更加繁多,贿赂到处使用。在您活着的时候,郑国恐怕要衰败吧!肸听说:'国家将要灭亡,必然多订法律',恐怕说的就是这个吧!"

【原文】

[传]复书曰："若吾子之言[1]，侨不才，不能及子孙，吾以救世也[2]。既不承命，敢忘大惠？"

士文伯曰："火见[3]，郑其火乎！火未出而作火[4]，以铸刑器[5]，藏争辟焉[6]。火如象之，不火何为？"

【注释】

①吾子：对对方的敬爱之称。一般用于男子之间。

②救世：拯救天下。

③火见：火宿出现。

④作火：用火，燃火。

⑤铸：将熔化后的金属或液化的非金属材料倒在模型里制成器物，铸造。刑器：即刑鼎，古时铸刑书于鼎，因称刑鼎为刑器，也指刑具。

⑥争辟：指刑律。

【译文】

子产复信说："像您所说的这样。我没有才能，不能顾及子孙，我只是要以此挽救当前的国家不至于灭亡。既然不能得到您的赞同，但也绝不敢忘了您的大恩！"

士文伯说："火宿出现，郑国恐怕会发生火灾吧！火宿还没有出现，而使用火来铸造刑器，包藏着引起争论的刑书。火宿如果象征这个，不引起火灾能预示什么呢？

【原文】

[传]夏，季孙宿如晋，拜莒田也。晋侯享之，有加笾[1]。武子退，使行人告曰："小国之事大国也，苟免于讨[2]，不敢求贶[3]。得贶不过三献[4]。今豆有加，下臣弗堪[5]，无乃戾也！"韩宣子曰："寡君以为欢也。"对曰："寡君犹未敢[6]，况下臣，君之隶也[7]，敢闻加贶？"固请彻加[8]，而后卒事。晋人以为知礼，重其好货[9]。

【注释】

①加笾：谓礼遇厚于常时。

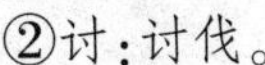

②讨：讨伐。

③贶：赐，赏赐。

④三献：古代祭祀时献酒三次，即初献爵、亚献爵、终献爵，合称“三献”。

⑤下臣：臣对君的谦称。弗堪：不堪，受不起。

⑥犹未敢：尚且不敢当。

⑦隶：奴隶，奴仆。

⑧彻：撤掉，撤去。

⑨重：加重，增加。好货：古代在饮宴时，为表示友好而赠送给客人的礼品。

【译文】

夏季，季孙宿到晋国去，这是为了拜谢晋国没有讨伐鲁国占取莒国土地。晋平公设享礼招待他，较常礼增加了盛着食物的竹筐。季孙宿退出，派行人报告说：“小国侍奉大国，如果免于被讨伐，不敢再求赏赐。得到赏赐也不超过三次献酒。现在菜肴有所增加，下臣不敢当，这样也许是罪过吧？”韩宣子说：“我们寡君想一起欢乐。”季孙宿回答说：“寡君尚且不敢当，何况下臣是国君的仆役，怎么敢听到有外加的赏赐？”坚决请求撤去加菜，然后结束享宴。晋国人认为他懂得礼仪，在宴礼中送给他很贵重的财物。

【原文】

[传]宋寺人柳有宠①，大子佐恶之。华合比曰：“我杀之。”柳闻之，乃坎②，用牲③，埋书④，而告公曰：“合比将纳亡人之族⑤，既盟于北郭矣⑥。”公使视之，有焉，遂逐华合比。合比奔卫。于是华亥欲代右师，乃与寺人柳比，从为之征曰⑦“闻之久矣。”公使代之。见于左师，左师曰：“女夫也，必亡！女丧而宗室⑧，于人何有⑨？人亦于女何有？《诗》曰：‘宗子维城⑩，毋俾城坏⑪，毋独斯畏。’女其畏哉！”

六月，丙戌，郑灾。

【注释】

①有宠：得到宠信。

②坎：坑，穴。

③牲：古代供祭祀用的全牛。

④书:盟书。

⑤亡人:逃亡者,流亡者。

⑥北郭:古代城邑外城的北部。亦指城外的北郊。

⑦为之征:为他作证。

⑧丧:毁坏,丧失。

⑨于人何有:对别人怎么样。

⑩出自《诗·大雅·板》。维城:连城以卫国。借指皇子或皇室宗族。

⑪俾:把,使。

【译文】

宋国的寺人柳受到宋平公宠信,太子佐讨厌他。华合比说:"我去杀了他。"寺人柳听到了,就挖个土坑、使用祭牲,把盟书放在里面埋起来,造成结盟的假象。然后报告宋平公说:"合比准备将逃亡在外的人召回来,已经在北边城外结盟了。"宋平公派人去看,果然有这回事,就驱逐了华合比。华合比逃亡到卫国。当时华合比的弟弟华亥想要谋取华合比的右师这一官职,就和寺人柳勾结,为他作证明说:"这件事我也早已听到。"宋平公让他代替了华合比。华亥进见左师,左师说:"你这个人一定也会逃亡的。你毁坏你的宗族,你对别人怎么样,别人也会对你怎么样!《诗》说:'嫡长子就是城墙,不要使城墙毁坏,不要使自己孤单而有所害怕。'你大约会害怕的吧!"

六月初七日,郑国发生火灾。

【原文】

[传]楚公子弃疾如晋,报韩子也。过郑,郑罕虎、公孙侨、游吉从郑伯以劳诸柤[①],辞不敢见。固请见之,见如见王,以其乘马八匹私面[②]。见子皮如上卿,以马六匹。见子产,以马四匹。见子大叔,以马二匹。禁刍牧采樵[③],不入田,不樵树,不采蓺,不抽屋,不强匄[④]。誓曰:"有犯命者,君子废,小人降。"舍不为暴,主不慁宾[⑤]。往来如是。郑三卿皆知其将为王也。

【注释】

①柤:春秋时楚地名,故址在今安徽省邳县西北。

②私面：古谓使者非因公事而以私人身份见国君。

③刍牧：割草放牧。采樵：砍柴。

④樵树：砍树为柴。采蓺：采摘果蔬。强匄：强行乞讨或索取。

⑤慁：担心，忧虑。

【译文】

楚国的公子弃疾到晋国去，这是为了回报韩宣子亲送晋女一事。经过郑国，郑国的子皮、子产、子太叔跟从郑简公在祖地慰劳他。公子弃疾辞谢不敢见面。郑简公坚决请求，这才肯跟郑简公见面。进见郑简好像进见楚王，用驾车的马八匹作为私人进见的礼物。进见子皮好像进见楚国的上卿，用马六匹。进见子产，用马四匹。进见子太叔，用马两匹。禁止割草放牧采摘砍柴，不进入私田，不砍树木，不摘菜果，不拆房屋，不强行讨取。发誓说："有触犯命令的，官员撤职，仆役降等。"在郑国住宿不做暴虐的事情，郑国的主人不用担心客人。来往都像这样，郑国的三个卿都知道他将要做楚王了。

【原文】

[传]韩宣子之适楚也，楚人弗逆。公子弃疾及晋竟，晋侯将亦弗逆。叔向曰："楚辟我衷[①]，若何效辟？《诗》曰：'尔之教矣，民胥效矣[②]。'从我而已，焉用效人之辟？《书》曰：'圣作则。'无宁以善人为则，而则人之辟乎？匹夫为善，民犹则之，况国君乎？"晋侯说，乃逆之。

秋，九月，大雩，旱也。

【注释】

①辟：邪僻。衷：中正。

②出自《诗·小雅·角弓》。胥：古代官府中的小吏。效：效仿。

【译文】

韩宣子到楚国去的时候，楚国人没有出城迎接。因此当公子弃疾到达晋国国境，晋平公也不想派人去迎接公子弃疾。叔向说："楚国邪僻，我们正直。为什么要去效仿邪僻呢？《诗》说：'你的言行就是在教导百姓，百姓都在模仿。'听从我们自己就是了，哪里用

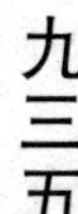

得着以别人的邪僻为准则?《书》说:'圣人做出准则。'宁可以善人为行动准则,难道要学别人的邪僻吗?一个普通人做好事,百姓还以他为准则,何况国君?"晋平公高兴了,就派人迎接了公子弃疾。

秋季九月,举行大的雩祭,这是由于发生旱灾。

【原文】

[传]徐仪楚[①]聘于楚,楚子执之,逃归。惧其叛也,使薳泄[②]伐徐,吴人救之。令尹子荡帅师伐吴,师于豫章,而次于乾溪[③],吴人败其师于房钟[④],获宫厩尹弃疾[⑤],子荡归罪于薳泄而杀之。

【注释】

①仪楚:徐大夫。

②薳泄:楚大夫。

③乾溪:《江南通志》说:"在今安徽亳县东南七十里。"

④房钟:吴地。在今安徽省凤台县西北百里,近蒙城界。

⑤宫厩尹弃疾:这是斗韦龟的父亲。

【译文】

徐大夫仪楚到楚国聘问,楚王把他逮起来,逃回去了。又恐怕他反叛,就使薳泄伐徐国,吴国人来救援他。令尹子荡就率领军队去伐吴国,到了豫章,而住到乾溪这地方,吴人打败他的军队在房钟,捕获宫厩尹弃疾,子荡说是薳泄的罪过,把他杀掉。

【原文】

[经]冬叔弓如楚。

[传]冬,叔弓如楚聘,且吊败也。

[经]齐侯伐北燕。

[传]十一月,齐侯如晋,请伐北燕也,士匄相士鞅逆诸河,礼也。晋侯许之。十二月,齐侯遂伐北燕,将纳简公[①],晏子曰:"不入,燕有君矣。民不贰,吾君贿,左右谄谀,作大事不以信,未尝可也。"

【注释】

①简公：是北燕的君，自从昭公三年就出奔到齐国。

【译文】

冬天，叔弓到楚国去聘问，并且吊他为吴国所打败。

十一月，齐景公到晋国去，请求讨伐北燕，士匄为士鞅相礼，到了河边去迎接，这很合于礼的。晋平公答应他了。十二月，齐景公就伐北燕，将纳简公。晏婴说："不能进去，燕人已经有君了。人民不能够有二心，我们的君好贿赂，左右巴结君，作大事情不用信实，这是不可以的。"

【讲评】

春秋时期，礼崩乐坏，传统法律体制已不适应新兴地主阶级利益需要，因此，春秋中后期公布成文法活动日益活跃，先后有郑国铸刑书、邓析的竹刑、晋国的铸刑鼎等事件。其中，郑国执政子产将郑国的法律条文铸在金属鼎上，向全社会公布，历史上称为"铸刑书"，是中国历史上第一次公布成文法的活动，在中国法制史上具有重要意义。子产铸刑书与他的一系列政治举措相适应，是在"张公室、抑私门"的背景下进行的。铸刑书活动剥夺了军事民主制下的贵族议事会的立法权，防止这一旧的制度被贵族中的野心家利用作为他们阴谋篡权的手段，把立法权集中到了君主手里，成了体现君主意志的工具，即《韩非子·难三》所说的"法者，编著之图籍，设之于官府，而布之于百姓者也"。在这一事件中，我们也可以看到晋贤臣叔向的守旧立场。

韩非子

叔向是《左传》中塑造得个性比较鲜明的人物之一，他与子产、晏婴等都处于新旧制度交替的时代，都以博闻强识、善于应对著称于当时。但显著不同的是叔向的政治主张趋于保守，他虽然清醒地认识到公室没落、政在私门的时代趋势，不禁为旧制度的衰亡悲哀，同时却激烈地反对新制度的出现。对于子产铸刑书的活动，他给予了指责，批评其不合古制。不过子产并不为所动。此后更有晋国铸刑鼎事件，虽目的与子产有根本不同，但它们否定旧有法律体制的意图是相同的，反映出历史的潮流。

昭公七年

【原文】

[经]七年春，王正月，暨齐平。三月，公如楚。叔孙诺如齐莅盟。夏，四月，甲辰朔，日有食之。秋，八月戊辰，卫侯恶卒。九月，公至自楚。冬，十有一月癸未，季孙宿卒。十有二月癸亥，葬卫襄公。

【原文】

[传]七年春，王正月，暨齐平，齐救也。癸巳，齐侯次于虢。燕人行成，曰："敝邑知罪，敢不听命？先君之敝器，请以谢罪。"公孙皙曰："受服而退，俟衅而动，可也。"二月戊午，盟于濡上。燕人归燕姬，赂以瑶瓮、玉椟、斝耳，不克而还。

楚子之为令尹也，为王旌以田。芋尹无宇断之，曰："一国两君，其谁堪之？"及即位，为章华之宫，纳亡人以实之。无宇之阍入焉。无宇执之，有司弗与，曰："执人于王宫，其罪大矣。"执而谒诸王。王将饮酒，无宇辞曰："天子经略，诸侯正封，古之制也。封略之内，何非君土。食土之毛[①]，谁非君臣。故《诗》曰：'普天之下，莫非王土。率土之滨，莫非王臣。'天有十日，人有十等，下所以事上，上所以共神也。故王臣公，公臣大夫，大夫臣士，士臣皂，皂臣舆，舆臣隶，隶臣僚，僚臣仆，仆臣台。马有圉，牛有牧，以待百事。今有司曰：'女胡执人于王宫？'将焉执之？周文王之法曰，有亡，荒阅，所以得天下也。吾先君文王，作《仆区》之法曰，盗所隐器，与盗同罪。所以封汝也。若从有司，是无所执逃臣也。逃而舍之，是无陪台也，王事无乃阙乎？昔武王数纣之罪，以告诸侯曰："纣为天下逋逃主，萃渊薮，故夫致死焉。"君王始求诸侯而则纣，无乃不可乎？若以二文之法取之，盗有所在矣。"王曰："取而臣以往，盗有宠，不可得也。"遂赦之。

楚子成章华之台，愿与诸侯落之。大宰薳启强曰："臣能得鲁侯。"薳启强来召公，辞曰："昔先君成公，命我先大夫婴齐曰：'吾不忘先君之好，将使衡父照临楚国，镇抚其社

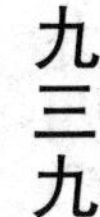

稷，以辑宁尔民。”婴齐受命于蜀，奉承以来，弗敢失陨，而致诸宗祧。日我先君共王，引领北望，日月以冀。传序相授，于今四王矣。嘉惠未至，唯襄公之辱临我丧。孤与其二三臣，悼心失图，社稷之不皇[②]，况能怀思君德！今君若步玉趾，辱见寡君，宠灵楚国，以信蜀之役，致君之嘉惠，是寡君既受贶矣，何蜀之敢望？其先君鬼神实嘉赖之，岂唯寡君？君若不来，使臣请问行期，寡君将承质币而见于蜀，以请先君之贶。”

公将往，梦襄公祖。梓慎曰：“君不果行。襄公之适楚也，梦周公祖而行。今襄公实祖，君其不行。”子服惠伯曰：“行。先君未尝适楚，故周公祖以道之。襄公适楚矣，而祖以道君，不行，何之？”

三月，公如楚，郑伯劳于师之梁。孟僖子为介，不能相仪。及楚，不能答郊劳。

【注释】

①毛：草，此指五谷。

②皇：暇。

【译文】

七年春天，周历正月，北燕跟齐国讲和，这是因为齐国的要求。十八日，齐景公抵达虢地，北燕派人求和说：“我国已经知罪了，如何敢不听从贵国的命令呢？请允许献上先君留下来的一些陈旧器物以谢罪。”公孙对景公说：“我们暂时接受他们的归顺而退兵，等有机会再出兵，如此做是能行的。”二月十四日，双方在濡水上结盟。北燕人把燕姬嫁给齐景公，并送给玉瓮、玉柜、玉等许多玉器，最后齐国没有达到目的便撤兵了。

楚灵王出任令尹时，曾制作了一面国君才使用的旗子。打猎时，芋尹无宇把旗子的飘带斩断，并讲：“一个国家有两个国君，谁能受得了？”灵王就位后，又兴建了章华之宫，专门接纳逃亡的人居住。无宇的守门人也逃到了宫中，无宇要进去把他抓回来，官员不让，并说：“在王宫中随意抓人，罪大恶极。”并把无宇抓了起来交给灵王。灵王正准备饮酒，无宇申辩说：“天子治理天下，诸侯管理封地，这是自古以来的制度。封地之内，哪儿不是君主的地盘？食用五谷的人，哪一个不是君主的臣子？故而《诗经》说：‘普天之下没有任何地方不是君主的土地；边境之内没有任何人不是君主的臣子。’天上有十个太阳，人也分为十等。地位低下的人要事奉高贵的人，高贵的人要事奉神灵。故而天子以公侯为臣，公侯以大夫为臣，大夫以士为臣，士以皂以臣，皂以舆为臣，舆以隶为臣，隶以僚为臣,僚以仆为臣,仆以台为臣,马有马官,牛有牛官,各负其责。如今官员却说:'你为何要在王宫中随意抓人呢?'那么我到哪儿去抓人呢?周文王的法律规定:由于有人逃亡,故而要四处搜索。他故而获得了天下。我们先君楚文王制定了惩罚窝藏犯罪的法律,规定:隐藏盗贼的赃物,跟盗贼同罪。故而他的封地一直扩大到了汝水之滨。要是依照官员的话去做,就没有地方去抓捕逃走的罪犯了。他愿意逃跑便让他逃跑,等于取消了陪台这一等人。如此,国君的政令不是出现缺失了吗?先前武王列举了纣王的罪状向诸侯说:'纣成了天下逃犯的窝主,故而他们纷纷聚集在那里。故而人们都拼死进攻纣王。'国君如今开始争取诸侯的拥护,却又学习纣王的做法,或许不行吧?要是以周文王和楚文王的法律来衡量,国君也是盗贼了。"灵王讲:"把你的守门人带走吧,至于另外一个盗贼,如今正受到上天的宠爱,还不能抓他。"就赦免了无宇。

灵王又兴建了章华之台,但愿能跟诸侯举办落成典礼。太宰启强说:"我能够让鲁侯前来。"启强到鲁国召请昭公,对昭公说:"先前贵国先君成公曾命令我们的先大夫婴齐讲:'我决不会忘掉先君建立的友好关系,准备派衡父前去楚国,帮助安定国家,安抚民众。'婴齐在蜀地跟贵国结盟后,我国便从此再没背弃过,而且把盟约祭告了祖庙。先前我们先君共王经常引颈北望,每日每月都盼望鲁国能派人前来,世代这样,如今已经是第四代了,不过还是没有得到贵国的恩赐,只有襄公曾因先君康王的丧事到过楚国一次。那时楚王郏敖和群臣痛苦万分,六神无主,连国家都顾不上了,哪儿还能顾得上好好地款待襄公呢?如今要是国君能屈尊前来,朝见寡君,赐予楚国洪福,以实际行动继续蜀地结下的盟誓,表明国君的恩惠,寡君便感激万分了,哪儿还敢希望能象蜀地结盟时那样让贵国留下人质呢?就算是我国先君的神灵也会称赏这种做法,又哪儿仅仅是寡君呢?国君要是不来,那么我想请问您准备什么时候出兵抵御我国的进攻呢?寡君将会带着进献礼物跟您在蜀地会盟,以感谢贵国先君成公的恩赐。"

昭公准备前往楚国朝觐,夜里梦见襄公为他出访祭奠。梓慎说:"国君是去不得楚国的,先前襄公去楚国时,曾楚见周公为他祭奠路神,才去了楚国。如今只是襄公为您祭奠。还是不去为好。"子服惠伯说:"要去!先君没有去过楚国,故而周公为他引路,襄公去过楚国了,故而就祭祀路神为国君引路。不去楚国,要去哪儿呢?"

三月,昭公前去楚国,郑简公在师之梁城门设宴慰劳。那时孟僖子是昭公的副手,不过他不知道礼仪。到楚国后,也不能对楚国的郊劳礼仪进行答谢。

【原文】

夏四月甲辰朔，日有食之。晋侯问于士文伯曰："谁将当日食？"对曰："鲁、卫恶之。卫大、鲁小。"公曰："何故？"对曰："去卫地如鲁地。于是有灾，鲁实受之，其大咎，其卫君乎？鲁将上卿。"公曰："诗所谓，'彼日而食，于何不臧'者，何也？"对曰："不善政之谓也。国无政，不用善，则自取谪于日月之灾，故政不可不慎也。务三而已：一曰择人，二曰因民，三曰从时。"晋人来治杞田，季孙将以成与之。谢息为孟孙守，不可，曰："人有言曰：'虽有挈瓶之知，守不假器，礼也。'夫子从君，而守臣丧邑，虽吾子亦有猜焉。"季孙曰："君之在楚，于晋罪也。又不听晋，鲁罪重矣！晋师必至！吾无以待之，不如与之；间晋而取诸杞。吾与子桃。成反，谁敢有之？是得二成也。鲁无忧而孟孙益邑，子何病焉？"辞以无山，与之莱、柞；乃迁于桃。晋人为杞取成。楚子享公于新台，使长鬣[1]者相。好以大屈，既而悔之。薳启强闻之，见公，公语之；拜贺。公曰："何贺？"对曰："齐与晋、越欲此久矣。寡君无适与也。而传诸君。君其备御三邻，慎守宝矣。敢不贺乎？"公惧，乃反之。郑子产聘于晋。晋侯疾。韩宣子逆客，私焉，曰："寡君寝疾，于今三月矣，并走群望，有加而无瘳。今梦黄熊入于寝门，其何厉鬼也？"对曰："以君之明，子为大政，其何厉之有？昔尧殛鲧于羽山，其神化为黄熊以入于羽渊，实为夏郊，三代祀之。晋为盟主，其或者未之祀也乎！"韩子祀夏郊。晋侯有间，赐子产莒之二方鼎。子产为丰施归州田于韩宣子，曰："日君以夫公孙段为能任其事，而赐之州田。今无禄早世，不获久享君德。其子弗敢有，不敢以闻于君，私致诸子。"宣子辞。子产曰："古人有言曰：'其父析薪，其子弗克负荷。'施将惧不能任其先人之禄，其况能任大国之赐？纵吾子为政而可，后之人若属有疆埸之言，敝邑获戾，而丰氏受其大讨。吾子取州，是免敝邑于戾而建置丰氏也。敢以为请！"宣子受之，以告晋侯。晋侯以与宣子。宣子为初言，病有之，以易原县于乐大心。郑人相惊以伯有，曰："伯有至矣！"则皆走，不知所往。铸刑书之岁二月，或梦柏有介而行，曰："壬子，余将杀带也。明年壬寅，余又将杀段也。"及壬子，驷带卒，国人益惧。齐、燕平之月，壬寅，公孙段卒，国人愈惧。其明月，子产立公孙泄及良止以抚之，乃止。子大叔问其故。子产曰："鬼有所归，乃不为厉。吾为之归也。"大叔曰："公孙泄何为？"子产曰："说也。为身无义而图说，从政有所反之，以取媚也。不媚，不信。不信，民不从也。"及子产适晋，赵景子问焉，曰："伯有犹能为鬼乎？"子产曰："能。人生始化曰魄，既生魄，阳曰魂。用物精多，则魂魄强，是以有精爽至于神明。匹夫匹妇强死，其魂魄犹能冯依于人以为淫厉，况良霄，我先君穆公之胄，子良之孙，子耳之子，敝邑之卿，从政三世矣！郑虽无腆，抑谚曰'蕞尔[2]国'：而三世执其政柄，其用物也弘矣，其取精也多矣，其族又大，所冯厚矣；而强死，能为鬼，不亦宜乎！"子皮之族饮酒无度，故马师氏与子皮氏有恶。齐师还自燕之月，罕朔杀罕魋。罕朔奔晋。韩宣子问其位于子产。子产曰："君之羁臣，苟得容以逃死，何位之敢择？卿违，从大夫之位；罪人以其罪降：古之制也。朔于敝邑，亚大夫也；其官，马师也；获戾而逃。唯执政所置之！得免其死，为惠大矣，又敢求位？"宣子为子产之敏也，使从嬖大夫。

【注释】

①长鬣：高大健壮。

②蕞尔：细小的样子。

【译文】

夏四月甲辰初一日，日食。晋平公问士匄说："谁将承受日食的灾祸？"答复说："鲁国、卫国将由于日食而遭遇凶险，卫国受的大，鲁国受的小。"晋平公问："是何缘故。"士匄答复说："这次日食离开卫国分野前去鲁国分野，在这时出现灾祸，鲁国承受了它。那大的灾难大概是卫君承受吧！鲁国将由上卿承当。"晋平公讲："《诗》上所说的'那天出现日食，为何不好？'是什么意思？"士匄答复说："说的是不能办好政事，国家没有好的政治，不任命善人，便会从日月所降的灾难里自取罪罚，故而政治不可不慎重啊！努力干好三件事就行：一是选择人才，二是依靠民众，三是顺应时势。"晋国派人来管理杞国的田地，季孙想要把成地给他们。谢息替孟孙镇守成地，不答应，说："人们有句话说：'就算只有汲水人的智慧，看守的器具也不外借，这是合于礼的。'他老人家跟着国君，守臣却丢弃城邑，就算您也会怀疑我的。"季孙说："君主在楚国，对晋国来说便是过错，又不听从晋国，鲁国的过错更加重了，晋国军队必定会到来，我没有办法对付他们，不如给你们。等晋国有机可乘再从杞国取回来。我把桃地给您，成地取回时，谁敢占有它？如此就等于得到两个成地。鲁国没有忧虑而孟孙增加了封邑，您担忧什么呢？"谢息拒绝说桃地没有山，就把莱山、柞山给他，于是谢息前往桃地。晋国人为杞国获得成地。楚灵王在新台宴享昭公，派高大健壮的人司礼，友好地送给他大屈弓，完了之后又后悔。启强知道这事，觐见昭公。昭公告诉他这件事，他下拜祝贺。昭公问："为何祝贺？"启强答复说："齐国跟晋国、越国想要这弓很久了，寡君没有专门给谁，而传给了您，您可预防抵抗这三个邻国，慎重地守住这宝物了，岂敢不祝贺？”昭公担忧，便把弓还给了楚灵王。郑国的子产到晋国聘问。晋平公有病，韩宣子迎接客人，私下问他说：“寡君卧病，到如今三个月了，遍祭名山大川，病情却有加无减。现在梦到黄熊进入寝宫门，那是什么恶鬼？”子产答复说：“凭君王的英明，您做正卿，会有什么恶鬼？先前尧把鲧杀害在羽山，他的魂灵变为黄熊，而进到羽渊，为夏朝所郊祭，三代都祭奠它。晋国作为盟主，大概是没有祭奠它吧！”韩宣子祭奠夏郊之神，晋平公病情好转，赐予子产两个莒国的方鼎。子产替丰施把州地的田土交还给韩宣子，说：“先前贵君觉得那公孙段是可以继承其父志的，就赐给他州地田土，如今没有福分早逝了，不能长久地享有贵君恩德。他的儿子不敢占有，也不敢把这事禀告贵君，故而私下送给您。”韩宣子拒绝，子产说：“古人有句话说：‘他的父亲劈柴，他的儿子不能背。’丰施担心将不能承当其父亲的福禄，何况承当大国的恩赐？就算是您执政而能够这样，后人要是碰巧有关于田界的闲话。敝邑获罪，丰施便将受到大征讨了。您取回州田，这是避免敝邑的过错，而又扶持了丰家。斗胆以此作为请求！”韩宣子接受了州田，把这事报告给晋平公。晋平公把州田给了韩宣子。宣子由于先前说过的话，对占有州田不安心，拿它跟乐大心换了原县。郑国人拿伯有相互吓唬，说：“伯有来了！”便都奔跑，不知跑到什么地方去好。铸刑书的那年二月，有人梦到伯有披甲行走，而且说：“三月初二，我将杀害驷带。明年正月二十七日，我又将杀害公孙段。”等到三月初二，驷带死了，国人更加害怕。齐国跟燕国议和的那个月二十七日，公孙段死了，国人更加害怕了。下一月，子产立了公孙泄跟良止来安抚伯有的鬼魂，才平息下来。子大叔问其原因，子产说：“鬼有所依附，才不作恶，我替它找到归宿了。”子大叔又问：“立公孙泄干什么？”子产说：“是为了让他们高兴。由于他们立身没有道义而想要高兴，执政的人对礼仪有违反的地方，便是用来获得欢心。不获得欢心，就不会被信任。不被信任，民众就不会服从。”到了子产去晋国，赵景子问他说：“伯有还能做鬼吗？”子产说：“能。人降生时首先变成的称为魄，已经生成了魄，阳气附身称为魂。用来养生的东西又好又多，魂魄就强，故而有精神，以达到神明。一般男女不得善终，他们的魂魄尚且能依附于人，而大肆作祟，何况伯有是我们先君穆公的后代，是子良的孙子。子耳的儿子，是敝国的卿，执政已经三代了。郑国即使弱小，抑或如俗话所说的‘蕞尔国’，不过伯有三代执掌政权，他的养生之物也算广了，他汲取的精华也算多了，他的家族又大，所依靠的势力很强，那么即使是不得善终，可以做鬼，不也是当然之理吗？”子皮的族人喝酒无节制，以致马师氏跟子皮氏关系不好。

齐国军队从燕国回去的那个月，马师氏罕朔杀害子皮的弟弟罕，罕朔逃往晋国。韩宣子向子产询问他的官位安排，子产讲："君王的寄居之臣，要是能容身而逃避一死，还敢选择什么官位？卿离开本国，随大夫的班位，有罪的人依据他的罪行降等，这是自古以来的规矩。罕朔在敝国是亚大夫，他的职务是马师，犯罪而逃亡，听您怎样处置他。能免他一死，恩惠已经很大了，又岂敢要求官位？"韩宣子觉得子产说法恰当，便让罕朔随下大夫的班位。

【原文】

秋八月，卫襄公卒。晋大夫言于范献子曰："卫事晋为睦，晋不礼焉，庇其贼人而取其地，故诸侯贰。《诗》曰：'鹏鸽在原，兄弟急难。"又曰：'死丧之威，兄弟孔怀[1]。'兄弟之不睦，于是乎不吊，况远人，谁敢归之。今又不礼于卫之嗣，卫必叛我，是绝诸侯也。"献子以告韩宣子。宣子说，使献子如卫吊，且反戚田。卫齐恶告丧于周，且请命。王使成简公如卫吊。且追命襄公曰："叔父陟恪[2]，在我先王之左右，以佐事上帝。余敢忘高圉、亚圉？"

九月，公至自楚。孟僖子病不能相礼，乃讲学之，苟能礼者从之。及其将死也，召其大夫，曰："礼，人之干也。无礼，无以立。吾闻将有达者曰孔丘，圣人之后也，而灭于宋。其祖弗父何，以有宋而授厉公。及正考父佐戴、武、宣，三命兹益共。故其鼎铭云：'一命而偻，再命而伛，三命而俯。循墙而走，亦莫余敢侮。馆于是，鬻于是，以糊余口。'其共也如是。臧孙纥有言曰：'圣人有明德者，若不当世，其后必有达人。'今其将在孔丘乎？我若获没，必属说与何忌于夫子，使事之而学礼焉，以定其位。"故孟懿子与南宫敬叔师事仲尼。仲尼曰："能补过者，君子也。《诗》曰：'君子是则是效。'孟僖子可则效已矣。"

单献公弃亲用羁。

冬十月辛酉，襄、顷之族杀献公而立成公。

【注释】

①孔怀：很关怀。

②陟恪：犹言升天。

【译文】

秋天八月，卫襄公死。晋国大夫对范献子讲："卫国事奉晋国顺从亲近，晋国对它不

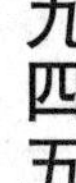

加礼遇，包庇它的叛乱者而夺取它的土地，故而诸侯有了二心。《诗经》讲：‘鸟在平原上，碰到急难兄弟互相救援。’又说：‘死亡多么可怕，兄弟相互很关心。’兄弟之间不和睦，于是便互相不亲善，何况关系疏远的人，谁敢前来归服。如今对卫国的继位之君又不加礼遇，卫国一定背叛我们，这是会断绝诸侯跟我们亲善关系的。”献子把这些话告诉韩宣子。韩宣子很高兴，派献子到卫国去吊丧，而且把戚地归还给卫国。卫国齐恶向周王报告丧事，并请求赐给恩命。周天子派成简公到卫国吊唁，并且追命襄公说：“叔父升天，在我先王的左右，来付诸事奉上帝。我岂敢忘掉了高圉、亚圉？”

九月，昭公从楚国回来。孟僖子以不能相礼为耻辱，便学习礼仪，要是有精通礼仪的人便跟他学习。等到临死的时候，召集他手下的大夫，讲：“礼仪，是做人的根本。不懂礼仪，不能自立。我知道有一个即将得志的人叫孔丘。是出类拔萃人的后代，而他的家族却在宋国消亡了。他的祖先弗父何，把宋国让给了宋厉公。到了正考父付诸戴公、武公、宣公，三命而做了上卿便更加恭敬。故而他的鼎铭说：‘一命曲背，二命鞠躬，三命低头。沿着墙而快步走，也没有谁敢欺侮我。稠粥在这里烧煮，稀粥也在这里烧煮，用来我的嘴巴。’他的恭敬便是如此。臧孙纥有话说：‘出类拔萃的人里具有明德的人，要是不能做国君，他的后代必定有显达的人。’如今恐怕将会在孔丘吧？我要是可以善终，必须把南宫敬叔和孟懿子嘱托给他老人家，让他们服侍他而学习礼仪，以稳定他们的地位。”故而孟懿子跟南宫敬叔把仲尼作为老师来事奉。仲尼讲：“可以弥补过错的人，便是君子。《诗经》讲：‘学习仿效君子。’孟僖子能够学习效法了。”

单献公弃用亲族任命外来的客臣。

冬天十月二十日，襄公、顷公的族人杀死单献公而立了单成公。

【原文】

十一月，季武子卒。晋侯谓伯瑕曰：“吾所问日食，从之，可常乎？”对曰“不可。六物不同，民心不壹，事序不类，官职不则，同始异终，胡可常也？《诗》曰：‘或燕燕居息，或憔悴事国。’其异终也如是。”公曰：“何谓六物？”对曰：“岁、时、日、月、星、辰是谓也。”公曰：“多语寡人辰，而莫同。何谓辰？”对曰：“日月之会是谓辰，故以配日。”

卫襄公夫人姜氏无子，嬖人婤姶生孟縶，孔成子梦康叔谓己：“立元，余使羁之孙圉与史苟相之。”史朝亦梦康叔谓己：“余将命而子苟与孔烝鉏之曾孙圉相元。”史朝见成子，告之梦，梦协。晋韩宣子为政，聘于诸侯之岁，婤姶生子，名之曰元。孟縶之足不良能行。

孔成子以《周易》筮之，曰："元尚享卫国，主其社稷。"遇《屯》䷂。又曰："余尚立縶，尚克嘉之。"遇《屯》䷂之《比》䷇。以示史朝。史朝曰"元亨，又何疑焉。"成子曰："非长之谓乎？"对曰："康叔名之，可谓长矣。孟非人也，将不列于宗，不可谓长。且其《繇》曰：'利建侯'。嗣吉何建？建非嗣也。二卦皆云，子其建之。康叔命之，二卦告之。筮袭于梦，武王所用也，弗从何为？弱足[①]者居。侯主社稷，临祭祀，奉民人，事鬼神，从会朝，又焉得居？各以所利，不亦可乎？"故孔成子立灵公。十二月癸亥，葬卫襄公。

【注释】

①弱足：脚有毛病，犹言跛足。

【译文】

十一月，季武子死。晋侯对士文伯讲："我所询问的关于日食的事情，应验了，能够看作是一种常规吗？"士文伯答复说："不行。六种事物不相同，民心不统一，工作顺序不相似，官员好坏不一样，开始一样结果不一样，如何能够看作是一种常规？《诗经》说：'有些人在家中安安逸逸休息，有些人为国服役精疲力尽。'它的结果不一样就如这样。"晋侯问："什么称为六物？"士文伯答复说："这说的就是岁、时、日、月、星、辰。"晋侯说："很多人告诉寡人辰的意思，不过没有一个是相同的。什么称为辰？"士文伯答复说："日和月相会称为辰，所以用来和日相配。"

卫襄公夫人姜氏没有儿子，宠姬生了孟縶。孔烝鉏梦到康叔对自己说："立元为国君，我让羁的孙子圉和史苟辅助他。"史朝也梦到康叔对自己说："我即将命令你的儿子苟跟孔烝鉏的曾孙圉辅助元。"史朝觐见孔成子，告诉他自己做梦的情形，两梦相合。晋国韩宣子执政，向诸侯们聘问的那一年，生了儿子，为他取名叫元。孟縶的脚不好不擅长走路。孔成子用《周易》占筮，祝告说："元希望享有卫国，主持国家。"获得了《屯》卦。又祝告说："我不想立縶，但愿神灵可以答应。"得到的是《屯》卦变成了《比》卦。把卦象给史朝看。史朝说："元将会享有国家，对这件事又有什么怀疑的。"孔成子说："元不是说为首的吗？"史朝答复说："康叔为他取名，能够说为首的了。孟縶跛足不是个全人，不能列为宗主，不能说是为首的。何况他的《繇》辞说：'利建侯'。嫡子嗣位而吉利还建立什么？建立便不是嗣位。两次卦象都如此讲，你还是应当树立他。康叔命令这样，两次卦象告诉这样。占筮和梦境相合，这是武王所经过的，为何不听从？脚有毛病的人只能闲居。

国君主持国家,亲临祭奠,奉养民众,侍奉鬼神,参加会盟朝拜,又哪儿可以闲居?各人依照他所有利的去做,不也是能行的吗?”故而孔成子立了灵公。十二月二十三日,安葬卫襄公。

【讲评】

楚灵王张扬跋扈,奢侈荒淫,刚愎自用,是历史上昏君的典型,“章华台”“楚宫细腰”等暴虐的典故都与他有关。《左传》写人的高明之处在于人各一面,忠奸善恶都不做脸谱化,而是通过典型细节展现完整丰满的人物性格。昏君楚灵王同样有他的另一面,就是能够容人,如宽宥忠于职守、敢于犯上的申无宇,也会听从臣下的劝告,如放弃了侮辱晋国使者的妄为,等等。

昭公八年(前534年)

【原文】

[传]八年春石言于晋魏榆[①],晋侯问于师旷曰:“石何故言?”对曰:“石不能言,或冯焉,不然,民听滥也。抑臣又闻之曰:‘作事不时,怨讟动于民,则有非言之物而言。’今宫室崇侈,民力彫尽,怨讟并作,莫保其性[②],石言不亦宜乎?”于是晋侯方筑虒祁之宫。叔向曰:“子野之言,君子哉!君子之言信而有征,故怨远于其身,小人之言僭而无征,故怨咎及之。诗曰:‘哀哉不能言,匪舌是出,唯躬是瘁。哿矣能言,巧言如流,俾躬处休。’其是之谓乎?是宫也成,诸侯必叛,君必有咎,夫子知之矣。”

【注释】

①魏榆:晋地。《汇纂》说:“今山西省榆次县西北,有榆次故城,《通典》谓即晋魏榆邑。”

②莫保其性:春秋时性与生尚通用,莫保其性即莫保其生,人民不能自己保全他的生命。

【译文】

晋国魏榆地方,有石块会说话。晋侯问师旷说:“石头为什么会讲话?”师旷回答说:

"石头不会说话的,或者有鬼神在石上了。否则便是人民听错了瞎说。不过臣又听得他人说:'兴造土木的事情,妨害了人民耕种的时候,便有怨恨的说话,动在民间。那么就有不会说话的东西,却也会说话了。'如今宫室又高大又奢华,人民的精力用尽。怨恨的说话,四面兴起来,人民都不能保全自己的性命,石块会说话,不是应当的吗?"在这时候,晋侯正在建造虒祁宫。叔向听了这话就说:"师旷的话,真是君子说的话。君子的话,是确实有证据的,所以怨恨总远离着他,小人的话,是过分没有证据的,所以仇怨总累及他。《诗·小雅·雨无正》篇有这样的话:'可悲啊,不能言理的人,并不是不用舌说话,因言而无信,所以自取瘁病。能言理的人,说来头头是道,处身安逸。'就是这个道理了。大约这一所宫造成了,诸侯一定要叛变不服了,君王一定要有灾殃的,师旷已经早知道了!"

【原文】

[经]陈侯之弟招杀陈世子偃师,夏四月辛丑陈侯溺卒。

[经]楚人执陈行人干征师杀之,陈公子留出奔郑。

[传]陈哀公元妃郑姬生悼大子偃师,二妃生公子留,下妃生公子胜。二妃嬖,留有宠,属诸徒招与公子过[①],哀公有废疾,三月甲申,公子招公子过杀悼大子偃师而立公子留。夏四月辛亥,哀公缢。干征师[②]赴于楚,且告有立君。公子胜愬之于楚[③],楚人执而杀之[④],公子留奔郑。书曰:"陈侯之弟招杀陈世子偃师。"罪在招也。"楚人执陈行人干征师杀之。"罪不在行人也。

[经]叔弓如晋。

[传]叔弓如晋,贺虒祁[⑤]也。游吉相郑伯以如晋,亦贺虒祁也。史赵见子大叔曰:"甚哉其相蒙也!可吊也,而又贺之。"子大叔曰:"若何吊也?其非唯我贺,将天下实贺[⑥]。"

【注释】

①招、过:这两人全都是哀公的弟弟。

②干征师:陈大夫。

③公子胜愬之于楚:告诉楚国招同过杀了偃师。

④楚人执而杀之:杀干征师。

⑤虒祁:宫名。

⑥将天下实贺：天下诸侯全都怕晋国，所以来贺的不只是郑国。

【译文】

陈哀公的元妃郑姬生了悼太子偃师，第二妃子生了公子留，下妃生公子胜。二妃很得宠，所以她的儿子也很得宠爱，哀公就把他交给司徒招和公子过，这全是哀公的弟弟。哀公有不好治的病，三月甲申，公子招同公子过杀了悼太子偃师，而立了公子留为君。夏四月辛亥，哀公自己上吊。陈大夫干征师到楚国去讣告，并且告诉已经立了君。公子胜并且告诉楚人说公子招同公子过杀了太子偃师，楚国人杀了干征师，公子留就逃到郑国去。《春秋》上写着："陈侯之弟招杀陈世子偃师。"这个罪在公子招的身上。"楚国人把陈行人干征师杀掉。"罪状不在陈国行人。

叔弓到晋国去，贺喜虒祁宫修成。郑国游吉为郑伯相礼到晋国去，也是为的贺虒祁宫的修成。史赵看见游吉说："这真是很相蒙蔽，这是一件可吊的事，而又去贺他。"游吉说："为什么可吊呢？不只是我贺，天下全应当来贺。"

【原文】

[经]秋蒐于红。

[传]秋，大蒐于红①，自根牟至于商卫②，革车千乘。

[经]大雩③。

[经]陈人杀其大夫公子过。

[经]冬十月壬午楚师灭陈，执陈公子招放之于越杀陈孔奂。

[经]葬陈哀公。

[传]七月甲戌，齐子尾卒，子旗欲治其室，丁丑杀梁婴④。八月庚戌，逐子成、子工、子车⑤，皆来奔。而立子良氏之宰。其臣曰："孺子⑥长，而相吾室，欲兼我也。"授甲将攻之。陈桓子善于子尾，亦授甲将助之。或告子旗，子旗不信，则数人告。将往，又数人告于道，遂如陈氏，桓子将出矣，闻之而还，游服而逆之⑦，请命，对曰："闻强氏授甲将攻子，子闻诸？"曰："弗闻。""子盍亦授甲，无宇⑧请从。"子旗曰："子胡然？彼孺子也。吾诲之，犹惧其不济，吾又宠秩之⑨，其若先人何？子盍谓之⑩。周书曰：'惠不惠，茂不茂⑪。'康叔所以服弘大也。"桓子稽颡曰："顷灵福子，吾犹有望。"遂和之如初⑫。陈公子招归罪于公子过而杀之。九月，楚公子弃疾帅师奉孙吴⑬围陈，宋戴恶⑭会之。冬十一月壬午，灭陈。舆嬖

袁克杀马毁玉以葬，楚人将杀之，请寘之⑮，既又请私，私于幄，加绖于颡而逃。使穿封戌为陈公，曰："城麇之役不谄。"侍饮酒于王，王曰："城麇之役，女知寡人之及此，女其辟寡人乎？"对曰："若知君之及此，臣必致死礼以息楚。"晋侯问于史赵曰："陈其遂亡乎？"对曰："未也。"公曰："何故？"对曰："陈颛顼之族也，岁在鹑火，是以卒灭，陈将如之。今在析木之津，犹将复由，且陈氏得政于齐，而后陈卒亡。自幕至于瞽瞍无违命，舜重之以明德，寘德于遂，遂世守之，及胡公不淫，故周赐之姓，使祀虞帝。臣闻盛德必百世祀，虞之世数未也，继守将在齐，其兆既存矣。"

【注释】

①红：《方舆纪要》说："泰安有红亭，即昭公八年大蒐于红是也。"

②根牟、商、卫：根牟在山东省沂水县南。所谓商卫即鲁与宋卫接境之界。商即宋，王国维在《释商》篇中说的甚详细。

③此经无传。

④梁婴：本子尾的家宰。

⑤子成、子工、子车：皆齐大夫子成同子工是齐顷公的儿子、子车是齐顷公的孙子。

⑥孺子：指着子良，子尾之子。

⑦游服而逆之：换上游戏的衣服去迎接他。

⑧无宇：是陈桓子的名字。

⑨吾又宠秩之：我给他立宰来帮助他。

⑩子盍谓之：你何不告诉他，叫他不要攻击我。

⑪惠不惠，茂不茂：这是《周书·康诰》的一句话。意思说对于没有恩惠的加恩惠，对于不勤勉的劝他勤勉。

⑫遂和之如初：调和栾氏同商氏两家。

⑬孙吴：悼太子偃师的儿子惠公。

⑭戴恶：宋大夫。

⑮请寘之：不要管马同玉。

【译文】

秋天，在红这地方大阅兵，从根牟起一直到宋国同卫国的边境上，共列有战车一千辆。

鲁国行求雨的典礼。

七月甲戌，齐国的子尾死了。子旗想要并管子尾的家政，丁丑杀掉子尾的家宰梁婴。八月庚戌驱逐子成、子工、子车，全都逃奔到鲁国来。子旗为子良立了家宰。子良的家臣说："子良已经长大了，你们想管着我们的家，就想兼并我们。"率领着军队将攻子旗。陈无宇素来跟子尾相善，也预备了军队去帮助他。有人去告诉子旗，子旗不相信，就有几人来告诉他。将往子良家去的时候，又碰见好几个人在路上告诉他，子旗就到陈家去了，陈无宇这时将要出来，听见子旗来了，就赶紧回来换了便服来迎接他。子旗问陈无宇到哪里去，他回答说："听见子良要率领军队来攻打你，你听见过吗？"子旗说："没有听见。"陈无宇说："你应该赶紧率领军队，无宇也可以随从你。"子旗说："你为什么如此？他是一个小孩。我教诲他，尚怕不能成功，所以又为他立家宰，我若去攻他，怎么对得起先人呢？你为什么不对他说，使他不要攻击我。《康诰》说过：'叫不惠的人，教给他恩惠，不能够勉励的使他勉励。'康叔因此能够行大政。"陈无宇叩头说："希望齐顷公同齐灵公加福给你，也希望你加惠给我。"遂使两家和平如从前一样。陈国公子招把罪状全归到公子过身上，把他杀掉。九月，楚国公子弃疾率领军队侍奉着悼太子偃师的儿子孙吴去围了陈国，宋国大夫戴恶率军队会合他。冬十一月壬午，灭了陈国。陈侯喜欢的人袁克想着杀马毁玉石以葬陈哀公，楚人将要杀他，他就请把马同玉石搁到旁边。后来又请私尽君臣的恩礼，在帐篷里加绖在头上，然后逃走。派穿封戌做陈公，说："城麇这件事你不巴结我。"他事奉着灵王喝酒，楚王说："城麇那件事，你要早知道我能做王，你是不是会躲避我呢？"回答说："要知道你来日会做王，我一定要杀你，以安定楚国。"晋侯问史赵说："陈就这样亡了吗？"回答说："没有。"晋平公说："为什么呢？"回答说："陈国颛顼的族，颛顼是在鹑火那年灭了，陈也同他一样。现在在析木之津，又将从新兴起来。现在陈氏在齐国得掌政权，所以以后陈才亡国。由舜的先人幕起一直到舜的父亲瞽瞍，他们没有违了天命，后来舜加上明德，这个德性一直得到遂，遂辈辈的看守。到了胡公满不荒淫，所以周给他姓，叫他祭奉舜。我听见说盛德的人，必定有百世的祭祀，虞还没有到这数目，接着兴起的人将在齐国，这个预兆已经存在了。"

【讲评】

楚灵王虽然依仗王子的势头抢了穿封戌的俘虏，但即位后知人善用，委派穿封戌以

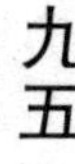

重任，可见暴虐自大如楚灵王者，其个性中也有明智宽容的一面，能以国事为重。

昭公九年

【原文】

［经］九年春，叔弓会楚子于陈。许迁于夷。夏四月，陈灾。秋，仲孙貜如齐。冬，筑郎囿。

【原文】

［传］九年春，叔弓、宋华亥、郑游吉、卫赵黡会楚子于陈。二月庚申，楚公子弃疾迁许于夷，实城父。取州来、淮北之田以益之，伍举授许男田。然丹迁城父人于陈，以夷濮西田益之。迁方城外人于许。周甘人与晋阎嘉争阎田，晋梁丙、张趯率阴戎伐颍。王使詹桓伯辞于晋，曰："我自夏以后稷，魏、骀、芮、岐、毕，吾西土也。及武王克商，蒲姑、商奄，吾东土也。巴、濮、楚、邓，吾南土也。肃慎、燕、亳，吾北土也。吾何迩封之有？文、武、成、康之建母弟以蕃屏周，亦其废队是为，岂如弁髦[①]，而因以敝之？先王居梼杌于四裔，以御螭魅，故允姓之奸居于瓜州，伯父惠公归自秦，而诱以来，使偪我诸姬，入我郊甸，则戎焉取之。戎有中国，谁之咎也？后稷封殖天下，今戎制之，不亦难乎？伯父图之！我在伯父，犹衣服之有冠冕，木水之有本原，民人之有谋主也。伯父若裂冠毁冕，拔本塞原，专弃谋主，虽戎狄，其何有余一人？"叔向谓宣子曰："文之伯也，岂能改物？翼戴天子，而加之以共。自文以来，世有衰德而暴蔑宗周，以宣示其侈，诸侯之贰不亦宜乎？且王辞直，子其图之！"宣子说。王有姻丧，使赵成如周吊，且致阎田与襚，反颍俘。王亦使宾滑执甘大夫襄以说于晋，晋人礼而归之。

夏四月，陈灾。郑裨灶曰："五年陈将复封，封五十二年而遂亡。"子产问其故，对曰："陈，水属也。火，水妃也，而楚所相也。今火出而火陈，逐楚而建陈也。妃以五成。故曰五年，岁五及鹑火，而后陈卒亡，楚克有之，天之道也，故曰五十二年。"晋荀盈如齐逆女，还。六月，卒于戏阳。殡于绛，未葬；晋侯饮酒，乐。膳宰屠蒯趋入，请佐公使尊，许之。而遂酌以饮工，曰："女为君耳，将司聪也。辰在子卯[②]，谓之疾日；君彻宴乐，学人舍业；为疾故也。君之卿佐，是谓股肱。股肱或亏，何痛如之！女弗闻而乐，是不聪也。"又饮外嬖嬖叔，曰：“女为君目，将司明也。服以旌礼，礼以行事，事有其物，物有其容。今君之容，非其物也；而女不见，是不明也。”亦自饮也，曰：“味以行气，气以实志。志以定言，言以出令。臣实司味。二御失官而君弗命，臣之罪也！”公说，彻酒。初，公欲废知氏而立其外嬖，为是悛而止。

秋八月，使荀跞佐下军以说焉。孟僖子如齐殷聘，礼也。

冬，筑郎囿。书，时也。季平子欲其速成也。叔孙昭子曰：“《诗》曰：‘经始勿亟，庶民子来。’焉用速成？其以勦民也？无囿犹可，无民其可乎？”

【注释】

①弁髦：黑布帽。

②疾日：忌日。

【译文】

鲁昭公九年春季，叔弓、宋国华亥、郑国游吉、卫国赵黡等在陈地跟楚灵王会盟。二月庚申，楚公子弃疾把许国迁往夷地，其实即是城父，而且拿州来、淮北的土地增补给许国，伍举把土田授给许男。然丹把城父的人迁往陈地，拿夷地、濮地西部的土田增补给城父人，把方城山外的人迁往许地。周朝的甘地人跟晋国的阎嘉争夺阎地田土。晋国的梁丙、张趯领着阴戎进攻颍邑。周天子派詹桓伯到晋国谴责说：“我们从夏代起因为后稷的功劳，魏、骀、芮、岐、毕等地成为我们的西部领土。到武王征服商朝，蒲姑、商奄，成为我们的东部领土。巴、濮楚、邓等地，成为我们的南部领土。肃慎、燕、亳等地，成为我们的北方领土。我们有什么近处的封地？文王、武王、成王、康王建立同母兄弟的诸侯国，来护卫周王室，也是为了阻止周王室的崩溃坠落，难道能像黑布帽子与儿童头上的髦发，利用完了便丢弃？先王让木寿杌等住在四方边远的地区，以抵抗螭魅，故而允姓中的奸邪之人住在瓜州。伯父惠公从秦国回来，便引诱他们前来，使得他们逼迫我们姬姓各国，进入我们的郊区，戎人于是便占取了这些地方。戎人占领中原，是谁的罪过呢？后稷培植繁荣了天下，如今戎人控制它，不也很难办吗？伯父想想吧！我们在伯父来说，就如同衣服有帽子，树木有根，水流有源，民众有了谋主。伯父要是毁裂冠冕，拔除根本，堵塞源头，专横地丢弃谋主，就算是戎狄，他们眼里哪儿会有我这个天子？”叔向对宣子说：“文公做诸侯霸主，难道能更改礼制？他辅助拥戴天子而愈加恭敬。自从文公以来，代代德行衰减并且损害蔑视周室,来宣扬显示他们的凌人盛气,诸侯有了二心,不也应当吗?何况天子的话理由正当,您思考一下吧!”韩宣子很高兴。周天子有姻亲的丧事,晋国派赵成前去周都吊唁,而且送去阎田和寿衣,遣返在颍地战役中抓到的俘虏。周天子也派宾滑抓住甘地大夫襄来讨好晋国。晋国人礼貌地把他送回去。

夏四月,陈国出现火灾。郑国的裨灶说:“五年之后陈国将重新受封,受封五十二年之后就灭亡。”子产问其中的原因,裨灶答复说:“陈国,属于水;火,是水的配偶,而楚国管理它。如今大火星出现而陈国出现火灾,是驱赶楚国而建立陈国。水跟火都以五来配成,故而说五年。岁星周天五次抵达鹑火,而后陈国终于灭亡,楚国战胜而据有它,这是天道,故而说五十二年。”晋国的荀盈前去齐国迎接夫人,回来后,六月死在戏阳。棺柩停放在绛地,还未出葬。晋平公喝酒,而且奏乐。膳宰屠蒯急步走进,请求帮助平公斟酒。平公答应了他。屠蒯便斟酒给乐师喝,说:“你作为君王的耳朵,是要负责它的灵敏。日子在甲子乙卯,大家觉得它是忌日,国君除去宴饮音乐,学音乐的人停止学业,是由于忌讳的原因。君主的辅助,就等于是手足。手足要是受损,什么伤痛比得上呢?你不让君主听说这些却依然奏乐,这是不聪敏。”又斟酒给宠臣嬖叔喝,说:“你作为君主的眼睛,是要负责他的明亮。服饰是用来表达礼仪的,礼仪是用来办理事务的,事务有它的类别,类别有它的表现。现在君主的仪表,不是应有的类别。不过你不让他看见这一点,这是不明亮。”屠蒯又自斟自饮,说:“味道用来疏通气血,气血用来充实意志,意志用来让言语坚定,言语用来发布命令。下臣我负责口味,两个侍奉君主的人失责,而君主没有下令治罪,这是我的过错。”晋平公听了很高兴,除去酒宴。先前,晋平公想要废除荀盈而立他的宠臣,由于这次事件而更改了想法,于是作罢。

秋季的八月,便让荀跞辅助下军来让他高兴。孟僖子前往齐国进行礼仪隆重的聘问,这是合于礼的。

冬季,鲁国修造郎囿,《春秋》加以记录,是由于合于时节。季平子想要郎囿迅速建成。叔孙昭子说:“《诗》中讲过:‘修建开始不要着急,民众却像儿子一样前来帮工。’哪儿用得着速成,而让民众受劳苦呢?没有园林还是能行的,没有民众难道能行吗?”

【讲评】

主管膳食的晋臣屠蒯在《左传》中也是位受到赞扬的人物。他用饮食为比喻劝谏晋平公的一番话“味以行气,气以实志”,也可以看作是古代人对饮食与健康的科学认识,在今天仍然有医学价值。

昭公十年

【原文】

[经]十年,春王正月。

[传]十年春王正月,有星出于婺女[①],郑禆竈言于子产曰:“七月戊子,晋君将死。今兹岁在颛顼之虚[②],姜氏任氏实守其地,居其维首[③],而有妖星焉,告邑姜也,邑姜晋之妣也。天以七纪,戊子逢公以登[④],星斯于是乎出,吾是以讥之。”

[经]齐栾施来奔。

[传]齐惠栾高氏[⑤]皆嗜酒,信内多怨[⑥],强于陈鲍而恶之。夏,有告陈桓子曰:“子旗、子良将攻陈鲍。”亦告鲍氏。桓子授甲而如鲍氏,遭子良醉而骋[⑦],遂见文子[⑧],则亦授甲矣。使视二子[⑨],则皆将饮酒[⑩]。桓子曰:“彼虽不信,闻我授甲,则必逐我。及其饮酒也,先伐诸。”陈鲍方睦,遂伐栾高氏。子良曰:“先得公,陈鲍焉往?”遂伐虎门[⑪]。晏平仲端委立于虎门之外。四族[⑫]召之,无所往。其徒曰:“助陈鲍乎?”曰:“何善焉?”“助栾高乎?”曰:“庸愈乎?”“然则归乎?”曰:“君伐焉归?”公召之而后入。公卜使王黑以灵姑銔率[⑬],吉,请断三尺焉而用之。五月庚辰,战于稷[⑭],栾高败,又败诸庄。国人追之,又败诸鹿门[⑮],栾施高强来奔。陈鲍分其室。晏子谓桓子必致诸公,让德之主也,让之谓懿德[⑯]。凡有血气必有争心,故利不可强,思义为愈。义利之本也。蕴利生孽,姑使无蕴乎?可以滋长。桓子尽致诸公,而请老于莒。桓子召子山[⑰],私具幄幕器用从者之衣履,而反棘焉[⑱]。子商亦如之,而反其邑。子周亦如之,而与之夫于[⑲]。反子城、子公、公孙捷[⑳]而皆益其禄。凡公子公孙之无禄者,私分之邑,国之贫约孤寡者私与之粟。曰:“诗云:‘陈锡载周[㉑]。’能施也。桓公是以霸。”公与桓子莒之旁邑,辞。穆孟姬[㉒]为之请高唐,陈氏始大。

【注释】

①有星出于婺女:杜预说星是“客星”在婺女星中出现。

②今兹岁在颛顼之虚:现在岁星行经玄枵,玄枵也名为颛顼之虚。

③居其维首:客星在玄枵的首。

④戊子逢公以登:逢公是商代诸侯,葬在齐国地方。

⑤齐惠栾高氏:按《世本》齐惠公有二子:子栾、子高,以后为栾氏高氏。

⑥信内多怨:信妇人的话而外多怨望。

⑦遭子良醉而骋:恰遇见子良醉,陈桓子遂乘马快走。

⑧文子:就是鲍国。

⑨二子:子旗、子良。

⑩将饮酒:《校勘记》说:"石经、宋本、淳熙本、岳本、纂图本、监本、毛本从作将是也。"今照改从之。

⑪遂伐虎门:虎门是公宫的门。

⑫四族:就是栾氏、高氏、陈氏、鲍氏。

⑬公卜使王黑以灵姑銔率:王黑是齐大夫,灵姑銔是公所用旗名为交龙形,音处。

⑭稷:齐都城中祭后稷的地方,战国时有稷下,当离此不远。

⑮鹿门:齐国都城城门名。

⑯让谓之懿德:按阮刊误作"谓懿德",今据《四部丛刊》宋本增补。

⑰子山:子商的儿子,为襄公三十一年所逐群公子中的一个。

⑱而反棘焉:将他的封邑棘还给他,据《山东通志》说:"在临淄县西北境,有棘里亭。"

⑲夫于:《山东通志》说:"今山东长山县南三十里,有夫于村。"

⑳子城、子公、公孙捷:子城,顷公的儿子;公孙捷,顷公的孙子。

㉑陈锡载周:《诗·大雅》的一句,意思是说文王能布大利于天下,并能行之周遍。

㉒穆孟姬:景公的母亲。

【译文】

十年,春王正月,有一个星在婺女星群中出现,郑国裨竈对子产说:"晋国君七月戊子这天将死。今年岁星在玄枵,这个地方是由姜氏同任氏看守的,在他的开首,就有妖星,这是通知邑姜,邑姜是晋国的始妣。天上分为七纪,戊子这天逢公出来了,恰好星星也出来,我所以很讥笑这件事。"

齐国栾氏高氏全都很喜欢喝酒,很听信女人的话,并且对外多怨恨,他比陈鲍两氏有势力而又恨他们。夏天,有人告诉陈无宇说:"子旗同子良将攻打陈鲍两氏。"也告诉鲍氏如此说。陈无宇领着军队到鲍氏去，碰见子良喝醉了，就赶紧走开，去见鲍国，哪知鲍国也已经预备军队了。叫人看子旗同子良，他们全将喝酒。陈无宇说："他们所说的虽不可靠，但是听见我们预备军队，则必定要打我们，不如乘着他们饮酒的时候先打他们。"陈鲍这时方很和睦，就打栾高氏。子良说："先得到齐景公，陈鲍将要往哪里去？"于是就攻打虎门。晏婴穿着朝服，立在虎门的外头。栾、高、陈、鲍四族来叫他，全都不去。他的属下说："帮助陈鲍吗？"回答说："有什么好处？""帮助栾高吗？"说："也差不多少。""那么就回去吗？"说："公在这儿打仗，到哪里去呢？"公叫他进去，就进宫了。齐景公占卜，派齐大夫王黑拿着灵姑銔的旗子打仗，很吉祥，请把它断了三尺再用。五月庚辰，在稷那地方打仗，栾高打败，又在大车道上打，他又打败。齐国人追逐他，又把他们打败在鹿门城门，于是子旗和子良逃奔到鲁国。陈鲍分了他的家产。晏婴告诉陈无宇，必定要交给齐景公，让是德行的主要，让就是懿德。凡有血气的必有争心，所以好处不可以强取，想到义更好。义是利的本源。盲目求利是有害的，不要唯利是求吧，求利会滋长灾害。陈无宇把它全交给景公，请归老到莒这地方去。陈无宇叫子山来，给他各种的器具，随从人的衣服，把原封邑棘这地方还给他。对子商也是如此办理，把原封邑还给他。对子周也如此，又给他夫于的地方。叫回子城、子公、公孙捷，全给他们增加俸禄。凡公子公孙没有俸禄的，陈无宇偷着给他田地，国里头穷苦的，就给他粟。陈无宇说："《诗经·大雅》说：'周文王把大利普遍施给天下。'就因为文王能施舍的关系，齐桓公也就因能施舍称了霸主。"齐景公给陈无宇莒旁边的邑，他辞谢不受。景公的母亲替他要请高唐这地方，陈氏才开始发展。

【原文】

[经]秋七月，季孙意如、叔弓、仲孙貜帅师伐莒。

[传]秋七月，平子伐莒，取郠，献俘，始用人于亳社。臧武仲在齐闻之曰："周公其不飨鲁祭乎？周公飨义，鲁无义。诗曰：'德音孔昭，视民不佻[①]。'佻之谓甚矣，而壹用之[②]，将谁福哉？"

[经]戊子，晋侯彪卒。

[经]九月，叔孙婼如晋。

[经]葬晋平公。

[传]戊子，晋平公卒。郑伯如晋，及河，晋人辞之，游吉遂如晋。九月，叔孙婼、齐国

弱、宋华定、卫北宫喜、郑罕虎、许人、曹人、莒人、邾人、薛人、杞人、小邾人如晋，葬平公也。郑子皮将以币行[③]。子产曰："丧焉用币？用币必百两[④]，百两必千人，千人至将不行，不行必尽用之[⑤]，几千人而国不亡？"子皮固请以行。既葬，诸侯之大夫欲因见新君。叔孙昭子曰："非礼也。"弗听，叔向辞之曰："大夫之事毕矣，而又命孤，孤斩焉在衰绖之中，其以嘉服见，则丧礼未毕，其以丧服见，是重受吊也，大夫其若之何？"皆无辞以见。子皮尽用其币，归谓子羽曰："非知之实难，将在行之。夫子知之矣，我则不足，书曰：'欲败度，纵败礼[⑥]。'我之谓矣。夫子知度与礼矣，我实纵欲而不能自克也。"昭子至自晋，大夫皆见，高强见而退。昭子语诸大夫曰："为人子不可不慎也哉。昔庆封亡，子尾多受邑，而稍致诸君，君以为忠而甚宠之。将死，疾于公宫[⑦]，辇而归，君亲推之[⑧]。其子不能任，是以在此。忠为令德，其子弗能任，罪犹及之，难不慎也。丧夫人之力，弃德旷宗，以及其身，不书乎？诗曰：'不自我先，不自我后[⑨]。'其是之谓乎。"

[经]十有二月甲子，宋公成卒。

[传]冬十二月，宋平公卒。初，元公[⑩]恶寺人柳，欲杀之，及丧，柳炽炭于位，将至则去之。比葬，又有宠。

【注释】

①德音孔昭，视民不佻：这是《诗经·小雅》中的诗句，意思是说他的德行声誉很盛，必能厚爱人民。

②而壹用之：将人民与畜生同类用。

③郑子皮将以币行：见新君所用的贽币。

④百两：载币必须用车百辆。

⑤不行必尽用之：若不能见新君，势必将所带费用用完。

⑥欲败度，纵败礼：这是逸书中的一句，意思是私欲使法度败坏，放纵使礼节败坏。

⑦疾于公宫：子尾在齐景公宫中有了病。

⑧君亲推之：阮刊本误作"吾亲推之"，今从《四部丛刊》本改正。

⑨不自我先，不自我后：这是《诗经·小雅》的一句诗，意思是不在我以前，也不在我以后。

⑩元公：宋平公的太子佐。

【译文】

秋天七月，季孙意如伐莒，占据郠的地方，献俘囚，用人来祭亳社。臧孙纥在齐国听见说："周公要不飨鲁国祭祀了？周公是飨义，鲁国没义。《诗经·小雅》说：'他的德行声誉很盛，看见人民没有不爱。'不爱就不成，而把人同畜生一起用，将谁给他福禄呢？"

戊子这天，晋平公死了。郑伯到晋国去，到了河边，晋国人辞谢他。游吉就到晋国去了。九月，鲁国叔孙婼、齐国弱、宋华定、卫北宫喜、郑子皮、许人、曹人、莒人、邾人、薛人、杞人、小邾人都到晋国去给晋平公行葬礼。郑国子皮将带着货币去。子产说："丧事何必用币呢？用币必定有一百辆车，一百辆车必定一千个人，一千个人到了将不得行见新君之礼，势必将所带费用用完。假使有几次千人之行，国家哪能不亡呢？"子皮一定要求带着走。既而晋平公下葬以后，诸侯各大夫们，想着见新的君。叔孙婼说："这不合于礼的。"大家全不听。晋国的叔向辞谢说："你们的事现在全完了，又想见我新君，而我新君还在居丧期中，假设穿着礼服来见，现在丧礼还没有完；穿着丧服来见，等于再受吊。你们怎么办呢？"他们全没法回答。子皮用尽了他的货币，回到郑国告诉子羽说："不是知道的难，实在是办的难。子产已经知道了，我就不够。逸书说：'私欲败了法度，骄纵败了礼节。'我就是如此，子产知道度跟礼，我实在骄纵欲望，而不能克制自己。"叔孙婼从晋国回来，大夫们全来见。子良一见就走了。叔孙婼告诉大夫们说："做人的儿子不可以不谨慎。从前庆封败亡了，子尾得的邑很多，慢慢地还给齐景公，齐君以为他很忠心，很宠爱他。子尾将死时，是在公的宫中病了，把他用车推回去，齐景公亲自推他。而他的儿子不能担任，所以在鲁国。忠是令德，他的儿子不能担任，终于受罪，这是他不谨慎的缘故。丢掉他父亲的力量，丢掉德行，而毁掉宗，连到他自己身上，这不是有害吗？《诗经》说：'不在我以前，也不在我以后。'就是指着这件事说的。"

冬十二月，宋平公死了。最初他的儿子元公，不喜欢寺人柳，想把他杀掉，至发生了丧事，寺人柳在他的位子烧炭暖地，等到元公来时，就去掉炭，等到下葬以后，就有了宠爱。

【讲评】

自从陈公子完逃亡到齐国，传到陈桓子，经过历代政治资本的积累，陈氏最终有代姜氏为君的势头。陈氏代齐，从陈完出生开始，就有很多的占卜预言，但是人事方面的因素更为重要，齐国公族卑弱又不修道德，贵族争权夺利。齐国栾氏、高氏与陈氏、鲍氏的矛盾属于旧贵族与新贵族之间的矛盾。陈桓子善于审时度势，争取民心，结交盟友，逐步削弱政敌，在这场博弈中取得胜利。

昭公十一年

【原文】

［经］十有一年春，王二月，叔弓如宋。葬宋平公。夏四月丁巳，楚子虔诱蔡侯般杀之于申。楚公子弃疾帅师围蔡。五月甲申，夫人归氏薨。大蒐于比蒲。仲孙貜会邾子，盟于祲祥。秋，季孙意如会晋韩起、齐国弱、宋华亥、卫北宫佗、郑罕虎、曹人、杞人于厥慭。九月己亥，葬我小君齐归。冬十有一月丁酉，楚师灭蔡，执蔡世子有以归，用之。

【原文】

［传］十一年春，王二月，叔弓如宋，葬平公也。

景王问于苌弘曰："今兹诸侯，何实吉？何实凶？"对曰："蔡凶。此蔡侯般弑其君之岁也。岁在豕韦，弗过此矣。楚将有之，然壅[1]也。岁及大梁，蔡复，楚凶。天之道也。"

楚子在申，召蔡灵侯。灵侯将往。蔡大夫曰："王贪而无信，唯蔡于感，今币重而言甘，诱我也，不如无往。"蔡侯不可。三月丙申，楚子伏甲而飨蔡侯于申，醉而执之。夏四月丁巳，杀之，刑其士七十人。公子弃疾帅师围蔡。

韩宣子问于叔向曰："楚其克乎？"对曰："克哉！蔡侯获罪于其君，而不能其民，天将假手于楚以毙之，何故不克？然肸闻之，不信以幸，不可再也。楚王奉孙吴以讨于陈，曰，'将定而国。'陈人听命，而遂县之。今又诱蔡而杀其君，以围其国，虽幸而克，必受其咎，弗能久矣。桀克有缗以丧其国，纣克东夷而陨其身。楚小位下，而亟暴于二王，能无咎乎？天之假助不善，非祚之也，厚其凶恶而降之罚也。且譬之如天，其有五材而将用之，力尽而敝之，是以无拯，不可没振。"

五月，齐归薨，大蒐于比蒲，非礼也。

孟僖子会邾庄公，盟于祲祥，修好，礼也。

泉丘人有女，梦以其帷幕孟氏之庙，遂奔僖子，其僚[2]从之。盟于清丘之社，曰："有

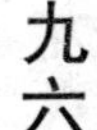

子，无相弃也。僖子使助薳氏之薳。反自祲祥，宿于薳氏，生懿子及南宫敬叔于泉丘人。其僚无子，使字敬叔。

楚师在蔡，晋荀吴谓韩宣子曰："不能救陈，又不能救蔡，物以无亲，晋之不能，亦可知也已！为盟主而不恤亡国，将焉用之？"

秋，会于厥憖，谋救蔡也。

郑子皮将行。子产曰"行不远，不能救蔡也。蔡小而不顺，楚大而不德，天将弃蔡以壅楚。盈而罚之，蔡必亡矣，且丧君而能守者，鲜矣。三年，王其有咎乎！美恶周必复，王恶周矣。"

晋人使狐父请蔡于楚，弗许。

【注释】

①壅：积恶。

②僚：邻女。

【译文】

十一年春天，周历正月，叔弓到宋国为平公送葬。

周景王问苌弘："在当前各诸侯中，哪国有吉兆哪国有凶兆呢？"苌弘答复说："蔡国有凶兆。由于今年正好和蔡侯般杀害他父亲那一年一样，岁星在豕韦的位置上，蔡国的凶祸不出今年。楚国将占领蔡国，不过对楚国来说也只能更加重其罪恶。等岁星运行到大梁的位置时，蔡国将会复兴，楚国就会碰到灾难。这是天意所在。"

楚灵王在申地召见蔡灵公。灵公想要前往，蔡国大夫说："楚王贪婪而不讲信用，他只恨蔡国不肯顺服，如今却送来了这么多的财礼，说话又十分好听，这分明是在诱惑我们，最好别去。"灵公不听。三月十五日，灵王在申地埋伏了甲兵，并设宴款待灵公，把他灌醉后抓了起来。夏季四月七日，将其杀死。随行的七十多人也同时被杀。公子弃疾领兵包围了蔡国。

韩起问叔向："楚国这次能获胜吗？"叔向讲："能！蔡侯杀了他的国君父亲，又没能获得民众的拥护，这是上天在借助楚国之手将他杀死，怎能不胜呢？不过据我所知，不讲信用却侥幸能够成功，不能再有第二次了。楚王先前曾帮助太孙吴进攻陈国，并对他说：'我将帮助你安定国家。'陈国人听了他的话，他却把陈国变成了楚国的一个县。如今又引诱蔡侯并杀死他，还包围了蔡国，就算侥幸取胜，也必定会受到惩罚，长久不了。桀王战胜了有缗，却失去了国家；纣王战胜了东夷诸国，却因而丧命。楚国领土小且地位低下，不过其暴虐无道却一次次超过了桀、纣二王，能不遭灾吗？上天借助楚国之手攻击蔡国，是置他们于不善，而不是降福给他们，而是为加重其罪恶，以便将来严加惩处。就像上天有金、木、水、火、土五种材料被人们所利用，一旦用完，便会被丢弃。故而说楚国无法挽救，以后也不会再复兴了。”

五月，齐归逝世。同时，鲁国在比蒲举办了盛大的阅兵活动，这是不合礼的。

孟僖子和邾庄公见面，在祥结盟，重修了两国的友好，这是合于礼的。

泉丘有个女子，梦到自己的帷幕挂在了孟氏的宗庙上，便跑去嫁给了孟僖子，她邻居的一个女子也随她嫁给了僖子。二女跟孟僖子在清丘的土地庙中盟誓说："要是有了儿子，就不要抛弃我们。"僖子让她们做了妾，住到薳氏。从祲祥回来后，僖子便住在薳氏。后来泉丘那个女子生了懿子跟南宫敬叔，邻女没生儿子，就把敬叔要过来收养。

楚国的军队还屯驻在蔡国。晋国的荀吴对韩起说："我们不能救助陈国，又不能救助蔡国，如此便不会有人再和我们亲近了，从这可知晋国已经没有任何用处了。作为盟主却不能关心灭掉的国家，还有什么用呢？"

秋天，季孙意如跟晋国的韩起、齐国的国弱、宋国的华亥、卫国的北宫佗、郑国的子皮还有曹国人、杞国人在厥会盟，谋划怎样救援蔡国。

郑国的子皮准备动身，子产讲："你走不了太远，蔡国已无法挽救了。蔡国小而又不顺服，楚国大却又不讲德行，上天即将抛弃蔡国以加重楚国的罪恶。到来楚国恶贯满盈时再惩处它，故而蔡国一定要灭亡。再说蔡国已经失去了国君，丧君而能保护国家不被灭亡的，非常少见。再过三年，楚王便会遭到灾难。无论善还是恶，岁星绕行一周后一定有报应，楚王的罪恶即将到岁星绕行一周的时候了。"

晋国人派狐父为蔡国求情，楚国不同意。

【原文】

单子会韩宣子于戚，视下言徐。叔向曰："单子其将死乎。朝有著定，会有表，衣有襘，带有结。会朝之言，必闻于表著之位，所以昭事序也。视不过结、襘之中，所以道容貌也。言以命之，容貌以明之，失则有阙。今单子为王官伯，而命事于会，视不登带，言不过步，貌不道容，而言不昭矣。不道不共，不昭不从，无守气矣。"

九月，葬齐归，公不慼。晋士之送葬者，归以语史赵。史赵曰："必为鲁郊。"侍者曰："何故？"曰："归姓也，不思亲，祖不归也。"叔向曰："鲁公室其卑乎！君有大丧，国不废蒐。有三年之慼，而无一日之慼。国不恤[①]丧，不忌君也。君无慼容，不顾亲也。国不忌君，君不顾亲，能无卑乎？殆将失国。"

冬十一月，楚子灭蔡，用隐大子于冈山。申无宇曰："不祥。五牲不相为用，况用诸侯乎？王必悔之。"

十二月，单成公卒。

楚子城陈、蔡、不羹。使弃疾为蔡公。王问于申无宇曰："弃疾在蔡，何如？"对曰："择子莫如父，择臣莫如君。郑庄公城栎而置子元焉，使昭公不立。齐桓公城谷而置管仲焉，至于今赖之。臣闻五大不在边，五细不在庭[②]。亲不在外，羁不在内。今弃疾在外，郑丹在内。君其少戒。"王曰："国有大城，何如？"对曰："郑京、栎实杀曼伯，宋萧、亳实杀子游，齐渠丘实杀无知，卫蒲、戚实出献公，若由是观之，则害于国。末大必折，尾大不掉，君所知也。"

【注释】

①恤：忧虑，悲哀。

②五大：五种权贵，即太子、母弟、贵宠公子、公孙、累世正卿。五细：五种没有权势的人，即贱者、少者、远者、新者、小者。

【译文】

单成公在戚地会面韩宣子，目光向下说话迟缓。叔向讲："单成公可能即将死了。朝见有固定的席位，会盟有标志，衣领有交会之处，衣带有交结。会见跟朝见的语言，必定要使在座的人都能听到，用它来表明工作的秩序。目光不超过衣领交会、衣带交结的中间，用以端正仪容形貌。言语用来发布命令，仪容形貌用来表明态度，做不到便有过错。如今单成公做天子的百官之长，在盟会上宣布天子的命令，目光不高于衣带，语言超过一步便听不到，外相不能端正威仪，言语便不能明白了。不端正便不恭敬，不明白别人便不顺从，他已经没有精神了。"

九月安葬齐归，昭公不悲痛。晋国送葬的士人，回去把情形告诉史赵。史赵说："昭公必定会寄居别国的郊外。"侍从问："是何原因？"史赵说："他是齐归的儿子，不想念母

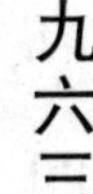

亲,祖先是不会护佑他的。”叔向讲:“鲁国的公室可能要衰弱了吧!国君有大的丧事,国家不废弃阅兵。有三年的丧期,却没有一天的悲痛。国家不为丧事而悲哀,这是不害怕国君。国君没有悲痛的容貌,这是不思念亲人。国家不害怕国君,国君不思念亲人,能不衰弱吗?或许将会失去他的国家。”

冬天十一月,楚王灭掉蔡国,杀了隐太子用来祭奠冈山。申无宇说:“不吉祥。五种牲畜不能互换进行祭奠,何况用诸侯呢?君王必定要后悔的。”

十二月,单成公逝世了。

楚王在陈地、蔡地、不羹修城。派弃疾做蔡公。楚王向申无宇询问说:“弃疾在蔡地,如何?”申无宇答复说:“选择儿子没有谁能赶上父亲,选择臣子没有谁能赶上国君。郑庄公在栎地修城而安置子元,让昭公不能立为国君。齐桓公在谷地修城而安置管仲,到如今齐国还获得利益。臣下听说五种权贵人物不在边境,五种没有权势的小人物不在朝廷。亲近的人不在外边,寄居之臣不在里边。如今弃疾在外边,郑丹在朝廷。君王还是稍加戒备的好。”楚王讲:“国都有高大的城墙,如何?”申无宇答复说:“在郑国的京地、栎地杀死郑昭公,在宋国的萧地、亳地杀死子游,在齐国的渠丘杀死公孙无知,在卫国的蒲地、戚地驱赶了献公,要是从这些来看,就对国都有害。树枝大必定折断,尾巴大就必定不能摇摆,这是君王所清楚的。”

【讲评】

楚国诱杀了蔡灵侯,出兵灭蔡,并在陈、蔡、不羹等地筑城。至此,楚国建立了北进中原争霸的军事重镇。

昭公十二年

【原文】

[经]春,齐高偃帅师纳北燕伯于阳。

[传]齐高偃纳北燕伯款于唐,因其众也①。

[经]三月壬申,郑伯嘉卒。

[传]三月,郑简公卒,将为葬除②,及游氏之庙,将毁焉。子大叔使其除徒执用以立,

而无庸毁，曰："子产过女，而问何故不毁。乃曰：'不忍庙也。'诺，将毁矣。"既如是，子产乃使辟之。司墓之室有当道者[3]，毁之则朝而塴，弗毁则日中而塴，子大叔请毁之曰："无若诸侯之宾何？"子产曰："诸侯之宾能来会吾丧，岂惮日中？无损于宾而民不害，何故不为？"遂弗毁，日中而葬。君子谓子产于是乎知礼，礼无毁人以自成也。

郑简公

【注释】

①因其众也：因为唐地众人希望他回来。

②将为葬除：为的下葬开除道路。

③司墓之室有当道者：管墓地的人住的房子，有挡着道路的。

【译文】

十二年春天，齐国的高偃把北燕伯款送回到唐，这是因为唐地众人希望他回来。

三月，郑简公死了，将为丧事而除道路，到了游氏的庙中，将把庙毁掉。游吉叫他们的人拿着毁庙用具站到那里，但是不要将庙毁掉，就告诉他们说："子产要来了，问你们为什么不毁庙，就说：'这是不忍毁这庙。'如果你们答应诺，那就要毁庙了。"既然这样回答，子产就叫他们避开这里。有一个管坟的房子，恰好挡着这个道路，要毁掉他，早晨就可以下棺材，要不毁就中午才能下棺材，游吉请求毁掉这个房屋，说："不要使诸侯的客人因为这个缘故，而留得过久？"子产就说："诸侯的客人可以来会同我们下葬，难道怕过了中午，既然对宾客没有损失，对人民没有害处，为什么不做呢？"于是就没有毁，中午才下葬。君子说子产很知道礼，论礼是不要毁人以自己成全。

【原文】

[经]夏宋公使华定来聘。

[传]夏宋华定来聘，通嗣君也，享之，为赋蓼萧[1]，弗知又不答赋。昭子曰："必亡。宴语之不怀，宠光之不宣，令德之不知，同福之不受，将何以在？"

[传]齐侯、卫侯、郑伯如晋，朝嗣君也。

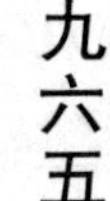

[经]公如晋,至河乃复。

【注释】

①蓼萧:这是《诗经·小雅》的一篇。

【译文】

夏天宋国华定来聘问,这是为的宋元公新即位的缘故。给他宴享,为他歌唱蓼萧这篇诗,华定不懂,又不能回答赋诗。叔孙婼说:"他必定逃亡,对于宴会语言也不想,对于优待他也不宣扬,令德也不知道,同享天禄也不接受,他怎么能够存在呢?"

齐侯、卫侯、郑伯全到晋国,为朝晋昭公的缘故。

【原文】

[传]公如晋,至河乃复。取郠之役[1],莒人愬于晋,晋有平公之丧,未之治也,故辞公,公子慭[2]遂如晋。晋侯享诸侯,子产相郑伯,辞于享,请免丧而后听命。晋人许之,礼也。晋侯以齐侯晏,中行穆子相,投壶,晋侯先。穆子曰:"有酒如淮,有肉如坻,寡君中此,为诸侯师。"中之。齐侯举矢曰:"有酒如渑,有肉如陵,寡人中此,与君代兴。"亦中之。伯瑕谓穆子曰:"子失辞,吾固师诸侯矣,壶何为焉,其以中隽也。齐君弱吾君,归弗来矣。"穆子曰:"吾军帅强御,卒乘竞劝,今犹古也,齐将何事?"公孙傁[3]趋进曰:"日旰君勤,可以出矣。"以齐侯出。

【注释】

①取郠之役:在鲁昭公十年。

②公子慭:鲁大夫。

③公孙傁:齐大夫。

【译文】

鲁昭公也到晋国,到了河边上就回来了。因为占领郠这件事。莒国人到晋国指控鲁国,晋国恰好有平公的丧事,所以没法管这件事,就辞让昭公不要去,鲁大夫公子慭就到晋国去。晋昭公享宴诸侯,子产给郑伯相礼,郑伯辞掉享宴,因为郑简公还没有下葬,请求免丧之后再听从晋国的命令，晋国人答应他，这是很合理的。晋昭公宴齐侯，荀吴相礼，行投壶的礼节，晋侯先投壶，荀吴说："有酒跟淮水一样，跟坻山那么多的肉，寡君要投壶中了，就做诸侯的师。"投壶果然中了。齐侯也举起投壶的箭说："有酒跟渑水那么多，有肉如山陵，寡人投壶若中了，就跟你晋君代兴。"也投中了。伯瑕对荀吴说："你说错话了，我已经做诸侯的老师了，壶有什么用，以为投中就奇怪吗？齐国君看不起我们君，回去就不再来。"荀吴说："我的军队很强盛，将士全都很努力，现在同古代一样，齐国有什么办法呢？"齐大夫公孙傁跑进去说："天色已晚，人君也劳累了，我们可以出去了。"就领着齐侯出去。

【原文】

[经]五月葬郑简公，楚杀其大夫成熊。

[传]楚子谓成虎若敖之余也，遂杀之，或谮成虎于楚子，成虎知之而不能行。书曰楚杀其大夫虎，怀宠也[①]。

[传]六月葬郑简公。

[经]秋七月。

[传]晋荀吴伪会齐师者，假道于鲜虞[②]，遂入昔阳[③]。秋八月壬午，灭肥[④]，以肥子緜皋归。

【注释】

①怀宠：他因为怀念楚王的宠爱。

②鲜虞：友人陈槃先生说："以昭十五年《左传》：'晋荀吴帅师伐鲜虞。'《晋语》作：'中行穆子帅师伐狄。'荀吴即中行穆子，彼云伐鲜虞，此云伐狄，是鲜虞狄类。"杜注似无误。又钱大昕《通鉴注》，引《姓谱》云："武王封箕子于朝鲜，支子仲食采于于，因以鲜于为氏。是鲜虞与鲜于，是一非二矣。初封为子姓国，其后晋灭子姓之鲜虞而封以姬姓，故曰先子姓，后姬姓耳。"（见《春秋大事表譔异续编》四）。

③昔阳：程发轫先生说：此年之昔阳当以今河北省晋县为最确。

④肥：《汇纂》说："即今河北藁城县西南七里之肥累城是也。"

【译文】

楚子说成虎是若敖的余党，就把他杀掉了。有人对楚王说成虎的坏话，成虎已经知

道，但是他不能走。《春秋》上写着楚子杀他大夫成虎，这是因为成虎怀念楚王的宠爱。

六月葬郑简公。

晋荀吴假作会合齐国军队，在鲜虞借道，就攻入昔阳。秋天八月壬午，灭掉肥，逮着肥子緜皋回到晋国。

【原文】

[传]周原伯绞虐。其舆臣使曹逃[①]。冬十月壬申朔，原舆人逐绞而立公子跪寻[②]，绞奔郊[③]。

[传]甘简公[④]无子，立其弟过。过将去成景之族[⑤]。成景之族赂刘献公[⑥]。丙申，杀甘悼公[⑦]，而立成公之孙鰌。丁酉，杀献太子之傅庚皮之子过，杀瑕辛于市，及宫嬖绰、王孙没、刘州鸠、阴忌、老阳子[⑧]。

[经]冬十月公子慭出奔齐。

[传]季平子立而不礼于南蒯[⑨]，南蒯谓子仲[⑩]："吾出季氏而归其室于公，子更其位，我以费为公臣。"子仲许之。南蒯语叔仲穆子[⑪]，且告之故。季悼子之卒也，叔孙昭子以再命为卿。及平子伐莒克之，更受三命。叔仲子欲构二家，谓平子曰："三命逾父兄，非礼也。"平子曰："然。"故使昭子[⑫]。昭子曰："叔孙氏有家祸，杀適立庶，故婼也及此。若因祸以毙之，则闻命矣。若不废君命，则固有著矣[⑬]。"昭子朝而命吏曰："婼将与季氏讼，书辞无颇。"季孙惧而归罪于叔仲子，故叔仲小、南蒯、公子慭谋季氏，慭告公。而遂从公如晋，南蒯惧不克，以费叛如齐。子仲还及卫，闻乱逃，介而先，及郊，闻费叛，遂奔齐。南蒯之将叛也，其乡人或知之，过之而叹，且言曰："恤恤乎，湫乎攸乎，深思而浅谋，迩身而远志，家臣而君图，有人矣哉！"南蒯枚筮之，遇坤☷之比☵，曰："黄裳元吉。"以为大吉也。示子服惠伯曰："即欲有事，何如？"惠伯曰："吾尝学此矣，忠信之事则可，不然必败。外强内温，忠也。和以率贞，信也。故曰：'黄裳元吉。'黄中之色也，裳下之饰也，元善之长也。中不忠不得其色，下不共不得其饰，事不善不得其极。外内倡和为忠，率事以信为共，供养三德为善，非此三者弗当。且夫易不可以占险，将何事也，且可饰乎？中美能黄，上美为元，下美则裳，参成[⑭]可筮，犹有阙也，筮虽吉未也。"将适费，饮乡人酒，乡人或歌之曰："我有圃生之杞乎？从我者子乎？去我者鄙乎？倍其邻者耻乎？已乎已乎！非吾党之士乎？"平子欲使昭子逐叔仲小，小闻之不敢朝，昭子命吏谓小待政于朝，曰："吾不为怨府。"

【注释】

①使曹逃:叫他们一群的逃走。

②跪寻:是绞的弟弟。

③郊:周地。案《方舆纪要》说:“河南巩县西南五十八里,有郛城。周郛邑也。《左传》昭公二十三年‘王师晋师围郊,郊郛溃。’是年‘绞奔郊’应即此。”

④甘简公:周卿士。

⑤成景之族:甘成公同甘景公全是甘过的祖先。

⑥刘献公:刘定公的儿子也是周卿士。

⑦甘悼公:即甘过。

⑧瑕辛、宫嬖绰、王孙没、刘州鸠、阴忌、老阳子:六人都是周大夫,全是甘悼公的党羽。

⑨南蒯:南遗的儿子,是季孙氏费邑的宰。

⑩子仲:公子慭。

⑪叔仲穆子:叔仲带的儿子叔仲小。

⑫昭子:叔孙婼。

⑬则固有著矣:现在已经有了明白的位置。

⑭参成:三种全完备。

【译文】

周国大夫原伯绞暴虐,他的众臣就使大伙一起逃走。冬天十月壬申朔,原国的众人驱逐了原伯绞,而立了他弟弟公子跪寻,绞就逃到郊这地方去了。

甘简公没有儿子,立了他的弟弟甘过。甘过想着去掉甘成公同甘景公的后人。甘成公同甘景公的后人就贿赂了刘献公。丙申,杀了甘过,而立了成公的孙子甘鳝。丁酉,杀献太子的师傅庚皮的儿子过,杀瑕辛在市上,同宫嬖绰、王孙没、刘州鸠、阴忌、老阳子六人。

季孙意如立了以后,对南蒯不礼貌,南蒯对公子慭说:“我把季氏赶出去,而把他的家财归到公家,你替代他的位置,我用费的地方,做公家的臣。”公子慭答应了。南蒯又对叔仲小说这件事,并且告诉他的缘故,在季悼子死的时候,叔孙婼以再命令做卿。等到季孙意如伐了莒以后,打胜了仗,他更受到三命。叔仲小想着使季孙同叔孙两家不和,就对季孙意如说:“三命超过父兄,这是不合礼的。”季孙意如说:“很对。”所以想使叔孙婼自己贬黜。叔孙婼就说:“叔孙氏有家祸,杀嫡而立了庶子,所以我就达到这个地位。要是因为乱事而把我杀掉,那只好听从命令。要不废君的命令,则已经有明白的地位。”叔孙婼上朝对吏说:“婼要跟季氏打官司,你们写的不要有偏向。”季孙害怕了,就把说的话归罪给叔仲小,所以叔仲小、南蒯、公子慭谋推翻季氏,公子慭告诉昭公,就同昭公到晋国去,南蒯怕不能成功把费的地方反叛了到齐国去。公子慭回来到了卫国,听见乱了就逃走,派他的副使先回国,到了城外,听见费已经反叛,就逃到齐国去。南蒯将反叛的时候,他的乡人有的知道,过他的门口就叹息,并且说:“忧愁啊!愁啊!忧啊!深的思想,而浅的计谋,身近而志向很远,家臣而图谋君国的事,现在真有这个人啊!”南蒯占卜是何吉凶,遇见坤卦变到比卦,说:“黄裳元吉。”他以为这是很大的吉兆。就给子服惠伯看,说:“就想办事情,怎么样?”子服惠伯说:“我曾研究这个卦,如果忠信的事情就可以成功,要不然必定失败。外边强盛而内里温和,这是忠。和平以循贞正,这是信。所以说:‘黄裳元吉。’黄是中的颜色,裳是下边的装饰,元是善的长处。中要不忠实就不得到他的黄颜色,下边不恭敬就不得到他的装饰,事情不合礼就不得到他的极端。外内全都相和叫作忠,行事用信实叫作共,供养正直、刚克、柔克三德叫作善,不是这三件事,不能用这个卦。并且这个易卦不可以占险的事情,这是什么事情呢,还可以装饰吗?中美能黄,上美能元,下美则变成裳,这三件事能够完备,就可以占卦,现在尚有一点阙的地方,占卦虽然好,但是还没有成功。”南蒯想到费去,饮他的乡下人的酒,乡人有的唱歌说:“我的圃中生有杞,从我的人是你,去我的人就变成鄙陋,背他的亲戚是羞耻,你要不改,就不是我们党里的人。”季孙意如想着使叔孙婼驱逐叔仲小,叔仲小听见说了不敢上朝,叔孙婼命吏叫小到朝上等待,并且说:“我不要怨望聚集在我身上。”

【原文】

[经]楚子伐徐。

[传]楚子狩于州来,次于颍尾[①],使荡侯、潘子、司马督、嚣尹午,陵尹喜[②]帅师围徐,以惧吴,楚子次于乾溪[③],以为之援。雨雪,王皮冠、秦复陶[④]、翠被[⑤]、豹舄执鞭以出,仆析父[⑥]从。右尹子革夕。王见之,去冠被舍鞭,与之语曰:“昔我先王熊绎[⑦]与吕级[⑧]王孙牟[⑨]燮父[⑩]禽父并事康王,四国皆有分,我独无有。今吾使人于周,求鼎以为分,王其与我

乎？”对曰：“与君王哉，昔我先王熊绎辟在荆山[11]，筚路蓝缕以处草莽，跋涉山林以事天子，唯是桃弧棘矢以共御王事。齐王舅也，晋及鲁卫王母弟也，楚是以无分，而彼皆有。今周与四国服事君王，将唯命是从，岂其爱鼎？”王曰：“昔我皇祖伯父昆吾[12]旧许是宅，今郑人贪赖其田而不我与，我若求之，其与我乎？”对曰：“与君王哉。周不爱鼎，郑敢爱田。”王曰：“昔诸侯远我而畏晋，今我大城陈蔡不羹，赋皆千乘，子与有劳焉，诸侯其畏我乎？”对曰：“畏君王哉。是四国者[13]专足畏也，又加之以楚，敢不畏君王哉。”工尹路请曰：“君王命剥圭以为鏚柲，敢请命。”王入视之，析父谓子革：“吾子楚国之望也，今与王言如响，国其若之何？”子革曰：“摩厉以须，王出，吾刃将斩矣。”王出复语，左史倚相趋过。王曰：“是良史也，子善视之，是能读三坟五典八索九丘。”对曰：“臣尝问焉，昔穆王欲肆其心，周行天下，将皆必有车辙马迹焉。祭公谋父作祈招之诗以止王心，王是以获没于祗宫。臣问其诗而不知也，若问远焉，其焉能知之？”王曰：“子能乎？”对曰：“能。其诗曰：‘祈招之愔愔，式昭德音，思我王度，式如玉，式如金，形民之力，而无醉饱之心。”’王揖而入，馈不食，寝不寐，数日，不能自克，以及于难。仲尼曰：“古也有志，克己复礼，仁也。信善哉？楚灵王若能如是，岂其辱于乾溪？”

[经]晋伐鲜虞。

[传]晋伐鲜虞，因肥之役也。

【注释】

①颍尾：在今安徽正阳关北，为寿县凤台颍上三县接界处。

②荡侯、潘子、司马督、嚣尹午、陵尹喜：五人都是楚大夫。

③乾溪：在安徽亳县东南七十里。

④秦复陶：秦国所送羽毛做的衣服。

⑤翠被：拿翠羽装饰的被。

⑥仆析父：楚大夫。

⑦熊绎：楚国始封的君。

⑧吕级：齐太公的儿子丁公。

⑨王孙牟：卫康叔的儿子康伯。

⑩燮父：晋国唐叔的儿子。

⑪荆山：在湖北省南漳县西。

⑫昆吾：江永说先建国在濮阳。

⑬四国者：陈蔡二个不羹。

【译文】

楚王冬天在州来地方打猎，兵马宿于颍尾地方，顺便差荡侯、潘子、司马督、嚣尹午、陵尹喜领军队去围徐国，借此恐吓吴国。楚王自己驻扎在乾溪，做五大夫的后援。那时正当下雪，王戴了皮帽子，着了秦国送的羽衣，肩上再披了翠羽的霞帔，着了豹皮做的鞋子，执了马鞭走出来，仆析父跟在后面。刚巧右尹子革将夜来见，王就见他，去掉皮帽翠被披，丢掉鞭子，和他讲谈说："从前我先王熊绎，和吕级王孙牟燮父禽父一同事奉周康王，后来四国都分着珍宝器皿，我国独没有。如今我差人到周朝去，要他的九鼎来做我的份儿，王肯给我吗？"子革答说："给君王的呢！从前我们先王熊绎僻处在荆山地方，坐了柴车，着了破衣服，开辟那草莽，跋涉这山川，去服侍天子。只贡些桃弧棘矢给王抵抗那不祥的事。齐是王的母舅，晋和鲁卫是王的母弟，楚国所以没有份儿，他们是都有的。如今周朝和那四国，都来服侍你君王了，专听你君王的命令呢，难道还敢爱九鼎吗？"灵王说："从前我皇祖伯父叫昆吾，本是居在许地的，如今郑人贪靠那许田的出产，不肯给我，我如果去要求，他肯给我的吗？"子革答说："给君王的呢！周朝尚且不敢爱那九鼎，郑国敢爱那田吗？"灵王说："从前诸侯都远离我，却怕着晋国，如今我筑城在陈蔡不羹，兵车都有一千乘，就是你也有功劳的，诸侯能怕我吗？"子革答说："怕你君王的呢！单是这陈、蔡、两不羹四个国，已经够怕的了；再加上个楚国，哪敢不怕你君王呢？"说到这里就有个工官叫路的，进来请问楚王说："君王差我破了圭上的玉装饰斧柄，敢问要怎么做法？"王便进去看。析父就对子革说："你是楚国有声望的人，如今和王讲话，好像应声响，一味依着，国家要怎么办呢？"子革说："磨快了我的刀口等待着王出来，我刀口便要斩下去了！"灵王出来，便再讲话；刚巧左史名倚相的在庭中走过，王说："这倒是个好的史官，你要好好看待他的！他能读得三坟五典八索九丘这些古书呢！"子革答说："曾经有一事问他过的，从前周穆王要畅快他的心愿，周行天下，要想处处都有他的车马辙迹。祭公谋父便作《祈招》一篇的诗，阻住王这心念，穆王因此才得善终于祇宫中。臣问他诗中怎样说，他却不知道。如果再问他远些的事，他哪里能知道呢？"王说："你能知道吗？"子革答说："能够的。他的诗中说：'祈父掌管了甲兵，很能安和不迫，并能昭明周王的德音，使人民想念周王的法式器局，如金玉的坚重。又使周王用民力有个分寸，并没有过求醉饱的心念。'"

灵王听了这话，就对子革作一个揖，走了进去，吃也不吃，困也不困的，接连有好几天，但终究不能克制自己，所以后来仍遭了难。仲尼说："从前书上有记过的：'能克制自己，归到礼法上去，方是仁人。'这句话真正好啊！楚王如果能够这般，哪里还要受辱在乾溪那里呢？"

晋国讨伐鲜虞，是因为肥的战役。

【讲评】

楚灵王乾谿之难是他生命的终结，而乾谿之难前数月的州来狩猎可以说是楚灵王最后一次惊艳的出场。灵王此举是为了向吴国示威，并有问取周鼎和夺取郑田的野心。《左传》中细致地描写了楚灵王的打扮，华贵逼人，写貌如同写心，说明此时的灵王仍然志得意满、雄视天下。但子革的委婉的劝说，使得灵王受到强烈震撼，开始反省自己的所作所为，逐渐觉察到放纵自己的不利。但此时树敌已多，政治对手已经磨刀霍霍，阴谋陷阱在等待着他。州来狩猎为乾谿之难埋下了伏笔。

昭公十三年

【原文】

［经］十有三年春，叔弓帅师围费。夏四月，楚公子比自晋归于楚，弑其君虔于乾溪。楚公子弃疾杀公子比。秋，公会刘子、晋侯、齐侯、宋公、卫侯、郑伯、曹伯、莒子、邾子、滕子、薛伯、杞伯、小邾子于平丘。八月甲戌，同盟于平丘。公不与盟。晋人执季孙意如以归。公至自会。蔡侯庐归于蔡。陈侯吴归于陈。冬十月，葬蔡灵公。公如晋，至河乃复。吴灭州来。

【原文】

［传］十三年春，叔弓围费，弗克，败焉。平子怒。令见费人执之，以为囚俘。冶区夫曰："非也。若见费人，寒者衣之，饥者食之，为之令主，而共其乏困。费来如归，南氏亡矣。民将叛之，谁与居邑？若惮之以威，惧之以怒，民疾而叛，为之聚也。若诸侯皆然，费人无归，不亲南氏，将焉入矣？"平子从之，费人叛南氏。

楚子之为令君也，杀大司马薳掩而取其室。及即位，夺薳居田，迁许而质许围。蔡洧有宠于王，王之灭蔡也，其父死焉，王使与于守而行。申之会，越大夫戮焉。王夺斗韦龟中犨，又夺成然邑而使为郊尹。蔓成然故事蔡公。故薳氏之族及薳居、许围、蔡洧、蔓成然，皆王所不礼也。因群丧职之族，启越大夫常寿过作乱，围固城，克息舟，城而居之。

观起之死也，其子从在蔡，事朝吴，曰："今不封蔡，蔡不封矣。我请试之。"以蔡公之命召子干、子皙，及郊，而告之情，强与之盟，入袭蔡。蔡公将食，见之而逃。观从使子干食，坎，用牲，加书，而速行。己徇于蔡曰："蔡公召二子，将纳之，与之盟而遣之矣，将师而从之。"蔡人聚，将执之。辞曰："失贼成军，而杀余，何益？"乃释之，朝吴曰："二三子若能死亡，则如违之，以待所济。若求安定，则如与之，以济所欲。且违上，何适而可？"众曰："与之。"

乃奉蔡公，召二子而盟于邓，依陈、蔡人以国[①]。楚公子比、公子黑肱、公子弃疾、蔓成然、蔡朝吴帅陈、蔡、不羹、许、叶之师，因四族之徒，以入楚。及郊，陈、蔡欲为名，故请为武军。蔡公知之曰："欲速。且役病矣，请藩而已。"乃藩为军。蔡公使须务牟与史猈先入，因正仆人杀大子禄及公子罢敌。公子比为王，公子黑肱为令尹，次于鱼陂。公子弃疾为司马，先除王宫。使观从从师[②]于乾谿，而遂告之，且曰："先归复所，后者劓"。师及訾梁而溃。

王闻群公子之死也，自投于车下，曰："人之爱其子也，亦如余乎？"侍者曰："甚焉，小人老而无子，知挤于沟壑矣。"王曰："余杀人子多矣，能无及此乎？"右尹子革曰："请待于郊，以听国人，"王曰："众怒不可犯也。"曰："若入于大都，而乞师于诸侯。"王曰："皆叛矣。"曰："若亡于诸侯，以听大国之图君也"王曰："大福不再，祇取辱焉。"然丹乃归于楚。王沿夏，将欲入鄢。芋尹无宇之子申亥曰："吾父再奸王命，王弗诛，惠孰大焉？君不可忍，惠不可弃，吾其从王。"乃求王，遇诸棘闱以归。夏五月癸亥，王缢于芋尹申亥氏。申亥以其二女殉而葬之。

观从谓子干曰："不杀弃疾，虽得国，犹受祸也。"子干曰："余不忍也。"子玉曰："人将忍子，吾不忍俟也。"乃行。国每夜骇曰："王入矣！"乙卯夜，弃疾使周走而呼曰："王至矣！"国人大惊。使蔓成然走告子干、子皙曰："王至矣！国人杀君司马，将来矣！君若早自图也，可以无辱。众怒如水火焉，不可为谋。"又有呼而走至者曰："众至矣！"二子皆自杀。丙辰，弃疾即位，名曰熊居。葬子干于訾，实訾敖。杀囚，衣之王服而流诸汉，乃取而葬之，以靖国人。使子旗为令尹。

【注释】

①以国:复国的愿望。

②从师:接触楚军。

【译文】

十三年春天,叔弓围攻费地,没有攻下,反倒被打败。平子十分生气,下令见到费地的人就抓起来,作为俘虏。冶区夫说:"如此做不对。要是见到费地人,受冻的便送给他衣服,挨饿的便送给他食物,变成他们的好主人,而且供应他们所缺乏的东西。费地人便会前来投奔,南氏便要灭亡了。民众一旦背叛了他,谁还会跟他住在一处呢?反之,要是用威力使他们害怕,用愤怒使他们恐惧,民众就会因担心而背叛,这实际上是把民众推向南氏。要是诸侯都这么做,费地人没有了依赖,他们不投奔南氏,还能投奔谁呢?"平子听从了他的建议,费地人便都背叛了南氏。

楚灵王出任令尹时,杀了大司马掩,抢夺了他的全部家产。等他就位做了国君,又抢夺了居的田地,还把许地的人迁到别处,并抓了许国大夫许围作为人质。蔡洧曾受到灵王的宠信,灵王灭亡蔡国时,蔡洧的父亲也被杀害。灵王派蔡洧镇守蔡地,而后领兵继续前进。申地盟会上,越国大夫受到了灵王的羞辱。灵王抢夺了斗韦龟的封邑中,又抢夺了成然的封邑,让他作了郊尹。成然先前曾事奉蔡公故而薳氏的族人和薳居、许围、蔡洧、成然,全是灵王不喜欢的人。他们依赖一些被剥夺职位的人,又煽动越国大夫常寿过发动了反叛,包围了固城,攻陷了息舟,并重新修建了城池,居住在那儿。

观起死的时候,他的儿子观从正在蔡国服侍蔡大夫朝吴,他说:"如今再不恢复蔡国,蔡国便永远被灭掉了。请允许我尝试一下。"就以蔡公的名义召请子干、子讬,二人来到蔡都郊区,观从才把实情告诉他们,并强行与之盟誓,而后入城偷袭蔡都。蔡公正准备吃饭,看见他们就逃走了。观从让子干坐在蔡公的位置上吃饭,又挖了一个坑,杀死牲畜,放上盟书,而后又让他们赶快走了。观从对蔡地人公开宣布说:"蔡公把子干、子讬请来,想要送他们回国,已经结了盟,送他们回去了,并准备领兵跟着去。"蔡地人聚集起来要把观从抓起来,观从辩解讲:"那两人已经走了,蔡公的军队也已组成了,杀死我有什么用?"就把他放了。朝吴说:"你们这些人要是要为楚王效忠而死,就不要听从蔡公的命令,等候局势的发展。要是希望安定下来,就不如帮助蔡公,以实现你们的愿望。再说违反了蔡公,又听从谁的呢?"众人都讲:"我们帮助蔡公!"

于是服侍蔡公,并把子干、子讹两人请回来,在邓地结了盟。蔡公依赖陈国跟蔡国人攻击楚王,并同意将来恢复他们的国家。楚国的公子比、公子黑肱、公子弃疾、蔓成然、蔡国的朝吴领着陈、蔡、不羹、许、叶等地的军队,依赖薳氏、许围、蔡洧、蔓成然四氏的族人,进到楚国。行至楚都郊区时,陈、蔡两国为宣扬征讨无道、复兴祖国的名声,请求修建一座壁垒。蔡公听到后说:"应当迅速攻入城iD。而且军队已经疲惫不堪,暂且用篱笆围成营栅能屯驻就行了。"就用篱笆围起来作为军营。蔡公派须务牟跟史先进入城,依赖正仆人杀死太子禄跟公子罢敌。而后拥立公子比为王,公子黑肱为令尹,屯驻在鱼陂。公子弃疾出任司马,首先去除了王宫中灵王的亲信。又派观从到乾灵王的军队中去,把消息告诉他们,并讲:"先回来的人一律保有禄位跟家财,回来晚的则要处以割鼻之刑。"灵王的军队行至訾梁便溃散了。

灵王知道两个公子死了,故意从车上摔了下来,说:"别人爱他的儿子是否和我相同呢?"侍臣说:"或许要超过您。象我这样老而无子的人,死后自然要被推到沟壑里去的。"灵王讲:"我杀别人的儿子太多了,能不落到这一步吗?"右尹子革说:"请大王在郊外等待听凭国人的处置。"灵王讲:"看来众怒是不能触犯的。"子革说:"不妨逃往大的都邑中去,而后请求诸侯派兵救助。"灵王说:"都反叛我了。"子革说:"要是逃到其他国家。请大国为您做主,如何呢?"灵王讲:"也不会再恢复王位,只能自找羞辱罢了。"子革就离开灵王回到了楚都。灵王沿着夏水前行,准备到鄢地去。芋尹无宇的儿子申亥讲:"我父亲曾两次触犯了王命,大王都没有杀掉他,还有比这更大的恩惠吗?对大王不能过于狠心,恩惠不能忘掉,我愿意跟着大王。"便去追寻灵王,在棘闱碰到他,把他领回家中。夏天五月二十五日,灵王在申亥氏家中自杀而死。申亥把两个女儿作为殉葬品,安葬了灵王。

观从对子干说:"要是不杀了弃疾,就算您能得到国家,也还会受到祸害的。"子干讲:"我不忍心杀他。"观从说:"他会忍心杀您的,我不忍心再等下去了。"于是离开了子干。国都的人每每在夜间互相惊扰说:"楚王回来了!"十七日,弃疾派人到各处散布:"大王回来了!"都城的人十分惊恐。弃疾派蔓成然跑去向子干、子讹诈称:"大王已经来了,国人把司马弃疾杀死,马上就要攻到这儿了。您要是早做安排,能够免受耻辱。众人的愤怒就像火水一样不可遏止,没有办法了。"又有人跑来说:"他们杀过来了!"于是子干、子讹都自杀了。十八日,弃疾就位,更名为熊居。把子干安葬到訾地,就是訾敖。平王又杀掉一个囚犯,给他穿上灵王的衣服,扔到汉水中,再打捞上来卖掉,以安定国人。而后任命子旗为令尹。

【原文】

楚师还自徐,吴人败诸豫章,获其五帅。

平王封陈、蔡,复迁邑,致群赂,施舍宽民,宥罪举职。召观从,王曰:“唯尔所欲。”对曰:“臣之先,佐开卜。”乃使为卜尹。

使枝如子躬聘于郑,且致犨、栎之田。事毕,弗致。郑人请曰:“闻诸道路,将命寡君以犨、栎,敢请命。”对曰:“臣未闻命。”既复,王问犨、栎。降服而对曰:“臣过失命,未之致也。”王执其手曰:“子毋勤[①]。姑归,不谷有事,其告子也。”

他年芋尹申亥以王柩告,乃改葬之。

初,灵王卜,曰:“余尚得天下。”不吉,投龟诟天而呼曰:“是区区者而不余畀,余必自取之。”民患王之无厌也,故从乱如归。

初,共王无冢兕,有宠子五人,无兕立焉。乃大有事于群望,而祈曰:“请神择于五人者,使主社稷。”乃徧以璧见于群望曰:“当璧而拜者,神所立也,谁敢违之?”既乃与巴姬密埋璧于大室之庭,使五人齐,而长入拜。康王跨之。灵王肘加焉。子干、子皙皆远之。平王弱,抱而入,再拜,皆厌纽。斗韦龟属成然焉,且曰:“弃礼违命,楚其危哉。”

子干归,韩宣子问于叔向曰:“子干其济乎?”对曰:“难。”宣子曰:“同恶相求,如市贾焉,何难?”对曰:“无与同好,谁与同恶?取国有五难:有宠而无人,一也;有人而无主,二也;有主而无谋,三也;有谋而无民,四也;有民而无德,五也。子干在晋十三年矣,晋、楚之从,不闻达者,可谓无人。族尽亲叛,可谓无主。无衅而动,可谓无谋。为羁终世,可谓无民。亡无爱征,可谓无德。王虐而不忌,楚君子干涉五难以弑旧君,谁能济之?有楚国者,其弃疾乎!君陈、蔡,城外属焉。苛慝不作,盗贼伏隐,私欲不违,民无怨心。先神命之,国民信之,芈姓有乱,必季实立,楚之常也。获神,一也。有民,二也。令德,三也。宠贵,四也。居常,五也。有五利以去五难,谁能害之?子干之官,则右尹也。数其贵宠,则庶子也。以神所命,则又远之。其贵亡矣,其宠弃矣,民无怀焉,国无与焉,将何以立?”宣子曰:“齐桓,晋文,不亦是乎?”对曰:“齐桓,卫姬之子也,有宠于僖。有鲍叔牙、宾须无、隰朋以为辅佐,有莒、卫以为外主,有国、高以为内主。从善如流,下善齐肃,不藏贿,不从欲,施舍不倦,求善不厌,是以有国,不亦宜乎?我先君文公,狐季姬之子也,有宠于献。好学而不贰,生十七年,有士五人。有先大夫子余、子犯以为腹心,有魏犨、贾佗以为股肱，有齐、宋、秦、楚以为外主，有栾、郤、狐、先以为内主。亡十九年，守志弥笃。惠、怀弃民，民从而与之[②]。献无异亲，民无异望，天方相晋，将何以代文？此二君者，异于子干。共有宠子，国有奥主。无施于民，无援于外，去晋而不送，归楚而不逆，何以冀国？”

【注释】

①勤：侮辱，玷污。

②与：赞同，亲附。

【译文】

楚国军队从徐国归来，吴军在豫章击败楚军，抓捕了他们的五个将领。

楚平王重新建立陈、蔡两国，恢复了他们迁移的都邑，把财物奖赏给有功之臣，大施恩惠对民宽大，免除罪人举拔被废掉的官员。召见观从，楚王讲：“你所要求的都能够照办。”观从说：“臣下的祖辈，是卜尹的助手。”于是楚王便让他做了卜尹。

楚王派枝如子躬到郑国聘问，而且把犨地、栎地的土地还给郑国。聘问完毕，没有交还。郑国人请求说：“听路上传闻，将把犨地、栎地赐给寡君，冒昧地向您请求。”枝如子躬讲：“臣下没有听说如此的命令。”回国复命之后，楚王问起归还犨地、栎地的事情。枝如子躬脱去上衣谢罪说：“臣下故意违反君王的命令，没有交还。”楚王握着他的手说：“您不要玷污自己。暂时回去，不谷以后有事，依然会告诉您的。”

过了几年芋尹申亥把灵王的棺材所在汇报给平王，于是便改葬了灵王。

先前，灵王占卜，说：“我希望获得天下。”占卜结果不吉祥，灵王丢掉龟甲责骂上天说：“这一点点好处都不给我，我必定要自己取得它。”百姓担忧灵王没有满足的时候，故而参加动乱如回家一般。

以前，楚共王没有嫡长子，有宠爱的儿子五个，不晓得立谁合适。于是便遍祭星辰山川的神灵，祈祷说：“请求神灵在五个人中选择，让他主持国家。”于是便把玉璧展示给星辰山川的神灵讲：“正对着玉璧下拜的，是神灵所立的人，谁敢违反？”祭奠完毕就跟巴姬把玉璧秘密地埋在祖庙的庭院里，让五个人斋戒，而后按着长幼次序进去下拜。康王两脚跨在玉璧上。灵王的胳膊肘放在玉璧上。子干、子皙都离玉璧很远。平王还小，被别人抱着进来，两次下拜，都压在璧纽上。斗韦龟把成然嘱托给平王，而且说：“丢弃礼义违反天命，楚国大概危险了。”

子干回国之后，韩宣子向叔向询问说："子干大概会成功吗？"叔向答复说："难。"韩宣子说："人们有一样的憎恶互相需求，如同做买卖的商人一样，有什么难的？"叔向答复说："没有人跟他有一样的爱好，谁跟他有一样的憎恶？获得国家政权有五种难处：获得宠爱而没有贤才，这是第一条；有了贤才而没有内应，这是第二条；有了内应而没有谋略，这是第三条；有了谋略而没有百姓，这是第四条；有了民众而没有德行，这是第五条。子干在晋国十三年了，晋国、楚国跟着他的人，没听说有贤达的人，能够说是没有贤人。族人被灭尽亲人背叛，能够说是没有内应。没有空隙而行动，能够说是没有谋略。一辈子作羁客，能够说是没有百姓。流亡在外没有怀念的象征，能够说是没有德行。楚王残暴而没有畏忌，楚国要是以子干为国君关系到这五条难处，而杀害原来的国君，谁能帮助他成功？拥有楚国的人，或许即是弃疾吧！统治陈国、蔡国，方城以外也归属于他。烦琐跟邪恶的事情没有发生，盗贼潜伏藏匿，即使是私欲不过不违背礼仪，百姓没有怨恨之心。先代所祭的群神任用他，国内的百姓信任他，姓发生动乱，一定是小儿子立为国君，这是楚国的常例。得到神灵的保佑，这是第一条。拥有百姓，这是第二条。具有美德，这是第三条。得宠而显贵，这是第四条。符合常例，这是第五条。有五条有利的条件除去五条难处，谁可以伤害他？子干的官职，则是个右尹。数他的尊贵得宠，不过是庶子。靠着神明所命令的，那又离玉璧太远了。他的尊贵失去了，他的宠信失去了，百姓没有怀念他的，国内没有帮助他的，将靠什么立为国君？"韩宣子说："齐桓公、晋文公不也是这样吗？"叔向答复说："齐桓公，是卫姬的儿子，很受僖公的宠爱。有鲍叔牙、宾须无、隰朋作为辅佐，有莒国、卫国作为外援，有国氏、高氏作为内应。从善如流，行动很快，不贪财货，不放纵私欲，施舍不停，求善不满足，故而享有国家，不也是应当的吗？我们的先君文公，是狐季姬的儿子，很受献公的宠爱。爱好学习而专心一志，十七岁的时候，就获得了五个人才。有先大夫子余、子犯作为心腹，有魏犨、贾佗作为臂膀，有齐国、宋国、秦国、楚国作为外援，有栾氏、郤氏、狐氏、先氏作为内应。逃亡在外十九年，坚守自己的志向愈加坚定。惠公、怀公丢弃民众，民众一批跟一批地亲附拥戴文公。献公没有别的亲人，民众没有别的希望，上天正在护佑晋国，将会用谁来代替晋文公？这两位国君，跟子干不同。共王还有受宠的儿子，国内还有高深莫测的君主。对百姓没有施舍，在外边没有援助，远离晋国没有人送行，回到楚国没有人迎接，靠什么希望享有楚国？"

【原文】

晋成虒祁，诸侯朝而归者皆有贰心。为取郠故，晋将以诸侯来讨。叔向曰："诸侯不可以不示威。"乃并徵会,告于吴。秋,晋侯会吴子于良,水道不可,吴子辞,乃还。

七月丙寅,治兵于邾南,甲车四千乘。羊舌鲋摄司马,遂合诸侯于平丘。子产、子太叔相郑伯以会,子产以幄、幕九张行,子太叔以四十,既而悔之,每舍,损焉。及会亦如之。

次于卫地,叔鲋求货于卫,淫刍荛者。卫人使屠伯馈叔向羹与一箧锦,曰:"诸侯事晋,未敢携贰;况卫在君之宇下,而敢有异志?刍荛者异于他日,敢请之。"叔向受羹反锦,曰:"晋有羊舌鲋者,渎货无厌,亦将及矣。为此役也,子若以君命赐之,其已。"客从之,未退而禁之。

晋人将寻盟,齐人不可。晋侯使叔向告刘献公曰:"抑齐人不盟,若之何?"对曰:"盟以厎信,君苟有信,诸侯不贰,何患焉?告之以文辞,董之以武师,虽齐不许,君庸多矣。天子之老,请帅王赋,'元戎十乘,以先启行。'迟速唯君。"叔向告于齐,曰:"诸侯求盟,已在此矣。今君弗利,寡君以为请。"对曰:"诸侯讨贰,则有寻盟。若皆用命,何盟之寻?"叔向曰:"国家之败,有事而无业[①],事则不经;有业而无礼。经则不序;有礼而无威,序则不共;有威而不昭,共则不明。不明弃共,百事不终,所由倾覆也。是故明王之制,使诸侯岁聘以志业,间朝以讲礼,再朝而会以示威,再会而盟以显昭明。志业于好,讲礼于等,示威于众,昭明于神。自古以来,未之或失也。存亡之道,恒由是兴。晋礼主盟,惧有不治;奉承齐牺,而布诸君,求终事也。君曰:'余必废之,何齐之有?'唯君图之。寡君闻命矣。'齐人惧,对曰:"小国言之,大国制之,敢不听从?既闻命矣,敬共以往,迟速唯君。"叔向曰:"诸侯有间矣,不可以不示众。"八月辛未,治兵,建而不旆。壬申,复旆之。诸侯畏之。

邾人、莒人诉于晋曰:"鲁朝夕伐我,几亡矣。我之不共,鲁共之以。"晋侯不见公。使叔向来辞曰:"诸侯将以甲戌盟,寡君知不得事君矣,请君无勤。"子服惠伯对曰:"君信蛮夷之诉,以绝兄弟之国,弃周公之后,亦唯君。寡君闻命矣。"叔向曰:"寡君有甲车四千乘车,虽以无道行之,必可畏也。况其率道,其何敌之有?牛虽瘠,偾于豚上,其畏不死?南蒯、子仲之忧,其庸可弃乎?若奉晋之众,用诸侯之师,因邾、莒、杞、鄫之怒,以讨鲁罪,间其二忧,何求而弗克。"鲁人惧,听命。

甲戌,由盟于平丘,齐服也。令诸侯日中造于除。癸酉,退朝。子产命外仆速张于除,子太叔止之,使等明日。及夕,子产闻其未张也,使速往,乃无所张矣。

及盟,子前产承,曰:"昔天子班贡,轻重以列。列尊贡重,周之制也,卑而贡重者,甸服也,郑伯,男也,而使从公,侯之贡,惧弗给也,敢以为请。诸侯靖兵[②],好以为事。行理之命,无月不至,贡之无艺,小国有阙,所以得罪也。诸侯修盟,存小国也。贡献无极,亡可待也。存亡之制,将在今矣。”自日中以争,至于昏,晋人许之。既盟,子太叔咎之曰:“诸侯若讨,其可渎乎?”子产曰:“晋政多门,贰偷之不暇,何暇讨?国不竞亦陵,何国之为?”公不与盟。晋人执季孙意如,以幕蒙之,使狄人守之。司铎射怀锦,奉壶饮冰,以蒲伏焉。守者御之,乃与之锦而入。晋人以平子归,子服湫从。

子产归,未至,闻子皮卒,哭,且曰:“吾已!无为为善矣!唯夫子知我。”仲尼谓子产:“于是行也,足以为国基矣。《诗》曰:‘乐只君子,邦家之基,’子产,君子之求乐者也。”且曰:“合诸侯,艺贡事,礼也。”

鲜虞人闻晋师之悉起也,而不警边,且不修备。晋荀吴自著雍以上军侵鲜虞,及中人,驱冲竞,大获而归。

楚之灭蔡也,灵王迁许、胡、沈、道、房、申于荆焉。平王即位,既封陈、蔡,而皆复之,礼也。隐太子之子庐归于蔡,礼也。悼太子之子吴归于陈,礼也。

冬十月,葬蔡灵公,礼也。

公如晋,荀吴谓韩宣子曰:“诸侯相朝,讲旧好也。执其卿而朝其君,有不好焉,不如辞之。”乃使士景伯公于河。

吴灭州来,令尹子旗请伐吴。王弗许,曰:“吾未抚民人,未事鬼神,未修守备,未定国家,而用民力,败不可悔,州来在吴,犹在楚也。子姑待之。”

【注释】

①业:指贡赋的职责。

②靖兵:息兵罢战。

【译文】

晋国落成了虒祁宫,诸侯前去朝觐而回去的都对晋国有了二心。为了抢夺郪地的原因,晋国想要带领诸侯前来征讨。叔向说:“不能不向诸侯显示一下威力。”于是便召集全体诸侯会面,并且告诉吴国。秋季,晋昭公到良地想要会见吴王,水路不通,吴王拒绝不来,晋昭公就回去了。

七月二十九日,在邾国南部检阅军队。装载有甲士的战车四千辆。羊舌鲋代理司马,便在平丘会合诸侯。子产、子太叔辅佐郑定公参加会见,子产带了帷布、幕布各九张出发,子太叔带了各四十张,不久又后悔,每住宿一次,便减少一些帷幕。等抵达会面的地方,也跟子产一样剩下各九张。

屯驻在卫国境内,羊舌鲋向卫国索要财货,放纵手下砍柴草的人胡作非为。卫国人派屠伯送给叔向羹汤与一箧锦缎,讲:“诸侯服侍晋国,不敢怀有二心,况且在君王的房檐下,哪儿敢有别的念头?砍柴的人跟过去不大一样,谨敢请您劝止他们。”叔向接受了羹汤退回了锦缎,说:“晋国有一个羊舌鲋,贪婪财货没有满足,也将要及于灾难了。为了这次的事情,您要是以君王的命令赐给他锦缎,事情便了结了。”客人照办,还没有退出去,羊舌鲋便下令禁止砍柴草人的非法做法。

晋国人要重温过去的盟约,齐国人不答应。晋昭公派叔向告诉刘献公讲:“齐国人不肯结盟,怎么办?”刘献公答复说:“结盟是用来表达信用的,君王要是有信用,诸侯又没有二心,担什么心?用文辞向它报告,用武力对他监督,要是齐国不答应,君王的利益便很多了。天子的卿士请求领着天子的军队,‘大车十辆,在前面开路’,早晚只听凭君王决定。”叔向告诉齐国,说:“诸侯请求结盟,已经在这儿了。如今君王以不结盟为有利,寡君以此作为请求。”齐国人答复说:“诸侯征讨三心二意的国家这才需要重温过去的盟约。要是都能出力效劳,哪儿需要重温旧盟?”叔向说:“国家的衰败,有了事情而没有贡赋,事情便不能正常。有了贡赋而没有礼节,正常了也会丧失上下的次序。有了礼仪而没有威严,即使有次序也不能恭敬。有了威严而不能发扬,即使有恭敬也不能昭告神明。不能昭告神明而丧失了恭敬,百事没有结果,这便是国家败亡的缘由。故而明王的制度,让诸侯每年聘问以牢记自己的职责。每隔三年朝觐一次以演习礼仪,再次朝觐而诸侯会面以表现威严,再次会见而结盟以显达信义。在友好中牢记自己的职责,用等级次序来演习礼仪,向民众表现威严,向神明显示信义。从古以来,也许并没有缺失。存亡之道,通常由这儿发生。晋国依照礼仪而主持结盟,担心不能办好,谨奉结盟的牺牲而展布于君王之前,以求得事情的圆满结束。君王说‘我必定要废除它’,何必结盟呢?请君王思考一下,寡君听见命令了。”齐国人恐惧,答复说:“小国说了话,大国进行裁夺,岂敢不听从?已经听到了命令,我们会恭恭敬敬地前去,时间迟早听任君王的决定。”叔向讲:“诸侯对晋国有嫌隙了,不能不向他们展示一下威力。”八月初四日,检阅军队,建立旌旗而不加飘带。初五日。又加上飘带。诸侯都感觉畏惧。

邾人、莒人向晋国起诉说:“鲁国常常攻击我国,我国即将灭亡了。我国不能进贡财礼,是因为鲁国的原因。”晋昭公不接见鲁昭公,派叔向前来辞谢说:“诸侯即将在初七日结盟,寡君晓得不能侍奉君王了,请君王不必劳驾。”子服惠伯答复说:“君王听信蛮夷的控诉，断绝兄弟国家的关系，抛弃周公的后代，也只能由得君王。你们的意见，我们已经晓得了。"叔向说："寡君有装载甲士的战车四千辆在那儿，就算不按常道办事，也一定是可怕的。何况依照常道，还能谁能抵挡？牛即使瘦，压在小猪身上，难道怕小猪不死？对南蒯、子仲的担忧，难道能够忘记吗？要是凭着晋国的大众，使用诸侯的军队，依赖邾国、莒国、杞国的愤怒，来征讨鲁国的罪过，利用你们对两个人的担忧，要什么得不到？"鲁国人恐惧了，便听从了命令。

初七日，诸侯在平丘一块会盟，这是因为齐国顺服了。命令诸侯在中午到达会盟地点。初六日，朝见晋国结束。子产命令外仆赶快在盟会的地方搭起帐篷，子太叔阻止仆人，让他们等第二天再搭。到晚上，子产听说他们还没有搭起帐篷，便派他们赶快去，到那儿已经没有地方能够搭帐篷了。

等到会盟的时候，子产争论进贡物品的轻重次序，说："先前天子确定进贡物品的次序，轻重是依据地位决定的。地位尊贵，贡赋便重，这是周朝的制度，地位低下而贡赋重的，这是距天子附近的小国称甸服。郑伯，是男服。让我们依照公侯的贡赋标准，或许不能如数供给的，谨敢以此作为请求。诸侯之间应该休息甲兵，从事于友好。使者催问贡税的命令，没有一个月不来到。贡赋没有个限度，小国不能满足要求而有所缺少，这便是得罪的缘由。诸侯重温旧盟，这是为了让小国能够生存。贡献没有个限制，消亡的日子将会马上到来。决定存亡的规定，便在今日了。"从中午开始争论，直到晚上，晋国人答应了。结盟之后，子太叔责备子产说："诸侯要是来讨伐，难道能够轻易地对待吗？"子产说："晋国的政事出于好多家族，他们不能一心一意，苟且偷安还来不及，哪儿来得及征讨别人？国家不跟别国力争，也就会遭到欺负，还成个什么国？"鲁昭公不参加结盟。晋国人抓捕了季孙意如，用幕布遮住他，让狄人看管。司铎射怀里藏了锦，捧着用壶盛着的冰水，偷偷爬过去。看守人阻止他，就把锦送给看守人，而后进去。晋国人带了季孙回到晋国，子服湫跟着前去。

子产回国，没有抵达，听说子皮死了，哭着讲："我完了！没有人帮我做好事了。只有他老人家知道了。"孔子认为："子产在这次盟会中，能够成为国家的柱石了。《诗》讲：'君子欢乐，他是国家跟家族的柱石。'子产是君子中追求欢乐的人。"又讲："会合诸侯，制定贡赋的限度，这便是礼。"

鲜虞人知道晋国军队全部出动，便不警戒边境，并且不修治武备。晋国的荀吴从著雍领着上军侵袭鲜虞，抵达中人，驱使冲车跟鲜虞人争逐，大大地抓捕了一批人和财物然后回国。

楚国灭掉蔡国的时候，楚灵王把许国、胡国、沈国、道地、房地、申地的人迁往楚国国内。楚平王就位，在封了陈国、蔡国之后，便都让他们都回去，这是合乎礼的。使隐太子的儿子庐回到蔡国，这是合乎礼的。让悼太子的儿子吴回到陈国，这是合乎礼的。

冬十月，安葬蔡灵公，这是合乎礼的。

鲁昭公到晋国去。荀吴对韩宣子说："诸侯相互朝觐，这是因为重温过去的友好。抓了他们的大夫而朝觐他们的国君，这是不友好的，不如拒绝他。"于是便派士景伯在黄河边上拒绝昭公。

吴国灭亡州来，令尹子期请求攻击吴国。楚王不同意，说："我没有安抚民众，没有服侍鬼神，没有修缮防御设备，没有安定国家跟家族，在这种情形下使用民众的力量，失败了来不及后悔。州来在吴国，如同在楚国一样。您暂且等着吧。"

【原文】

季孙犹在晋，子服惠伯私于中行穆子曰："鲁事晋何以不如夷之小国？鲁，兄弟也，土地犹大，所命能具。若为夷弃之，使事齐、楚，其何瘳[1]于晋？亲亲，与大，赏共，罚否，所以为盟主也。子其图之！谚曰：'臣一主二。'吾岂无大国？"穆子告韩宣子，且曰："楚灭陈、蔡，不能救，而为夷执亲，将焉用之？"乃归季孙。惠伯曰："寡君未知其罪，合诸侯而执其老。若犹有罪，死命可也。若曰无罪而惠免之，诸侯不闻，是逃命也，何免之为？请从君惠于会。"宣子患之，谓叔向曰："子能归季孙乎？"对曰："不能。鲋也能。"乃使叔鱼。叔鱼见季孙曰："昔鲋也得罪于晋君，自归于鲁君。微武子之赐，不至于今。虽获归骨于晋，犹子则肉[2]之，敢不尽情？归子而不归，鲋也闻诸吏，将为子除馆于西河，其若之何？"且泣。平子惧，先归。惠伯待礼。

【注释】

①瘳：益处，好处。

②肉：使生存之义。

【译文】

季孙还在晋国，子服惠伯私下对荀吴讲："鲁国事奉晋国靠什么说不如夷人的小国？

鲁国,是兄弟国家,土地面积很大,你们所规定的进贡物品都能具备。要是为了夷人而抛弃它,让他服侍齐国、楚国,对晋国又有什么好处?亲近应该亲近的兄弟国家,赞助土地面积大的国家,奖励能供给的国家,惩处不能供给的国家,这才是作为盟主的态度。您还是考虑一下!谚语说:'一个臣子要有两个主人。'我们难道没有大国可以去服侍了?"荀吴告诉了韩宣子,而且说:"楚国灭掉陈国、蔡国,我们不能援助,反倒为了夷人扣押亲人,哪儿用得着这样?"于是便把季孙放回去。子服惠伯说:"寡君不晓得自己的罪过,会合诸侯而扣押了他的大夫。要是有罪,奉命而死可以。要是说没有罪过而加恩赦免他,诸侯没有听见,这是逃避命令,这算什么赦免?请求跟着您在盟会上赐予恩惠。"韩宣子担忧这件事,对叔向说:"您能让季孙回去吗?"答复说:"不能,羊舌鲋能。"于是便让羊舌鲋去。羊舌鲋进见季孙说:"先前我得罪了晋国国君,自己归向鲁国国君。要是没有武子的恩赐,不能到今天。就算老骨头已经回到晋国,等于您再次给了我生命,怎么敢不为您尽情?让您回去而您不回去,我从官吏那儿听说,将给您在西河造房子,那怎么办?"说着掉下泪来。季孙恐惧,便先回去了。子服惠伯不走等晋国人以礼相送。

【讲评】

乾谿之难结束了楚灵王这位颇具争议的君主的一生。《左传》对于人物的退场,尤其是作者所刻画的反面人物的末路往往具有匠心。灵王临终的悔悟,是州来狩猎后的反思的延续,他在生死之际,知道了自己汰侈无礼的严重后果,决然自杀,也算是敢作敢当。灵王的暴虐为平王收买人心提供了很好的基础。

昭公十四年

【原文】

[经]十有四年春,意如至自晋。

[传]十四年春,意如至自晋,尊晋罪己也[①]。尊晋罪己,礼也。

[经]三月,曹伯滕卒[②]。

[经]夏四月[③]。

[经]葬曹武公[④]。

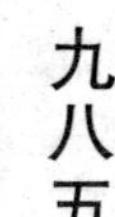

[传]南蒯之将叛也,盟费人。司徒老祁、虑癸[5]伪废疾,使请于南蒯曰:"臣愿受盟而疾兴,若以君灵不死,请待间而盟。"许之。二子因民之欲叛也,请朝众而盟,遂劫南蒯曰:"群臣不忘其君[6],畏子以及今,三年听命矣。子若弗图,费人不忍其君,将不能畏子矣。子何所不逞欲,请送子[7]。"请期五日[8],遂奔齐。侍饮酒于景公,公曰:"叛夫!"对曰:"臣欲张公室也。"子韩晳[9]曰:"家臣而欲张公室,罪莫大焉。"司徒老祁,虑癸来归费[10],齐侯使鲍文子致之。

[传]夏,楚子使然丹简上国[11]之兵于宗丘[12],且抚其民,分贫振穷,长孤幼,养老疾,收介特[13],救灾患,宥孤寡,赦罪戾,诘奸慝,举淹滞[14],礼新叙旧,禄勋合亲,任良物官。使屈罢简东国之兵于召陵,亦如之。好于边疆,息民五年,而后用师,礼也。

【注释】

①尊晋罪己也:尊敬晋国而自己以为有罪。

②有经无传。

③此经无传。

④此经无传。

⑤司徒老祁、虑癸:《正义》引《世族谱》说:"司徒老祁为一人,虑癸为一人。"

⑥其君:其君指季氏。

⑦请送子:请子出奔。

⑧请期五日:南蒯请五天以后再出奔。

⑨子韩晳:齐大夫。

⑩归费:将费归还给鲁国。

⑪上国:指在楚国都的西方。

⑫宗丘:楚地,《汇纂》说"在今湖北省秭归县境"。

⑬收介特:介特是单身的人,使他们聚到一起。

⑭举淹滞:把有才德而未叙的叙官。

【译文】

十四年春,季孙意如从晋国回来,《春秋》所以这样写,这是尊敬晋国而表示自己有过。这是很合于礼的。

三月，曹伯滕死了。

夏天四月。

给曹武公下葬。

南蒯将反叛的时候，要同费人盟誓。司徒老祁和虑癸假装有病说："我很愿意受盟，不过有病了，若以君的神灵，我得到不至于死，请等到稍微好一点再盟会。"南蒯就答应他。他们两人因为人民想对季氏反叛，请朝见众人再盟誓，就劫持南蒯说："群臣不能忘了季孙，对你害怕一直到现在，三年工夫听从你的命令。你若不管，费人也不忍害他的君，也就不怕你了。你什么地方不能达到欲望，就请送你出奔。"南蒯请等五天，就逃到齐国去。同景公喝酒时，景公骂他说："你这个叛夫。"他就说："我是想着扩张公室。"齐大夫子韩皙说："家臣而想着扩张公室，没有再比这罪大的。"司徒老祁虑癸将费城归还鲁国，齐侯派鲍文子来护送。

夏，楚子使然丹训练楚国西边的军队在宗丘这地方，并且安抚他的人民，分给穷苦的人财货，使孤幼的人成长，老病的人全得养，把单身的也收容去，救有灾患的人，对于孤寡也宽免他的赋税，赦掉有罪的人，严惩奸邪坏人，把有才德而没做官的使他做官，对新人礼遇，把旧有的人加铨叙，有功劳的记在册上，把九族结合相亲，任用好的人。使屈罢训练楚国都城东边的兵在召陵这地方，也同然丹一样。使他们全都对四邻很要好，使人民安息五年，然后用兵，这是很合于礼的。

【原文】

［经］八月，莒子去疾卒。

［传］秋八月，莒著丘公卒，郊公[1]不戚，国人弗顺，欲立著丘公之弟庚与[2]。蒲馀侯[3]恶公子意恢而善于庚与，郊公恶公子铎而善于意恢。公子铎因蒲馀侯而与之谋曰："尔杀意恢，我出君而纳庚与。"许之。

［传］楚令尹子旗有德于王，不知度，与养氏比而求无厌，王患之。九月甲午，楚子杀斗成然，而灭养氏之族，使斗辛[4]居郧，以无忘旧勋。

【注释】

①郊公：著丘公的儿子。

②庚与：就是莒共公。

③蒲馀侯：莒大夫。

④斗辛：子旗的儿子郧公辛。

【译文】

秋天八月，莒国的著丘公死了，他的儿子郊公不难过，贵族们全不顺从他，想立著丘公的弟弟庚与。莒大夫蒲馀侯不喜欢公子意恢，而对于庚与很要好，郊公不喜欢公子铎而对于意恢很要好。公子铎利用蒲馀侯而跟他计谋说："你把意恢杀掉，我把莒君郊公驱逐出去而叫庚与回来。"答应他了。

楚国令尹子旗对楚平王很有帮助，但是不知道法度，跟养由基的后人联络而要求无限，楚平王很忧患。九月甲午，楚平王杀了斗成然，而灭掉养氏的族人，叫斗辛住在郧的地方，以免忘了旧的勋劳。

【原文】

［经］冬，莒杀其公子意恢。

［传］冬十二月，蒲馀侯兹夫杀莒公子意恢，郊公奔齐。公子铎逆庚与于齐，齐隰党公子鉏送之，有赂田[①]。

［传］晋邢侯[②]与雍子[③]争鄐田[④]，久而无成。士景伯如楚，叔鱼摄理[⑤]，韩宣子命断旧狱，罪在雍子。雍子纳其女于叔鱼，叔鱼蔽罪邢侯[⑥]。邢侯怒，杀叔鱼雍子于朝。宣子问其罪于叔向。叔向曰："三人同罪，施生戮死可也。雍子自知其罪，而赂以买直，鲋也鬻狱，邢侯专杀，其罪一也。己恶而掠美为昏[⑦]，贪以败官为墨[⑧]，杀人不忌为贼[⑨]，夏书曰：'昏墨贼杀'[⑩]，皋陶之刑也，请从之。"乃施邢侯而尸雍子与叔鱼于市。仲尼曰："叔向古之遗直也。治国制刑，不隐于亲，三数叔鱼之恶，不为末减，由义也夫[⑪]，可谓直矣。平丘之会，数其贿也，以宽卫国，晋不为暴，归鲁季孙，称其诈也，以宽鲁国，晋不为虐；邢侯之狱，言其贪也，以正刑书，晋不为颇。三言而除三恶，加三利，杀亲益荣，犹义也夫。"

【注释】

①有赂田：莒国对齐国以田地为贿赂。

②邢侯：是楚申公巫臣的儿子。

③雍子：楚国人。

④鄐田：在今河南省修武县。

⑤叔鱼摄理：叔鱼代理士景伯的理官。

⑥蔽罪邢侯：他断邢侯有罪。

⑦己恶而掠美为昏：自身有罪恶，还掠取他人之美，就是昏乱。

⑧贪以败官为墨：贪心败坏官常叫作墨。

⑨杀人不忌为贼：杀人毫无忌惮叫作贼。

⑩昏墨贼杀：这是一句逸书，意思是说昏墨贼三者皆应当处死刑。

⑪由义也夫：王引之说："曰义也夫当作由义也夫，与下之犹义也夫相呼应。"今照改。

【译文】

冬十二月，蒲馀侯兹夫杀了公子意恢，郊公就逃到齐国去。公子铎从齐国迎接庚与回来，齐国隰党公子鉏来送他，莒国就以田地贿赂齐国。

晋国邢侯跟雍子争鄐这地方的田地，久而没有成功。士景伯到楚国去，叔鱼代理他职务，韩起叫他把旧的案子全弄清楚，这罪状全在雍子身上。雍子把他女儿嫁给叔鱼，叔鱼就断罪给邢侯，邢侯发怒，就把叔鱼同雍子在朝上杀掉。韩起就问叔向如何定罪，叔向说："三人的罪相同，杀活的定死的罪就可以了。雍子自己知道他的罪状，用贿赂以买到胜诉，叔鱼卖掉法律，邢侯专门杀人，这罪状相等。自己有罪恶，还掠取他人之美，就是昏乱，贪污败坏官常这把叫作墨，杀人不怕叫着贼，《夏书》上说：'昏、墨、贼，都该杀。'这是皋陶的刑法，请遵从他。"就杀掉邢侯，而把雍子同叔鱼的尸首陈列到市场上。仲尼说："叔向有古人遗直的风气，治理国家制有刑法，对于他弟弟不隐藏，三次数说叔鱼的坏处没有把他减少，这是由于义气的关系，可以说是正直的。平丘会盟时，数说叔鱼得到的贿赂，使卫国得以宽展，晋国对此不为暴虐；叫鲁国季孙回去，用他的诈术使鲁国宽展，晋国也对此不为虐。邢侯这件刑狱，说叔鱼的贪心，以正刑法，晋国不为邪。三句话而除了三个坏事加了三个利，杀了他的亲信，增加他

叔向

的荣誉，这全是由于义气的关系。"

【讲评】

叔向是春秋时期晋国的著名的贤臣，出自势力一度兴盛的公族羊舌氏，为人崇尚并遵守"礼"，善于辞辩，尊重人才，富有政治和外交才能。他性格中最鲜明的一个特点就是刚强正直。同时代的贤人如季札、孔子等多次称誉他"古之遗直""可谓直矣""吾子好直"。《左传》中用多个细节展现出叔向的正直。如其弟叔鱼接受诉讼一方雍子的贿赂而胡乱判案，结果和雍子一起被诉讼另一方刑侯杀死，叔向在评论和处理此事时不徇私情，"三数叔鱼之恶"，得到国人的信任，其正直的特点也得以充分展现。

昭公十五年

【原文】

[经]十有五年春，王正月，吴子夷末卒。二月癸酒，有事于武宫。籥入，叔弓卒。去乐，卒事。夏，蔡朝吴出奔郑。六月丁巳朔，日有食之。秋，晋荀吴帅师伐鲜虞。冬，公如晋。

【原文】

[传]十五年春，将禘于武公，戒百官。梓慎曰："禘之日其有咎乎！吾见赤黑之祲，非祭祥也，丧氛也。其在莅事乎？"二月癸酉，禘，叔弓莅事，籥入而卒。去乐，卒事，礼也。楚费无极害朝吴之在蔡也，欲去之，乃谓之曰："王唯信子，故处子于蔡。子亦长矣，而在下位，辱，必求之，吾助子请。"又谓其上之人曰："王唯信吴，故处诸蔡，二三子莫之如也，而在其上，不亦难乎？弗图，必及于难。"夏，蔡人逐朝吴，朝吴出奔郑。王怒，曰："余唯信吴，故置诸蔡。且微吴，吾不及此。女何故去之？"无极对曰："臣岂不欲吴？然而前知其为人之异也。吴在蔡，蔡必速飞，去吴，所以翦其翼也。"

六月乙丑，王太子寿卒。

秋八月戊寅，王穆后崩。

晋荀吴帅师伐鲜虞，围鼓。鼓人或请以城叛，穆子弗许。左右曰："师徒不勤，而可以获城，何故不为？”穆子曰：“吾闻诸叔向曰：‘好恶不愆，民知所适，事无不济，或以吾城叛，吾所甚恶也；人以城来，吾独何好焉？赏所甚恶，若所好何？若其弗赏，是失信也，何以庇民？力能则进，否则退，量力而行。吾不可以欲城而迩奸，所丧滋多。”使鼓人杀叛人而缮守备。围鼓三月，鼓人或请降。使其民见，曰：“犹有食色，姑修而城。”军吏曰：“获城而弗取，勤民而顿兵，何以事君？”穆子曰：“吾以事君也。获一邑而教民怠，将焉用邑？邑以贾怠，不如完旧。贾怠无卒，弃旧不详。鼓人能事其君，我亦能事吾君。率义不爽，好恶不愆①，城可获而民知义所，有死命而无二心，不亦可乎？”鼓人告食竭力尽，而后取之，克鼓而反，不戮一人，以鼓子鸢鞮归。

冬，公如晋，平丘之会故也。

十二月，晋荀跞如周，葬穆后，籍谈为介。既葬，除丧，以文伯宴，樽以鲁壶。王曰：“伯氏，诸侯皆有以镇抚王室，晋独无有，何也？”文伯揖籍谈，对曰：“诸侯之封也，皆受明器于王室，以镇抚其社稷，故能荐彝器于王。晋居深山，戎狄之与邻，而远于王室，王灵不及，拜戎不暇，其何以献器？”王曰：“叔氏，而忘诸乎？叔父唐叔，成王之母弟也，其反无分乎？密须之鼓与其大路，文所以大蒐也。阙巩之甲，武所以克商也。唐叔受之，以处参虚，匡有戎狄。其后襄之二路，鏚钺，秬鬯，彤弓、虎贲，文公受之，以有南阳之田，抚征东夏，非分而何？夫有勋而不废，有绩而载，奉之以土田，抚之以彝器，旌之以车服，明之以文章，子孙不忘，所谓福也。福祚之不登，叔父焉在？且昔而高祖孙伯黡，司晋之典籍，以为大政，故曰籍氏。及辛有之二子董之晋，于是乎有董史。女，司典之后也，何故忘之？”籍谈不能对。宾出，王曰：“籍父其无后乎？数典而忘春祖？”

籍谈归，以告叔向。叔向曰：“王其不终乎！吾闻之，所乐必卒焉。今王乐忧，若卒以忧，不可谓终。王一岁而有三年之丧二焉。于是乎以丧宾宴，又求彝器，乐忧甚矣，且非礼也。彝器之来，嘉功之由，非由丧也。三年之丧，虽贵遂服，礼也。王虽弗遂，宴乐以早，亦非礼也。礼，王之大经也。一动而失二礼，无大经矣。言以考典，典以志经，忘经而多言，举典，将焉用之？”

【注释】

①不愆：不过分。

【译文】

十五年春天，将要对武公举行大的祭奠，告诫百官斋戒，梓慎说：“大祭奠那一天恐怕会有灾难吧！我看到了红黑色的妖气，这不是祭奠的祥瑞，是丧事的迷雯。或许应验在主持祭奠者的身上吧！”二月十五日，举行大的祭奠。叔弓主持祭奠，在秦的人进入时，忽然去世。撤去音乐，把祭礼进行结束，这是合乎礼的。楚国的费无极嫉妒朝吴在蔡国，于是，想要除掉他，便对朝吴说：“君王唯独相信您，故而把您安置在蔡国。您的年纪也不小了，还处在下位，这是耻辱。必须要求得上位，我帮助您请求。”又对位在朝吴之上的人说：“君王只相信朝吴，故而把他安置在蔡国，您几位比不上他，而在他上面，不也很难吗？不加考虑，一定遭到灾难。”夏天，蔡国人赶走了朝吴，朝吴逃跑到郑国。楚平王生气，说：“我唯独相信朝吴，故而把他安置在蔡国。而且要是没有朝吴，我到不了今天的地步，你为何去掉他？”费无极答复道：“下臣难道不想要朝吴？不过早知道他人别的念头，朝吴在蔡国，蔡国依然很快飞走。去掉朝吴，这便是剪除它的翅膀。”

六月十九日，王太子寿死了。秋八月二十二日，王穆后逝世。

晋国荀吴派兵攻击鲜虞，包围鼓国。鼓国有人请求带着城邑里面的人叛变，荀吴不同意。左右的随从说：“军人不辛劳而能够获得城邑为什么不干？”荀吴讲：“我听到叔向说过：‘喜好、厌恶都不过分，民众晓得行动的方向，事情便没有不成功的。’有人带着我们的城邑叛变，这是我们所极其讨厌的。别人带着城邑前来，我们为何独独喜欢这样呢？奖励我们极其最厌恶的，对所喜欢的又怎么办？要是不加奖励，这就是失信，又用什么保护民众：力量达到就进攻，否则就撤退，量力而行。我们不能够想要获得城邑而接近奸邪，这样所丧失的会更多。”于是让鼓国人杀死叛徒而修缮防御设备，包围鼓国三个月，鼓国人有人请求投降。穆子让鼓国人进见，说：“看人们的脸色还能吃上饭菜，暂且去修整你们的城墙。”军吏说：“得到城邑而不占领，辛劳民众而损毁武器，用什么事奉国君？”穆子说：“我用这样的做法来事奉国君。得到一个城邑而教民众懈怠，又哪儿用得着这个城邑？获得城邑而买来懈怠，不如保持一贯的勤快。买来懈怠，没有好结果。丢弃一贯的勤快，不吉祥。鼓国人可以侍奉他们的国君，我也可以事奉我们的国君。喜好、厌恶都不过分，城邑能够获得而民众懂得道义之所在，肯拼命而没有二心，不也是能行的吗？鼓国人报告粮食吃完、力量用尽，而后占取了它。穆子攻下鼓国回国，不杀一个人，将鼓子鸢带回国。”

冬天，鲁昭公到晋国去，这是因为平丘那次盟会的原因。

十二月，晋国的荀跞到成周去。安葬穆后，籍谈作为副使。安葬结束，去除丧服。周天子跟荀跞饮宴，把鲁国进贡的壶作为酒杯。周天子说：“伯父，诸侯都有礼器进贡王室，只有晋国没有，为何？”荀跞向籍谈作揖让他答复。籍谈答复说：“诸侯受封的时候，都从王室接受了明德之器，来镇抚国家，故而能把彝器进献给天子。晋国处在深山，戎狄跟我们相邻，而远离王室，天子的威福不能抵达，顺服戎人还来不及，如何能进献彝器？”周天子讲：“叔父，你忘了吧！叔父唐叔，是成王的同胞兄弟，难道反倒没有分得奖赏吗？密须的名鼓跟它的大辂车，是文王所用来检阅军队的。阙巩的铠甲，是武王用来攻克商朝的。唐叔接受了，用来居住在晋国的地域上，境内有着戎人跟狄人。这之后襄王所赐的大辂、戎辂之车，斧钺、黑黍酿造的香酒，红色的弓、勇士，文公接受了，保有南阳的土田，安抚并征讨东边各国，这不是分得的奖赏还是什么？有了功勋而不废弃，有了功劳而记录在策书上，用土田来奉养他，用彝器来安抚他用车服来表彰他，用旌旗来显耀他，子子孙孙不要忘掉，这便是所谓福。这种福佑不记住，叔父的心哪儿去了呢？而用先前你的高祖孙伯黡掌管晋国典籍，以主持国家大事，故而称为籍氏。等到辛有的第二个儿子董到达晋国，在这时就有了董氏的史官，你是司典的后氏，为何忘了呢？”籍谈答复不出。客人退出去以后，周天子说：“籍谈的后代或许不能享有禄位了吧！列举了典故却忘掉了祖宗。”

籍谈回国后，把这些情形告诉叔向。叔向说：“天子或许不得善终吧！我听说：‘喜欢什么，一定死在这上面。’如今天子把忧虑当成欢乐，要是由于忧虑致死，便不能说是善终。天子一年中有两次三年之丧，在这个时候跟吊丧的宾客饮宴，又要求彝器，把忧愁当成欢乐也太过分了，并且不合乎礼。彝器的到来，由于嘉奖功勋，不是因为丧事。三年的丧礼，即使贵为天子，服丧仍得满期，这是礼。如今天子就算不能服丧满期，饮宴奏乐也太早了，也是不合乎礼的。礼，是天子奉行的重要规范。一次举动而丧失了两种礼，这便没有重要规范了。言语用来考核典籍，典籍用来记录规范。忘掉了规范而言语很多。列举了典故，又有什么用？”

【讲评】

楚平王从跋扈的灵王死后的内乱中取得了王位，即位之初国内外评价都很好，本人也与民休息，按理可以有一番作为，但他在位期间的重大失误却使得身后楚国险遭覆灭，这失误的中心就是宠信奸佞费无极。费无极心险而巧，利用人性的弱点，屡进谗言，先后迫害朝吴、太子建、伍奢父子。平王在即位初年短暂的清醒后就陷入昏聩，不仅不思进取，而且听信谗言，好色荒淫，残害忠良，对属国的处置也屡屡失当。此时北有强晋平丘盟会的示威，楚国不敢动，东有势力日强的吴国虎视眈眈，逐步蚕食楚国周边地域，而被楚国迫害的伍子胥等人又投奔吴国，立志灭楚。可以说，吴楚之战中楚国的惨败与平王有脱不了的干系。

籍谈“数典忘祖”不仅留下了这个成语，也暴露出周天子与诸侯关系的尴尬。天子只是名义上的共主，不仅辖区狭小，钱财匮乏，而且威势不再。晋国不献礼器，本来就是无礼，使者籍谈却桀骜不驯，对天子的指责草草敷衍。天子除了引经据典加以驳斥，对他竟无办法，只好骂一句了事。以守礼著称的晋臣叔向还从天子本身未遵守礼的角度出发为籍谈辩解，针锋相对。可见此时的周天子势力衰微。

昭公十六年（前526年）

【原文】

［传］春王正月，公在晋，晋人止公，不书讳之也。

［经］齐侯伐徐。

［经］楚子诱戎蛮子杀之。

［传］齐侯伐徐，楚子闻蛮氏之乱也，与蛮子之无质也，使然丹诱戎蛮子嘉[①]杀之，遂取蛮氏，既而复立其子焉，礼也。二月丙申，齐师至于蒲隧[②]，徐人行成，徐子及郯人，莒人会齐侯盟于蒲隧，赂以甲父之鼎。叔孙昭子曰：“诸侯之无伯害哉！齐君之无道也，兴师而伐远方，会之有成而还，莫之亢也，无伯也夫！诗曰：‘宗周既灭，靡所止戾，正大夫离居，莫知我肄？’其是之谓乎？”

【注释】

①戎蛮子嘉：戎蛮王的名字嘉。

②蒲隧：《汇纂》说：“在今安徽省泗县西北。”

【译文】

春王正月，鲁昭公在晋国，晋人不许他回来，不写到《春秋》上，因为是避讳的缘故。

齐侯伐徐，楚王听见蛮氏的乱，同蛮子的没有信实，使然丹引诱戎蛮子嘉把他杀掉，就占领了蛮氏，不久以后又立了他的儿子，这是很合于礼的。二月丙申，齐国的军队到达徐国的蒲隧这地方。徐人要求和平,徐子同郯人、莒人同齐侯在蒲隧盟会,用甲父之鼎来贿赂齐侯。叔孙婼说:"诸侯没有霸主,对小国害处不浅,齐君没有道理,率领着军队去伐远处的地方,开会以后成功就回去了,没有人能抵抗,这岂不是没有霸主的缘故。《诗经》说过:'宗周既然被灭了,就没有安定的时候,执政的大夫们离心分居,没有念及我们劳苦的人们?'就是指着现在。"

【原文】

[传]二月,晋韩起聘于郑,郑伯享之,子产戒曰:"苟有位于朝,无有不共恪。"孔张[①]后至,立于客间,执政御之[②],适客后,又御之,适县间[③],客从而笑之。事毕,富子[④]谏曰:"夫大国之人不可不慎也,几为之笑而不陵我。我皆有礼,夫犹鄙我。国而无礼,何以求荣,孔张失位,吾子之耻也。"子产怒曰:"发命之不衷,出令之不信,刑之颇类,狱之放纷,会朝之不敬,使命之不听,取陵于大国,罢民而无功,罪及而弗知,侨之耻也。孔张,君之昆孙,子孔之后也,执政之嗣也,为嗣大夫,承命以使周于诸侯,国人所尊,诸侯所知,立于朝而祀于家,有禄于国,有赋于军,丧祭有职,受脤归脤,其祭在庙,已有著位,在位数世,世守其业,而忘其所,侨焉得耻之?辟邪之人而皆及执政,是先王无刑罚也,子宁以他规我"。

【注释】

①孔张:子孔的孙子。

②执政御之:掌位的人阻止着他。

③适县间:到了乐器那部分。

④富子:郑大夫。

【译文】

二月,晋国韩起到郑国聘问,郑伯宴享他。子产戒备他们管事的人说:"假设有地位在朝廷的人,没有不恭敬的。"孔张最后来了,立到客人中间,管事的人指着他,他就跑到客人后,又指着他,就到了乐器的中间,客人就笑他。等到事情完毕以后,郑大夫富子谏子产说:"大国的人,不可以不慎重,几度为他们所笑并且欺负我。我已经很有礼貌,对方尚且贱视我。国家没有礼,怎么样求光荣呢?孔张丢了他的位子,这是你的羞耻。"子产发怒说:"发命令不当,出命令也不信实,刑罚有偏颇,刑狱也纷乱,朝会也不敬,下命令而下边不听,受大国的欺凌,人民劳苦而没有功劳,罪来了而不知道,这是我的耻辱。至于孔张,我们寡君哥哥的孙子,子孔的后人,当过执政的人的后人,做了大夫,受命令到各国去,遍在诸侯各国,他是国人所尊敬,诸侯也全知道,在朝廷上立着而在家中祭祀,在国家有禄位,在军队中有出兵,丧事祭祀时有职位,君祭祀时送他祭肉,他有祭祀时就送祭肉给君,他的祭祀在庙中,已经有固定的位子,他已经有好几代在位,每代守他的事业,而忘了他的地位,我怎么能够羞耻呢?不好的人全都连及执政,这是先王没有刑罚的用处,你为什么不拿旁的事情规正我呢?"

【原文】

[传]宣子有环,其一在郑商[①],宣子谒诸郑伯,子产弗与,曰:"非官府之守器也,寡君不知。"子大叔子羽谓子产曰:"韩子亦无几求[②],晋国亦未可以贰,晋国韩子不可偷也。若属有谗人交斗其间,鬼神而助之以兴其凶怒,悔之何及?吾子何爱于一环,其以取憎于大国也,盍求而与之。"子产曰:"吾非偷晋而有二心,将终事之,是以弗与,忠信故也。侨闻君子非无贿之难,立而无令名之患。侨闻为国非不能事大字小之难,无礼以定其位之患。夫大国之人令于小国,而皆获其求,将何以给之?一共一否,为罪滋大。大国之求,无礼以斥之,何餍之有?吾且为鄙邑,则失位矣。若韩子奉命以使,而求玉焉?贪淫甚矣,独非罪乎?出一玉以起二罪,吾又失位,韩子成贪,将焉用之?且吾以玉贾罪,不亦锐乎[③]?"韩子买诸贾人,既成贾矣,商人曰:"必告君大夫。"韩子请诸子产曰:"日起请夫环,执政弗义,弗敢复也。今买诸商人,商人曰必以闻,敢以为请。"子产对曰:"昔我先君桓公与商人皆出自周,庸次比耦[④],以艾杀此地,斩之蓬蒿藜藋而共处之,世有盟誓以相信也,曰:'尔无我叛,我无强贾,毋或匄夺,尔有利市宝贿,我勿与知。'恃此质誓,故能相保,以至于今。今吾子以好来辱,而谓敝邑强夺商人,是教敝邑背盟誓也,毋乃不可乎?吾子得玉,而失诸侯,必不为也。若大国令而共无艺[⑤],郑敝邑也,亦弗为也。侨若献玉,不知所成,敢私布之。"韩子辞玉曰:"起不敏,敢求玉以徼二罪[⑥],敢辞之。"

【注释】

①其一在郑商:一对的另外一个玉环在郑国的商人手中。

②韩子亦无几求:意思是说韩起并没有甚多要求。

③不亦锐乎：那不是太细小吗？

④庸次比耦：合在一块土地互相耕种。

⑤若大国令而共无艺：假设大国命令，要我们无限制地供给。

⑥敢求玉以徼二罪：因为求玉而得到两种罪名。

【译文】

韩起有一只玉环，还有一只在郑国商人那里，韩起想取来成为一双，所以来请求郑伯。子产却不肯给他，说："这不是官库中保管的东西，寡君不知道。"游吉、子羽对子产说："韩起的要求，也没有多少，对晋国也不可以有两条心呢！晋国的韩起是不可以薄待他的。倘若恰正遇见有说坏话的人，从中挑拨，再加鬼神助虐，弄出一种凶恶的仇恨来，那时后悔也来不及了？你为什么要爱那只玉环？难道是要讨没趣在大国吗？何不去求来送给韩起。"子产说："我不是看轻晋国有了两条心，正是要想始终服侍他，所以不给他的，这全是忠心诚信的缘故啊！侨听说君子不是无贿的为难，立在官位中，倒是没有好名声觉得忧患。侨又听说治理国家，不是不能服侍大国，爱惜小国的为难，倒是没有礼法安定他名位觉得忧患。他们大国的人，吩咐了小国，如果要求都能获得，那么将来用什么东西供给他呢？今日来求供给他们，后日来求便不供给他，那么得罪大国越加大了。大国的要求若出于无礼的，应当要拒绝他们。如果唯命是听，他们哪里有什么餍足，只怕我国倒要做他们的边地了，这不是失掉自己的位置，不成了国家吗？若韩起果真奉了君命作使臣，却是私下来求玉环，这是贪淫极了，他难道独没有罪吗？拿出一只玉环来，兴起两种罪恶，我国又失了位置，韩起却成了贪淫，有什么好处呢？况且我拿玉去买罪受，那不是太细小了吗？"韩起便向商人处去买，已经讲定价钱了，商人说："这事却定要告明君大夫的。"韩起便再请托子产说："前几天我起来要那玉环，执政以为不相宜，所以也不敢再求了。如今自向商人购买，商人说定要告诉执政的，所以再敢来请求。"子产回答说："从前我先君桓公，和商人都从周朝畿内东迁的。彼此相从耕种，铲除此地的污秽，斩掉此地的蓬蒿藜藋，一同居住，世代有约言，大家信守的，约词上说：'你不可背叛我，我也不来硬买你的东西，不要有什么讨的夺的，你有利市的宝器，我也不来询问的。'靠了这个信誓，所以能够大家相保，直到现在，如今你以好意辱临敝邑，却要使敝邑强夺商人的宝器，这是教敝邑违背盟誓了，不是不可以的吗？你因得了玉环，却失掉诸侯，想来也一定不做的。如果大国有了吩咐，我们尽是供给，没有限制，那么我们郑国就好像是你晋国的边鄙了，我们却也不肯做的。侨如果献了玉实在不知成个什么东西，不敢不把私意告诉你。"韩起便辞那玉说："起实在没有才学，怎敢因求玉而招两种罪呢？我敢辞谢这块玉。"

【原文】

[传]夏四月，郑六卿饯宣子于郊，宣子曰："二三君子请皆赋，起亦以知郑志。"子齹[1]赋野有蔓草[2]，宣子曰："孺子善哉！吾有望矣。"子产赋郑之羔裘[3]，宣子曰："起不堪也。"子大叔赋褰裳[4]，宣子曰："起在此，敢勤子至于他人乎？"子大叔拜。宣子曰："善哉！子之言是。不有是事，其能终乎？"子游赋风雨[5]，子旗赋有女同车[6]，子柳赋萚兮[7]，宣子喜曰："郑其庶乎？二三君子以君命贶起，赋不出郑志[8]，皆昵燕好也。二三君子数世之主也，可以无惧矣。"宣子皆献马焉，而赋我将[9]。子产拜，使五卿皆拜曰："吾子靖乱，敢不拜德。"宣子私觐于子产以玉与马曰："子命起舍夫玉，是赐我玉而免吾死也，敢藉手以拜。"

【注释】

①子齹：子皮的儿子。

②野有蔓草：《诗经·郑风》的一篇。

③郑之羔裘：因为《诗经》中间有两篇《羔裘》，一种属于《唐风》，一种属于《郑风》。

④褰裳：《诗经·郑风》的一篇，中间一句话说："子不我思，岂无他人？"

⑤子游赋风雨：子游是驷带的儿子，《风雨》是《郑风》的一篇。

⑥子旗赋有女同车：子旗是公孙段的儿子，《有女同车》是《郑风》的一篇。

⑦子柳赋萚兮：子柳是印段的儿子，《萚兮》也是《郑风》的一篇。

⑧赋不出郑志：所赋的诗没有超过《郑风》的意见。

⑨我将：是诗颂的一篇。

【译文】

夏四月，郑国的六卿，享宴韩起在郊外，韩起说："你们几位全都请歌唱诗，使我知道郑国的志向。"子齹赋《野有蔓草》这篇诗。韩起就说："小孩子很好，我有希望了。"子产就歌唱《郑风》中的《羔裘》诗。韩起说："我不能够接受这篇诗。"游吉歌唱《褰裳》这篇诗。韩起说："起在这里，敢使你去求他人吗？"游吉拜谢。韩起说："很好，你赋这篇诗很对。不是如此的话，晋郑二国能始终亲善吗？"子游歌唱《风雨》这篇诗，子旗赋《有女同车》这篇诗，子柳赋《萚兮》这篇诗，韩起高兴地说："郑国正可以往兴盛方面，你们以君令来赏赐我，所歌唱的诗全都没有出《郑风》以外，用以表示亲好。你们几位全都可以几辈子掌政权，可以不怕了。"韩起每人献给他一匹马，而歌唱《我将》这篇诗。子产拜谢，叫五个卿全都拜，说："你能安靖四方，敢不拜谢你的恩德。"韩起后来又私见子产，赠给他玉和马说："你叫我不要玉，这是把玉赏给我，而使我免了死罪，敢不用玉马来拜谢。"

【原文】

[经]夏，公至自晋。

[传]公至自晋，子服昭伯语季平子曰："晋之公室其将遂卑矣，君幼弱，六卿强而奢傲，将因是以习，习实为常，能无卑乎？"平子曰："尔幼，恶识国[①]？"

[经]秋八月己亥，晋侯夷卒。

[传]秋八月，晋昭公卒。

[经]九月大雩。

[传]九月大雩，旱也。郑大旱，使屠击、祝款、竖柎[②]，有事于桑山[③]，斩其木，不雨。子产曰："有事于山，蓺山林也[④]，而斩其木，其罪大矣。"夺之官邑。

[经]季孙意如如晋。

[经]冬十月葬晋昭公。

[传]冬十月，季平子如晋，葬昭公。平子曰："子服回之言犹信，子服氏有子哉[⑤]！"

【注释】

①尔幼，恶识国：你年轻，怎么能懂得国家的事情。

②屠击、祝款、竖柎：三个人全是郑大夫。

③桑山：在今河南新郑市西。

④蓺山林也：养护林木。

⑤子服氏有子哉：子服氏家里有很好的儿子。

【译文】

昭公从晋国回来，子服昭伯告诉季孙意如说："晋国的公室，恐怕将衰弱了，晋君又弱，六个卿强而奢侈骄傲，将习惯如此，慢慢变成常的事情，能不衰弱吗？"季孙意如说：

"你一个小孩子,怎么能够懂得国家的事呢?"

秋天八月,晋昭公死了。

九月鲁国求雨,因为旱的缘故。郑国旱灾,派郑大夫屠击、祝款、竖柎在祭桑山,拔掉它的树,也不下雨,子产说:"祭祀山,是为保护林木,使它繁殖,而拔掉树,这罪过很大。"就夺掉他们三人的官邑。

冬十月,季孙意如到晋国去,给晋昭公行葬礼。季孙意如说:"子服昭伯的话很可靠,子服氏很有贤良的儿子。"

【讲评】

郑国地处交通要道,国土资源贫乏,手工业和商业贸易发达。郑国的商人十分出名,《左传》中就花费笔墨记载了几位商人的事迹,如爱国的弦高等。这与建国之初郑国就与商人立下盟约、对经商活动施以保护和支持的政策密切相关。如施民以惠政的子产坚决拒绝了晋国韩宣子低价购买玉环的要求,宁可得罪强国的执政者,也不损害本国商人的利益。

昭公十七年

【原文】

[经]十七年:春,小邾子来朝。

夏,六月甲戌朔,日有食之。

秋,郯子来朝。

八月,晋荀吴帅师灭陆浑之戎。

冬,有星孛于大辰。

楚人及吴战于长岸。

【原文】

[传]十七年,春,小邾穆公来朝,公与之燕。季平子赋《采叔》①,穆公赋《菁菁者莪》②。昭子曰:"不有以国,其能久乎?"

夏，六月，甲戌，朔，日有食之。祝史请所用币[③]。昭子曰："日有食之，天子不举，伐鼓于社[④]。诸侯用币于社，伐鼓于朝。礼也。"平子御之，曰："止也。唯正月朔，慝未作，日有食之，于是乎有伐鼓用币，礼也。其余则否。"大史曰："在此月也。日过分而未至，三辰有灾，于是乎百官降物[⑤]，君不举，辟移时，乐奏鼓，祝用币，史用辞。故《夏书》曰[⑥]：'辰不集于房，瞽奏鼓，啬夫驰，庶人走。'此月朔之谓也。当夏四月，是谓孟夏。"平子弗从。昭子退曰："夫子将有异志[⑦]，不君君矣。"

【注释】

①《采叔》：《诗·小雅》篇名。

②《菁菁者莪》：《诗·小雅》篇名。

③币：祭品。

④社：指土地神，又指祭祀土地神或祭祀土地神的地方。

⑤百官：古指公卿以下的众官，泛指各级官吏。降物：古代遇有灾患病故或天象变异时，帝王及大臣皆脱下盛装换上素服，谓之"降物"。

⑥《夏书》：指记载夏代史事的书。《尚书》中《禹贡》《甘誓》《五子之歌》《胤征》共四篇，旧亦称《夏书》。

⑦异志：二心，叛离之心。

【译文】

十七年春季，小邾穆公来鲁国朝见，昭公和他一起饮宴。季平子赋了《采叔》，穆公赋了《菁菁者莪》。昭子说："假若没有治理国家的人才，国家难道能长久吗？"

夏六月初一日，发生日食。掌管祭祀的官员请示应该使用的祭品，昭子说："发生日食，天子不进丰盛的菜肴，在土地神庙里击鼓。诸侯用祭品在土地庙里祭祀，在朝廷上击鼓。这是礼制。"平子禁止这么做，说："不能那样做。只有正月初一，阴气没有发作，出现日食这一现象，才击鼓用祭品，这是礼制。其他的时候都不这样。"太史说："就是在这个月。太阳过了春分而没有到夏至，日、月、星有了灾殃，在这时候百官穿上素服。国君不进丰盛的菜肴，离开正寝躲过日食的时辰，乐工击鼓，祝使用祭品，史官使用辞令来祈祷消灾去祸。所以《夏书》说：'日月交会不在正常的位置上，瞽师击鼓，啬夫驾车，百姓奔跑'，说的就是这个月初一的情况。正当夏四月，所以叫作孟夏。"平子不听从。昭子退出，说："这个人将要有别的念头，他已经不把国君当成国君了。"

【原文】

[传]秋，郯子来朝，公与之宴。昭子问焉，曰："少皞氏鸟名官[①]，何故也？"郯子曰："吾祖也，我知之。昔者黄帝氏以云纪，故为云师而云名[②]。炎帝氏以火纪，故为火师而火名[③]。共工氏以水纪，故为水师而水名[④]。大皞氏以龙纪，故为龙师而龙名[⑤]。我高祖少皞挚之立也，凤鸟适至，故纪于鸟，为鸟师而鸟名[⑥]。凤鸟氏，历正也[⑦]。玄鸟氏，司分者也[⑧]。伯赵氏，司至者也[⑨]。青鸟氏，司启者也[⑩]。丹鸟氏，司闭者也[⑪]。祝鸠氏，司徒也。鴡鸠氏，司马也。鸤鸠氏，司空也。爽鸠氏，司寇也。鹘鸠氏，司事也[⑫]。五鸠，鸠民者也[⑬]。五雉[⑭]，为五工正，利器用，正度量，夷民者也。九扈[⑮]，为九农正，扈民无淫者也。自颛顼以来[⑯]，不能纪远，乃纪于近。为民师而命以民事，则不能故也。"

【注释】

①少皞氏：传说中古代东夷集团首领，名挚（一作质），号金天氏。东夷集团曾以鸟为图腾，相传少皞曾以鸟名为官名。传说少皞死后为西方之神。

②黄帝氏：轩辕氏。纪：记事。云师：黄帝时的官名。

③炎帝氏：传说中的上古姜姓部族首领，一说炎帝即神农氏。火师：以火为名号的百官。

④共工氏：古代传说中的天神，与颛顼争为帝，有头触不周山的故事。水师：以水为名的官长。

⑤大皞氏：传说中的上古帝王，即伏羲氏。龙师：传说伏羲氏时，有龙马衔图之瑞，乃以龙名其百官师长。

⑥凤鸟：凤凰，传说中的瑞鸟。鸟师：传说古少皞氏以鸟名官，谓之鸟师。

⑦历正：古代主管天文历法的官。

⑧司分：历正的属官，专司春分、秋分。

⑨司至：为历正的属官，掌管夏至、冬至的官。

⑩青鸟氏：古官名，为历正的属官，掌管立春、立夏。

⑪司闭：掌管立秋、立冬的官。

⑫司事：古代负责农事的官员。

⑬鸠民：聚集百姓的官员。

⑭五雉：相传少皞时掌工务的五个官名的合称。

⑮九扈：相传为少皞时主管农事的官名。

⑯颛顼：远古传说中的帝王，高阳氏。

【译文】

秋季，郯子来鲁国朝见，昭公和他一起饮宴。昭子询问他，说："少皞氏用鸟名作为官名，这是什么缘故？"郯子说："他是我的祖先，我知道。从前黄帝氏用云记事，所以设置各部门长官都用云字命名。炎帝氏用火记事，所以设置各部门长官都用火字命名。共工氏用水记事，所以设置各部门长官都用水字命名。太皞氏用龙纪事，所以设置各部门长官都用龙来命名。我的高祖少皞挚即位的时候，凤鸟正好来到，所以就从鸟开始记事，设置各部门长官都用鸟来命名。凤鸟氏，就是掌管天文历法的官。玄鸟氏，就是掌管春分、秋分的官。伯赵氏，是掌管夏至、冬至的官。青鸟氏，是掌管立春、立夏的官。丹鸟氏，是掌管立秋、立冬的官。祝鸠氏，就是司徒；鴡鸠氏，就是司马；鸤鸠氏，就是司空；爽鸠氏，就是司寇；鹘鸠氏，就是司事。这五鸠，是鸠聚百姓的。五雉是五种管理手工业的官，是改善器物用具，统一尺度容量、让百姓得到公平分配。九扈是九种管理农业的官，是制止百姓不让他们懒惰放纵的。自从颛顼以来，不能记述远古的事情，就从近古开始记述。做百姓的长官而用百姓的事情来命名，那已经是不能照过去办理了。"

【原文】

[传]仲尼闻之，见于郯子而学之。既而告人曰："吾闻之，天子失官[①]，学在四夷[②]，犹信。"

晋侯使屠蒯如周，请有事于雒与三涂[③]。苌弘谓刘子曰："客容猛，非祭也。其伐戎乎？陆浑氏甚睦于楚[④]，必是故也。君其备之！"乃警戎备。九月，丁卯，晋荀吴帅师涉自棘津[⑤]，使祭史先用牲于雒[⑥]。陆浑人弗知，师从之。庚午，遂灭陆浑，数之以其贰于楚也。陆浑子奔楚，其众奔甘鹿。周大获。宣子梦文公携荀吴而授之陆浑，故使穆子帅师，献俘于文宫[⑦]。

【注释】

①失官：亡失古代职官制度。

②四夷:指四周边远的小国。

③雒:雒水,又称洛水,出陕西雒南县冢岭山,东南流合丹水,东经河南卢氏、洛宁,至宜阳县受涧河,又经洛阳县纳瀍水,偃师县受伊河,至巩县东北洛口入于黄河。

④陆浑:古地名,也称瓜州,原指今甘肃敦煌一带。

⑤棘津:在河南延津县东北故胙城之北,名南津,亦名石济津。

⑥祭史:犹祝史。古代主祭祀之官。

⑦文宫:晋文公庙。

【译文】

孔子听到了这事,进见郯子并向他学习古代官制。没过多久告诉别人说:"我听说,在天子那里失去了古代官制,官制的学问还保存在远方的小国,这话还是可以相信的。"

晋顷公派屠蒯去到周朝,请求祭祀雒水和三涂山。苌弘对刘子说:"客人的脸色凶猛,不是为了祭祀,恐怕其目的是为了进攻戎人吧!陆浑氏和楚国很友好,一定是这个缘故。您还是防备一下。"于是就劝诫人加强警备。九月二十四日,晋国的荀吴领兵从棘津徒步涉水,让祭史先用牲口祭祀雒水。陆浑人不知道,部队就跟着打过去。二十七日,就灭亡了陆浑,责备他们和楚国勾结。陆浑子逃亡到楚国,他的部下逃亡到甘鹿。周朝俘虏了大批陆浑人。在这次行动之前,韩宣子梦见晋文公拉着荀吴而把陆浑交付给他,所以让他领兵,在晋文公庙里奉献俘虏。

【原文】

[传]冬,有星孛于大辰[①],西及汉[②]。申须曰:"彗所以除旧布新也。天事恒象[③],今除于火,火出必布焉。诸侯其有火灾乎?"梓慎曰:"往年吾见之,是其征也,火出而见。今兹火出而章,必火入而伏。其居火也久矣,其与不然乎?火出,于夏为三月,于商为四月,于周为五月。夏数得天,若火作,其四国当之,在宋、卫、陈、郑乎?宋,大辰之虚也,陈,大皞之虚也,郑,祝融之虚也,皆火房也。星孛及汉,汉,水祥也[④]。卫,颛顼之虚也,故为帝丘[⑤]。其星为大水,水,火之牡也。其以丙子若壬午作乎?水火所以合也。若火入而伏,必以壬午,不过其见之月。"郑裨灶言于子产曰:"宋、卫、陈、郑将同日火,若我用瓘斝玉瓒[⑥],郑必不火。"子产弗与。

【注释】

①孛:彗星的别称。大辰:即心宿,大火。

②汉:银汉,银河。

③恒象:经常出现的某些预示吉凶的天象。

④水祥:水灾的征兆。

⑤帝丘:古地名。在今河南濮阳县西南,相传为颛顼都城。

⑥瓘:玉珪。斝:玉爵。玉瓒:玉勺。用这三者祭祀可以免除火灾。

【译文】

冬季,彗星在大火星旁边出现,光芒西达银河。申须说:"彗星是用来除旧布新的,天上发生的事常常象征凶吉,现在对大火星清扫,大火星再度出现必然散布灾殃,诸侯各国恐怕会有火灾吧!"梓慎说:"去年我见到它,这就是它的征兆了。大火星出现而见到它。现在它在大火星出现时更加明亮,必然在大火星消失时潜伏。它和大火星在一起已经很久了,难道一定要发生这种灾难吗?大火星出现,在夏正是三月,在商四月,在周正是五月。夏代的历数和天象适应,如果发生火灾,恐怕有四个国家承当,在宋国、卫国、陈国、郑国吧!宋国,是大火星的分野;陈国,是太皞的分野;郑国,是祝融的分野,都是大火星所居住的地方。彗星到达银河,银河,就是祥水。卫国,是颛顼的分野,所以是帝丘,和它相配的星是大水。水,是火的阳姓配偶。恐怕会在丙子日或者壬午日发生火灾吧!水火会在那个时候配合的。如果大火星消失而彗星也随着潜伏,一定在壬午日发生火灾,不会超过它发现的那个月。"郑国的裨灶对子产说:"宋、卫、陈、郑四国将要在同一天发生火灾。如果我们用瓘斝玉瓒祭神,郑国一定不发生火灾。"子产不肯给。

【原文】

[传]吴伐楚。阳匄为令尹,卜战,不吉。司马子鱼曰:"我得上流,何故不吉?且楚故[1],司马令龟,我请改卜,令曰,鲂也以其属死之[2],楚师继之,尚大克之!"吉。战于长岸。子鱼先死,楚师继之,大败吴师,获其乘舟馀皇。使随人与后至者守之,环而堑之[3],及泉[4],盈其隧炭[5],陈以待命。吴公子光请于其众曰:"丧先王之乘舟,岂唯光之罪,众亦有焉。请藉取之,以救死。"众许之。使长鬣者三人[6],潜伏于舟侧,曰:"我呼馀皇,则

对。”师夜从之。三呼,皆迭对。楚人从而杀之。楚师乱。吴人大败之,取馀皇以归。

【注释】

①故:惯例,传统。

②属:部属,属下。

③堑:掘地挖沟。

④及泉:挖到了泉水的地方。

⑤盈其隧炭:用炭将隧道填满。

⑥鬣:胡须。

【译文】

吴国攻打楚国,楚国的阳匄做令尹,占卜战争的结果,不吉利。司马子鱼说:“我们地处上游,有什么不吉利?而且楚国的惯例,由司马在占卜前报告占卜的事情,我请求重新占卜?占卦说,鲂带领部属战死,楚国的大军跟上去,希望大获全胜。”吉利。在长岸作战,子鱼先战死,楚军跟着上去,大败吴军,得到一条名叫馀皇的船,派随国人和后来到达的人看守,环绕这条船挖深沟,一直见到泉水,用炭填满,摆开阵势听候命令。吴国的公子光向大家请求说:“丢掉先王的坐船,难道只是光的罪过,大家也是有罪的。请求靠大家的力量夺取回来以免于一死。”大家答应了。派遣身强力壮的三个人偷偷地埋伏在船旁边,说:“我喊馀皇,你们就回答。”军队在夜里跟上去。喊了三次,埋伏的人都交替回答。他们被赶上来的楚国人杀了。楚军混乱,吴军大败楚军,把馀皇号船夺回去了。

阖闾

【讲评】

吴王阖闾在春秋吴国诸王中是最为贤能的一位,他知人善任,把握时机,重视民心,在对楚国和对越国的征战中屡占优势。《左传》不仅从正面描写,也通过敌国人的评价展示了这位君主的突出才能。争夺馀皇船是吴王阖闾(公子光)牛刀小试的一战,显示出他善于谋略的一面。

昭公十八年

【原文】

[传]春王二月乙卯,周毛得杀毛伯过[①]而代之。苌弘曰:“毛得必亡,是昆吾稔之日也,侈故之以[②]。而毛得以济侈于王都,不亡何待?”

[经]三月曹伯须卒。

[传]三月曹平公卒。

【注释】

①毛伯过:周大夫。他同毛得同一族。

②是昆吾稔之日也,侈故之以:这是昆吾死的那个日子,因为他太奢侈的缘故。

【译文】

十八年春王二月乙卯,周国的毛得杀了周大夫毛伯过而替代了他。苌弘说:“毛得必定要灭亡,这是昆吾死的那天,他是因为太奢侈。而毛得居然成功,这在王的都城中如此奢侈,不灭亡要等什么呢?”

三月,曹平公死了。

【原文】

[经]夏五月壬午,宋、卫、陈、郑灾。

[传]夏五月,火始昏见[①],丙子风。梓慎曰:“是谓融风,火之始也,七日其火作乎?”戊寅风甚,壬午大甚,宋、卫、陈、郑皆火,梓慎登大庭氏之库[②]以望之,曰:“宋、卫、陈、郑也。”数日皆来告火。裨竈曰:“不用吾言,郑又将火[③]。”郑人请用之,子产不可。子大叔曰:“宝以保民也,若有火,国几亡,可以救亡,子何爱焉?”子产曰:“天道远,人道迩,非所及也,何以知之?竈焉知天道?是亦多言矣,岂不或信。”遂不与,亦不复火。郑之未灾

也，里析[④]告子产曰："将有大祥，民震动，国几亡，吾身泯焉弗良及也。国迁其可乎？"子产曰："虽可，吾不足以定迁矣。"及火，里析死矣，未葬，子产使舆三十人迁其柩。火作，子产辞晋公子公孙于东门[⑤]，使司寇出新客，禁旧客勿出于宫，使子宽，子上巡群屏摄至于大宫[⑥]，使公孙登徙大龟[⑦]，使祝史徙主祏于周庙告于先君[⑧]，使府人库人各儆其事，商成公儆司宫[⑨]，出旧宫人寘诸火所不及[⑩]，司马司寇列居火道，行火所焮[⑪]，城下之人伍列登城，明日使野司寇各保其征[⑫]，郊人助祝史，除于国北[⑬]，禳火于玄冥回禄，祈于四鄘，书焚室而宽其征与之材，三日哭，国不市，使行人告于诸侯。宋、卫皆如是，陈不救火，许不吊灾，君子是以知陈许之先亡也。

【注释】

①火始昏见：在晚上心星出现。

②大庭氏之库：大庭古国名，在鲁城内，鲁于其处作库高显，故登以望气。

③不用吾言，郑又将火：不用我的话，郑国又将有火灾。

④里析：郑大夫。

⑤辞晋公子公孙于东门：晋国人新来的尚未进入各都城就不让他们进来，免除他们知道着火的事情。

⑥子宽，子上巡群屏摄至于大宫：子宽、子上都是郑大夫。把祭祀的位子迁到祖庙里。

⑦公孙登徙大龟：派开卜的大夫公孙登把占卜用的大龟迁走。

⑧使祝史徙主祏于周庙告于先君：叫祝同史把神主的石函迁到周厉王庙中，昭告于先君。

⑨商成公儆司宫：商成公是郑大夫警戒太监们。

⑩出旧宫人寘诸火所不及：把从前宫中的女子把她们摆到火烧不到的地方。

⑪行火所焮：把火烤着的地方，全去掉。

⑫明日使野司寇各保其征：野司寇是县士。明日使县士各保护他征役的人。

⑬郊人助祝史，除于国北：郊人帮助祝史，在国都的北方去扫除。

【译文】

夏天五月，心星在夜晚出现，丙子刮风。梓慎说："这叫作融风，是火的开始，经过七天以后，火恐怕就要着起来。”戊寅风刮得更厉害，壬午，很厉害，宋、卫、陈、郑四国全着起火，梓慎上到大庭氏的库去远望，说：“这是宋、卫、陈、郑四国。”经过几天以后，他们全派来告诉鲁国说他们着火了。裨竈说：“你们要不用我的话，郑国又要着火。”郑国人要求听他的话。子产仍旧不以为然。游吉说：“宝器是保护人民的，要着火，郑国就几乎完了，可以用宝物来救亡，你又何必爱惜它呢？”子产说：“天道是很远的，人道是很近，这连不到一块，怎么样能知道呢？竈怎么能知道天道？他是常常喜欢说话，岂不有时碰上。”就不给他，郑国也不再着火。郑国在没着火以前，郑大夫里析告诉子产说：“将有大的变化，人民全被震动，国几乎而亡，但是我那时已经死了，不能赶上。迁徙国都或者可以有办法。”子产说：“虽然可以，但我没有方法定规怎么迁。”到了着火时，里析已经死了，还没有下葬，子产就派了三十个人，把他棺材搬走。火发了以后，子产派人把晋国的公子公孙新来的人在东城门那里搁住他们，不要进来，派司寇叫新来聘问的不要进来，禁止旧的客人不要出去。派郑大夫子宽、子上巡视各祭祀位置一直到祖庙中，使管理占卜的公孙登把大龟迁走，派祝史搬了成神主的石函到周厉王的庙中，并且敬告各先君，使府人库人各警诫他的事务，郑大夫商成公儆告太监的头目，把从前先君的宫女摆到火所烧不到的地方，司马同司寇排在火所经过的道路，并且把火所烧着的地方也救护，城下边的人排着队伍登到城上，着火的明天，使各县士保护他所征发的工人，郊外的人帮助祝史，在国都的北方扫除，并且到水神玄冥，火神回禄去祭禳，还祭都城的四门，将所烧的房子纪录，并宽免他的赋税，给他建筑的材料，国里三日哭，全国市场都不开，使行人官到各诸侯去告诉。宋、卫全都如此，陈不救火，许国不吊别人的灾，君子所以知道陈国同许国是先要亡国。

【原文】

[经]六月邾人入鄅。

[传]六月鄅[①]人藉稻，邾人袭鄅，鄅人将闭门，邾人羊罗摄其首焉[②]，遂入之，尽俘以归。鄅子曰：“余无归矣！”从帑于邾。邾庄公反鄅夫人而舍其女。

[经]秋，葬曹平公。

[传]秋，葬曹平公，往者见周原伯鲁[③]焉，与之语不说学。归以语闵子马，闵子马曰：“周其乱乎！夫必多有是说而后及其大人，大人患失而惑，又曰可以无学，无学不害。不害而不学，则苟而可，于是乎下陵上替，能无乱乎？夫学殖也，不学将落，原氏其亡乎？”

【注释】

①鄅:妘姓国,《一统志》:"今山东临沂县,城北十五里,有开阳城。"

②摄其首焉:就把他的脑袋斩下来。

③原伯鲁:周大夫。

【译文】

六月,鄅人藉稻,邾人将袭击鄅,鄅人将关上城门,邾人羊罗把鄅人关门的斩下他的脑袋就进入鄅国,把他们做成俘虏,就回去了。鄅子说:"我没法回去了。"就随着他的妻女到邾国去,邾庄公退还鄅夫人而留下他的女儿。

秋天给曹平公下葬,鲁人去参加葬礼的,看见周国的大夫原伯鲁,跟他谈话中,知道他不喜欢读书,回到鲁国告诉闵子马,闵子马说:"周恐怕将有乱事发生了,一定是有很多人如此说法,所以传给他们在位的人,有政权的人恐怕有学问而不能得到道理,于是更惑乱他的意志,又说可以不要学问,没有学问也没有害处。没有害处而不学问,就变成苟且,下位的人侮慢上位的人,上位的人又废弃其职守,国家能没有乱吗?学问等于使苗的生长,不学苗将荒落,原氏恐怕要完了。"

【原文】

[传]七月,郑子产为火故,大为社,祓禳于四方,振除火灾,礼也。乃简兵大蒐,将为蒐除[1],子大叔之庙在道南,其寝在道北,其庭小,过期三日,使除徒陈于道南庙北,曰:"子产过女而命速除,乃毁于而乡。"子产朝,过而怒之,除者南毁。子产及冲使从者止之曰:"毁于北方。"火之作也,子产授兵登陴。子大叔曰:"晋无乃讨乎?"子产曰:"吾闻之,小国忘守则危,况有灾乎?国之不可小,有备故也。"既晋之边吏让郑曰:"郑国有灾,晋君大夫不敢宁居,卜筮走望,不爱牲玉,郑之有灾,寡君之忧也。今执事撊然授兵登陴,将以谁罪?边人恐惧,不敢不告。"子产对曰:"若吾子之言,敝邑之灾,君之忧也。敝邑失政,天降之灾,又惧谗慝之间谋之,以启贪人,荐为敝邑不利,以重君之忧。幸而不亡,犹可说也,不幸而亡,君虽忧之,亦无及也。郑有他竟,望走在晋,既事晋矣,其敢有二心?"

【注释】

①将为蒐除：因为治兵于庙所以把庙外的地，必须扩充。

【译文】

七月，郑国子产因为着火的缘故，就大治社神庙，四方全都祓除不祥，去掉火灾，这是很合理的。就治兵大蒐，因为庙的地方太小，所以想扩大它。游吉的庙在道的南方，他的寝在道北方，他的庭很小。过了子产规定的工期三天，游吉使工作的人员，在道南庙北那儿工作，就说子产若过来这儿叫你赶紧办，就向你们的方向去毁。子产上朝去了，路过这里看见不毁就发了怒，工作的人从南方毁。子产到了那里，就派他随从的人，叫他们不要从南方毁，而从北方毁。当初火开始发作时，子产拿着兵器上到城上。游吉就说："晋国是不是疑心郑国已经反叛了，要来讨伐我。"子产说："我听见说过，小的国家忘记了守卫，就发生危险，何况我国有火灾呢？国家不可以被轻视，就是因为有防备的缘故。"后来晋国的边吏责让郑国说："郑国有灾害，晋国的君同大夫，全不敢安居，占卜并且走着望着郑国。不敢爱惜牺牲同玉币，郑国有灾害，是寡君的忧虑。现在你们居然敢仗着兵器登到城上，这是谁的罪状？边人害怕了不敢不告诉你。"子产回答说："诚如你这句话，我们国的灾害，也是你的忧虑。我们国家政治不修明，天降灾害给他，又恐怕有人说坏话，开启有贪念的人，重为我们国家不利，以加重你的忧虑。幸而郑国不亡，犹可解说，若不幸而亡，你们虽然加忧虑，也来不及了。郑国虽然有旁的邻居，每每瞻望晋国，既然已经事奉晋国，还敢有两种心吗？"

【原文】

[经]冬许迁于白羽。

[传]楚左尹王子胜言于楚子曰："许于郑仇敌也，而居楚地，以不礼于郑，晋郑方睦，郑若伐许而晋助之，楚丧地矣。君盍迁许，许不专于楚，郑方有令政[①]。许曰：'余旧国也。'郑曰：'余俘邑也[②]。'叶在楚国，方城外之蔽也。土不可易，国不可小[③]，许不可俘，雠不可启，君其图之！"楚子说。冬，楚子使王子胜迁许于析，实白羽[④]也。

【注释】

①郑方有令政：郑国现在有很好的政治。

②余俘邑也：郑国说许国是他所捕获的地方。

③国不可小：这是指着郑国。

④析，实白羽：《一统志》说："析县故城在河南内乡县西北，春秋时，楚白羽地。"

【译文】

楚国的左尹王子胜对楚王说："许对于郑国是仇敌，而又住到楚国地方，对于郑国不礼貌，晋国同郑国很和好，郑若讨伐许国，而晋帮助他，楚国就丢掉地方。你何不迁许国，使许国不专心事奉楚国，郑国现在有好的政治。许国说：'我是旧的国家。'郑国也说：'这是我俘虏的城邑。'叶在楚国是方城外的障蔽。土地不可以轻，国不可以小，许不可以做俘邑，雠敌不可以开启，你不如细想想。"楚平王听了这话高兴，冬天派王子胜迁许到析这地方，实在就是白羽。

【讲评】

"三代以上皆知天文。"古人观察天象与农业生产密切相关，所以不论妇孺，天文知识都很丰富。而古人很重视找出天象与人事的关联，尤其是一些特殊的天象如彗星、日食、月食等，占星家都可以据此预示吉凶，人间会采用祭祀或其他预备的手段。这里有些是经验的总结，也有些是无稽之谈。子产是《左传》中着意记述、塑造的贤相的典型，他重人事，轻鬼神，把天道与人道分开，具有当时的进步观念。在彗星首次示警时，他拒绝用玉器祭神。第一次发生火灾后，他仍然坚持不祭神，认为天道悠远，与人事没有关联，而积极布置各级部门做好防火和备战措施，最后没有再发生火灾，也没有发生事前危言耸听的"亡国"之祸。事在人为，事实证明了子产的正确。

昭公十九年

【原文】

[经]十有九年春，宋公伐郲。夏五月戊辰，许世子止弑其君买。己卯，地震。秋，齐高发帅师伐莒。冬，葬许悼公。

【原文】

[传]十九年春，楚工尹赤迁阴于下阴，令君子瑕城郏。叔孙昭子曰："楚不在诸侯矣，其仅自完也，以持其世而已。楚子之在祭也，郹阳封人之女奔之，生大子建。及即位，使伍奢为之师。费无极为少师，无宠焉；欲谮诸王，曰："建可室矣。"王为之聘于秦。无极与逆，劝王取之。正月，楚夫人嬴氏至自秦。鄅夫人，宋向戌之女也，故向宁请师。二月，宋公伐邾，围虫。三月，取之，乃尽归鄅俘。

夏，许悼公疟。五月戊辰，饮大子止之药卒。大子奔晋。书曰"弑其君"。君子曰："尽心力以事君，舍药物可也。"邾人、郳人、徐人会宋公。乙亥，同盟于虫。楚子为舟师以伐濮。费无极言于楚子曰："晋之伯也，迩于诸夏。而楚辟陋，故弗能与争。若大城城父而置大子焉，以通北方，王收南方，是得天下也。"王说，从之。故大子建居于城父。令尹子瑕聘于秦，拜夫人也。

秋，齐高发帅师伐莒，莒子奔纪鄣。使孙书伐之。初，莒有妇人，莒子杀其夫，已为嫠妇。及老，托[①]于纪鄣，纺焉以度而去之。及师至，则投诸外。或献诸子占，子占使师夜缒而登。登者六十人，缒绝，师鼓噪；城上之人亦噪。莒共公惧，启西门而出。七月丙子，齐师入纪。是岁也，郑驷偃卒。子游娶于晋大夫，生丝，弱，其父兄立子瑕。子产憎其为人也，且以为不顺，弗许，亦弗止。驷氏耸。他日，丝以告其舅。

冬，晋人使以币如郑，问驷乞之立故。驷氏惧，驷乞欲逃，子产弗遣；请龟以卜，亦弗予。大夫谋对，子产不待而对客曰："郑国不天，寡君之二三臣札瘥夭昏。今又丧我先大夫偃，其子幼弱，其一二父兄惧队宗主，私族于谋而立长亲。寡君与其二三老曰：'抑天实剥乱是，吾何知焉？'谚曰'无过乱门'，民有兵乱，犹惮过之，而况敢知天之所乱？今大夫将问其故，抑寡君实不敢知，其谁实知之？平丘之会，君寻旧盟曰：'无或失职？'若寡君之二三臣，其即世者，晋大夫而专制其位，是晋之县鄙也，何国之为？"辞客币而报其使，晋人舍之。楚人城州来。沈尹戌曰："楚人必败！昔吴灭州来，子旗请伐之，王曰：'吾未抚吾民'。今亦如之，而城州来以挑吴，能无败乎？"侍者曰："王施舍不倦，息民五年，可谓抚之矣。"戌曰："吾闻抚民者，节用于内而树德于外，民乐其性而无寇仇。今宫室无量，民人日骇，劳罢死转，忘寝与食，非抚之也！"郑大水，龙斗于时门之外洧渊，国人请为禜焉。子产弗许，曰："我斗，龙不我觌[②]也。龙斗，我独何觌焉？禳之，则彼其室也。"吾无求于龙，龙亦无求于我。"乃止也。令君子瑕言蹶由于楚子，曰："彼何罪？谚所谓'室于怒，市于色'

者，楚之谓矣。舍前之忿可也。”乃归蹶由。

【注释】

①托：寄居。

②觌：见。

【译文】

鲁昭公十九年春季，楚国的工尹赤把阴城迁到下阴，令尹子瑕在郏地修城。叔孙昭子讲：“楚国的意愿不在诸侯了，恐怕仅仅能保全自己，以保持它的世代相传而已。”楚平王先前在祭国的时候，郹阳封人的女儿私奔到他那儿，生了太子建。等到平王就位，派伍奢做他的师傅，费无极做少师。费无极在太子建那儿不受宠信，想在平王面前说坏话诬陷他，将：“太子建那个娶妻了。”平王为他到秦国行聘娶亲，费无极参与了迎亲，劝楚王自己娶了那个秦国女子。正月，楚夫人嬴氏从秦国来到楚国。夫人是宋国向戌的女儿，故而向宁请求宋公发兵进攻郳国。二月，宋元公进攻郳国，包围虫地。三月，占领虫地，把国俘虏全都放了回去。

夏季，许悼公得了疟疾。五月初五日，喝了太子止的药，死了。太子止逃亡到晋国。《春秋》记录说：“弑其君。”君子讲：“尽心尽力地侍奉君主，不一定奉献药物。”郳国人、郮国人跟徐国人会见宋元公，五月十二日，一块在虫地结盟。楚平王组成水军去攻击濮，费无极对楚平王说：“晋国能做霸主，是由于接近中原各国，而楚国偏僻鄙陋，故而不能与它相争。要是扩大城父的城墙而把太子安置在那儿镇守，以交结北方诸侯，君王收取南方，如此就获得天下了。”楚王很高兴，听从了他的话。所以太子建居处城父。令尹子瑕到秦国访问，是为了拜谢秦国把嬴氏嫁给楚国做夫人。

秋季，齐国的高发领着军队攻击莒国，莒共公逃跑到纪鄣，齐国又派孙书攻击纪鄣。当初，莒国有个女人，莒共公杀死她的丈夫，已经成了寡妇。到了年老，寄居在纪鄣。她纺线搓绳量了城墙的高度而后收藏起来。到了齐军到来，便把绳子扔到城外，有人把绳子献给孙书，孙书命令军队在晚上用绳子吊着攀登城墙。登上城的有六十人，绳子断了，军队击鼓呐喊，登上成墙的人也呐喊。莒共公恐惧，打开西门逃跑了。七月十四日，齐军进到纪鄣。这一年，郑国的驷偃死了。子游娶晋国大夫的女儿为妻，生了丝，还年幼，他的父兄们立了子瑕为继承人。子产讨厌子瑕的为人，并且觉得立他不是名正言顺，就不同意，也不制止，子游家族的人很害怕。过了些日子，驷丝把情形告诉他的舅父。

冬季，晋国人派使者带了财礼前去郑国，询问立子瑕的缘由。子瑕家族的人恐惧，子瑕想着逃走，子产不放行，请求龟甲用来占卜，子产也不给。大夫们商量答复的方法，子产不等他们商量的结果就答复客人说："郑国不能获得上天的保佑，寡君的几位臣子夭折病亡。现在又丧失了我们的先大夫子游，他的儿子幼小，他的几个父兄担心断了宗庙祭主，跟家族的人，商量立了年长的亲子。寡君跟他的几位老臣说：'也许上天真的打乱了这个家族的继承常规，我对此晓得什么呢？'俗话说：'不要经过动乱人家的门口。'民众动刀枪作乱，尚且害怕路过那儿，何况敢明白上天搅乱的东西？如今大夫将要询问它的缘故，寡君真的不敢明白，还有谁能明白它？平丘那次盟会，君主重温过去的盟约说：'不要有人失职。'要是寡君的几位臣子，其中有逝世的，晋国大夫都要专断地控制它的职位继承，这便是把我国当成晋国的边远县邑了，还成什么国家？"辞谢客人的财礼而回报他们的使者。晋国人抛弃了这件事。楚国人在州来修城，沈尹戌说："楚国人必定失败。先前吴国灭亡州来，子旗请求攻击吴国，君王说：'我没有安抚我的民众'。如今也跟从前一样，却在州来修城去挑动吴国，能不失败吗？"侍从说："君王施舍恩德不厌倦，让民众休养生息五年了，可说安抚他们了。"沈尹戌说："我听说安抚民众的君王，在朝廷内节约费用，在朝廷外树立德行，民众乐于他们的生活，而没有仇敌。如今宫室的费用没有限量，民众每天为劳苦疲困、死了无人安葬而担惊受怕，忘记了睡觉吃饭，这不算是安抚他们了。"郑国发大水，有龙在时门外的洧渊里相斗，国人请求举行禜祭，子产不同意，说："我们斗争，龙没有来看我们；龙相斗，我们偏要看什么呢？祭奠而驱赶它，不过那儿本是它的家。我们对龙没有所求，龙也对我们无所求。"于是作罢。令尹子瑕向楚平王谈起蹶由说："他有什么罪？俗话所说的'在家里发火，到大街上给人看脸色'，说的便是楚国了。能够抛弃以前的怨恨了。"于是便把蹶由放回吴国。

【讲评】

贤相子产以国事为重，处处注意维护郑国的主权，他个人虽然讨厌驷乞的为人，但在晋国势力企图干涉郑国内政的时候，他作为执政，主动地站出来维护驷乞，拒绝了晋使。这种不以私废公的行事态度正是成熟的政治家的做法。而拒绝祭祀龙，仍然延续了子产不迷信神灵、主张人事与天道分开的思想。《左传》正是通过一个个生动的典型事例，塑造了政治家子产的光辉形象。

楚平王听信佞臣费无极的谗言，失去父德，夺子妻，迁太子，杀大臣，为后面吴国的大举入侵、楚国险些灭国揭开了序幕。费无极是《左传》中集中塑造的佞臣形象之一，他阴险狡诈，善于筹划，又恰逢昏主，把国君、大臣都玩弄于股掌之上，为楚国埋下了严重的祸端。

昭公二十年

【原文】

[经]春王正月。

[传]春王二月己丑，日南至。梓慎望氛，曰："今兹宋有乱，国几亡，三年而后弭。蔡有大丧。"叔孙昭子曰："然则戴桓也[①]，汏侈无礼已甚，乱所在也。"

[经]夏，曹公孙会自鄸[②]出奔宋[③]。

【注释】

①然则戴桓也：那就是戴族同桓族两族。

②鄸：《山东通志》说："在今山东菏泽县西北三里。"

③此经无传。

【译文】

二十年春王二月，己丑，日南至。梓慎望气说："今年宋国有乱，国几乎亡了，三年而后安定，蔡国将有大丧事。"叔孙婼说："宋国乱恐怕就是戴、桓两族，他骄傲奢侈无礼的很厉害，这就是乱的所在。"

夏天，曹公孙会自鄸逃到宋国去。

【原文】

[传]费无极言于楚子曰："建与伍奢将以方城之外叛[①]，自以为犹宋、郑也。齐、晋又交辅之，将以害楚，其事集矣[②]。"王信之，问伍奢。伍奢对曰："君一过多矣[③]，何信于谗？"王执伍奢，使城父司马奋扬杀大子[④]。未至，而使遣之。三月，大子建奔宋。王召奋扬，奋

扬使城父人执己以至。王曰："言出于余口，入于尔耳，谁告建也？"对曰："臣告之。君王命臣曰：'事建如事余。'臣不佞，不能苟贰[5]。奉初以还[6]，不忍后命，故遣之。既而悔之，亦无及已。"王曰："而敢来，何也？"对曰："使而失命，召而不来，是再奸也[7]。逃无所入。"王曰："归，从政如他日。"

【注释】

①方城：春秋时楚北的长城。由今之河南省方城县，循伏牛山，北至今邓州市。

②事集：事成。

③过：一次过错。

④奋扬：人名，是城父的司马。

⑤苟贰：随便怀有二心。

⑥奉初：接受头一次命令。还：周旋。

⑦奸：犯。

【译文】

费无极对楚平王说："太子建和伍奢打算领着方城山外的人背叛，自以为如同宋国、郑国一样割据独立，齐国、晋国又一起辅助他们，将会危害楚国，这事情快成功了。"楚平王相信了这些话，质问伍奢，伍奢回答说："君王有一次过错已经很严重了，为什么还听信诬陷？"楚平王逮捕了伍奢，派城父司马奋扬去杀太子。奋扬没有到达，派人通知太子逃走。三月，太子建逃亡到宋国。楚平王召回奋扬，奋扬让城父大夫逮捕自己回到郢都。楚平王说："话从我的嘴里说出去，进到你的耳朵里，是谁告诉建的？"奋扬回答说："下臣告诉他的。君王命令我说：'侍奉建要像侍奉我一样。'下臣不才，不能再有二心。奉了起初的命令去对待太子，就不忍心执行您后来的命令。所以要他逃走了。不久我就后悔让他逃这件事了，可是也来不及了。"楚平王说："你敢回来，为什么？"奋扬回答说："被派遣而没有完成使命，召见我又不回来，这是再次违背命令，逃走也没有地方可去。"楚平王说："回城父去吧，继续做你的司马吧。"

【原文】

［传］无极曰："奢之子材，若在吴，必忧楚国，盍以免其父召之。彼仁，必来。不然，将

为患。"王使召之,曰:"来,吾免而父。"棠君尚谓其弟员曰[①]:"尔适吴,我将归死。吾知不逮[②],我能死,尔能报。闻免父之命,不可以莫之奔也;亲戚为戮[③],不可以莫之报也。奔死免父,孝也;度功而行,仁也;择任而往,知也;知死不辟,勇也。父不可弃[④],名不可废[⑤],尔其勉之!相从为愈。"伍尚归。奢闻员不来,曰:"楚君、大夫其旰食乎[⑥]!"楚人皆杀之。

【注释】

①棠:楚国邑名,在今河南遂平西北。尚:伍尚,当时任棠邑大夫。员:即伍员。

②知:同"智"。不逮:不及。

③亲戚:至亲,指父亲。

④父不可弃:兄弟一起逃走就是弃父。

⑤名不可废:兄弟一起殉父,无人报仇,就是废名。

⑥旰食:吃饭晚,不能按时吃晚饭。

【译文】

费无极说:"伍奢的儿子有才能,如果在吴国,一定会使楚国担忧,何不用赦免他们父亲的办法召回他们。他们是孝子,一定回来。不这样,日后定为祸患。"楚平王派人召回他们,说:"回来,我赦免你们的父亲。"棠邑大夫伍尚对他的兄弟员说:"你去到吴国,我打算回去送死。我的才智不如你,我能够死,你能够报仇。听到赦免父亲的命令,不能不赶回去。亲人被杀戮,不能不报仇。赶快回去使父亲赦免,这是孝。估计功效而后行动,这是仁。选择任务而前去,这是智。明知要死而不躲避,这是勇。父亲不能丢掉,名誉不能废弃,你还是继续努力吧!各人不要勉强为好。"伍奢听说伍员不来,说:"楚国的国君、大夫恐怕不能安心吃饭了。"他们都被楚国人杀了。

【原文】

[传]员如吴,言伐楚之利于州于[①]。公子光曰:"是宗为戮,而欲反其仇[②],不可从也。"员曰:"彼将有他志[③],余姑为之求士,而鄙以待之[④]。"乃见鱄设诸焉[⑤],而耕于鄙。

宋元公无信多私[⑥],而恶华、向。华定、华亥与向宁谋曰:"亡愈于死,先诸?"华亥伪有疾,以诱群公子。公子问之,则执之。夏六月丙申,杀公子寅、公子御戎、公子朱、公子固、公孙援、公孙丁,拘向胜、向行于其廪[⑦]。公如华氏请焉,弗许,遂劫之[⑧]。癸卯,取大子栾与母弟辰、公子地以为质。公亦取华亥之子无慼、向宁之子罗、华定之子启,与华氏盟,以为质。

【注释】

①州于:吴王僚。

②反其仇:报其仇。

③他志:别的用心,指想杀僚夺位。

④鄙:乡野。

⑤见:引见。

⑥无信:不守信用,没有信用。多私:凡事多从私心出发。

⑦廪:米仓,谷仓。

⑧劫:劫持。

【译文】

伍员去到吴国,向州于说明攻打楚国的利益。公子光说:“是这个家族被杀戮而想要报私仇,不能听他的。”伍员说:“他将要有别的念头,我姑且为他寻求勇士,而在郊外等着他。”于是就推荐了鱄设诸,自己在边境上种地。

宋元公不讲信用、私心很重,并且讨厌华氏、向氏。华定、华亥和向宁策划说:“逃亡比死强,先下手吗?”华亥假装有病,以引诱公子们。凡是公子去探病,就扣押起来。夏六月初九,杀死公子寅、公子御戎、公子朱、公子固、公孙援、公孙丁,把向胜、向生囚禁在谷仓里。宋元公到华亥氏那里去请求,华氏不答应,反而要乘机劫持元公。十六日,将太子栾和他的同母兄弟辰、公子地作为人质。元公也取得了华亥的儿子无慼,向宁的儿子罗、华定的儿子启,和华氏结盟,把他们作为人质。

【原文】

[传]卫公孟絷狎齐豹,夺之司寇与鄄[①]。有役则反之,无则取之。公孟恶北宫喜、褚师圃,欲去之。公子朝通于襄夫人宣姜,惧,而欲以作乱。故齐豹、北宫喜、褚师圃、公子朝作乱。

初齐豹见宗鲁于公孟,为骖乘焉[②]。将作乱,而谓之曰:“公孟之不善,子所知也,勿与乘，吾将杀之。”对曰：“吾由子事公孟，子假吾名焉，故不吾远也[3]。虽其不善，吾亦知之；抑以利故，不能去，是吾过也。今闻难而逃，是僭子也[4]。子行事乎，吾将死之，以周事子；而归死于公孟，其可也。”

【注释】

①狎：轻慢，怠慢。夺：剥夺。鄄：春秋卫鄄邑。

②骖乘：也作“参乘”。古代乘车时居右边陪乘的人。

③不吾远：不疏远我。

④僭：虚假，不真实的小人之言。

【译文】

卫国的公孟絷轻慢齐豹，剥夺了他的司寇官职和鄄地。有事就让他回去，没事就占取过来。公孟絷讨厌北宫喜、褚师圃，想要除掉他们。公子朝和襄夫人宣姜私通，由于害怕，想乘机发动兵变。所以齐豹、北宫喜、褚师圃、公子朝发动了祸乱。

刚开始的时候，齐豹把宗鲁推荐给公孟絷，做了骖乘。齐豹将要发动祸乱，对宗鲁说：“公孟这个人不好，这是您所知道的，不要和他一起乘车，我将要杀死他。”宗鲁回答说：“我由于您而侍奉公孟絷，您给我美言，所以公孟絷才亲近我。虽然他不好，我也知道，但是由于考虑到利害关系，我还是不能离去，这是我的过错。如果现在听到有祸难就逃走，这就使您当初的美言不可信了。您办您的事吧！我打算为这件事而死，以侍奉您到底；回去死在公孟絷那里，也是可以的。”

【原文】

［传］丙辰，卫侯在平寿。公孟有事于盖获之门外，齐子氏帷于门外，而伏甲焉[1]。使祝蛙寘戈于车薪以当门[2]，使一乘从公孟以出；使华齐御公孟，宗鲁骖乘。及闳中[3]，齐氏用戈击公孟，宗鲁以背蔽之[4]，断肱[5]，以中公孟之肩。皆杀之。

公闻乱，乘，驱自阅门入[6]。庆比御公，公南楚骖乘。使华寅乘贰车[7]。及公宫，鸿駵魋驷乘于公。公载宝以出。褚师子申遇公于马路之衢[8]，遂从。过齐氏，使华寅肉袒[9]，执盖以当其阙。齐氏射公，中南楚之背，公遂出。寅闭郭门[10]，逾而从公。公如死鸟。析朱鉏宵从窦出[11]，徒行从公。

【注释】

①伏甲:谓埋伏武士或军队。

②薪:柴火。当门:挡着城门。

③阂:巷门,曲门。

④蔽:遮住,遮掩。

⑤肱:手臂由肘到肩的部分,指胳膊。

⑥驱:驱车。

⑦贰车:副车。

⑧衢:指十字路口。

⑨肉袒:去衣露体,光着身子。

⑩郭门:外城的门。

⑪窦:洞,指城墙的排水沟。

【译文】

六月二十九日,卫灵公正在平寿,公孟絷在盖获之门外祭祀,齐子氏在门外设置帷帐,在里边埋伏甲士。派祝蛙把戈藏在车上的柴火里挡着城门,派一辆车跟着公孟絷出来。派华齐驾驭公孟的座车,宗鲁做骖乘。到达曲门中,齐氏用戈敲击公孟,宗鲁用背部遮护他,折断了胳臂,戈击中公孟的肩膀。他们被齐氏一起杀掉了。

卫灵公听到动乱的消息,坐上车子,驱车从阅门进入国都。庆比驾车,公南楚做骖乘。派华寅乘坐副车。到达灵公的宫殿,鸿駵魋又坐上卫灵公的车子。灵公装载了宝物而出来,褚师子申在马路的十字路口遇到灵公,就跟上去。经过齐氏那里,让华寅光着上身,拿着车盖遮蔽空当。齐氏用箭射卫灵公,射中公南楚的脊背,卫灵公就逃出国都。华寅关闭城门,跳出城墙跟随卫侯。卫灵公逃到死鸟。析朱鉏夜里从城墙的排水沟里逃出,徒步跟随卫灵公。

【原文】

[传]齐侯使公孙青聘于卫。既出,闻卫乱,使请所聘。公曰:"犹在竟内,则卫君也。"乃将事焉,遂从诸死鸟。请将事。辞曰:"亡人不佞[1],失守社稷,越在草莽[2],吾子无

所辱君命。"宾曰:"寡君命下臣于朝曰:'阿下执事[3]。'臣不敢贰。"主人曰:"君若惠顾先君之好[4],昭临敝邑,镇抚其社稷,则有宗祧在[5]。"乃止。卫侯固请见之。不获命,以其良马见,为未致使故也。卫侯以为乘马。宾将掫[6],主人辞曰:"亡人之忧,不可以及吾子;草莽之中,不足以辱从者。敢辞。"宾曰:"寡君之下臣,君之牧圉也。若不获扞外役,是不有寡君也。臣惧不免于戾,请以除死。"亲执铎[7],终夕与于燎[8]。

【注释】

①亡人:逃亡的人。不佞:没有才能。

②草莽:草野,民间。

③阿下:亲附而卑下之。

④惠顾:恩惠顾及。

⑤宗祧:宗庙。

⑥掫:巡夜打更,巡夜。

⑦铎:大铃。

⑧终夕:整夜。燎:夜猎。

【译文】

齐景公派公孙青到卫国聘问。已经走出国境,听到卫国发生了动乱,派人请示关于聘问的事情。齐景公说:"卫侯还在国境之内,就还是卫国的国君。"于是就奉命行事,跟着到了死鸟。公孙青请求按照命令行聘礼。卫灵公辞谢说:"逃亡的人没有才能,失守了国家,坠落在杂草丛中,没有地方可以让您执行君王的命令。"客人说:"寡君在朝廷上命令下臣说:'卑微地去亲近执事。'下臣不敢违命。"主人说:"君王如果照顾到先君的友好,光照敝邑,帮助我们安定国家,一定要举行聘问礼仪的话,也一定要在宗庙举行。"公孙青就停止了聘问。卫灵公坚决请求见他。公孙青不得已,只好用他的好马作为进见的礼物,这是由于没有执行使命的缘故。卫灵公把公孙青馈送的马作为驾车的马。客人准备在夜里设置警戒,主人辞谢说:"逃亡的人忧虑,不能落到您身上,杂草丛中的人,不足以劳动您。谨敢辞谢。"客人说:"寡君的下臣,就是君王牧牛放马的人。如果得不到在外面警戒的差役,就是心目中没有寡君了。下臣深恐不能免于罪过,请求以此免死。"就亲自拿着大铃,整晚和卫国的巡夜人在一起。

【原文】

[传]齐氏之宰渠子召北宫子。北宫氏之宰不与闻谋,杀渠子,遂伐齐氏,灭之。丁巳晦,公入,与北宫喜盟于彭水之上[①]。秋七月戊午朔,遂盟国人[②]。八月辛亥,公子朝、褚师圃、子玉霄、子高鲂出奔晋。闰月戊辰,杀宣姜。卫侯赐北宫喜谥曰贞子,赐析朱鉏谥曰成子,而以齐氏之墓予之。

卫侯告宁于齐,且言子石。齐侯将饮酒,遍赐大夫曰[③]:"二三子之教也。"苑何忌辞,曰:"与于青之赏,必及于其罚。在《康诰》曰,父子兄弟,罪不相及,况在群臣?臣敢贪君赐以干先王[④]?"

【注释】

①彭水:在河南鲁山县东南。

②国人:指本国的人。

③遍赐:普遍赏赐。

④干:冒犯。

【译文】

齐氏的家臣渠子召见北宫喜。北宫喜的家臣不让他知道密谋的事,谋划杀死渠子,并乘机攻打齐氏,消灭了他们。六月三十日,卫灵公进入国都,和北宫喜在彭水边盟誓。秋七月初一,就和国内的人们盟誓。八月二十五日,公子朝、褚师圃、子玉霄、子高鲂逃亡到晋国。闰八月十二日,杀死宣姜。卫灵公赐给北宫喜的谥号叫贞子,赐给析朱鉏的谥号叫成子,而且把齐氏的墓地给了他们。

卫灵公向齐国报告国内安定,同时述说公孙青的有礼。齐景公将要喝酒,把酒普遍赏赐给大夫们,说:"这是诸位的教导。"苑何忌辞谢不喝,说:"参与了对公孙青的赏赐,将来也必然同受惩罚。在《康诰》上说,父子兄弟,罪过互不相干,何况在群臣之间?下臣怎么敢贪图君王的赏赐以违背先王呢?"

【原文】

[传]琴张闻宗鲁死,将往吊之。仲尼曰:"齐豹之盗,而孟絷之贼,女何吊焉?君子不

食奸,不受乱,不为利疚于回,不以回待人,不盖不义,不犯非礼。"

宋华、向之乱,公子城、公孙忌、乐舍、司马强、向宜、向郑、楚建、郳申出奔郑。其徒与华氏战于鬼阎[1],败子城。子城适晋。

【注释】

①鬼阎:在河南西华县东北,一名阎亭。

【译文】

琴张听说宗鲁死了,打算去吊唁。孔子说:"齐豹所以成为坏人,孟絷所以被害,都是由于他的缘故,你为什么还要去吊唁呢?君子不吃坏人的俸禄,不接受动乱,不为了利而受到邪恶的腐蚀,不用邪恶对待别人,不掩盖不义的行为,不做出非礼的事情。"

宋国华氏、向氏作乱,公子城、公子忌、乐舍、司马强、向宜、向郑、楚建、郳申逃亡到郑国。他们的党羽和华氏在鬼阎作战,子城被打败。子城去了晋国。

【原文】

[传]华亥与其妻,必盥而食所质公子者而后食[1]。公与夫人每日必适华氏,食公子而后归。华亥患之,欲归公子。向宁曰:"唯不信,故质其子。若又归之,死无日矣。"公请于华费遂,将攻华氏。对曰:"臣不敢爱死,无乃求去忧而滋长乎[2]!臣是以惧,敢不听命?"公曰:"子死亡有命,余不忍其詢。"冬十月,公杀华、向之质而攻之。戊辰,华、向奔陈,华登奔吴。向宁欲杀大子。华亥曰:"干君而出,又杀其子,其谁纳我?且归之有庸[3]。"使少司寇轻以归[4],曰:"子之齿长矣,不能事人。以三公子为质,必免。"公子既入,华轻将自门行。公遽见之,执其手,曰:"余知而无罪也,入,复而所[5]。"

【注释】

①盥:盥洗。食:供养,拿东西给人吃。质:人质。

②滋长:繁衍生长。

③庸:功劳。

④少司寇:周官名。司寇的属官,为司寇的副贰。

⑤复而所:恢复你的官职。而:尔,你。

【译文】

华亥和他的妻子，一定要盥洗干净、伺候作为人质的公子吃完饭以后才吃饭。宋元公和夫人每天一定到华氏那里，让公子吃完以后才回去。华亥担心这种情况，想要让公子回去。向宁说："正因为元公缺乏信用，所以把他的儿子作为质。如果又让他回去，死期就很快来到了。"宋元公向华费遂请求，准备攻打华氏。华费遂回答说："下臣不敢爱惜一死，恐怕是想要去掉忧虑反而滋长忧虑吧！下臣因此恐惧，怎么敢不听命令？"宋元公说："太子们的生死自有天命，我不能忍受他们受侮辱。"冬十月，宋元公杀了华氏、向氏的人质而攻打这两家。十三日，华氏、向氏逃亡到陈国，华登逃亡到吴国。向宁想要杀死太子。华亥说："触犯了国君而出逃，又杀死他的儿子，还有谁肯接纳我们？不如放他们回去立功赎罪。"派少司寇轻带着公子们回去，说："您的年岁大了，不能再侍奉别人。用三个公子作为证明，一定可以免罪。"公子们进入国都，华轻将要从公门出走。宋元公急忙接见他，拉着他的手，说："我知道你没罪，进来，我打算恢复你的官职。"

【原文】

[传]齐侯疥，遂痁，期而不瘳[①]。诸侯之宾问疾者多在。梁丘据与裔款言于公曰："吾事鬼神丰[②]，于先君有加矣。今君疾病，为诸侯忧，是祝、史之罪也。诸侯不知，其谓我不敬，君盍诛于祝固、史嚚以辞宾？"公说，告晏子。晏子曰："日宋之盟，屈建问范会之德于赵武。赵武曰：'夫子之家事治[③]；言于晋国，竭情无私[④]。其祝、史祭祀，陈信不愧；其家事无猜，其祝、史不祈[⑤]。'"建以语康王。康王曰："神、人无怨，宜夫子之光辅五君以为诸侯主也。"公曰："据与款谓寡人能事鬼神，故欲诛于祝、史，子称是语，何故？"

【注释】

①疥：疥疮。痁：疟疾。瘳：痊愈。

②鬼神：鬼怪和神灵。丰：丰厚。

③家事：家族中的事务。治：整治，修治，指井然有序。

④竭情：尽心。

⑤祈：祈求。

【译文】

齐景公生了疥疮，还有疟疾，一年之内都没有痊愈。诸侯派来问候的客人很多。梁丘据和裔款对齐景公说："我们侍奉鬼神很丰厚，比先君已经有所增加了。现在君王病得这么严重，成为诸侯的忧虑，这是祝、史的罪过。诸侯不了解，恐怕要认为我们不敬鬼神，君王何不诛戮祝固、史嚚以辞谢客人？"齐景公很高兴，告诉晏子。晏子说："从前在宋国的盟会，屈建向赵武询问范会的德行。赵武说：'他老人家家族中的事务井然有序，在晋国说话，竭尽自己的心意而没有个人打算。他的祝、史祭祀，向鬼神陈说实际情况不羞愧。他的家族中没有可猜疑的事情，所以他的祝、史也不向鬼神祈求。'"屈建把这些话告诉康王。康王说："神和人都没有怨恨，他老人家辅助五位国君而作为诸侯的主人就是很相宜的了。"齐景公说："据和款认为寡人能够侍奉鬼神，所以要诛戮祝、史，您提出这些话，是什么原因？"

【原文】

[传]对曰："若有德之君，外内不废[①]，上下无怨，动无违事[②]，其祝、史荐信[③]，无愧心矣。是以鬼神用飨，国受其福，祝、史与焉。其所以蕃祉老寿者[④]，为信君使也[⑤]，其言忠信于鬼神[⑥]。其适遇淫君，外内颇邪[⑦]，上下怨疾，动作辟违，从欲厌私[⑧]，高台深池，撞钟舞女[⑨]。斩刈民力[⑩]，输掠其聚[⑪]，以成其违，不恤后人。暴虐淫从，肆行非度[⑫]，无所还忌，不思谤讟，不惮鬼神。神怒民痛，无悛于心[⑬]。其祝、史荐信，是言罪也；其盖失数美，是矫诬也[⑭]。进退无辞，则虚以求媚。是以鬼神不飨其国以祸之，祝、史与焉。所以夭昏孤疾者，为暴君使也，其言僭嫚于鬼神[⑮]。"公曰："然则若之何？"对曰："不可为也：山林之木，衡鹿守之[⑯]；泽之萑蒲，舟鲛守之[⑰]；薮之薪蒸，虞候守之[⑱]；海之盐、蜃，祈望守之。县鄙之人，入从其政；偪介之关，暴征其私；承嗣大夫，强易其贿。布常无艺，征敛无度；宫室日更，淫乐不违。内宠之妾，肆夺于市；外宠之臣，僭令于鄙。私欲养求，不给则应。民人苦病，夫妇皆诅[⑲]。祝有益也，诅亦有损。聊、摄以东，姑、尤以西，其为人也多矣。虽其善祝，岂能胜亿兆人之诅？君若欲诛于祝、史，修德而后可。"公说，使有司宽政，毁关，去禁，薄敛，已责。

【注释】

①外内：外部和内部，这里指国家和宫里。废：荒废，废弛。

②违事:指违背礼仪的事。

③荐信:进陈实情。

④蕃祉:多福。

⑤信君:诚实的国君。

⑥忠信:忠诚信实。

⑦颇邪:偏颇邪恶。

⑧从欲:服从于自己的私欲。

⑨撞钟舞女:指奏乐歌舞。

⑩斩刈:砍伐。

⑪输掠:掠取。

⑫肆行:恣意妄为。

⑬无悛:不悔改。

⑭矫诬:谓假借名义以行诬罔,虚妄。

⑮僭嫚:欺诈轻侮。

⑯衡鹿:官名。守护山林之官。

⑰萑蒲:盗贼常聚集于萑蒲所生之地,故亦用以指盗贼出没之处。舟鲛:古代掌管薮泽的官。

⑱薪蒸:薪柴。虞候:古官名,守望山泽之官。

⑲诅:诅咒。

【译文】

晏子回答说:"如果是有德行的君主,国家和宫里的事情都没有荒废,上下没有怨恨,举动没有违背礼仪的事,他的祝、史向鬼神陈述实际情况,就没有惭愧之心了。所以鬼神享用祭品,国家受到鬼神所降的福祉,祝、史也有一份。他们所以繁衍有福、健康长寿,由于是诚实的国君的使者,他们的话对鬼神忠诚信实。他们如果恰好碰上放纵的国君,外部和内部都很邪恶,上下怨恨嫉妒,举动邪僻悖理,放纵欲望满足私心,高台深池,奏乐歌舞,滥用民力,掠夺百姓的积蓄,以这些行为铸成过错,而不体恤后代。暴虐放纵,随意行动没有法度,无所顾忌,不考虑怨恨,不害怕鬼神。神发怒而百姓痛恨,在心里还不肯改悔。他的祝、史陈说实际情况,这是报告国君的罪过。他们掩盖过错、专说好事,这是虚诈欺骗，真假都不能说明白，只好陈述不相干的空话来向鬼神讨好，所以鬼神不享用他们国家的祭品，还让它发生祸难，祝、史也有一份。他们所以夭折患病，由于是暴虐的国君的使者，他们的话对鬼神欺诈轻侮。”齐景公说：“那么怎么办？”晏子回答说：“没法办了。山林中的树木，衡鹿看守它。洼地里的芦苇，舟鲛看守它。草野中的柴火，虞候看守它。大海中的盐蛤，祈望看守它。偏僻地方的人，也进来管理政事。邻近国都的关卡，横征暴敛。世袭的大夫，强买货物。发布政令没有准则，征收赋税没有节制，宫室每天轮换着住，荒淫作乐不肯离开。里边的宠妾，在市场上肆意掠夺，外边的宠臣，在边境上假传圣旨。奉养自己、追求玩好这些私欲，下边不能满足就立即治罪。百姓痛苦困乏，丈夫妻子都在诅咒。祝祷有好处，诅咒却只会带来害处。聊地、摄地以东，姑水、尤水以西，人口多得很呢。虽然祝、史善于祝祷，难道能胜过亿兆人诅咒？君王如果要诛戮祝、史，只有修养德行然后才可以。”齐景公很高兴，让官吏放宽政令，毁掉关卡，废除禁令，减轻赋税，减免了对公家的积欠。

【原文】

[传]十二月，齐侯田于沛[1]，招虞人以弓[2]，不进。公使执之。辞曰：“昔我先君之田也，旃以招大夫[3]，弓以招士，皮冠以招虞人[4]。臣不见皮冠，故不敢进。”乃舍之。仲尼曰：“守道不如守官。”君子韪之。

【注释】

①沛：泽名，沛泽。

②虞人：古掌山泽苑囿之官。

③旃：赤色的曲柄旗。

④皮冠：古代打猎时戴的帽子。

【译文】

十二月，齐景公在沛泽打猎，用弓召唤虞人，虞人没有来。齐景公派人扣押了他，虞人辩解说：“从前我们先君打猎的时候，用红旗召唤大夫，用弓召唤士，用皮冠召唤虞人。下臣没有见到皮冠，所以不敢进见。”齐景公于是就赦免了虞人。孔子说：“恪守君臣之道，不如恪守为官之礼。”君子认为说得对。

【原文】

[传]齐侯至自田[①],晏子侍于遄台[②],子犹驰而造焉[③]。公曰:“唯据与我和夫!”晏子对曰:“据亦同也,焉得为和?”公曰:“和与同异乎?”对曰:“异。和如羹焉[④],水、火、醯、醢、盐、梅[⑤],以烹鱼肉,燀之以薪[⑥],宰夫和之[⑦],齐之以味,济其不及[⑧],以泄其过[⑨]。君子食之,以平其心。君臣亦然。君所谓可而有否焉,臣献其否[⑩],以成其可;君所谓否而有可焉,臣献其可,以去其否,是以政平而不干,民无争心。故《诗》曰:‘亦有和羹,既戒既平。鬷嘏无言,时靡有争[⑪]。’先王之济五味、和五声也[⑫],以平其心,成其政也。声亦如味,一气,二体,三类,四物,五声,六律,七音,八风,九歌[⑬],以相成也。清浊、小大,短长、疾徐,哀乐,刚柔,迟速、高下,出入、周疏,以相济也。君子听之,以平其心。心平,德和,故《诗》曰:‘德音不瑕。[⑭]’今据不然。君所谓可,据亦曰可;君所谓否,据亦曰否。若以水济水,谁能食之?若琴瑟之专壹,谁能听之?同之不可也如是。”

【注释】

①齐侯:齐指景公。

②遄台:国地名,在今山东临淄附近。

③子犹:齐国大夫梁丘据的字。造:到,往。

④羹:调和五味(醋、酱、盐、梅、菜)做成的带汁的肉。

⑤醯:醋。醢:用肉、鱼等做成的酱。梅:梅子。

⑥燀:烧煮。

⑦和:调配使味道适中。

⑧济:增加,添加。

⑨泄:减少。过:过分,过重。

⑩献:进言指出。

⑪出自《诗·商颂·烈祖》。戒:具备,意思是指五味全。鬷通“奏”,进献。嘏:通“假”。至:指神灵来到。无言:指肃敬。

⑫济:指相辅相成。五味:指酸、甜、苦、辣、咸五种味道。五声:指宫、商、角、徵、羽五个音阶。

⑬一气:空气,指声音要用气来发动。二体:指舞蹈的文舞和武舞。三类:指《诗》中

的风、雅、颂三部分。四物：四方之物，指乐器用四方之物做成。五声：即五音。六律：指用来确定声音高低清浊的六个阳声，即黄钟、太簇、姑洗、蕤宾、夷则、无射。七音：指宫、商、角、徵、羽、变宫、变徵七种音阶。八风：八方之风。九歌：可以歌唱的九功之德，即水、火、木、金、土、谷、正德、利用、厚生。

⑭这句诗出自《诗·豳风·狼跋》。德音：本指美德，这里借指美好的音乐。瑕：玉上的斑点，这里指缺陷。

【译文】

齐景公从打猎的地方回来，晏子在遄台侍候，梁丘据驱车来到。齐景公说："唯有据跟我和谐啊！"晏子回答说："据也只不过相同而已，哪里说得上和谐？"齐景公说："和谐跟相同不一样吗？"晏子回答说："不一样。和谐好像做羹汤，用水、火、醋、酱、盐、梅来烹调鱼和肉，用柴火烧煮，厨工加以调和，使味道适中，味道太淡就增加调料，味道太浓就加水冲淡。君子喝汤，内心平静。君臣之间也是这样。国君所认为可行而其中有不行的，臣下指出它可行的地方，并指出它的不行的地方而使可行的部分更加完备。国君所以为不行而其中有可行的，臣下指出它的可行的部分并去掉它的不行。因此政事平和而不违背礼仪，百姓没有争夺之心。所以《诗》说：'还有调和的好羹汤，五味具备又适中。敬献神明来享用，上下和睦不争斗。'先王调匀五味、谐和五声，是用来平静他的内心，完成政事的。声音也像味道一样，是由一气、二体、三类、四物、五声、六律、七音、八风、九歌互相组成的。是由清浊、大小、长短、缓急、哀乐、刚柔、快慢、高低、出入、疏密互相调节的。君子听后，内心平静。内心平静，德行就和谐。所以《诗》说：'德音没有缺失'。现在据说不是这样。国君认为行的，据也认为行。国君认为不行的，据也认为不行。如同用清水去调剂清水，谁还能吃它呢？如同琴瑟老弹一个音调，谁去听它呢？不能一味地逢迎，就是这个意思。"

晏子

【原文】

［传］饮酒乐。公曰："古而无死，其乐若何！"晏子对曰："古而无死，则古之乐也，君何得焉？昔爽鸠氏始居此地，季荝因之，有逢伯陵因之，蒲姑氏因之，而后大公因之。古若无死，爽鸠氏之乐，非君所愿也。"

郑子产有疾，谓子大叔曰："我死，子必为政。唯有德者能以宽服民①，其次莫如猛②。夫火烈，民望而畏之，故鲜死焉；水懦弱，民狎而玩之③，则多死焉，故宽难。"疾数月而卒。大叔为政，不忍猛而宽。郑国多盗，取人于萑苻之泽④。大叔悔之，曰："吾早从夫子，不及此。"兴徒兵以攻萑苻之盗⑤，尽杀之。盗少止。

【注释】

①宽：宽仁。

②猛：严厉。

③狎：轻视，轻忽。

④取：同"聚"。人：指强盗。萑苻：湖泽的名称。

⑤徒兵：步兵。

【译文】

喝酒喝得很高兴。齐景公说："从古以来如果没有死亡这回事，人将是多么快乐啊！"晏子回答说："从古以来如果没有死亡，现在的欢乐也是古代人的欢乐了，君王怎么能得到呢？从前爽鸠氏开始居住在这里，接着是季荝沿袭下来，然后有逢伯陵沿袭下来，再后是蒲姑氏沿袭下来，最后太公沿袭下来。自古以来如果没有死亡，那么爽鸠氏就会一直欢乐到现在，这当然就不是君王所希望的啊。"

郑国的子产有病，对子太叔说："我死以后，您一定执政。只有有德行的人能够推行宽松的政策来使百姓服从，再一个办法就莫如严厉。火势猛烈，百姓看着就害怕，所以很少有人死于火。水性懦弱，百姓轻慢并玩弄它，很多人就死在水中。所以政策宽松了也难以治理。"子产病了几个月后便死去了。子太叔执政，不忍心严厉而奉行宽大政策。郑国盗贼很多，聚集在芦苇塘里。太叔后悔，说："我早点听从他老人家的话，就不至于到这一步。"发动士兵攻打芦苇塘里的盗贼，他们全部被杀了，盗贼稍稍收敛。

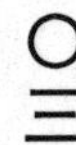

【原文】

[传]仲尼曰:“善哉!政宽则民慢,慢则纠之以猛①。猛则民残,残则施之以宽。宽以济猛②,猛以济宽,政是以和。《诗》曰:‘民亦劳止,汔可小康;惠此中国,以绥四方,③’施之以宽也。‘毋从诡随,以谨无良,式遏寇虐,惨不畏明’④,纠之以猛也。‘柔远能迩,以定我王’⑤,平之以和也。又曰,‘不竞不絿,不刚不柔,布政优优,百禄是遒’⑥,和之至也。”

及子产卒,仲尼闻之,出涕曰:“古之遗爱也⑦。”

【注释】

①纠:矫正。

②济:帮助,调节。

③出自《诗·大雅·民劳》。汔:也许可以。康:安。中国:指京城。绥:安抚。四方:指四方诸侯国。

④出自《诗·大雅·民劳》。从:同“纵”,放纵。诡随:狡诈行骗的人。谨:管束。遏:制止,禁止。寇虐:指抢劫行凶的人。惨:曾,乃。明:法度。

⑤出自《诗·大雅·民劳》。柔:安抚。能:亲善。

⑥出自《诗·商颂·长发》。竞:急。求:缓。优优:温和宽厚的样子。遒:聚集。

⑦涕:眼泪。遗爱:流传下来的慈惠的人。

【译文】

仲尼说:“好呀!政治宽了,人民就要轻慢,轻慢了,再用严厉来纠正他;严厉了,人民就要伤残;伤残了,再用宽来慰抚他,能够用宽容来救济严厉,用严厉来救济宽容,政治所以就和平了。《诗经》上说:‘人民对于苛政,也劳苦到极点了,他们便可稍些安息了,给好处在这中国,借此安宁着四方。’这就是施行宽政的意思啊!‘不可跟着没有正心的人,要留意没有良心的人,借此遏住强暴不怕王法的人。’这是用严厉的方法纠正他的说法啊!‘安慰远地的人,以使近地的依恋着,借此安定王室。’这就是平治他用和的说法啊!又说:‘不要太强;不要太急;不要太硬;不要太软;发布的政治要和平,百禄自然会集来。’这是和平到极顶的意思啊!”等到子产死掉以后,仲尼听到这个消息便淌眼泪说:“这是古时留下的仁爱人啊!"

【讲评】

晏子借齐景公得病的机会劝告他放弃了杀死巫祝等神职人员的错误做法,要从自身的行事反省得病之由,这番论述反映了晏子进步的思想认识,即福禄祸患取决于人事而非天道。对于生死的看法,晏子比景公理性,他清楚认识到死亡是人生的自然规律,无须留恋,也无须害怕。正因为认识到"人谁无死",现实的荣华富贵只是过眼云烟,才有叔孙豹等人对人生价值、意义的深入思考,才提出怎么做才能死而不朽,这比当时醉生梦死的贵族们在思想上高出了许多。晏子还比较分析了"和、同"两个概念的根本区别,孔子说"君子和而不同,小人同而不和",要取长补短,百家争鸣,百花齐放,而不是众口一词,人云亦云,前者才是建立和谐关系进而建立和谐社会的关键。分清楚这两个概念,对于我们今天的人际交往、为人处事等都有重要参考意义。

子产治国懂得宽容与严厉的对立统一,明白二者相调和的道理,也深知只有那种很有原则、严于律己、有着高明的政治智慧的人才能收放自如。他了解子太叔的为人原则性不强,不善于见微知著,建议用严刑峻法,这正是爱护百姓的做法。然明没有听从,酿成了盗贼之患。临危不忘国事和人民,对于接班人提出良好的建议,这一点也是子产比管仲高明的地方。所以孔子感慨子产"仁""古之遗爱",盛赞其爱民之心。

昭公二十一年

【原文】

[经]二十有一年春,王三月,葬蔡平公。夏,晋侯使士鞅来聘。宋华亥、向宁、华定自陈入于宋南里以叛。秋七月壬午朔,日有食之。八月乙亥,叔辄卒。冬,蔡侯朱出奔楚。公如晋,至河乃复。

【原文】

[传]二十一年春,天王将铸无射,泠州鸠曰:"王其以心疾死乎!夫乐,天子之职也。夫音,乐之舆也,而钟,音之器也。天子省风[①]以作乐,器以钟之,舆以行之,小者不窕,大

者不槬，则和于物。物和则嘉成。故和声入于耳而藏于心，心亿则乐。窕则不咸，槬则不容，心是以感，感实生疾。今钟柃瓜矣，王心弗堪，其能久乎！”

三月，葬蔡平公。蔡太子朱失位，位在卑。大夫送葬者，归见昭子。昭子问蔡故，以告。昭子叹曰：“蔡其亡乎！若不亡，是君也必不终。《诗》曰：‘不解于位，民之攸塈。’今蔡侯始即位，而适卑，身将从之。”

夏，晋士鞅来聘，叔孙为政。季孙欲恶诸晋，使有司以齐鲍国归费之礼为士鞅。士鞅怒曰：“鲍国之位下，其国小，而使鞅从其牢礼，是卑敝邑也，将复诸寡君。”鲁人恐，加四牢焉，为十一牢。

宋华费遂生华䝙、华多僚、华登、䝙为少司马，多僚为御士，与䝙相恶，乃谮诸公曰：“䝙将纳亡人。”亟言之。公曰：“司马以吾故，亡其良子。死亡有命，吾不可以再亡之。”对曰：“君若爱司马，则如亡；死如可逃，何远之有？”公惧，使侍人召司马之侍人宜僚，饮之酒，而使告司马。司马叹曰：“必多僚也。吾有谗子，而不能杀，吾又不死。抑君有命，可若何？”乃与公谋逐华䝙，将使田孟诸而遣之。公饮之酒，厚酬之，赐及从者。司马亦如之。张匄尤之，曰：“必有故。”使子皮承宜僚以剑而讯之，宜僚尽以告。张匄欲杀多僚，子皮曰：“司马老矣，登之谓甚，吾又重之，不如亡也。”五月丙申，子皮将见司马而行，则遇多僚御司马而朝。张匄不胜其怒，遂与子皮、臼任、郑翩杀多僚，劫司马以叛，而召亡人。壬寅，华、向人。乐大心，丰愆、华牼御诸横。华氏居卢门，以南里叛。六月庚午，宋城旧鄘及桑林之门而守之。

秋七月壬午朔，日有食之。公问于梓慎曰：“是何物也？祸福何为？”对曰：“二至二分，日有食之，不为灾。日月之行也，分，同道也；至，相过也。其他月则为灾，阳不克也，故常为水。”于是叔辄哭日食。昭子曰：“子叔将死，非所哭也。”八月，叔辄卒。

冬十月，华登以吴师救华氏。齐乌枝鸣戍宋。厨人濮曰：“《军志》有之，‘先人有夺人之心，后人有待其衰。’盍及其劳且未定也伐诸，若入而固，则华氏众矣，悔无及也。”从之。丙寅，齐师、宋师败吴师于鸿口，获其二帅公子苦雉、偃州员。华登帅其余以败宋师。公欲出，厨人濮曰：“吾小人，可藉死，而不能送亡，君请待之。”乃徇曰：“扬徽者，公徒也。”众从之。公自扬门见之，下而巡之曰：“国亡君死，二三子之耻也，岂专孤之罪也？”齐乌枝鸣曰：“用少莫如齐致死，齐致死莫如去备。彼兵多矣，请皆用剑。”从之。华氏北，复即之。厨人濮以裳裹首，而荷以走，曰：“得华登矣！”遂败华氏于新里。翟偻新居于新里，既战，说甲于公而归。华妵居于公里，亦如之。

十一月癸未，公子城以晋师至。曹翰胡会晋荀吴、齐苑何忌、卫公子朝救宋。丙戌，与华氏战于赭丘。郑翩愿为鹳，其御愿为鹅。子禄御公子城，庄堇为右。干犨御吕封人华豹，张匄为右。相遇，城还。华豹曰："城也！"城怒，而反之。将注，豹则关矣。曰："平公之灵，尚辅相余！"，豹射，出其间。将注，则又关矣。曰："不狎，鄙。"抽矢，城射之，殪。张匄抽殳而下，射之，折股。扶伏[2]而击之，折轸。又射之，死。干犨请一矢，城曰："余言女于君。"对曰："不死伍乘，军之大刑也。干刑而从子，君焉用之？子速诸！"乃射之，殪。大败华氏，围诸南里。华亥搏膺[3]而呼，见华貙，曰："吾为栾氏矣！"貙曰："子无我迋，不幸而后亡。"使华登如楚乞师，华貙以车十五乘、徒七十人犯师而出，食于睢上，哭而送之，乃复入。楚薳越帅师将逆华氏，太宰犯谏曰："诸侯唯宋事其君。今又争国，释君而臣是助，无乃不可乎！"王曰："而告我也后，既许之矣。"

蔡侯朱出奔楚。费无极取货于东国，而谓蔡人曰："朱不用命于楚，君王将立东国。若不先从王欲，楚必围蔡。"蔡人惧，出朱而立东国。朱诉于楚，楚子将讨蔡。无极曰："平侯与楚有盟，故封。其子有二心，故废之。灵王杀隐太子，其子与君同恶，德君必甚。又使立之，不亦可乎？且废置在君，蔡无他矣。"

公如晋，及河。鼓叛晋，晋将伐鲜虞，故辞公。

【注释】

①省风：省察民风状况。

②搏膺：拍胸。

③迋：恐惧。

【译文】

二十一年春天，周天子准备铸造无射大钟。泠州鸠将："天子大概会因为心病而死去哟！声音，是音乐的车厢；而钟，是发音的器物。天子考察风俗因而制作乐曲，用乐器来汇聚它，用声音来表达它，小的乐器发音不纤细，大的乐器发音不粗犷，那样便让所有事物和谐。所有事物和谐，美好的音乐才能完成。故而和谐的声音进入耳朵而藏在心里，心安便快乐。纤细就不能让四处都听见，粗犷便不能忍受，内心故而感到不安，不安便会生病。如今钟声粗犷，天子的内心受不住，难道可以长久吗？"

三月，安葬蔡平公。蔡国的太子朱没有站到葬礼中应站的位置上，站到下面。大夫

中送葬的回来,觐见昭子问蔡国葬礼的事情,送葬的大夫便把当时的情况告诉昭子,昭子叹气说:"蔡国或许要亡了吧!要是不亡,这个国君必定不得好死。《诗》说:'在他的地位上不懈怠,民众就可以休息。'如今蔡侯刚刚即位便站到下面去,他自己也会跟着垮下去的。"

夏天,晋国的士鞅前来聘问,叔孙主持接待。季孙存心获罪于晋国,让官吏用齐国的鲍国回费地的礼节款待士鞅。士鞅生气,说:"鲍国的地位低,他的国家小,如今让我接受招待他所用七牢的礼节,这是轻视敝邑,我即将向寡君汇报。"鲁国人恐惧,增加四牢,使用了十一牢。

宋国的华费遂生了华、华多僚、华登。华做少司马,华多僚做御士,跟华不和,便在宋公面前诬陷说:"华想要接纳逃亡的人。"多次说这些话,宋元公说:"司马因为我的原因,使他的儿子逃亡。死跟逃亡都是命中注定,我不能再让他的儿子逃亡。"华多僚答复说:"君王要是爱惜司马,便应该逃亡。死要是能够逃避,哪有什么远不远?"宋元公害怕,让侍者召来司马的侍者宜僚,给他酒喝,让他告诉司马驱逐华。司马感叹说:"必定是多僚干的。我有一个造谣的儿子而不能杀害他,我又不死,国君有了命令,怎么办?"就跟宋元公商量驱赶华,准备让他在孟诸打猎时打发他走。宋元公给他酒喝,厚厚的送给他礼物,还奖赏跟从的人。司马也如宋元公一样,张匄感觉奇怪,说:"必定有原因。"让华用剑架在宜僚脖子上询问他,宜僚把话全说出来,张匄想要杀掉多僚,华讲:"司马年老了,华登的逃跑已经很伤他的心,我又加重了他的伤心,不如逃跑。"五月十四日,华预备进见司马以后而动身,在朝廷上碰到多僚为司马驾车上朝,张匄不能抑制自己的气愤,就和华、白任、郑翩杀死多僚,劫持了司马叛变,召集逃跑的人。二十日,华氏、向氏回来,乐大心、丰愆、华牼在横地抵抗他们。华氏住在卢门,带着南里的人叛变。六月十九日,宋国修缮旧城跟桑林之门用来据守。

秋七月初一,出现日食。鲁昭公问梓慎说:"这是什么事?是什么样的祸福?"梓慎答复说:"冬至夏至、春分秋分,出现日食,不是灾祸。日月的运行,在春分秋分的时候,黄道跟赤道交点一样;在夏至冬至的时候,相交点远。其他的月份要出现灾祸,由于阳气不胜,故而经常出现水灾。"在那个时候叔辄由于出现日食号哭,昭子说:"叔辄快死了,由于这是不应当哭的事情。"八月,叔辄死了。

冬十月,华登领着吴军救援华氏,齐国的乌枝鸣在宋国防守,厨邑大夫濮说:"《军志》有这样的话:'先发制人能够摧毁敌人士气,后发制人要等待敌人士气衰竭。'何不乘他们疲劳和没有安定而进攻？要是敌人已经进来并且稳住，华氏的人便多了，我们就后悔不及了。”乌枝鸣听从了。十七日，齐军、宋军在鸿口打败吴军，抓捕他们两个将领公子苦、偃州员。华登领着余部击败宋军。宋元公想要逃跑，厨邑大夫濮说：“我是小人，能够为君王死难，而不能护送君王逃亡，请君王等候一下。”于是就巡视全军说：“挥舞旗帜的，是国君的战士。”大众依他的话挥舞旗帜，宋元公在扬门上见到这种情况，下城巡察，说：“国家亡，国君死，这是各位的耻辱，岂独是我一人的过错呢？”齐国的乌枝鸣说：“使用少量的兵力，最好是一块拼命，而一块拼命，最好是撤运守备。他们的武器多得很，建议我军都用剑跟他们作战。”宋公听从了。华氏败走，宋军、齐军又追上去，厨邑大夫濮用裙子包着砍下的脑袋，扛在肩上快跑，说：“杀害华登了！”于是便在新里击败了华氏，翟偻新住在新里，战斗开始之后，到宋元公那儿脱下盔甲而依附。华住在宫里，也如翟偻新一样。

十一月初四日，公子城领着晋军来到，曹国翰胡会合晋国荀吴、齐国苑何忌、卫国公子朝救助宋国，初七日，跟华氏在赭丘作战，郑翩希望摆成鹳阵，他的侍御者想要摆成鹅阵，子禄为公子城驾驶战车，庄堇作为车右，干为吕地封人华豹驾驶车，张匄作为车右。两车相逢，公子城退了回去，华豹大喊说：“城啊！”公子城生气，转回来，即将装上箭，而华豹已经拉开了弓。公子城讲：“平公的威灵，还在保佑我！”华豹射箭，穿过公子城跟子禄之间，公子城又要搭上箭，华豹又已经拉开了弓，公子城讲：“不让我还手，卑鄙啊！”华豹从弓上抽下箭，公子城一箭射去，把华豹射杀，张抽出殳下车，公子城一箭射去，射断张的腿，张爬过来用殳敲断了公子城的车轸，公子城又发了一箭，张死去，干请求给他一箭，公子城讲：“我替你向国君说情。”干答复说：“不跟战友一块战死，这是犯了军队中的大法，犯了法而跟随您，君王哪儿用得着我？您快点吧！”于是公子城便射了他一箭，射死了。宋军、齐军把华氏击得大败，包围南里，华亥拍着胸脯大喊，觐见华，说：“我们成了晋国的栾氏了。”华说：“您不要吓唬我，遭遇倒霉才会死呢。”派华登到楚国请求出兵，华领着战车十五辆，步兵七十人突围而出，在睢水岸边吃饭，哭着送走华登，便再次冲进包围圈。楚国的越领着军队打算迎接华氏，太宰犯进谏说：“诸侯之中唯有宋国的臣下还侍奉着国君，如今又争夺国政，丢开国君帮助臣下，恐怕不能吧！”楚平王说：“你对我说晚了，已经同意他们了。”

蔡侯朱逃跑到楚国。费无极得到东国的财礼，对蔡国人讲：“朱不听楚国的命令，君王即将立东国做国君，要是不先顺从君王的愿望，楚国必定包围蔡国。”蔡国人恐惧，赶走朱而立了东国，朱向楚国控诉，楚平王准备征讨蔡国。费无极辩：“蔡平侯跟楚国有盟约，

故而封地，他的儿子有二心，故而废除他。灵王杀害隐太子，隐太子的儿子和君王有共同的仇人，必定会感谢君王。如今又让他立为国君，不也是能够的吗？并且废、立的权操在君王手里，蔡国便没有别的念头了。”

昭公去到晋国，抵达黄河。鼓地背叛晋国，晋国准备攻击鲜虞，故而辞谢了昭公。

【讲评】

先秦的音乐与礼仪制度结合紧密，对于乐队的规模、乐曲的演奏等都有一定之规。贵族非常重视礼乐，孔子本人就很看重音乐教育，说“兴于诗，立于礼，成于乐”（《论语·泰伯》），以音乐为人格修养的最高境界。所以《左传》中多次记述和谈论到有关音乐的事例。在周景王铸造无射钟的事件中，大臣从音乐的和谐谈到国家的政治，并预言这种不和谐的乐器会葬送天子的生命，结果居然应验了。

昭公二十二年

【原文】

[经]春，齐侯伐莒。

[传]春王二月，甲子，齐北郭启[①]帅师伐莒，莒子将战，苑羊牧之[②]谏曰：“齐帅贱，其求不多，不如下之，大国不可怒也。”弗听，败齐师于寿馀[③]。齐侯伐莒，莒子行成，司马竈[④]如莒涖盟，莒子如齐涖盟。盟于稷门之外，莒于是乎大恶其君。

[经]宋华亥、向宁、华定自宋南里出奔楚。

[传]楚薳越使告于宋曰：“寡君闻君有不令之臣为君忧，无宁以为宗羞[⑤]，寡君请受而戮之。”对曰：“孤不佞，不能媚于父兄，以为君忧，拜命之辱。抑君臣日战，君曰余必臣是助，亦唯命。人有言曰，唯乱门之无过，君若惠保敝邑，无亢不衷[⑥]，以奖乱人，孤之望也，唯君图之。”楚人患之。诸侯之戍谋曰：“若华氏知困而致死，楚耻无功而疾战，非吾利也，不如出之以为楚功，其亦能无为也已。救宋而除其害，又何求？”乃固请出之，宋人从之。己巳，宋华亥、向宁、华定、华貙、华登、皇奄、伤省、臧士平出奔楚。宋公使公孙忌为大司马[⑦]，边卬[⑧]为大司徒，乐祁[⑨]为司马，仲几[⑩]为左师，乐大心[⑪]为右师，乐輓[⑫]为大司寇，以靖国人。

[经]大蒐于昌间[13]。

[经]夏四月乙丑天王崩。

[传]王子朝宾起[14]有宠于景王,王与宾孟说之,欲立之。刘献公之庶子伯瓮事单穆公[15],恶宾孟之为人也,愿杀之,又恶王子朝之言,以为乱,愿去之。宾孟适郊,见雄鸡,自断其尾,问之侍者,曰:"自惮其牺也[16]。"遽归告王,且曰:"鸡其惮为人用乎?人异于是。牺者实用人,人牺实难,己牺何害[17]?"王弗应。夏四月,王田北山[18],使公卿皆从,将杀单子、刘子[19]。王有心疾,乙丑崩于荣锜氏[20]。戊辰,刘子挚卒,无子,单子立刘瓮。五月庚辰,见王[21],遂攻宾起杀之,盟群王子于单氏。

[传]晋之取鼓也,既献[22],而反鼓子焉,又叛于鲜虞[23]。六月,荀吴略东阳[24],使师伪籴者,负甲以息于昔阳[25]之门外,遂袭鼓灭之,以鼓子鸢鞮归,使涉佗[26]守之。

【注释】

①北郭启:齐大夫。

②苑羊牧之:莒大夫。

③寿馀:《大事表》说:"在今山东省安丘市境。"

④司马竈:齐大夫。

⑤无宁以为宗羞:宁可做华氏宗庙的羞耻。

⑥无亢不衰:不保护不忠正的人。

⑦公孙忌为大司马:替代华费遂。

⑧边卬:宋平公的曾孙,替代华定。

⑨乐祁:子罕的孙子。

⑩仲几:仲左的孙子替代向宁。

⑪乐大心:替代华亥。

⑫乐輓:子罕的孙子。

⑬此经无传。

⑭王子朝宾起:王子朝是景王的长庶子。宾起王子朝的师傅。

⑮单穆公:是单旗。

⑯自惮其牺也:它是怕做祭宗庙的牺牲。

⑰己牺何害:拿自己亲属做牺牲有什么害处。意思是使王宠爱王子朝,使他能得立

为王。

⑱北山：洛阳的北芒。

⑲单子、刘子：因为他们两人不愿意立子朝，所以想乘田猎杀他们。

⑳荣锜氏：杜预注："河南巩县有荣锜涧。"

㉑见王：见王猛。

㉒既献：献给宗庙。

㉓又叛于鲜虞：又叛了晋国改属鲜虞。

㉔东阳：自朝歌以北至中山为东阳，即今自河南淇县，北至河北正定。

㉕昔阳：鼓国之地，见昭公十二年昔阳及肥。

㉖涉佗：是晋大夫。

【译文】

昭公二十二年春王二月甲子，齐大夫北郭启率领军队讨伐莒国，莒子将作战，莒大夫苑羊牧之谏说："齐国的统帅很贱，他的要求必定不多，不如我们降下，大国不可以使他发怒。"不听从，在寿馀这地方打败了齐国军队。齐侯因为生气，又讨伐莒国，莒子要求和平，齐大夫司马竈到莒国参加盟会，莒子到齐国去盟会，在稷门的外面会盟，莒国人因此就对他的君大怨恨。

楚国薳越派人去告诉宋国说："寡君听人说你有一个不好的臣，使你忧愁，并且为宗庙的羞耻，寡君愿意把他们拿去杀戮。"回答说："我不好，不能对于父兄们献媚，因此使君也忧虑，拜谢你派来人命令。但是君臣天天打仗，你说我只是帮着臣子，那么我们只好听命。人常说的，不要在祸乱的门口经过，你要保护敝邑，不保护不正的人，以奖劝乱人，这是我所希望的，请你再想一想。"这种话楚人很以为患。诸侯的戍兵计谋说："要是华氏知道无生路而去拼死命，楚国以没有功劳为羞辱，而赶快的打仗，这全不合我们的利益，不如使华氏他们出去，以作为楚国的功劳，华氏大约也不能再为宋国的祸患。这样救宋国而除掉他的祸害，哪还有何要求呢？"就坚决请求让华氏向氏离去，宋国人就答应他们。己巳，宋国华亥、向宁、华定、华貙、华登、皇奄、伤省、臧士平逃奔到楚国。宋公派公孙忌替代华费遂作大司马，边邛替代华定做大司徒，乐祁做司马，仲几替代向宁做左师，乐大心代华亥做右师，乐輓做大司寇，以安定宋国人民。

鲁国在昌间大蒐。

王子朝宾起被周景王所宠爱，王告诉宾起说想立王子朝为太子。刘献公的庶子刘蚠事奉单旗，他很反对宾起的做人，愿意把他杀掉，又很不喜欢王子朝的话，以为可以作乱，愿意去掉他。宾起到郊外去，看见雄鸡，自己去掉它的尾巴，问侍从的人，侍从的人说："这是它不愿意作祭宗庙的牺牲。"回去就告诉王说："鸡恐怕不愿意为人所用？人就与这不同。做牺牲实在要用人，用疏远的人做牺牲实在很难，用自己亲属做牺牲有什么害处呢？"周景王不回答他。夏四月，王到北芒山去打猎，使公卿们都随着去，将把单子、刘子杀掉。王有心病，乙丑死在荣锜氏家中。戊辰这天，刘子挚死了，他没有儿子，单子就立了他的庶子刘蚠。五月庚辰，使他见王猛，就攻打宾起，并杀了他，同各王子在单氏盟誓。

晋国占据了鼓那地方以后，既然把鼓子献到晋国的宗庙，又将他送还鼓国，后来他又对晋国反叛，而改属于鲜虞。六月，荀吴经略东阳，使军队假装着买粮食的人，背负着甲胄，在昔阳的门外去休息，就偷袭了鼓国，把他灭掉，把鼓子鸢鞮带回到鲁国，使晋国大夫涉佗看守鼓这地方。

【原文】

[经]六月，叔鞅如京师，葬景王，王室乱。

[经]刘子、单子以王猛居于皇。

[经]秋刘子、单子以王猛入于王城。

[经]冬十月王子猛卒。

[传]丁巳，葬景王。王子朝因旧官百工[1]之丧职秩者，与灵景之族以作乱，帅郊要饯[2]之甲，以逐刘子[3]。壬戌，刘子奔扬，单子逆悼王[4]于庄宫以归。王子还[5]夜取王以如庄宫。癸亥，单子出。王子还与召庄公谋[6]，曰："不杀单旗不捷，与之重盟必来，背盟而克者多矣。"从之。樊顷子[7]曰："非言也，必不克。"遂奉王以追单子[8]。及领[9]，大盟而复，杀挚荒以说。刘子如刘，单子亡，乙丑，奔于平畤[10]，群王子追之，单子杀还、姑、发、弱、鬷、延、定、稠[11]，子朝奔京。丙寅伐之，京人奔山，刘子入于王城。辛未，巩简公败绩于京。乙亥，甘平公[12]亦败焉。叔鞅至自京师，言王室之乱也。闵马父曰："子朝必不克，其所与者，天所废也。"单子欲告急于晋。秋七月戊寅，以王如平畤，遂如圃车[13]，次于皇[14]，刘子如刘，单子使王子处[15]守于王城，盟百工于平宫。辛卯，鄩肸[16]伐皇，大败，获鄩肸，壬辰，焚诸王城之市[17]。八月辛酉，司徒丑以王师败绩于前城[18]，百工叛。己巳，伐单氏之宫，败焉[19]。庚午，反伐之[20]。辛未，伐东圉[21]。冬十月丁巳，晋籍谈、荀跞帅九州之戎，及焦瑕温原之

师,以纳王于王城。庚申,单子刘盆以王师败绩于郊。前城[22]人败陆浑于社[23]。十一月乙酉,王子猛[24]卒,不成丧也。己丑,敬王[25]即位,馆于子旅氏[26]。

[经]十有二月,癸酉朔,日有食之[27]。

【注释】

①百工:即百官。

②郊要饯:《方舆纪要》说:"郭城在巩县西南五十八里,周郭邑也,郊与郭盖相近。要即青要山。"是前称近郭之郊为东郊,此称近要之郊为西郊,与饯同在渑池新安之间,不必株守《纪要》之说。

③刘子:即刘盆。

④悼王:王子猛。

⑤王子还:是子朝党羽。

⑥召庄公:召伯奂,子朝党羽。

⑦樊顷子:樊齐是单刘的党羽。

⑧遂奉王以追单子:王子还就同悼王去追单子。

⑨领:周地。应在今偃师洛阳附近。

⑩平畤:在偃师巩义市之间。

⑪还、姑、发、弱、鬷、延、定、稠:这八个人全是周灵王同周景王的后人,乘着战役单子把他们杀掉。

⑫巩简公,甘平公:这二人全是周卿士。皆为王子朝所败。

⑬圃车:周地,江永说当近巩县之皇。

⑭皇:《方舆纪要》说:"訾城在今巩义市西南四十里,黄亭在訾城北三里,有皇水,《春秋》昭二十二年,刘子单子以王子猛居于皇,即黄亭也。"

⑮王子处:是王子猛的党羽。

⑯郭肸:王子朝的党羽。

⑰焚诸王城之市:将郭肸烧在王城的市场上。

⑱前城:王子朝所占领的地方。

⑲败焉:百工为单氏所败。

⑳反伐之:单氏反伐百工。

㉑东圉:《汇纂》说:"周地有东圉西圉,东圉即圉乡,在洛阳东南。"是百工所在地。

㉒前城:《水经注》说:"伊水自新城,又北迳前城西,即昭公二十二年,晋箕遗济师取前城者也。"

㉓社:《注疏》说:"在今河南巩义市西北。"

㉔王子猛:即悼王。

㉕敬王:王子猛的母弟王子匄。

㉖子旅氏:是周大夫。

㉗此经无传。

【译文】

丁巳,给周景王下葬。王子朝利用旧的百官丢掉职务的人,同周灵王周景王的子孙来兴起乱事,率领着郊、要、饯三个地方的军队,把刘蚠驱逐出去,壬戌,刘蚠逃到扬这地方,单子就从庄王的庙里,把悼王接回来。王子朝的党羽王子还夜里又把悼王送到庄王的庙里去。癸亥,单子就出奔。王子还就跟召庄公商量说:"不把单旗杀掉,就不能成功,跟他立重要的盟誓,他必定来,背了盟誓而成功的人甚多。"召庄公听了他的话。单刘党的樊齐说:"这不成句话,必定不能成功。"王子还就奉着悼王去追单子,到了领这地方,就加上重的盟誓,方才回来,把挚荒杀了,以作解说。刘蚠就逃回他的封邑刘去,单子就逃亡出外,乙丑,他逃到平畤。各公子追赶他,单子就在乱中杀掉八个王子,还、姑、发、弱、鬷、延、定、稠。子朝因为他的党羽死了不少,就逃到京去,丙寅单子伐京,京人逃到山里,刘蚠再进入王城。辛未,周卿士巩简公伐京失败。乙亥,甘平公也失败了。鲁国的叔鞅从周回到鲁国,他说明王室的混乱。鲁大夫闵马父说:"子朝必定不能成功,跟着他一同的人,全都是天所不要的。"单子想着到晋国去告诉周室的危急。秋天七月。戊寅,使悼王到平畤,接着到了圃车,又住到皇这地方,刘蚠回到刘,单子叫王子处守住王城,同百官们在平王庙中会盟。辛卯,子朝的党羽鄩肸去伐皇,他大失败,将鄩肸捕获,壬辰,把他在王城的市中烧掉。八月辛酉,悼王的司徒名叫丑,用王的军队去打前城,失败了,因此,百官全都反叛。己巳这天,百官讨伐单氏,也失败了。庚午这天,单氏反过来讨伐百官,辛未,伐百官所在的地方东圉。冬十月丁巳,晋国的籍谈,荀跞率领着陆浑的戎人,同晋国焦瑕温原的军队护送悼王进入王城。庚申,单子、刘蚠率领着王师在郊这地方,为子朝的党羽所败。归子朝所管的前城人也在社这地方把陆浑人打败。十一月乙酉,悼王死了,丧事没能够按礼举行。己丑,敬王即位,住到周大夫子旅氏家中。

十二月癸酉朔,鲁国有日蚀。

【原文】

[传]十二月庚戌,晋籍谈、荀跞、贾辛、司马督帅师军于阴[①],于侯氏[②],于溪泉[③],次于社[④],王师军于汜[⑤]、于解[⑥],次于任人[⑦]。闰月,晋箕遗、乐征、右行诡济师取前城,军其东南,王师军于京楚[⑧],辛丑,伐京[⑨],毁其西南。

【注释】

①阴:江永疑即平阴,在今孟津县东一里。晋籍谈军队所驻。

②侯氏:周地。故城在今偃师县南四十五里。

③溪泉:在今巩义市西南。

④社:司马督军队所驻。

⑤汜:江永说:"古音凡,今音祀,今河南汜水县,与巩义市相接,一称西汜。"

⑥解:《汇纂》引《后汉书·郡国志》说:"大解城在今洛阳市南,小解城在县西南。"

⑦任人:任和仍古通用,其地在洛阳,或为仍叔采邑。

⑧京楚:在今洛阳之西南。

⑨京:周地,在河南省洛阳市西南。

【译文】

十二月庚戌,晋国的籍谈率领着军队在阴的地方,荀跞率领军队驻在侯氏,贾辛率领军队驻在溪泉,司马督率军队驻在社,王的军队驻到汜这地方,解同任人各地。闰月,晋国箕遗、乐征、右行诡的军队渡过洛水,占领了前城,军队在它的东南,王的军队驻到京楚的中间,辛丑这天,讨伐京的地方,毁了它的西南。

【讲评】

周景王死后,庶子王子朝为争夺王位而发动叛乱。然而王子朝出身非嫡,据说德行又不为时人认可,闵马父认为他篡位不终。后在晋国卿大夫的干预下,王子朝效仿周公,带着王室典籍逃到楚国。

昭公二十三年

【原文】

[经]二十有三年春，王正月，叔孙婼如晋。癸丑，叔鞅卒。晋人执我行人叔孙婼。晋人围郊。夏六月，蔡侯东国卒于楚。秋七月，莒子庚舆来奔。戊辰，吴败顿、胡、沈、蔡、陈、许之师于鸡父。胡子髡、沈子逞灭。获陈夏啮。天王居于狄泉。尹氏立王子朝。八月乙未，地震。冬，公如晋，至河，有疾，乃复。

【原文】

[传]二十三年春，王正月壬寅朔，二师围郊。癸卯，郊、鄩溃。丁未，晋师在平阴，王师在泽邑。王使告间；庚戌，还。邾人城翼，还，将自离姑。公孙鉏曰："鲁将御我。"欲自武城还。循山而南；徐鉏、丘弱、茅地曰："道下，遇雨将不出，是不归也。"遂自离姑。武城人塞其前，断其后之木而弗殊；邾师过之，乃推而蹷之。遂取邾师，获鉏、弱、地。邾人诉于晋，晋人来讨。叔孙婼如晋，晋执人之。书曰："晋人执我行人叔孙婼"，言使人也。晋人使与邾大夫坐[1]，叔孙曰："列国之卿，当小国之君，固周制也。邾又夷也。寡君之命介子服回在，请使当之；不敢废周制故也。"乃不果坐。韩宣子使邾人取其众，将以叔孙与之。叔孙闻之，去众与兵而朝。士弥牟谓韩宣子曰："子弗良图，而以叔孙与其仇，叔孙必死之！鲁亡叔孙，必亡邾。邾君亡国，将焉归？子虽悔之，何及？所谓盟主，讨违命也。若皆相执，焉用盟主？"乃弗与，使各居一馆。士伯听其辞而诉诸宣子，乃皆执之。士伯御叔孙，从者四人，过邾馆以如吏。先归邾子。士伯曰："以刍荛之难，从者之病，将馆子于都。"叔孙旦而立，期焉。乃馆诸箕。舍子服昭伯于他邑。范献子求货于叔孙，使请冠焉。取其冠法，而与之两冠，曰："尽矣。"为叔孙故，申丰以货如晋。叔孙曰："见我，吾告女所行货。"见，而不出。吏人之与叔孙居于箕者，请其吠狗，弗与。及将归，杀而与之食之。叔孙所馆者，虽一日，必葺其墙屋，去之如始至。

夏四月乙酉，单子取訾，刘子取墙人、直人。六月壬午，王子朝入于尹。癸未，尹圉诱刘佗杀之。丙戌，单子从阪道，刘子从尹道伐尹。单子先至而败，刘子还。己丑，召伯奂南宫極以成周人戍尹，庚寅，单子、刘子、樊齐以王如刘。甲午王子朝入于王城，次于左巷。

秋七月戊申，郡罗纳诸庄公。尹辛败刘师于唐。丙辰，又败诸郡。甲子，尹辛取西闱。丙寅，攻蒯，蒯溃。莒子庚舆虐而好剑；苟铸剑，必试诸人。国人患之。又将叛齐。乌存帅国人以逐之。庚舆将出，闻乌存执殳而立于道左，惧将止死。苑羊牧之曰："君过之！乌存以力闻可矣，何必以弑君成名！"遂来奔。齐人纳郊公。吴人伐州来。楚薳越帅师及诸侯之师，奔命救州来。吴人御诸锺离。子瑕卒，楚师熸。吴公子光曰："诸侯从于楚者众，而皆小国也。畏楚而不获已，是以来。吾闻之曰：'作事威克其爱，虽小必济。'胡、沈之君幼而狂，陈大夫啮壮而顽，顿与许、蔡疾楚政、楚令尹死，其师熸，帅贱、多宠，政令不壹；七国同役而不同心，帅贱而不能整、无大威命楚可败也，若分师先以犯胡、沈、与陈，必先奔。三国败诸侯之师乃摇心矣，诸侯乖乱，楚必大奔。请先者去备薄威，后者敦陈整旅。"吴子从之。戊辰晦，战于鸡父。吴子以罪人三千先犯胡、沈与陈，三国争之。吴为三军以系于后，中军从王，光帅右，掩余帅左。吴之罪人或奔或止，三国乱。吴师击之，三国败；获胡、沈之君及陈大夫。舍胡、沈之囚，使奔许与蔡、顿，曰："吾君死矣！"师噪而从之。三国奔，楚师大奔。书曰："胡子髡、沈子逞灭，获陈夏啮"，君臣之辞也。不言"战"，楚未陈也。八月丁酉。南宫极震。苌弘谓刘文公曰："君其勉之！先君之力可济也。周之亡也。其三川震。今西王之大臣亦震，天弃之矣！东王必大克。"楚大子建之母在郹。召吴人而启之。

冬十月甲申，吴大子诸樊入郹，取楚夫人与其宝器以归。楚司马薳越追之不及，将死。众曰："请遂伐吴以徼之。"薳越曰："再败君师，死且有罪。亡君夫人，不可以莫之死也！"乃缢于薳澨。公为叔孙故如晋，及河，有疾而复。楚囊瓦为令尹，城郢。沈尹戌曰："子常必亡，郢、苟不能卫，城无益也。古者天子守在四夷；天子卑，守在诸侯。诸侯守在四邻；诸侯卑，守在四竟。慎其四竟，结其四援，民狎其野，三务[2]成功。民无内忧而又无外惧，国焉用城？今吴是惧而城于郢，守已小矣。卑之不获，能无亡乎？昔梁伯沟其公宫而民溃，民弃其上，不亡何待？夫正其疆埸，修其土田，险其走集，亲其民人，明其伍候，信其邻国，慎其官守，守其交礼；不僭[3]不贪，不懦不耆，完其守备，以待不虞：又何畏矣！《诗》曰：'无念尔祖，聿修厥德'。无亦监乎？若敖、蚡冒至于武、文，土不过同，慎其四竟，犹不城郢。今土数圻，而郢是城，不亦难乎？"

【注释】

①坐：古代诉讼双方互争曲直称"坐"。

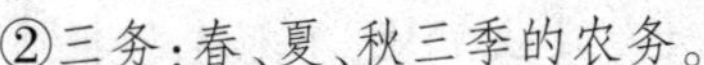

②三务：春、夏、秋三季的农务。

③僭：差失。

【译文】

鲁昭公二十三年春天，周历正月初一，周天子跟晋国两支军队包围郊地。二日，郊地、鄩地溃败。六日，晋军驻在平阴，周王的军队屯驻泽邑。周王派人向晋军报告王室的动乱基本平定，九日，晋军撤回。邾国人到翼地筑城，回去时想要从离姑走。公孙鉏说："鲁国将会阻止我们。"想要经由武城返回，沿着山路朝南走。徐鉏、丘弱、茅地说："那儿道路低洼，碰上下雨，将走不出去，如此就回不去了。"于是从离姑走。武城人堵住他们前进的道路，又在他们后面砍断树木不过不完全断开，邾国军队路过那儿，就把树木推倒，于是打败邾军，俘获徐鉏、丘弱跟茅地。邾国人向晋国告状，晋国人前来征讨鲁国。叔孙前去晋国，晋人抓捕了他。《春秋》记录说："晋人执我行人叔孙。"是说晋国抓捕外交使者。晋国人让叔孙跟邾国大夫对质，叔孙说："各国卿相跟小国的国君相当，这本是周王的制度。何况邾国又是夷族呢。寡君任命的副使子服回在这儿，请让他去出庭争辩。这是不敢废掉周王制度的原因。"叔孙就终于没有去对质。韩宣子让邾国人聚集他们的兵力，想要把叔孙交给他们。叔孙听说了，去掉侍卫和武器去朝见晋君。士弥牟对韩宣子讲："您不好好谋划，而把叔孙交给他的仇人，叔孙一定死在他们手里。鲁国失掉叔孙，一定灭亡邾国。邾君灭亡了，将回到哪儿去？您到时就算后悔，如何来得及？所谓盟主，就是要征讨违反命令的诸侯。要是都互相逮捕，哪儿用得着盟主？"便不交给邾国，让叔孙跟子服回各自住一个宾馆。士弥牟听了他们两人的辩词便告诉韩宣子，便把他们都抓起来。士弥牟为叔孙驾车，领着四个随从，路过邾国人住的宾馆而到官吏那里去。先让邾君回国。士弥牟说："原因柴草困难，侍从人员劳苦，想要让您住到别的城邑去。"叔孙一大早便站着，等待命令。于是让他住在箕邑，让子服回住在别的城邑里。范献子向叔孙索要财货。派人向他请求帽子。叔孙取来他帽子的式样，便给了他两顶帽子，说："全在这儿了。"为了叔孙的原因，申丰领着财货前往晋国。叔孙说："来见我，我告诉你送财货的方法。"申丰来见他，便不让申丰出去。与叔孙住在箕邑的监视官员请求他的一条爱叫的狗，没给他们。等到将要回国时，杀死狗和他们一起吃了。叔孙所住的房子，就算住一天也一定修理墙屋，离开时就如同刚到的时候一样。

夏四月十四日，单旗攻占訾，刘攻占墙人、直人两地。六月十二日，王子朝进到尹地。

十三日，尹圉诱杀害刘佗。十六日，单旗从山路，刘从大路攻击尹地，单旗先行抵达而失败，刘返回。十九日，召伯奂、南宫极领着成周人戍守尹地。二十日，单旗、刘、樊齐带着周王前去刘地。二十四日，王子朝进到王城，屯驻在左巷。

秋七月九日，罗送王子朝到庄宫。尹辛在唐地击败刘军，十七日，又在鄩地打败了他。二十五日，尹辛占领西闱。二十七日，击败蒯地，蒯地溃败。莒君庚舆暴虐而喜爱剑，只要铸了新剑，一定用人试剑，国内人们引以为患。庚舆又想要反叛齐国，乌存领着国人驱赶他。庚舆将要出国都，听见乌存手持殳杖站在路的左边，害怕会被挡住杀掉。苑羊牧之说："君主过去吧。乌存凭勇力闻名就能行了。如何一定要用杀害国君来成名呢？"庚舆就前来投靠鲁国，齐国人把郊公送回莒国。吴国人攻打州来，楚国薳越领着楚军及诸侯的军队奉命奔赴援助州来，吴国人在钟离抵御他们。令尹子瑕死了，楚军士气衰竭。吴国的公子光说："诸侯追随楚国的很多，不过全是小国，是畏惧楚国而不得已，故而前来攻击我们。我听说：'兴起大事要是威严胜过慈爱，就算弱小也必定成功。'胡国、沈国的君主年幼而狂躁，陈国大夫夏啮年壮却顽钝，顿国、许国跟蔡国则怨恨楚国的政治。楚令尹死了，他们的军队士气衰竭，将帅出身低贱而大多获宠，政令也不统一。他们七个国家即使一起参战但不同心，将帅低贱而不能整齐军队，没有大的威严发布命令，楚国是能够打败的。要是分出军队来先攻击胡国、沈国跟陈国，他们一定首先逃跑。这三个国家败逃，诸侯的军队便军心动摇了。诸侯背离混乱。楚军一定全都逃奔。请让先头部队除去武备减少威严，后续部队巩固阵营整肃师旅。"吴王接纳了。七月二十九日，在鸡父交战。吴王用三千名罪犯首先攻打胡军、沈军跟陈军，三国军队争着被俘。吴国整编了三军紧跟在后。中军跟从吴王，公子光领着右军，公子掩余领着左军。吴国的罪犯有的逃跑有的停下，三国军队大乱。吴军攻击他们，击败了三国军队，抓捕了胡国、沈国的君主跟陈国的大夫。吴国释放了胡国、沈国的俘虏，让他们逃跑到许国、蔡国跟顿国的军队里，喊道："我们国君死了！"吴军击鼓呐喊跟随他们，三国的军队逃窜，楚国的军队全面溃散。《春秋》记录说："胡子、沈子逞灭，获陈夏啮。"这是对国君跟臣下使用的不同措辞。不说"战"，是由于楚国没有摆好战阵。八月二十七日，南宫极死于地震。苌弘对刘说："君努力吧，先君所致力的事业是能够成功的。西周灭亡的时候，那三江流域都发生地震。现在西王王子朝的大臣也死于地震，这是上天丢弃了他，东王一定大胜。"楚国太子建的母亲住在地，召来吴国人并为他们打开城门。

冬十月十六日，吴太子诸樊进入郹城，掳走了楚夫人跟她的宝器回国。楚国司马芜越追击他，没有追上，想要自杀，部下说："请让我们乘机攻击吴国以求夺回夫人跟她的宝器。"鹩越说："要是第二次使君王的军队失败，我就算死还是有罪。丢了君王夫人，不能不为此而死。"便在莲澨自缢而死。鲁昭公由于叔孙的缘故前去晋国，到达黄河边，有病而返回。楚国的囊瓦做令尹，在郢都增修城墙。沈尹戌说："囊瓦必定会丢弃郢都，要是不能保卫，增修城墙也于事无补。古时候天子的守卫在于四方夷族，天子的威望降低时，守卫在于诸侯。诸侯的守卫在于四方邻国，诸侯的威望降低时，守卫仅在于四方边境。慎重地守卫四境，结交四邻作为外援，民众在自己的家园安居乐业，春夏秋三时的农事都有收获，民众既没有内忧，又没有外患，国家哪儿用得着修筑城墙？如今害怕吴国而在郢都增修城墙，守卫的地方已经很小了。诸侯威望降低时守卫在于四境的程度都达不到，能不灭亡吗？先前梁伯在他的公宫四周挖壕沟而民众溃散，民众抛弃了他们的君主，不灭亡还指望什么？要是能划定疆界，修治田土，加固边境营垒，亲近民众，明确边境伺望侦察的组织，取信邻国，使官吏慎守职责，遵从外交礼节，既无过失也不过滥，既不软弱也不强霸，完善防守装备，来对付不测事件，又恐惧什么呢？《诗经》中讲：'怀念你的祖先，发扬他们的美德。'不也能够引为借鉴吗？若敖、冒直到楚文王、楚武王，他们那时的领土不过百里见方，慎重守卫四方边境，尚且不在郢都增修城墙。现在领土数千里见方，却增修郢城，岂不是很难守卫了吗？"

【讲评】

鸡父战役是吴楚征战中的重要一役。逐渐强盛的吴国为了北上争霸，把楚国作为头号对手，从寿梦至吴王僚六十余年间，两国战争频繁，互有胜负，但总的趋势是楚国势力渐削，吴国渐占上风。此战中，吴军实施了正确的战略战术，把握时机，大破楚军，逐步夺取了吴楚战争的主动权。之后楚薳越自杀，庸碌的囊瓦继任令尹，致力于消极防守，楚国陷入被动局面。

昭公二十四年

【原文】

［传］春王正月辛丑，召简公、南宫嚚以甘桓公[①]见王子朝，刘子谓苌弘曰："甘氏又往

矣。"对曰:"何害!同德度义[②]。大誓曰:'纣有亿兆夷人,亦有离德。余有乱臣十人,同心同德。'此周所以兴也。君其务德,无患无人。"戊午,王子朝入于邬[③]。

[经]春王三月丙戌,仲孙貜卒[④]。

[经]婼至自晋。

[传]晋士弥牟逆叔孙于箕,叔孙使梁其踁[⑤]待于门内,曰:"余左顾而欬,乃杀之,右顾而笑,乃止。"叔孙见士伯。士伯曰:"寡君以为盟主之故,是以久子,不腆敝邑之礼,将致诸从者,使弥牟逆吾子。"叔孙受礼而归。二月,婼至自晋,尊晋也。

【注释】

①召简公,南宫嚚,甘桓公:召简公是召庄公的儿子,南宫嚚是南宫极的儿子,甘桓公是甘平公的儿子。

②同德度义:同心同德就能计划同义的事情,子朝不能如此,所以对我们没有害处。

③邬:今河南省偃师县西南。

④此经无传。

⑤梁其踁:叔孙氏的家臣。

【译文】

春王正月辛丑,召简公同南宫嚚把甘桓公见王子朝,刘蚠对苌弘说:"甘氏又到王子朝那儿去了。"回答说:"这有什么害处,同德的人方才能够讨论义礼,子朝他们不能如此。《太誓》说:'纣有亿兆夷人,也有离心离德。周武王自称,我有治乱的臣十个人,同心同德。'这就是周所以兴起的缘故。你务必修理德性,不怕缺少人才。"戊午,王子朝来到了邬这地方。

春王三月丙戌,仲孙貜死了。

晋国士景伯到箕这地方去迎接叔孙婼,叔孙婼叫梁其踁在门里边等着,对他说:"我要往左看而咳嗽,你就把他杀了,右看而笑就不要杀他。"叔孙婼见士景伯。士景伯说:"寡君因为做盟主的缘故,所以使你久住在这里,我国有不丰厚的礼物,将送给你随从的人,使我来迎接你。"叔孙婼收到礼物就回国。二月,叔孙婼从晋国回来,这是表示尊重晋国。

【原文】

[传]三月庚戌,晋侯使士景伯涖问周故[①],士伯立于乾祭[②]而问于介众,晋人乃辞王子朝,不纳其使。

[经]夏五月乙未朔,日有食之。

[传]夏五月乙未朔,日有食之。梓慎曰:“将水。”昭子曰:“旱也。日过分而阳犹不克,克必甚,能无旱乎?阳不克莫,将积聚也。”

[传]六月壬申,王子朝之师攻瑕及杏[③],皆溃。郑伯如晋,子大叔相,见范献子。献子曰:“若王室何?”对曰:“老夫其国家不能恤,敢及王室。抑人亦有言曰:‘嫠不恤其纬,而忧宗周之陨,为将及焉。’今王室实蠢蠢焉,吾小国惧矣,然大国之忧也,吾侪何知焉,吾子其早图之。诗曰:‘缾之罄矣,惟罍之耻。’王室之不宁,晋之耻也。”献子惧而与宣子图之,乃征会于诸侯,期以明年。

【注释】

①周故:意思是问子朝同敬王谁有理。

②乾祭:在今洛阳市西北,是王城的北门。

③瑕、杏:都是敬王的邑。在洛阳东北。

【译文】

三月庚戌,晋侯派士景伯去到周问子朝同敬王的曲直,士伯立到王城的北门,而问很多的众人,晋人就辞谢王子朝,不接见他的来使。

夏五月乙未初一,鲁国有日蚀。梓慎说:“将有水灾。”叔孙婼说:“这是旱灾,已经过了春分,而阳气因为不能胜阴,这种失败一定很厉害,能没有旱灾吗?阳气莫然不动,这就是将聚积旱灾。”

六月壬申,王子朝的军队攻敬王的瑕及杏,全都溃乱。郑伯到晋国去,游吉相礼,见到士鞅,士鞅就说:“对于王室怎么办?”游吉回答说:“我对郑国全没有方法,何敢谈到王室。但是有人说:‘寡妇不管她的纬线,而忧愁宗周的毁掉,因为恐怕毁掉就连着她自己。’现在王室很蠢动,我们小国很害怕,但是这是大国应该忧惧的,我们有什么办法?你们应该早点想办法。《诗经·小雅》说:‘小瓶干的时候,这也是大罍的羞耻。’王室的不安宁，是晋国的羞耻。”士鞅害怕了，就同韩起去研究，就征求诸侯开会，定到明年。

【原文】

[经]秋八月，大雩。

[传]秋八月大雩，旱也。

[经]丁酉，杞伯郁釐卒[①]。

[传]冬十月癸酉，王子朝用成周之宝珪于河。甲戌，津人得诸河上。阴不佞[②]以温人南侵，拘得玉者，取其玉将卖之，则为石，王定而献之，与之东訾[③]。

[经]冬，吴灭巢。

[传]楚子为舟师以略吴疆，沈尹戌曰：“此行也，楚必亡邑。不抚民而劳之，吴不动而速之，吴踵楚[④]而疆埸无备，邑能无亡乎？”越大夫胥犴劳王于豫章之汭[⑤]，越公子仓，归王乘舟，仓及寿梦[⑥]帅师从王，王及圉阳[⑦]而还。吴人踵楚，而边人不备，遂灭巢及钟离而还。沈尹戌曰：“亡郢之始，于此在矣。王壹动而亡二姓之帅[⑧]，几如是而不及郢？诗曰：‘谁生厉阶，至今为梗[⑨]。’其王之谓乎？”

【注释】

①此经无传。

②阴不佞：是周敬王的大夫。

③东訾：《汇纂》引《后汉书》志说：“巩有东訾，今名訾城在巩义市西南四十里，俗名訾店。”

④吴踵楚：吴国追随楚国的踵迹。

⑤豫章之汭：在今江西省湖口县。

⑥寿梦：越大夫。

⑦圉阳：圉阳应与巢为近，巢近巢湖，疑在今无为县东北百里之裕溪河口。

⑧二姓之帅：指着守巢同守钟离的大夫。

⑨谁生厉阶，至今为梗：这是《诗经·大雅》的一句诗。意思是说谁把坏的阶道造成，一直到现在还有病。

【译文】

秋八月，鲁国行求雨典礼，因为旱的缘故。

丁酉，杞伯郁釐死了。

冬十月癸酉，王子朝用成周的宝珪来祭河神。甲戌这天，河边的人得到这宝珪在河上面。敬王的太夫阴不佞用晋国温的军队向南侵略，捕获拿着玉这个人，夺到这玉想卖掉，原来不是玉石，敬王安定了，得玉的人就把真玉献给敬王，敬王高兴了，就给他东訾这块田。

楚王作了舟师，以侵略吴国的疆界，沈尹戌说："这个行动，楚国必定丢掉一块邑。不安抚人民而使他劳苦，吴不动兵而使他快动兵，吴国要追随楚国的踵迹前来，而楚国全无预备，能够不亡失邑吗？"越大夫胥犴慰劳楚王在豫章的水边上，越国公子仓送给楚王乘坐的船，仓同越大夫寿梦，率着军队，随从楚王，王到达圉阳就回来。吴人跟着楚人的踵迹，而楚人不防备，吴人就灭了楚国的巢同钟离，而后回去。沈尹戌说："楚国都城郢的灭亡，就由这儿开始。楚王动一次，而丢了巢同钟离看守的大夫，那怎么会不到楚都城郢呢？《诗经·大雅》说：'谁把坏的阶道造成，到现在全有病。'这恐怕是指着楚王说的。"

【讲评】

吴国公子光灭了巢和钟离，控制了淮河中游地区，至此楚国防备吴国的前哨已被突破。楚国本是一度争霸的强国之一，实力不弱，但在与吴国的战争中，败多胜少，以至于闻吴色变，不仅无力出击，还在四境设垒。《楚辞·天问》对此发出疑问："吴光争国，久余是胜？"其实，这种情形的发生除了与吴国励精图治、积极图霸密切相关外，与楚平王在位时内政腐败、外交失措的社会现实更是密不可分。被攻破郢都的结果虽然发生在昭王时期，但肇始却在平王时期。

昭公二十五年

【原文】

[经]二十有五年春，叔孙婼如宋。夏，叔诣会晋赵鞅、宋乐大心、卫北宫喜、郑游吉、曹人、邾人、滕人、薛人、小邾人于黄父。有鸜鹆来巢。秋七月上辛，大雩，季辛，又雩。九月己亥，公孙于齐次于阳州，齐侯唁公于野井。冬十月戊辰，叔孙婼卒。十有一月己亥，宋公佐卒于曲棘。十有二月，齐侯取郓。

【原文】

[传]二十五年春,叔孙婼聘于宋。桐门右师见之,语,卑宋大夫,而贱司城氏。昭子告其人曰:"右师其亡乎!君子贵其身而后能及人,是以有礼。今夫子卑其大夫而贱其宗,是贱其身也。能有礼乎?无礼必亡。"

宋公享昭子,赋《新宫》。昭子赋《车辖》。明日宴,饮酒,乐。宋公使昭子右坐,语相泣也。乐祁佐,退而告人曰:"今兹君与叔孙,其皆死乎?吾闻之,哀乐而乐哀,皆丧心也。心之精爽,是谓魂魄。魂魄去之,何以能久?"

季公若之姊为小邾夫人,生宋元夫人,生子,以妻季平子。昭子如宋聘,且逆之。公若从,谓曹氏勿与,鲁将逐之。曹氏告公,公告乐祁。乐祁曰:"与之。如是,鲁君必出。政在季氏三世矣,鲁君丧政四公矣。无民而能逞其志者,未之有也。国君是以镇抚其民。《诗》曰:'人之云亡,心之忧矣。'鲁君失民矣,焉得逞其志?靖以待命犹可,动必忧。"

夏,会于黄父,谋王室也。赵简子令诸侯之大夫,输王粟,具戍人,曰:"明年将纳王。"

子大叔见赵简子,简子问揖让周旋之礼焉。对曰:"是仪也,非礼也。"简子曰:"敢问何谓礼?"对曰:"吉也闻诸先大夫子产曰:'夫礼,天之经也,地之义也,民之行也。'天地之经,而民实则之。则天之明,因地之性,生其六气,用其五行。气为五味,发为五色,章为五声。淫则昏乱,民失其性。是故为礼以奉之。为六畜、五牲、三牺,以奉五味。为九文、六采、五章,以奉五色。为九歌、八风、七音、六律,以奉五声。为君臣、上下,以则地义。为夫妇、外内,以经二物。为父子、兄弟、姑姊、甥舅、昏媾、姻亚,以象天明。为政事、庸力[①]、行务,以从四时。为刑罚、威狱,使民畏忌,以类其震曜杀戮。为温兹、惠和,以效天之生殖长育。民有好、恶、喜、怒、哀、乐,生于六气。是故审则宜类,以制六志。哀有哭泣,乐有歌舞,喜有施舍,怒有战斗。喜生于好,怒生于恶。是故审行信令,祸福赏罚,以制死生。生,好物也。死,恶物也。好物,乐也。恶物,哀也。哀乐不失,乃能协于天地之性,是以长久。"简子曰:"甚哉,礼之大也。"对曰:"礼,上下之纪,天地之经纬也,民之所生也,是以先王尚之。故人之能自曲直以赴礼者,谓之成人。大,不亦宜乎?"简子曰:"鞅也请终身守此言也。"

宋乐大心曰:"我不输粟,我于周为客,若之何使客?"晋士伯曰:"自践土以来,宋何役之不会,而何盟之不同?曰同恤王室,子焉得辟之?子奉君命,以会大事,而宋背盟,无乃不可乎?"右师不敢对,受牒[②]而退。士伯告简子曰:"宋右师必亡。奉君命以使,而欲背盟以干盟主,无不祥大焉。”

【注释】

①庸力:民功劳力。

②牒:简礼。

【译文】

二十五年春天,叔孙到宋国聘问。住在桐门的右师乐大心款待他,谈话中,乐大心卑视宋国大夫,也看不起司城氏。叔孙对手下人讲:“右师或许要灭亡了吧!君子首先要尊重自己,而后才能尊重别人,如此就不会违背礼。如今这个人卑视本国的大夫,瞧不起自己的宗族,事实上是轻视他自己。能说他懂得礼吗?不懂礼,就必定要灭亡。”

宋元公宴请叔孙,席间元公吟诵了《新宫》一诗。叔孙朗诵了《车辖》一诗。第二天又饮宴,喝酒,很快乐。元公让叔孙接近自己坐在右边,两人说着说着居然止不住流下了眼泪。乐祁帮忙主持宴会,他退出来对别人说:“国君跟叔孙难道今年就要死去吗?我听说:应当高兴却悲哀,应当悲哀却高兴,全是心态失常的表现。心的精华是魂魄。一旦失掉魂魄,还靠什么长寿?”

宋元公

季公若的姐姐是小邾夫人,她生了宋元公夫人,元公夫人生了一个女儿,预备嫁给季平子为妻。叔孙到宋国聘问,顺便为季平子迎亲。季公若也随着去了,他劝元公夫人不要将女儿嫁给季平子,由于鲁国正准备驱赶他。元公夫人告诉了元公,元公又告诉了乐祁。乐祁讲:“还是嫁给他。要是真是如此,被赶出去的也必定是鲁君自己。鲁国政权落在季氏手里已经三代了,鲁君失去政权已经是第四代了。没有民众却能实现自己愿望的,到现在还不曾有过。作为一个国君应该注重安抚他的民众。《诗经》说:‘失去了民众,是心中的忧患。’鲁君已经失去了民众,哪儿还能满足他的愿望?只要安心等待命运的安排就行了,轻举妄动一定招致忧患。”

夏天,鲁国的叔诣跟晋国的赵鞅、宋国的乐大心、卫国的北宫喜、郑国的游吉还有曹国人、郳国人、滕国人、薛国人、小邾国人在黄父见面，谋划怎样安定王室。赵鞅让诸侯的大夫给天子输送粮食，想要帮助戍守王室的将士，他讲："明年准备护送天子回到王城。"

游吉看见赵鞅，赵鞅向他请求有关揖让和交际之礼。游吉答复说："这只是仪式，并非礼。"赵鞅询问："请问什么是礼呢？"游吉答复说："我从先大夫子产那儿听说：'礼是上天的规范，大地的准则，民众的行动依据。'天地的规范，就是民众效法的对象。学习上天的英明，依赖大地的本性，生出了上天的六种气象，使用了大地的五行。气有五种味道，显现为五种颜色，表现为五种声音。过分沉溺便会导致昏乱，民众便会丧失本性。故而要制定礼以奉养保持这种本性。规定了六畜、五牲、三牺，让五味有所遵从；规定了九文、六采、五章，让五色有所遵从；规定了九歌、八风、七音、六律，让五声有所遵从；规定了君臣上下之间的关系，以学习大地的准则；规定了夫妻内外之间的关系，以规范阴阳刚柔两种事物；规定了父子、兄弟、姑姐、甥舅、翁婿、连襟之间的联系，以象征上天的英明；规定了政治事务、调用劳力、工作措施，以适应四时；规定了刑罚牢狱，让民众受到威慑，以模仿雷电杀伤万物的威力；规定了温和仁慈的政策，以学习上天的养育万物。民众的好恶、喜怒、哀乐六种情绪，是从上天的六气中派生出来的。故而要谨慎地效法、合适地模仿，以制约这六种情绪不致过分，悲哀时能够哭泣，欢乐时能够歌舞，高兴时能够施舍，愤怒时能够征战；高兴出现于喜好，愤怒出现于厌恶。故而要谨慎地行动，制定政令要取信于人，以祸福赏罚制约生死。生是人们所喜好的，死是人们所讨厌的。喜好给人以欢乐，讨厌令人悲哀。哀乐不失于礼，便能跟天地所赋予的本性相协调，故而万物才能长久不衰。"赵鞅讲："礼的作用真是太大了！"游吉答复说："礼是上下的纲常，天地的准则，是民众赖以生存的基础，故而先王把礼作为第一要事对待。故而只要从不同角度做到符合礼，就能够称之为完人。礼有如此重要的作用，不是很自然的吗！"赵鞅讲："我赵鞅将永远牢记这些道理。"

宋国的乐大心讲："我国不送给天子粮食，对王室来说，我们是客人，如何能让客人奉送粮食呢？"晋国的士景伯讲："自从践土结盟以来，宋国哪一次战争没有介入？哪一次结盟没有参与？盟约中说一同为王室分忧。您如何能逃避责任？您奉君命来参加会盟商量勤王大事，却要让宋国背弃盟约，或许不行吧！"乐大心不敢再答对，只好接受了写明送粮发兵任务的简札退下去了。士景伯对赵鞅讲："宋国的右师定将落个逃亡的下场。奉君命出使，却要丢弃盟约以冒犯盟主，再没有比这更大的不祥了。"

【原文】

“有鸜鹆来巢”，书所无也。师己曰：“异哉！吾闻文、成之世，童谣有之，曰：‘鸜之鹆之，公出辱之。鸜鹆之羽，公在外野[①]，往馈之马。鸜鹆跦跦，公在乾侯，征褰与襦。鸜鹆之巢，远哉遥遥。稠父丧劳，宋父以骄。鸜鹆鸜鹆，往歌来哭。’童谣有是，今鸜鹆来巢，其将及乎！”

秋，书再雩，旱甚也。

初，季公鸟娶妻于齐鲍文子，生甲。公鸟死，季公亥与公思展与公鸟之臣申夜姑相其室。及季姒与饔人檀通，而惧，及使其妾抶己，以示秦遄之妻曰：“公若欲使余，余不可而抶余。”又诉于公甫曰：“展与夜姑将要余。”秦姬以告公之，公之与公甫告平子。平子拘展于卞而执夜姑，将杀之。公若泣而哀之曰：“杀是，是杀余也。”将为之请。平子使竖勿内，日中不得请。有司逆命，公之使速杀之。故公若怨平子。

季、郈之鸡斗。季氏介其鸡，郈氏为之金距。平子怒，益宫于郈氏，且让之。故郈昭伯亦怨平子。臧昭伯之从弟会，为谗子臧氏，而逃于季氏，臧氏执旃。平子怒，拘臧氏老。将禘于襄公，万者二人，其众万于季氏。臧孙曰：“此之谓不能庸[②]先君之庙。”大夫遂怨平子。公若献弓于公为，且与之出射于外，而谋去季氏。公为告公果、公贲。公果、公贲使侍人僚相告公。公寝，将以戈击之，乃走。公曰：“执之！”亦无命也。惧而不出，数月不见，公不怒。又使言，公执戈以惧之，乃走。又使言，公曰：“非小人之所及也。”公果自言，公以告臧孙，臧孙以难。告邱孙，郈孙以可劝，告子家懿伯，懿伯曰：“谗人以君徼幸，事若不克。君受其名，不可为也。舍民数世以求克，事不可必也。且政在焉，其难图也。”公退之。辞曰：“臣与闻命矣，言若泄，臣不获死。”乃馆于公宫。

【注释】

①外野：国都外。

②庸：酬功，报功。

【译文】

“有鸲来筑巢”，这是记录过去所没有的事情。师己讲：“怪呀！我听说文王、成王的时代，童谣有如此的话，说：‘啊鸲啊，国君出国遭受羞辱。鸲的羽毛，国君住在都城外，臣下前去馈赠马匹。鸲蹦蹦跳跳，国君住在乾侯，向人要套裤跟短袄。鸲的巢，路远迢迢。昭公死于辛劳，定公代立而骄。鸲鸲，去的时候唱歌回来时候大哭。'有如此的童谣，如今鸲来筑巢，或许将要出现灾祸了吧！"

秋季，《春秋》记录连续两次举行大规模雩祭，这是由于旱得太厉害了。

先前，季公鸟在齐国鲍文子家娶了妻子，生了某甲。季公鸟死后，季公亥和公思展和季公鸟的家臣申夜姑治理他的家务。季姒跟食官檀私通，季姒很恐惧，于是便让他的婢女鞭打自己，跑去给秦的妻子看讲："公亥让我陪他睡觉，我不答应就鞭打我。"又向公甫诉苦说："公思展跟申夜姑想要要挟我。"秦姬把这些话告诉公之，公之跟公甫告诉了季平子。季平子把公思展拘留在卞地并逮了申夜姑，想要杀死他。季公亥哭着哀求讲："杀死这个人，就是杀死我。"准备为他求情。季平子让小吏不允许他觐见，太阳到中午没有能请求上。官吏去迎受处理申夜姑的命令，公之让他们快点杀死申夜姑。故而季公亥怨恨季平子。

季氏、氏斗鸡。季氏给鸡穿上皮甲，郈氏给鸡安上金属爪子。季氏鸡斗败，平子非常生气，在郈氏那里扩建自己的住宅，而且责备他们。故而昭伯也怨恨季平子。臧昭伯的叔伯兄弟臧会，在臧氏那儿诬陷别人，逃往季氏那里、臧氏逮了他。季平子十分生气，拘留了臧氏的家臣头子。即将在襄公庙里举行祭祀，跳万舞的只有两个人，多数人在季氏那里跳万舞。臧昭伯说："这就称为不能酬功于先君的宗庙。"大夫们于是也憎怨季平子。季公亥向公为献弓，而且跟他外出射箭，计划去掉季平子。公为告诉公果、公贲。公果、公贲让宦官僚报告昭公。昭公正在睡觉，即将用戈击打僚，僚便跑了。昭公讲："逮住他！"，不过也没有正式下命令。僚害怕不敢出门，几个月不去朝见昭公，昭公并不生气。又派他去说。昭公拿着戈吓唬他，他便跑了。又派他去说，昭公说："这不是小人应当谈到的事情。"公果亲自去对昭公说，昭公把事情告诉臧昭伯，臧昭伯觉得难以成事。昭公告诉了昭伯，昭伯觉得能够并勉励昭公干。昭公告诉子家懿伯，懿伯讲："说坏话的人让君王侥幸行事，事情要是不成功，君王便要蒙受恶名，这是不能做的。丢掉百姓几代了而要依赖他们求得成功，如此的事情是没有把握的。何况政权在人家手里，或许很难图谋成功。"昭公让他退下去。懿伯讲："臣下已经听到命令了，话要是泄露出去，臣下不会得好死的。"于是便住在公宫里。

【原文】

叔孙昭子如阚，公居于长府。九月戊戌，伐季氏，杀公之于门，遂入之。平子登台而请曰："君不察臣之罪，使有司讨臣以干戈，臣请待于沂上以察罪，弗许。请囚于费弗许。请以五乘亡，弗许。"子家子曰："君其许之。政自之出久矣！隐民多取食焉，为之徒者众矣；日入慝作[1]，弗可知也。众怒不可蓄也，蓄而弗治，将蕴，蕴蓄，民将生心，生心，同求将合。君必悔之！"弗听，郈孙曰："必杀之！"公使郈孙逆孟懿子。叔孙氏之司马鬷戾言于其众曰："若之何？"莫对。又曰："我家臣也，不敢知国。凡有季氏与无，于我孰利？"皆曰："无季氏，是无叔孙氏也。"鬷戾曰："然则救诸！"帅徒以往，陷西北隅以入。公徒释甲，执冰而踞，遂逐之。孟氏使登西北隅以望季氏，见叔孙氏之旌，以告。孟氏执郈昭伯，杀之于南门之西，遂伐公徒。子家子曰："诸臣伪劫君者，而负罪以出，君止。意如之事君也，不敢不改。"公曰："余不忍也！"与臧孙如墓谋，遂行。己亥，公孙于齐，次于阳州。齐侯将唁公于平阴，公先至于野井。齐侯曰："寡人之罪也。使有司待于平阴。为近故也。"书曰："公孙于齐，次于阳州。齐侯唁公于野井。"礼也。将求于人，则先下之，礼之善物也。齐侯曰："自莒疆以西，请致千社，以待君命。寡人将帅敝赋以从执事。唯命是听。君之忧，寡人之忧也。"公喜。子家子曰："天禄不再。天若胙君。不过周公，以鲁足矣。失鲁，而以千社为臣，谁与之立？且齐君无信，不如早之晋。"弗从。臧昭伯率从者将盟，载书曰："戮力壹心，好恶同之！信罪之有无，缱绻从公，无通外内！"以公命示子家子。子家子曰："如此，吾不可以盟。羁也不佞，不能与二三子同心，而以为皆有罪。或欲通外内，且欲去君。二三子好亡而恶定，焉可同也！隐君于难，罪孰大焉！通外内而去君，君将速入，弗通何为？而何守焉？"乃不与盟。昭子自阚归，见平子。平子稽颡，曰："子若我何？"昭子曰："人谁不死？子以逐君成名。子孙不忘，不亦伤乎？将若子何！"平子曰："苟使意如得改事君，所谓生死而肉骨也！"昭子从公于齐，与公言。子家子命："适公馆者，执之！"公与昭子言于幄内。曰："将安众而纳公。"公徒将杀昭子，伏诸道。左师展告公，公使昭子自铸归。平子有异志。

冬十月辛酉，昭子齐于其寝，使祝宗祈死。戊辰，卒。左师展将以公乘马而归，公徒执之。壬申，尹文公涉于巩，焚东訾。弗克。十一月，宋元公将为公故如晋。梦大子栾即位于庙，已与平公服而相之。旦，召六卿，公曰："寡人不佞，不能事父兄，以为二三子忧，寡人之罪也！若以群子之灵，获保首领以没。唯是楄柎所以藉干者，请无及先君！"仲几对曰："君若以社稷之故，私降昵宴，群臣弗敢知。若夫宋国之法，死生之度，先君有命矣；群臣以死守之，弗敢失队。臣之失职，常刑不赦。臣不忍其死，君命祗辱。"宋公遂行。己亥，卒于曲棘。十二月庚辰。齐侯围郓。初，臧昭伯如晋；臧会窃其宝龟偻句，以卜为信

与僭,僭吉。臧氏老将如晋问,会请往。昭伯问家故,尽对。及内子与母弟叔孙,则不对;则三问,不对。归,及郊,会逆;问,又如初。至,次于外而察之,皆无之。执而戮之,逸,奔郈。郈鲂假使为贾正[②]焉。计于季氏;臧氏使五人以戈楯伏诸桐汝之间,会出。逐之;反奔,执诸季氏中门之外。平子怒,曰:"何故以兵入吾门?"拘臧氏老,季、臧有恶。及昭伯从公,平子立臧会。会曰:"偻句不余欺也!"楚子使薳射城州屈,复茄人焉;城丘皇;迁訾人焉。使熊相禖郭巢,季然郭卷。子大叔闻之。曰:"楚王将死矣!使民不安其土,民必忧;忧将及王,弗能久矣。"

【注释】

①日入慝作:太阳落山后,邪恶将会发生。

②贾正:掌管市场买卖的官长。

【译文】

叔孙前去阚地,鲁昭公住在长府。九月十一日,进攻季氏,在门口杀死公之,便攻到季氏家中。季孙意如登上殿台请求说:"君主没有审察下臣的罪过,便派官吏使用武力征讨下臣,下臣请求在沂水边等着君主审察我的罪过。"昭公不同意,季孙意如请求囚禁在费地,也不同意。又请求带五辆车逃跑,也不同意。子家子说:"君主还是同意他吧!政令从他那里颁发已经很久了,穷苦的民众很多人从他那儿获得吃的,做他的徒党的人可多了。太阳落山后邪恶的事是否出现,还不晓得呢。众人的怨怒不能够让他积蓄,积蓄起来而不平息,便会越来越盛,盛怒积蓄起来,民众将产生叛乱之心。产生了叛乱之心,欲望一样的人就将结合在一块。君主必定会后悔的。"昭公不听从。孙说:"必定要杀死他。"鲁昭公派孙恭迎孟懿子,叔孙氏的司马戾对他的部下说:"如何办?"没有人答复。戾又说:"我是家臣,不敢过问国家大事。有季氏跟没有季氏,哪种情形对我们有利?"部下都说:"没有季氏,这等于没有叔孙氏。"戾说:"那么便去救助他吧!"领着部下前去,攻陷西北角进入公宫。昭公的士卒脱下铠甲,拿着箭筒盖蹲坐在地,戾的军队赶跑了他们。孟懿子派人登上西北角,以观看季氏家的情形,看见了叔孙氏的旗帜,报告孟懿子,孟懿子抓捕了孙,在南门的西边把他杀死,于是进攻鲁昭公的军队。子家子说:"下臣们装着劫持君主的样子,而后背着罪名逃出,君主留下来。季孙意要是侍奉君主的态度,不敢不改变。"昭公说:"我不忍心如此。"就跟臧昭伯到先君墓前商议,于是出走。九月十二日,鲁昭公逃跑到齐国,住在阳州。齐景公预备到平阴去慰问昭公,昭公先行到了野井。齐景公讲:“这是寡人的罪过。派官吏到平阴等待您。是由于就近的原因。”《春秋》记录说:“公孙于齐,次于阳州,齐侯唁公于野井。”这是合于礼的。将要向别人有所求,便要首先居人之下,这是合于礼的好事。齐景公讲:“从莒国边境以西,请让我奉送给您一千社,以等待君的命令。寡人将领着敝国军队跟从您,一切听从您的命令。君主的忧患,也便是寡人的忧患。”昭公很快乐。子家子说:“上天的福禄不会再次降给您,上天要是赐福给君主,也不会超过周公,把鲁国赐予君主就足够了。失去鲁国而领着千社做别国臣下,谁还替您恢复君位?并且齐国没有信用,不如早去晋国。”昭公不听从。臧昭伯领着随从即将结盟,盟书讲:“并力同心,爱憎一致,明确罪过的有无,紧紧跟随国君,不要内外勾结。”用昭公的命令给子家子看。子家子说:“如此,我不能够盟誓。我无能,不能跟各位同心,而觉得都有罪过。我或者要勾通内外,而且想要离开国君。各位喜欢逃跑而厌恶安定,如何能够同心?让君主陷于危险,罪行有什么比这更大?勾通内外而离开国君,国君将能快点进到鲁国,为何不能够勾通?将死守什么呢?”便没有参加盟誓。叔孙从阚地回国,觐见季孙意如。季孙意如磕头说:“您将把我如何?”叔孙说:“人生哪个不死?您原因驱赶国君成名,子孙后代都不会忘掉,不也可悲吗?我会把您如何?”季孙意如说:“要是能让我得到机会改变事奉国君的态度。那真是所说的使死人再生,让白骨长肉了。”叔孙跟从昭公到达齐国,跟昭公商量。子家子命令把到昭公宾馆去的人抓起来。昭公跟叔孙在帐幕内商议,说:“预备安定百姓而护送君主回国。”昭公的士卒打算杀死叔孙,埋伏在路边。左师展报告昭公,昭公让叔孙从铸地回国,季孙意如有了异心。

冬十月四日,叔孙在他的寝宫斋戒,让祝主为自己祈祷死亡。十一日,真的死了。左师展准备跟昭公驾车马回国,昭公的士卒抓捕了他。十月十五日,尹文公在巩地越过洛水。火攻东訾,没有获胜。十一月,宋元公为了昭公的原因想要去晋国,梦见太子栾在宗庙中就位,自己和宋平公穿着礼服辅助他。早上,召见六卿,对他们说:“寡人无能,不能事奉父兄,故而造成各位的担忧,这是我的罪过。要是能托诸位的福,能够保全脑袋而死,那么用来装载我骸骨的棺木。请不要达到先君的规格。”仲几答复说:“君主要是由于国家的原因,私自减损欢宴的享受,下臣们不敢过问。至于宋国的法制,还有死生的礼度,先君早有成命了。下臣们冒死遵从它,不敢违反废弃。下臣失职,按正常的法制是不可赦免的。下臣不忍那样去死,只能是不从君的命令。”宋元公动身起程。十三日,死在曲棘。十二月十四日,齐景公包围郓城。先前,臧昭伯去到晋国,臧会偷了他的宝龟偻句，用来卜问办事诚实还是虚假，结果是虚假吉利。臧氏家臣准备前去晋国问候臧昭伯，臧会请求前去。昭伯问到家事，臧会一一回答。问及妻子跟同母弟弟叔孙时，臧会就不答复。两问，还是不答复。后来臧昭伯回国，抵达都城郊外，臧会去恭迎他，臧昭伯又问，还跟先前一样不答复。回到国都，住在外面访查妻子及同母弟弟的事，都没有什么事。昭伯抓捕臧会要杀死他，臧会逃脱，逃亡到地，鲂假让他在那儿做了贾正。臧会有次到季氏家送账簿，臧氏便派五个人拿着戈跟盾埋伏在桐汝的里门后。臧会出来，便追赶他。臧会返身逃跑，在季氏家的中门外抓住了他。季孙意如生气。说："为何带着武器进入我的家门？"拘禁了臧氏的家臣，季、臧两家故而关系恶化。到臧昭伯跟随鲁昭公逃跑时，季孙意如立了臧会，臧会讲："偻句宝龟没有欺骗我呀！"楚平王派鶗射在州屈筑城，让茄地人回到那儿居住。又在丘皇修城，把訾地人迁往那儿。派熊相在巢地修建外城，派季然在卷地修筑外城。子太叔听见这件事，说："楚王即将死了，使民众不能安居他们的故土。民众一定忧伤，忧伤将到达楚王的身上，不会长久了。"

【讲评】

春秋时期的战争主要有两种，一种是诸侯国家之间为争夺霸主发动的战争，如晋楚之争、吴楚之争、吴越之争，另一种就是各诸侯国贵族内部为争权夺利发动的战争。如鲁昭公攻打三桓就是鲁国君主与执政的世卿双方的长期矛盾激化的结果。失败后昭公被迫流亡，而离奇的是赶走了国君的鲁国在季氏的统治下依旧安然无恙，说明三桓的势力此时已经达到了顶峰。

昭公二十六年

【原文】

［传］春王正月庚申，齐侯取郓。

［经］葬宋元公。

［传］葬宋元公如先君，礼也。

【译文】

二十六年春，王正月庚申，齐侯占据了郓城。

宋国举行宋元公的葬礼，与宋国先君的葬礼相同，这是合于礼的。

【原文】

[经]三月公至自齐，居于郓。

[经]夏，公围成。

[传]三月，公至自齐处于郓，言鲁地也。夏，齐侯将纳公，命无受鲁货。申丰从女贾，以币锦三两[①]，缚一如瑱[②]，适齐师，谓子犹之人高齮："能货子犹，为高氏后，粟五千庾[③]。"高齮以锦示子犹，子犹欲之。齮曰："鲁人买之，百两一布，以道之不通。先入历财。"子犹受之，言于齐侯曰："群臣不尽力于鲁君者，非不能事君也，然据有异焉[④]。宋元公为鲁君如晋，卒于曲棘。叔孙昭子求纳其君，无疾而死。不知天之弃鲁耶？抑鲁君有罪于鬼神，故及此也。君若待于曲棘，使群臣从鲁君以卜焉，若可，师有济也，君而继之，兹无敌矣。若其无成，君无辱焉。"齐侯从之，使公子鉏[⑤]帅师从公。成大夫公孙朝谓平子曰："有都以卫国也，请我受师。"许之，请纳质，弗许，曰："信女足矣！"告于齐师曰："孟氏鲁之敝室也，用成已甚，弗能忍也，请息肩于齐。"齐师围成。成人伐齐师之饮马于淄者曰："将以厌众。"鲁成备而后告曰："不胜众[⑥]。"师及齐师战于炊鼻[⑦]，齐子渊捷从洩声子[⑧]，射之中楯瓦[⑨]，繇朐汰辀匕入者三寸[⑩]，声子射其马斩鞅殪，改驾，人以为鬷戾也[⑪]而助之。子车[⑫]曰："齐人也。"将击子车，子车射之殪。其御曰："又之。"子车曰："众可惧也。而不可怒也。"子囊带从野洩叱之[⑬]，洩曰："军无私怒，报乃私也，将亢子。"又叱之[⑭]，亦叱之[⑮]。冉竖[⑯]射陈武子中手，失弓而骂[⑰]。以告平子曰："有君子白皙，鬒须眉，甚口[⑱]。"平子曰："必子强[⑲]也，无乃亢诸！"对曰："谓之君子，何敢亢之。"林雍羞为颜鸣右，下[⑳]，苑何忌[㉑]取其耳，颜鸣去之。苑子之御曰："视下顾[㉒]。"苑子剕林雍，断其足，𨭲[㉓]而乘于他车以归。颜鸣三入齐师，呼曰："林雍乘。"

【注释】

①以币锦二两：锦作的币两匹。

②缚一如瑱：瑱是充耳。卷得如充耳大小，容易藏在怀中。

③能货子犹，为高氏后，粟五千庾；子犹即梁丘据。若能把此货送给梁丘据，当为你请求作高氏的后人，并且另外送给粟五千庾。

④然据有异焉；我梁丘据也很以为古怪。

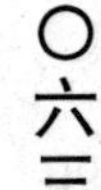

⑤公子鉏:齐大夫。

⑥不胜众:意思告诉齐国说成邑不肯投降,我没有力量抵抗成的人多。

⑦炊鼻:当在今山东省宁阳县境。

⑧洩声子:鲁大夫。

⑨射之中楯瓦:射他中到藤牌的上面。

⑩繇朐汰辀匕入者三寸:经过车的辕上面,箭头射进藤牌上三寸。

⑪人以为鬷戾也:人是鲁人。以为是叔孙氏的司马鬷戾。

⑫予车:即渊捷。

⑬子囊带从野洩叱之:子囊带是齐大夫,野洩即声子。

⑭又叱之:又骂他。

⑮亦叱之:野洩也回声骂囊带。

⑯冉竖:季孙氏的家臣。

⑰失弓而骂:武子丢掉弓就骂。

⑱有君子白皙,鬒须眉,甚口:有一个人皮肤甚白,须眉全很浓,甚口是嘴很大。

⑲子强:就是陈武子的号。

⑳林雍羞为颜鸣右,下:林雍做颜鸣的车右以为羞耻,所以下车来打仗。

㉑苑何忌:是齐大夫。

㉒视下顾:眼看着下边,意思是说斩他的脚。

㉓蹔:用一条腿跳。

【译文】

三月,鲁昭公从齐国回来,住在郓这地方。这种说法,是表示这是鲁国的地方。夏天。齐侯将使昭公回到鲁国的都城。命令不要受季孙氏的货币。季孙氏的家臣申丰随着女贾,拿着锦币两匹,绻小如同一耳塞了,到齐国军队里,对梁丘据的家臣高齮说:"你若能够把这个锦送给梁丘据,就为你请求立你为高氏的后人,并送你粮食五千庾。"高齮把这匹锦给梁丘据看,梁丘据很想着要,高齮就说:"鲁人买这种,一百匹为数量,因为道路的不通,先拿这些来。"梁丘据接受了,对齐侯说:"群臣对鲁君的不尽力,不是不能对你君事奉,但是我觉得奇怪。宋元公因为鲁君的缘故到晋国去,死在曲棘这地方,叔孙婼使鲁昭公回国,没病就死了。不知道是天不要鲁国,或者是鲁昭公对鬼神有罪,所以到了这步田地。你若在曲棘等候，使群臣们随从着鲁君去占卜，若可以打胜仗，你就继续着前进。要不然，你又何必管这件事呢?”齐侯听他的话。就派了公子鉏率领着军队，随从着鲁昭公。成邑的大夫公孙朝对季孙意如说:“有都邑是为的保护国家的，请让我抵抗齐国军队。”答应他，请纳人质，季孙意如不答应，说:“信你的话就够了。”公孙朝使诈告诉齐国军队说:“孟孙氏是鲁国的坏人家，他使用成邑的人力物力已经很厉害，我们不能忍受，请到齐国来休息。”齐国军队就围了成邑。成邑的人去讨伐在淄这地方给马喝水的齐国军队，骗他们说:“假装讨伐，使成人不知我们已降。”鲁国成邑预备好了然后对齐军说:“成的人不肯降，我也没方法能胜他们。”季孙氏的军队及齐军在炊鼻这地方打仗，齐大夫渊捷跟从鲁大夫声子，用箭来射他，中了他的楯牌上，经过他的车轴箭射入楯牌上三寸深，声子射他的马，断了鞅，马死了，换了一辆车，鲁人们以为是叔孙的司马鬷戾而帮助他。渊捷说:“齐国人啊!”将射渊捷，渊捷射他，他死了。渊捷的赶车人说:“再射旁人。”渊捷说:“可以使众人害怕，但不可使他发怒。”齐大夫子囊带追着声子骂他，声子说:“军队里没有私怒，要报复你，就是私心，将抵抗你。”囊带又骂他，声子也回骂他。季氏家臣冉竖射齐国的陈武子伤了他的手，武子丢掉弓就骂他。冉竖告诉季孙意如说:“有位君子，皮肤很白，须眉皆甚浓，大嘴。”季孙意如说:“这必定是陈武子，何不抵抗他?”回答说:“已经称他做君子了，何敢再抵抗他?”林雍做颜鸣的车右，以为羞耻，就下车来作战，苑何忌割下林雍的耳朵，颜鸣看见了就躲开了，苑何忌赶车人说:“你不往下看。”苑何忌就把林雍的脚斩断了，他一条腿跳着，坐了旁的车子回去了。颜鸣三次进入齐国军队，大喊说:“林雍上来坐吧!”

【原文】

[传]四月，单子如晋告急。五月戊午，刘人败王城之师于尸氏[1]。戊辰，王城人刘人战于施谷[2]，刘师败绩。

[经]秋公会齐侯、莒子、邾子、杞伯盟于鄟陵。

[传]秋盟于鄟陵[3]，谋纳公也。

[经]公至自会居于郓[4]。

[传]七月己巳，刘子以王出。庚午，次于渠[5]。王城人焚刘。丙子，王宿于褚氏[6]。丁丑，王次于萑谷[7]。庚辰，王入于胥靡[8]。辛巳，王次于滑[9]。晋知跞赵鞅帅师纳王，使汝宽[10]守关塞[11]。

[经]九月庚申,楚子居卒。

[传]九月楚平王卒。令尹子常欲立子西[12],曰:"大子壬[13]弱,其母非適也。王子建实聘之。子西长而好善,立长则顺,建善则治,王顺国治,可不务乎?"子西怒曰:"是乱国而恶君王也,国有外援[14],不可渎也。王有適嗣,不可乱也。败亲速雠,乱嗣不祥,我受其名,赂吾以天下,吾滋不从也,楚国何为?必杀令尹。"令尹惧,乃立昭王。

[经]冬十月天王入于成周,尹氏、召伯、毛伯以王子朝奔楚。

【注释】

①尸氏:《方舆纪要》说:"尸氏在今河南偃师县西三十里,即子朝据王城,刘人则王城之师于尸氏起也。"

②施谷:《方舆纪要》说:"大谷关在洛阳县东南大谷口。自偃师巩县至轘辕山,置有入关云。又颍阳在今登封偃师伊川三县交界处。"

③刉陵:在今沂水东北七十里,东郓之东北。

④此经无传。

⑤渠:《汇纂》说:"即周阳渠,在王城东北,开渠引洛水,名曰阳渠。在今河南洛阳市。刘澄之《永初记》:言城西有阳渠,周公制之是也。亦谓之九曲渎。"

⑥褚氏:今洛阳甚东南,有褚氏聚。

⑦萑谷:《汇纂》说:"《后汉书》孙坚进军大谷,距洛九十里,其谷连亘至颍阳县,何进设八关,大谷其一也。周之施谷,萑谷,其支径耳。"

⑧胥靡:《汇纂》说:"今河南偃师县东四十里,有胥靡城。"

⑨滑:原本郑地,后入周,在河南偃师县。

⑩汝宽:晋大夫。

⑪关塞:《河南府志》说:"阙塞山一称伊阙,一作关塞,在今洛阳城西南二十五里,山之东有香山,西有龙门山。"

⑫子西:平王的长庶子。

⑬大子壬:楚昭王。

⑭外援:指秦国。

【译文】

四月,单旗到晋国去告急。五月戊午,刘蚠的军队败王子朝的军队在尸氏这里。戊辰，王城的人同刘蚠的人在施谷打仗，刘蚠的军队打败了。

秋天，在刉陵盟会，这是齐侯想使鲁昭公回鲁国都城。

鲁昭公从开会回来，住到郓城。

七月己巳，刘蚠领着敬王逃出。庚午，到渠这地方。王城的人把刘蚠的封邑烧掉。丙子，敬王就住到褚氏。丁丑，敬王住到萑谷。庚辰，敬王进到胥靡。辛巳，王到了滑这地方。晋国知跞、赵鞅率领军队，使王回国，叫汝宽守在关塞这地方。

九月，楚平王死了。令尹子常想立平王的长庶子子西为楚王，他说："太子壬太年轻，他的母亲也不是嫡夫人。太子建先聘了她。子西年长而喜欢善行，立了长子是很顺的，建了善行则能够治，王立了很顺，国家能治理，这不可以办吗？"子西发怒说："这是乱国家而坏君王的名誉，国家有秦国作外援，不可以怠慢他，王有嫡的后人不可以乱，使亲人失败，而使敌人来得快，乱了嗣人是不祥瑞的，我不受这种恶名，把天下来贿赂我，我更不可听从，我要楚国干吗？必定杀掉令尹。"令尹害怕，就立了昭王。

【原文】

[传]冬十月丙申，王起师于滑。辛丑在郊[①]，遂次于尸。十一月辛酉，晋师克巩，召伯盈逐王子朝[②]，王子朝及召氏之族，毛伯得，尹氏固，南宫嚚奉周之典籍以奔楚，阴忌奔莒以叛[③]，召伯逆王于尸，及刘子单子盟，遂军圉泽，次于隄上[④]。癸酉，王入于成周。甲戌，盟于襄宫[⑤]，晋师成公般[⑥]戍周而还。十二月癸未，王入于庄宫[⑦]。王子朝使告于诸侯曰："昔武王克殷，成王靖四方，康王息民，并建母弟以蕃屏周，亦曰吾无专享文武之功，且为后人之迷败倾覆，而溺入于难，则振救之。至于夷王，王愆于厥身[⑧]，诸侯莫不并走其望，以祈王身。至于厉王，王心戾虐，万民弗忍，居王于彘，诸侯释位以间王政，宣王有志而后效官。至于幽王，天不吊周，王昏不若，用愆厥位[⑨]，携王[⑩]奸命，诸侯替之，而建王嗣，用迁郏鄏。则是兄弟之能用力于王室也。至于惠王，天不靖周，生颓祸心，施于叔带，惠襄辟难，越去王都，则有晋郑，咸黜不端，以绥定王家，则是兄弟之能率先王之命也。在定王六年，秦人降妖[⑪]曰：'周其有頿王，亦克能修其职，诸侯服享，二世共职[⑫]，王室其有间王位，诸侯不图，而受其乱灾。'至于灵王，生而有頿，王甚神圣，无恶于诸侯，灵王景王[⑬]克终其世。今王室乱，单旗、刘狄[⑭]剥乱天下，壹行不若，谓先王何常之有，唯余心所命，其谁敢讨之。帅群不吊之人，以行乱于王室，侵欲无厌，规求无度，贯渎鬼神，慢弃刑法，倍奸齐盟，傲很威仪，矫诬先王。晋为不道，是摄是赞，思肆其罔极。兹不谷震荡播越，窜在荆蛮，未

有攸底。若我一二兄弟甥舅奖顺天法，无助狡猾，以从先王之命，毋速天罚，赦图不谷[15]，则所愿也，敢尽布其腹心，及先王之经，而诸侯实深图之。昔先王之命曰：'王后无適，则择立长，年钧以德，德钧以卜，王不立爱，公卿无私，古之制也。'穆后及大子寿早夭即世，单刘赞私立少，以间先王，亦唯伯仲叔季图之。"闵马父闻子朝之辞曰："文辞以行礼也，子朝干景之命，远晋之大，以专其志，无礼甚矣，文辞何为？"

【注释】

①郊：在今河南省巩义市西南。

②召伯盈逐王子朝：召伯盈本来是子朝一党，因为晋国军队已经攻下巩这地方，所以他就知道子朝不能成功，就驱逐王子朝而改迎接敬王。

③阴忌奔莒以叛：阴忌是子朝一党，逃奔到莒地对敬王反叛。莒在今河南伊川县南。

④隄上：应在圉泽附近。

⑤襄宫：周襄王的庙。

⑥成公般：晋大夫。

⑦庄宫：周庄王的庙在王城。

⑧王愆于厥身：愆是身有恶疾。

⑨用愆厥位：王昏迷不顺，所以失掉他的位子。

⑩携王：是幽王的少子伯服。

⑪秦人降妖：秦人降下妖言。

⑫二世共职：指着灵王同景王都谨于职守。

⑬灵王景王：景王是灵王的儿子。

⑭刘狄：就是刘蚠。

⑮赦图不谷：赦我的忧虑而救我的患难。不谷，君王自称。

【译文】

冬天十月丙申，周敬王在滑这地方发起军队，辛丑，到了王子朝所占领郊的地方，接着到了尸这地方。十一月辛酉，晋国军队克了巩义市，召伯盈本是王子朝的党羽，现在看见晋国军队占领了巩，知道王子朝不能成功，就把他驱逐出走，而迎接周敬王回来。王子朝同召氏的族人毛伯得、尹氏固、南宫嚚拿着周的典籍逃到楚国去，王子朝的党羽阴忌逃到莒的地方反叛了，召伯盈就去迎接敬王在尸这地方，并同刘蚠单旗盟誓，在圉泽整顿军队，并且到了隄上。癸酉，敬王进入成周。甲戌这天，在襄王的庙里盟誓，晋国军队留下晋大夫成公般戍守周国就回到晋国去了。十二月癸未，敬王进入了王城庄王的庙里。王子朝叫人告诉诸侯们说："从前武王胜了殷国，成王安定四方，康王安息人民，他们全都封建母弟，做周室的屏蕃，并且说我不要专享受文王武王的成功。并且为后人的迷败倾覆到了困难时，就去拯救。到了夷王，王的身体恶疾，诸侯们没有一个不去祷告他的神，以保障王的身体。到了他的儿子厉王，王的心很戾虐，人民忍受不了，叫王住到彘这地方，诸侯们各离开他的位置，以保护王的政治，宣王年长有志向以后，然后才交还政权，到了他儿子幽王，天不保佑周国，王昏迷的没有办法，就失掉他的王位，他的少子伯服，奸了天命，诸侯把他废了，而重新把平王找回来，就东迁到洛阳，这可以证明兄弟们能用力保护王室。到了惠王，天不安靖周室，生了王子颓藏有祸心，祸连叔带。惠王同襄王躲避祸难，离开王都城，就有晋国同郑国全都帮助黜去不端正的人，用以安定王室，这就是兄弟各国能够尊重先王的命令。在定王六年，秦人降下妖言说：'周将来有个有胡子的王，也能够修明他的职务，诸侯全听从他，灵王景王二世都谨于职守，王室里恐怕有人妄想求得王位，诸侯不明白，而受他的乱灾。'到了灵王，生的时候就有胡子，他很神圣，对诸侯们没有做坏事，灵王景王都能善终的去世。现在王室混乱，单旗同刘蚠乱了天下，专行不顺的事，他们说先王有什么常法；应该照我心里所想的，谁还能够讨伐我呢？率着一群不好的人，在王室里行乱，追求欲望永远没有厌足的时候，所求也没有限制，变化鬼神的典章，慢弃了刑法，背叛了王室，傲慢了威仪，说周景王的坏话，晋国不道德，就帮助他，不知到哪里为止。现在我受到迁徙，逃到楚国，不知到什么程度，若是我一二兄弟甥舅国家，顺着天注，不帮助狡猾，遵从着天命，不至于得到天的处罚，赦去我的时绣，而教我的患难，这就是我所愿意的，敢对你们宣布我心里所想的，同先王的经常，希望你们细想想。从前先王的命令说：'王后没有嫡子，就立年长的，年纪若相同就以德性来论，德行若相同，就用占卜，王也不立爱的儿子，公卿们全没有私心，这是古代的制度。'穆后及太子寿都死了，单旗刘蚠用私心立年轻的，以违背先王的常制，也请诸侯们细想想。"鲁国的闵马父听见子朝所说的话，就说："文辞是用来行礼的，子朝违背周景王的命令，远了晋国的大权，专门用他的思想，他的无礼太厉害了，文辞有什么用呢？"

【原文】

［传］齐有彗星，齐侯使禳之。晏子曰："无益也，祇取诬焉。天道不謟[①]，不贰其命，

若之何禳之？且天之有彗也，以除秽也，君无秽德，又何禳焉？若德之秽，禳之何损？诗曰：'惟此文王，小心翼翼，昭事上帝，聿怀多福，厥德不回，以受方国[2]。'君无违德，方国将至，何患于彗？诗曰：'我无所监，夏后及商，用乱之故，民卒流亡[3]。'着德回乱，民将流亡，祝史之为，无能补也。"公说乃止。齐侯与晏子坐于路寝，公叹曰："美哉室，其谁有此乎？"晏子曰："敢问何谓也？"公曰："吾以为在德。"对曰："如君之言，其陈氏乎！陈氏虽无大德，而有施于民，豆、区、釜、钟之数，其取之公也薄[4]，其施之民也厚[5]。公厚敛焉，陈氏厚施焉，民归之矣。诗曰：'虽无德与女，式歌且舞[6]。'陈氏之施，民歌舞之矣，后世若少惰，陈氏而不亡，则国其国也已。"公曰："善哉，是可若何？"对曰："唯礼可以已之。在礼，家施不及国，民不迁，农不移，工贾不变，士不滥，官不滔，大夫不收公利。"公曰："善哉！我不能矣。吾今而后知礼之可以为国也。"对曰："礼之可以为国也久矣，与天地并[7]。君令、臣共、父慈、子孝、兄爱、弟敬、夫和、妻柔、姑慈、妇听，礼也。君令而不违，臣共而不贰，父慈而教，子孝而箴，兄爱而友，弟敬而顺，夫和而义，妻柔而正，姑慈而从，妇听而婉，礼之善物也。"公曰："善哉！寡人今而后闻此，礼之上也。"对曰："先王所禀于天地，以为其民也，是以先王上之[8]。"

【注释】

①天道不謟：天道是不可以被疑惑的。

②惟此文王，小心翼翼。昭事上帝，聿怀多福，厥德不回，以受方国：这是《诗经·大雅》的一句诗，意思是说周文王能小心的恭敬，事奉上帝，专门为的得到多福，不违背德性，所以四方的邦国全都归顺他。

③我无所监，夏后及商，周乱之故，民卒流亡：这是一道逸诗，意思是说我所监戒的是夏朝同商朝，国为乱的缘故，人民全都逃亡。

④其取之公也薄：他是以公量来收取。

⑤其施之民也厚：指着陈氏用私量来借贷。

⑥虽无德与女，式歌且舞：这是《诗经·小雅》的一句诗，意思说虽没有德性给你，但是能叫你高兴的，歌唱并舞蹈。

⑦与天地并：礼同天地并立。

⑧是以先王上之：所以先王全以礼为最上。

【译文】

齐国有彗星出现，齐侯派人举行禳祭，去除灾害，晏子说："这没有用，只是欺骗人的，天道是不使人疑惑的，天命不能有两种，为什么还去除禳它？并且天上有彗星，是为除去秽气，你没有秽的德行，又何必去禳除呢？如果你有秽德，举行禳祭祷告也没有什么好处。《诗经·大雅》说：'这位文王，非常小心的来事奉上帝，以得到很多的福气，他没有违德之行，就可以得到四方国家的来归。'你若没有违德之行，方国全要来归你，又何必怕彗星呢？逸诗中说过：'我之所以为监戒的，是在夏同商，因为乱的缘故，人民全都散了。'要是违德乱行。人民将逃亡。祝吏的祷告，没有用处。"齐侯高兴了就不禳除。齐侯同晏婴坐到路寝上，公叹着说："这屋子很美丽，谁将有这屋子？"晏婴说："请问这句话怎么讲？"公说："我以为在德。"回答说："若照你所说，恐怕是陈氏所有；陈氏虽没有大德性，但对人民很有施舍，豆、区、釜、钟的数目，他取人民很少，而施舍给人民很多，你上的税很多，陈氏施舍的很多，人民全归到他那儿去了。《诗经·小雅》说：'虽然没有德行给你们，你们也能很高兴的载歌且舞。'陈氏的施与，人民已对他歌舞，你的后代若稍懈惰，陈氏而不逃亡，那么国家就是他的国家了。"公就说："这很对，那么怎么办呢？"回答说："唯独礼可以胜他。论礼，大夫之家的施舍，不会施给国家，人民也不会搬家，农人不会改职业，工人商人不变化，士人不失掉职掌，官不怠慢，大夫们不私占公家的利益。"齐侯说："这很好，但是我不能够。今后我方才知道礼可以守国家。"晏婴说："礼的守国已经很久了，它跟天地并立。君下令，臣恭敬，父慈，儿子孝，兄爱弟，弟敬兄，丈夫和顺，妻柔和，婆婆慈悲，儿妇们听从，这全是合于礼的。君下令而不违背，臣恭敬而没有二心，父亲慈祥而教训儿子，儿子孝顺而谏箴父亲的过失，哥哥亲爱而友，弟弟恭敬而顺从，丈夫和顺而合义，妻子柔和而合于正，婆婆慈悲而不自专，儿妇听从而婉顺，这全是礼的善事。"齐侯说："这是很好的，寡人现在才知道，这是礼的最上。"晏婴说："这是先王受到天地，而保护他的人民，所以先王以礼为最上。"

【讲评】

《左传》中既记有争名夺利的人和事，也记有对功名利禄坚拒不受的人和事，辞国者就有吴公子季札、宋公子目夷、楚子西等人，而这些人也是被称颂的贤人。

刘向《晏子叙录》说："晏子博闻强记，通于古今，事齐灵公、庄公、景公，以节俭力行，尽忠极谏道齐，国君得以正行，百姓得以亲附。”司马迁《史记》把晏子与管仲并列，“至其谏说，犯君之颜，此所谓进思尽忠，退思补过者哉！假令晏子而在。余虽为之执鞭，所忻慕焉。”晏子劝谏齐君禳祭彗星，提出修德的重要性；与齐侯论礼则反映出他以礼治国的主张。可惜生逢末世，晏子也清楚认识到齐公室的没落，只能独善其身。

昭公二十七年

【原文】

[经]二十有七年：春，公如齐。

公至自齐，居于郓。

夏，四月，吴弑其君僚。

楚杀其大夫郤宛。

秋，晋士鞅、宋乐祁犁、卫北宫喜、曹人、邾人、滕人会于扈。

冬，十月，曹伯午卒。

邾快来奔。公如齐。

公至自齐。居于郓。

【原文】

[传]二十七年春，公如齐。公至自齐，处于郓，言在外也。

吴子欲因楚丧而伐之[①]，使公子掩馀、公子烛庸帅师围潜[②]，使延州来季子聘于上国[③]，遂聘于晋，以观诸侯。楚莠尹然、工尹麇帅师救潜，左司马沈尹戌帅都君子与王马之属以济师，与吴师遇于穷[④]，令尹子常以舟师及沙汭而还[⑤]。左尹郤宛、工尹寿帅师至于潜，吴师不能退。

吴公子光曰：“此时也，弗可失也。”告鱄设诸曰：“上国有言曰[⑥]：‘不索，何获？’我，王嗣也[⑦]，吾欲求之。事若克，季子虽至，不吾废也。”鱄设诸曰：“王可弑也。母老、子弱[⑧]，是无若我何？”光曰：“我，尔身也[⑨]。”

【注释】

①吴子：吴王僚。因：乘机。楚丧：指楚平王之死。

②公子掩余、公子烛庸:吴王僚的同母兄弟。潜;楚国地名,在今安徽霍山县东北。

③延州来季子:即吴公子季札。上国:指中原各国。

④穷:古国名,今山东德县北有鬲县故城。

⑤舟师:水军。

⑥上国:春秋时对齐、晋等中原诸侯国的称呼,相对于吴、楚诸国而言。

⑦王嗣:王位的继承人。

⑧弱:幼小。

⑨身:自己。

【译文】

二十七年春天,昭公去齐国。昭公从齐国回国,住在郓地。这是说住在外邑。

吴王僚想借楚国有丧事进攻它,派公子掩余、公子烛庸率师包围潜地。派延州来季子到中原各国聘问,顺便到晋国聘问,以观察诸侯。楚国的莠尹然、工尹麇率师救援潜地,左司马沈尹戌率领都邑的君子和王马之属用来救援,和吴师在穷地遭遇。令尹子常率领水军到达沙汭后返回。左尹郤宛、工尹寿率师到达潜地。吴国军队无法撤退。

吴国公子光说:"这是时机啊,不可以失去!"告诉鱄设诸说:"中原国家有这样的话:'不去索取,怎么能得到?'我,是王位的继承人,我想要得到王位。事情如果成功,即使季子回来,也不能废弃我。"鱄设诸说:"我们是可以把君王杀掉的。但我母亲年迈,儿子年幼,这让我怎么办?"公子光说:"我,就是你,会替你照顾母亲和孩子的。"

【原文】

[传]夏四月,光伏甲于堀室而享王[①]。王使甲坐于道及其门。门、阶、户、席皆王亲也[②],夹之以铍[③]。羞者献体改服于门外[④]。执羞者坐行而入[⑤],执铍者夹承之,及体[⑥],以相授也。光伪足疾,入于堀室。鱄设诸寘剑于鱼中以进,抽剑刺王,铍交于胸[⑦],遂弑王。阖闾以其子为卿[⑧]。

【注释】

①崛室:地下室。享:宴请。

②王亲:国君的亲兵。

③铍:兵器,形状如刀,两边有刃。

④羞者:进献食品的人。献体:脱光衣服,露出身体。

⑤坐行:以膝着地而行。

⑥及体:意思是剑尖挨着了身体。

⑦铍交于胸:剑从两旁交叉刺进胸部。

⑧阖闾:即公子光。

【译文】

夏季四月,公子光在地下室埋伏甲士而设宴款待吴王。吴王派甲士坐在道路两旁,一直到大门口。大门、台阶、户内、席上都是吴王的亲兵,手持铍守卫在吴王两边。进献食物的人在门外脱光衣服改穿别的衣服。端食物的人跪着膝行而入,持铍的人两边夹行接他过去,铍尖抵着进食者的身体,然后把食物递给吴王。公子光假装脚有病痛,进入地下室。鱄设诸把剑放在鱼肚子里然后进入宴庭,抽出剑猛刺吴王,两旁亲兵手中的铍交叉刺进了他的胸膛,杀死了吴王。阖闾让鱄设诸的儿子做了卿。

【原文】

[传]季子至,曰:"苟先君无废祀,民人无废主,社稷有奉,国家无倾,乃吾君也,吾谁敢怨?哀死事生,以待天命。非我生乱,立者从之,先人之道也。"复命哭墓[①],复位而待[②]。吴公子掩馀奔徐[③],公子烛庸奔钟吾[④]。楚师闻吴乱而还。

【注释】

①哭墓:在墓前哭泣。

②复位:回到原来的官位。

③徐:徐国,在今安徽泗县。

④钟吾:国名,在今江苏宿迁市。

【译文】

季子聘问回来,说:"如果先君的祭祀没有被废弃,百姓仍有主人,土地神和五谷神得到侍奉,国家和家族没有覆灭,他就是我的国君,我敢怨恨谁?哀痛死去的,侍奉活着的,以等待天命的安排;不是我肇祸作难,谁被立为国君的我就服从他:这是先人的教导。”到吴王僚墓前哭泣复命,回到原来的官位上等候命令。吴国的公子掩余逃往徐国,公子烛庸逃奔钟吾。楚军听到吴国发生了动乱就撤兵回国了。

【原文】

[传]郤宛直而和①,国人说之。鄢将师为右领,与费无极比而恶之。令尹子常贿而信谗②,无极谮郤宛焉,谓子常曰:“子恶欲饮子酒。”又谓子恶:“令尹欲饮酒于子氏。”子恶曰:“我,贱人也③,不足以辱令尹。令尹将必来辱,为惠已甚,吾无以酬之,若何?”无极曰:“令尹好甲兵④,子出之,吾择焉。”取五甲五兵,曰:“寘诸门。令尹至,必观之,而从以酬之。”及飨日⑤,帷诸门左。无极谓令尹曰:“吾几祸子。子恶将为子不利,甲在门矣。子必无往!且此役也,吴可以得志。子恶取赂焉而还。又误群帅,使退其师,曰‘乘乱不祥’。吴乘我丧,我乘其乱,不亦可乎?”令尹使视郤氏,则有甲焉。不往,召鄢将师而告之。将师退,遂令攻郤氏,且爇之⑥。

【注释】

①直:正直。

②令尹:春秋战国时楚国执政官名,相当于宰相。

③贱人:地位低下的人。

④甲兵:铠甲和兵器。泛指武备、军事。

⑤飨日:宴请之日。

⑥爇:点燃,燃烧。

【译文】

郤宛为人正直而又温和,国内的人们都喜欢他。鄢将师做右领,和费无极相勾结而憎恶郤宛。令尹子常贪图财物并相信谗言;费无极就在他面前诬陷郤宛,他对子常说:“郤宛想请您饮酒。”又对郤宛说:“令尹想去您家里饮酒。”郤宛说:“我是卑贱的人,不足以屈辱令尹前来。令尹如果真要屈尊前来,赐给的恩惠就太大了;我没有什么东西答谢他,怎么办?”费无极说:“令尹喜欢铠甲和武器。您拿出来,我来挑选献给他。”于是选取了五领铠甲、五种兵器,说:“放在门口。令尹来了,一定要看,于是乘机献给他。”到了宴

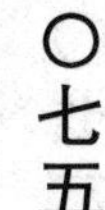

饮那天，郤宛把挑选出的铠甲和兵器搭了帷账放在门的左侧。费无极对令尹说："我几乎让你遭了灾祸！郤宛将要不利于您，铠甲和兵器放在门口了。您一定不要去！况且这次潜地的战事，楚国本来可以使吴国就范；郤宛得了吴国的贿赂回来，贻误了将帅们，使他们退兵，说：'乘别人有动乱而进攻它，不是好事情。'吴国乘我们有丧事，我们乘他们有动乱，不也是可以的吗？"令尹派人察看郗宛的动静，果然看见有铠甲和武器，于是就没有前去，召见鄢将师并把情况告诉了他。鄢将师退下，就下令攻打郤氏，而且放火烧他的家。

【原文】

[传]子恶闻之，遂自杀也。国人弗爇，令曰："不爇郤氏，与之同罪。"或取一编菅焉[①]，或取一秉秆焉[②]，国人投之，遂弗爇也。令尹炮之[③]，尽灭郤氏之族党[④]，杀阳令终与其弟完及佗，与晋陈及其子弟。晋陈之族呼于国曰："鄢氏、费氏自以为王，专祸楚国，弱寡王室[⑤]，蒙王与令尹以自利也[⑥]，令尹尽信之矣，国将如何？"令尹病之。

【注释】

①菅：菅茅，席子。

②秆：泛指草木的茎，干草。

③炮：焚烧，燃烧。

④族党：聚居的同族亲属。

⑤弱寡：削弱和孤立。

⑥自利：自己得好处。谓只图个人私利。

【译文】

郤宛听到消息，就自杀了，国都的人不肯放火，鄢将师下令说："不烧郤家，和他同罪！"有人拿了一张席子，有人拿一把稻草，国都的人都拿过来扔掉了，因此并没有烧起来。令尹派人聚集柴草烧了郤家，把郤氏的族人和亲友全部灭掉，杀了阳令终和他的弟弟完、佗大夫晋陈和他的子弟。晋陈的族人在国都里呼叫说："鄢氏、费氏以君王自居，专权而祸乱楚国，削弱孤立王室，欺骗君王和令尹来为自己牟私利。令尹完全相信他们，国家该怎么办！"令尹以这件事为忧。

【原文】

[传]秋,会于扈,令戍周[1],且谋纳公也。宋、卫皆利纳公,固请之。范献子取货于季孙,谓司城子梁与北宫贞子曰:“季孙未知其罪,而君伐之。请囚、请亡[2],于是乎不获,君又弗克,而自出也。夫岂无备而能出君乎?季氏之复,天救之也。休公徒之怒,而启叔孙氏之心。不然,岂其伐人而说甲执冰以游[3]?叔孙氏惧祸之滥[4],而自同于季氏,天之道也。鲁君守齐,三年而无成。季氏甚得其民,淮夷与之[5],有十年之备,有齐、楚之援,有天之赞,有民之助,有坚守之心,有列国之权[6],而弗敢宣也,事君如在国。故鞅以为难。二子皆图国者也,而欲纳鲁君,鞅之愿也,请从二子以围鲁。无成,死之。”二子惧,皆辞。乃辞小国,而以难复。

【注释】

①戍:戍守。周:成周,周都城,在河南洛阳市东北二十里,即洛阳故城也。

②囚:囚禁。

③伐人:善于击刺的人。说甲:脱掉盔甲。

④祸之滥:祸难蔓延。

⑤淮夷:古代居于淮河流域的部族。

⑥列国:指诸侯。

【译文】

秋天,在扈地会面,这是为了派兵去戍守成周的事,并且商量送昭公回国都。宋国、卫国都认为送昭公回国都对本国有利,坚决请求把他送回。范献子收了季平子的财礼,对乐祁和北宫喜说:“季平子并不知道自己的罪过,而国君讨伐他。季平子请求囚禁,请求逃亡,在当时都没有获准,国君又没有战胜而自己出逃了。难道在毫无准备的情况下能使国君出亡国外的呢?季氏恢复原来的职位,一定是上天拯救了他。平息了昭公亲兵的不满情绪,又开启叔孙氏的心意来救自己。不是这样的话,难道昭公的亲兵攻打别人却卸下铠甲拿着箭筒盖在那里玩耍吗!叔孙氏害怕祸难蔓延,因此自愿和季平子站在一边,这是上天的启示啊。鲁国国君在齐国治理一方,三年都没有取得成功。季氏很得百姓拥护,淮夷人亲近他,有十年的储备,有齐国、楚国的支援,有上天的佑护,有百姓的帮

助，有坚守的决心，有诸侯一样的权势；但是不敢使用君权，侍奉国君好像仍旧在国内一样。所以我认为我是很难做得到的。您二位都是为国家谋划的人；想送回鲁国国君，这也是我的意愿。请让我跟着二位去包围鲁国；不成功，就为此而死。”两人感到十分恐惧，都辞谢不干了，于是辞谢小国，并以困难为由答复昭公。

【原文】

[传]孟懿子、阳虎伐郓，郓人将战。子家子曰：“天命不慆久矣，使君亡者，必此众也。天既祸之，而自福也[1]，不亦难乎！犹有鬼神，此必败也。乌呼，为无望也夫[2]！其死于此乎！”公使子家子如晋。公徒败于且知。

【注释】

①自福：自己求福。

②无望：没有指望，没有希望。

【译文】

孟懿子、阳虎讨伐郓地。郓地人准备迎战。子家懿伯说：“天命帮助季氏这很久以来就无可置疑了！让国君逃亡的，一定是这一伙人。上天已经降祸给了国君，却要自己求福，不也是很难的吗？如果有鬼神，这次作战必定失败。唉！没有希望了吧！难道要死在这里了吗？”昭公派子家懿伯到晋国去，昭公的亲兵在且知打了败仗。

孟懿子托孤

【原文】

[传]楚郤宛之难，国言未已[1]，进胙者莫不谤令尹[2]。沈尹戌言于子常曰：“夫左尹与中厩尹[3]，莫知其罪，而子杀之，以兴谤讟，至于今不已。戌也惑之：仁者杀人以掩谤，犹弗为也。今吾子杀人以兴谤[4]，而弗图，不亦异乎！夫无极，楚之谗人也.民莫不知。去朝吴，出蔡侯宋，丧大子建，杀连尹奢，屏王之耳目[5]，使不聪明。不然，平王之温惠共俭[6]，有过

成、庄,无不及焉。所以不获诸侯,迩无极也[⑦]。今又杀三不辜[⑧],以闪大谤,几及子矣。子而不图.将焉用之?夫鄢将师矫子之命,以灭三族。国之良也,而不愆位[⑨]。吴新有君,疆埸日骇,楚国若有大事,子其危哉!知者除谗以自安也,今子爱谗以自危也,甚矣其惑也!"子常曰:"是瓦之罪,敢不良图!"九月己未,子常杀费无极与鄢将师,尽灭其族,以说于国,谤言乃止[⑩]。

【注释】

①国言:国人的谤言。

②进胙者:进献祭祀用牲肉的人。谤:公开指责别人的过失。

③中厩尹:掌管宫中车马房的官吏。

④兴谤:招致怨言。

⑤屏:遮挡。

⑥温惠:温和仁慈。共俭:恭敬而节俭,共,通"恭"。

⑦无极:无穷尽,无边际。

⑧不辜:无辜的人。

⑨愆位:失职。

⑩谤言:怨恨、指责的话。

【译文】

楚国郤宛的灾难,国内的怨言没有停息,祭祀进贡胙肉的人没有不指责令尹的。沈尹戌对子常说:"左尹郤宛和中厩尹阳令终不知道自己的罪过,而您却杀了他们,因而招致怨言,到了现在还没有停止。我感到很疑惑不解。如果让仁爱的人用杀人来平息怨言,他还不干呢;现在您杀人来招致怨言,反而不考虑如何补救,不也是很奇怪吗?费无极,是楚国的谗佞之人,百姓无人不知道的:除掉朝吴,驱逐蔡侯宋,使太子建丧亡,杀害连尹伍奢,遮蔽君王的耳目,让他听不着看不见。如果不是这样,平王的温和慈惠、恭敬俭约超过成王、庄王,并没有赶不上他们的地方;之所以不能得到诸侯的拥戴,就是因为接近费无极呀。现在又杀了三个无罪的人,从而引起了大的怨言,几乎要波及您头上。您如果不认真考虑对策,用您这个令尹干什么呢?鄢将师假传您的命令,灭亡了三个家族——他们都是国家中的人才,在位没有什么过失。现在吴国新立了君,边界上天天有紧急消息传来,楚国如果一朝起了兵事,那么大众的心不向着你,看你到那时真危险极了!聪明的人,总是除掉挑拨是非的人,使得自身安静的。现在你反而爱那挑拨是非的人,使得自身危险,唉!厉害呀!这种可疑的事!"子常说:"这都是我瓦的罪,哪敢不好好打算呢?"九月己未那天,子常便杀掉费无极和鄢将师,完全灭了他的族人,讨国人的好,于是说难听的话方才从此停止。

【原文】

冬,公如齐,齐侯请飨之[①]。子家子曰;"朝夕立于其朝,又何飨焉?其饮酒也。"乃饮酒,使宰献而请安[②]。子仲[③]之子曰重,为齐侯夫人,曰请使重见。子家子乃以君出。十二月,晋籍秦[④]致诸侯之戍于周,鲁人辞以难。

[经]公如齐,公至自齐居于郓[⑤]。

【注释】

①齐侯请飨之:齐侯请设宴飨的礼。

②使宰献而请安:诸侯宴大夫的礼,使宰为主人献酒,使齐侯退而自安。

③子仲:是鲁公子慭。

④籍秦:籍谈的儿子。

⑤此经无传。

【译文】

冬天,鲁昭公到齐国都城,齐侯要宴飨他。子家羁说:"早晚全立到他的朝廷上,还有什么飨宴的,这不过是喝酒而已。"就喝酒,叫宰献酒,而齐侯自请安息。公子慭的女儿叫重的,嫁给齐侯做夫人,叫她来见鲁昭公,子家羁就叫鲁昭公躲避出去。十二月,晋国籍秦叫诸侯的戍兵到周都城去,鲁国辞谢说有祸难。

鲁昭公到齐国,又从齐国回来,居住在郓。

【讲评】

吴国的公子光野心勃勃,趁着吴军出讨楚国,国内空虚,借助刺客的暗杀行动成功地实现了自己的政治抱负,正式登上了春秋争霸的历史舞台。《左传》对于吴王阖庐(公子光)这位新的春秋霸主不仅有正面的描写,也往往通过敌人之口加以评述,与其子夫差形成鲜明对比。吴王阖庐能成为霸主是有基础的,一是吴国经过数代的积蓄、发展,已经日渐强大起来;二是他本人善于任用贤能,屈节下士,与士兵同甘共苦,军事家孙武、伍员等聚集在其麾下;三是此时列强晋、楚、齐、秦都内忧不断,无力征伐,正好给了吴国称霸的时机。

昭公二十八年

【原文】

二十八年:春,王正月,公在乾侯。

夏,六月庚辰,晋侯去疾卒。

秋。八月,葬晋顷公。

冬,十有二月,吴灭徐,徐子章羽奔楚。

【原文】

[传]二十八年,春,公如晋,将如乾侯[1]。子家子曰:"有求于人,而即其安,人孰矜之[2]?其造于竟。"弗听。使请逆于晋。晋人曰:"天祸鲁国,君淹恤在外[3],君亦不使一个辱在寡人,而即安于甥舅,其亦使逆君?"使公复于竟,而后逆之。

晋祁胜与邬臧通室[4]。祁盈将执之,访于司马叔游。叔游曰:"《郑书》有之:'恶直丑正,实蕃有徒。'无道立矣,子惧不免。《诗》曰[5]:'民之多辟,无自立辟。'姑已[6],若何?"盈曰:"祁氏私有讨,国何有焉?"遂执之。祁胜赂荀跞,荀跞为之言于晋侯。晋侯执祁盈。祁盈之臣曰:"钧将皆死,慭使吾君闻胜与臧之死也以为快。"乃杀之。夏六月,晋杀祁盈及杨食我。食我,祁盈之党也,而助乱,故杀之,遂灭祁氏、羊舌氏。

【注释】

①乾侯:春秋晋邑,在今河北省成安县东南。

②矜:怜悯,同情。

③淹恤:久遭忧患。

④通室：互易妻室。

⑤出自《诗·大雅·板》。

⑥姑已：故且作罢。

【译文】

二十八年春天，昭公去晋国，将要去乾侯。子家子说："有求于别人，而又心安理得，有谁会同情您？您还是在边境上等着的好。"昭公不听。派人向晋国请求前来迎接，晋国人说："上天降祸给鲁国！使君主久留在外，君主也不派一个使者屈尊问候寡人，却安安稳稳地住在甥舅之国，难道还要派人到齐国去迎接君主？"让昭公回到鲁国和齐国的边境上然后派人迎接。

晋国的祁胜和邬臧交换妻妾。祁盈准备拘捕他们，向司马叔游询问。叔游说："《郑书》有这样的话：'伤害正直，这种人多得很。'没有道德的人在位，您应该内心害怕不能免于祸患。《诗》说：'民众邪僻，自己不要另立法度。'姑且算了罢，怎么样？"祁盈说："这是祁氏家族内部的讨伐，和国家有什么关系？"于是就拘捕了他们。祁胜贿赂荀跞，荀跞在晋顷公面前替他说话，晋顷公拘捕了祁盈。祁盈的家臣说："同样都是死，姑且让我们的主人听到祁胜和邬臧的死讯时再死也痛快一下！"于是就杀了祁胜和邬臧。夏天六月，晋国杀了祁盈和杨食我。杨食我，是祁盈的同党，并且帮助作乱，所以杀了他。接着祁氏、羊舌氏就被灭掉了。

【原文】

［传］初，叔向欲娶于申公巫臣氏，其母欲娶其党。叔向曰："吾母多而庶鲜，吾惩舅氏矣。"其母曰："子灵之妻杀三夫，一君、一子，而亡一国、两卿矣，可无惩乎？吾闻之：'甚美必有甚恶。'是郑穆少妃姚子之子，子貉之妹也。子貉早死，无后，而天钟美于是[①]，将必以是大有败也。昔有仍氏生女，黰黑[②]，而甚美，光可以鉴，名曰玄妻。乐正后夔取之，生伯封，实有豕心[③]，贪惏无餍，忿纇无期，谓之封豕。有穷后羿灭之，夔是以不祀。且三代之亡、共子之废，皆是物也，女何以为哉？夫有尤物，足以移人[④]。苟非德义，则必有祸。"叔向惧，不敢取。平公强使取之，生伯石。

【注释】

①钟美于是：将美集中在她身上。

②黰黑:头发稠黑。

③豕心:豕贪食,因以比喻贪婪之心。

④移人:使人的精神情态等改变。

【译文】

起初,叔向想要娶申公巫臣的女儿,他母亲想让他娶她的亲族。叔向说:"我的庶母多而庶生兄弟少,我要把娶舅家的女儿作为鉴戒啊。"他母亲说:"巫臣的妻子杀死三个丈夫、一个国君、一个儿子,并且灭亡一个国家,使两个卿出逃,能不作为鉴戒吗?我听说:'最美的人也必然最恶毒。'她是郑穆公少妃姚子的女儿,子貉的妹妹。子貉死得早,没有后代,而上天把美集中在她身上,一定是要用她来大大地败坏事业啊。从前有仍氏生了个女儿,头发又密又黑,非常漂亮,光泽可以照见人影,名叫玄妻。乐官之长后夔娶了她,生下伯封,其心似猪,贪婪没有满足的时候,愤怒乖戾没有限度,人们叫他封豕。有穷氏的后羿灭了他,夔因此不能获得祭祀。而且夏商周三代的灭亡,太子申生的被废,都是由于贪恋美色。你为什么还要这么做呢?特别漂亮的女子,足够可以改变人的心性,如果不是有德有义的人娶她,就一定会带来祸患。"叔向感到害怕,不敢娶她。晋平公强迫他娶了她,生下杨食我。

【原文】

[传]伯石始生,子容之母走谒诸姑[①],曰:"长叔姒生男[②]。"姑视之。及堂,闻其声而还,曰:"是豺狼之声也,狼子野心。非是,莫丧羊舌氏矣。"遂弗视。

秋,晋韩宣子卒,魏献子为政,分祁氏之田以为七县,分羊舌氏之田以为三县。司马弥牟为邬大夫[③],贾辛为祁大夫[④],司马乌为平陵大夫[⑤],魏戊为梗阳大夫[⑥],知徐吾为涂水大夫[⑦],韩固为马首大夫[⑧],孟丙为盂邑大夫[⑨],乐霄为铜鞮大夫[⑩],赵朝为平阳大夫[⑪],僚安为杨氏大夫。谓贾辛、司马乌为有力于王室,故举之;谓知徐吾、赵朝、韩固、魏戊,余子之不失职、能守业者也[⑫];其四人者,皆受县而后见于魏子,以贤举也。

【注释】

①姑:婆婆。

②长叔姒:大弟媳妇。

③邬:春秋晋邑,在今山西介休市东北。

④祁:春秋时晋大夫祁奚邑,晋灭祁氏,分为七县,以贾辛为祁大夫。

⑤平陵:春秋晋邑,在今山西文水县东二十五里。

⑥梗阳:今山西清源县治。

⑦涂水:在山西榆次县西南二十里。

⑧马首:在山西新绛县西北四十里,俗名马头山。

⑨盂:春秋晋地,今山西阳曲县东北八十里有大盂城。

⑩铜鞮:春秋晋邑,故城在今山西沁县西南。

⑪平阳:古尧都,于诗为唐国,春秋晋羊舌氏邑。在今山西临汾县南。

⑫守业:保存祖先留下的基业;守住已有的事业。

【译文】

杨食我刚生下的时候,子容的母亲跑去告诉婆婆,说:"大弟媳妇生了个男孩。"婆婆去看,到了堂前,听到婴儿的哭声就往回走,说:"这是豺狼的声音。豺狼一样的男子一定有野心。除了这个人,谁会使羊舌氏灭亡呢!"于是不去看望。

秋天,晋国的韩宣子卒,魏献子执政。他把祁氏的土地分为七个县,把羊舌氏的土地分为三个县。司马弥牟做邬邑大夫,贾辛做祁邑大夫,司马乌做平陵大夫,魏戊做梗阳大夫,知徐吾做涂水大夫,韩固做马首大夫,孟丙做盂邑大夫,乐霄做铜鞮大夫,赵朝做平阳大夫,僚安做杨氏大夫。认为贾辛、司马乌对王室有功劳,所以举荐他们。认为知徐吾、赵朝、韩固、魏戊,是庶子中能够不失职守、保持业绩的人。另外四个人,都是先接受县大夫职务然后进见魏献子的,是因为贤能而被举荐的。

【原文】

[传]魏子谓成鱄:"吾与戊也县,人其以我为党乎①?"对曰:"何也!戊之为人也,远不忘君,近不偪同②;居利思义③,在约思纯,有守心而无淫行④,虽与之县,不亦可乎!昔武王克商,光有天下,其兄弟之国者十有五人,姬姓之国者四十人,皆举亲也。夫举无他,唯善所在,亲疏一也⑤。《诗》曰:'唯此文王,帝度其心。莫其德音,其德克明。克明克类,克长克君。王此大国。克顺克比。比于文王,其德靡悔。既受帝祉⑥,施于孙子。'心能制义曰度,德正应和曰莫,照临四方曰明,勤施无私曰类,教诲不倦曰长,赏庆刑威曰

君,慈和遍服曰顺,择善而从之曰比,经纬天地曰文。九德不愆[7],作事无悔,故袭天禄[8],子孙赖之。主之举也,近文德矣,所及其远哉!”

【注释】

①党:偏袒。

②偪:同“逼”,逼迫。

③居利思义:临财不苟得。

④淫行:过分的行为,不合礼制的行为。

⑤亲疏一:亲近疏远都一视同仁。

⑥出自《诗·大雅·大明》。帝祉:上天或皇帝的福佑。

⑦九德:古谓贤人所具备的九种优良品格。

⑧天禄:天赐的福禄。

【译文】

魏献子对大夫成鱄说:“我给了魏戊一个县去治理,别人会认为我是偏袒吗?”成鱄回答说:“怎么会呢?戊的为人,远不忘记国君,近不逼迫同事,处在利益之中能想到道义,身处穷困时保持纯正的节操,只有守持礼法的心而没有违礼的行为。给他一个县去治理,难道不可以吗?从前武王战胜商朝,广有天下,他的兄弟得以封国的十五人,姬姓得以封国的四十人,都是因为血缘被举荐。举荐没有其他的标准,只要是有善的地方,不分亲疏远近的。《诗》说:‘啊,文王,上帝审度了他的内心。认定了他的美德名声,使他有明辨是非的德行。能明辨是非善恶,能做师长能为人君。统治这个大国,能使四方顺服亲附;亲附文王,他的德行没有什么可悔恨的。已经承袭上帝的福佑,还要延及后代子孙。’内心能自规于道义叫作‘度’,德行端正万物应和叫作‘莫’,光明普照四方叫作‘明’,勤于施舍没有私欲叫作‘类’,教诲别人不知疲倦叫作‘长’,赏善罚恶叫作‘君’,慈祥和顺使人皆归服叫作‘顺’,选择好的而跟从他叫作‘比’,经天纬地叫作‘文’。这九种德行没有阙失,做事就没有悔恨,所以能承袭上天的福禄,子子孙孙都依靠它。您的举荐,已经接近文王的德行了,影响将是很深远的吧!”

【原文】

[传]贾辛将适其县，见于魏子。魏子曰："辛来！昔叔向适郑，鬷蔑恶，欲观叔向，从使之收器者[①]，而往，立于堂下，一言而善。叔向将饮酒，闻之，曰：'必鬷明也！'下，执其手以上，曰：'昔贾大夫恶，娶妻而美，三年不言不笑，御以如皋，射雉[②]，获之，其妻始笑而言。'贾大夫曰：'才之不可以已。我不能射，女遂不言不笑夫！'今子少不飏[③]，子若无言，吾几失子矣。言之不可以已也如是！'遂如故知。今女有力于王室[④]，吾是以举女。行乎[⑤]！敬之哉！毋堕乃力！"

【注释】

①收器者：收拾器皿的人。
②雉：野鸡。
③飏：通"扬"，指外表俊朗。
④有力：有功劳。王室：朝廷。
⑤行：行动，出发。

【译文】

贾辛将要到祁县去任职，去见魏献子。魏献子说："你过来！从前叔向到郑国去，鬷蔑长相丑陋，想要见见叔向。就跟着收拾器皿的人前去，站在堂下，说了一句话，这句话说得很好。叔向将要喝酒，听到了他的话，说：'一定是鬷蔑！'走下堂来，拉着他的手走上堂去，说：'从前贾国的一位大夫长得丑，他的妻子却很漂亮，三年不说话也不笑。为她驾车到如皋，射野鸡，射中了，她才露出笑脸，也说话了。贾国大夫说：'才能是不能没有的！我要是不能射箭，你就不说也不笑了吧！'现在您的外貌不太好看，您如果不说话，我差点儿没能认识到您的才能啊。言辞不可以忽略真的这么重要啊！'于是他们两人如同老朋友一样。现在您对王室有功，我因此举荐您。快出发吧，慎重啊！不要损毁了你的功劳！"

【原文】

[传]仲尼闻魏子之举也[①]，以为义，曰："近不失亲[②]，远不失举[③]，可谓义矣。"又闻其

命贾辛也，以为忠，“《诗》曰[④]：‘永言配命，自求多福’，忠也。魏子之举也义，其命也忠，其长有后于晋国乎！”

冬，梗阳人有狱，魏戊不能断，以狱上。其大宗赂以女乐[⑤]，魏子将受之。魏戊谓阎没、女宽曰：“主以不贿闻于诸侯，若受梗阳人，贿莫甚焉。吾子必谏！”皆许诺。退朝，待于庭。馈入，召之。比置，三叹。既食，使坐。魏子曰：“吾闻诸伯叔，谚曰：‘唯食忘忧[⑥]。’吾子置食之间三叹，何也？”同辞而对曰：“或赐二小人酒，不夕食。馈之始至[⑦]，恐其不足，是以叹。中置，自咎曰[⑧]：‘岂将军食之而有不足？’是以再叹。及馈之毕，愿以小人之腹为君子之心，属厌而已。”献子辞梗阳人。

【注释】

①举：举荐人才。

②近：亲近。失：指避讳。亲：亲人，亲族。

③远：疏远。

④指《诗·大雅·文王》。

⑤女乐：歌舞伎。

⑥忘忧：忘却忧愁。

⑦馈：食物。

⑧自咎：自责，归罪于己。

【译文】

孔子听到魏献子举荐人才的事，认为合乎道义，说：“举荐关系近者不避讳亲族，关系疏远者也不遗失，可以说是符合道义了。”又听说他命令贾辛的话，认为是忠诚：“《诗》说：‘长久修德配合天命，自己求取多种福禄。’这是忠诚。魏子的举荐符合道义，他的命令体现了忠诚，恐怕他的后代会在晋国长久享有禄位吧！”

冬天，梗阳有人争讼，魏戊不能判决，把案件上呈给魏献子。参与诉讼一方的大宗把女乐送给魏献子，魏献子准备接受下来。魏戊对阎没、女宽说：“家主以不收受贿赂闻名于诸侯。如果接受了梗阳人的女乐，贿赂就没有比这更大的了。您二位一定要劝谏！”他们两人都答应了，退朝以后，等在庭院里。送饭菜进来了，魏献子叫他们吃饭。等到摆好了饭菜，两人三次叹息。吃完饭后，让他们坐下；魏献子说：“我听我伯父叔父说过，俗话讲：‘只有吃饭的时候能忘记忧虑。’您二位在摆好饭菜的时候三次叹息，为什么呢？”两入

异口同声地回答说："有人赐酒给我们两人，我们昨天就没有吃饭。饭菜刚送到，担心不够吃，因此叹息。饭菜上了一半的时候，我们责备自己说：'难道将军会让我们一顿也不够吃吗？'因此再次叹息。等到饭菜上完，愿意君子的内心如同小人的肚子，恰好饱足就可以了。"魏献子便谢绝了梗阳人的贿赂。

【讲评】

晋国公室衰微，君主腐朽，六卿韩、赵、中行、魏、范、知势力强大。随着祁氏、羊舌氏这两个大夫强族被灭，晋室更加弱小，权力不可避免地集中到新贵族手中。《左传》对瓜分祁氏、羊舌氏田邑的魏献子持赞美和肯定的态度，反映了作者进步的历史倾向。但是作者把羊舌氏的灭亡归结到女人祸水，有失公允。

昭公二十九年

【原文】

[经]二十有九年春，公至自乾侯，居于郓。齐侯使高张来唁公。公如晋，次于乾侯。夏四月庚子，叔诣卒。秋七月。冬十月，郓溃。

【原文】

[传]二十九年春，公至自乾侯，处于郓。齐侯使高张来唁公，称主君。子家子曰："齐卑君矣，君祇辱[①]焉。"公如乾侯。

三月己卯，京师杀召伯盈、尹氏固及原伯鲁之子。尹固之复也，有妇人遇之周郊，尤之，曰："处则劝人为祸，行则数日而反，是夫也。其过三岁乎？"

夏五月庚寅，王子赵车入于鄻以叛，阴不佞败之。

平子每岁贾马，具从者之衣屦而归之于乾侯。公执归马者卖之，乃不归马。

卫侯来献其乘马曰启服，堑而死，公将为之椟。子家子曰："从者病矣，请以食之。"乃以帏裹之。

公赐公衍羔裘，使献龙辅于齐侯，遂入羔裘。齐侯喜，与之阳谷。公衍、公为之生也，其母偕出。公衍先生。公为之母曰："相与偕出，请相与偕告。"三日，公为生，其母先以告，公为为兄。公私喜于阳谷而思于鲁，曰："务人为此祸也。且后生而为兄。其诬也久矣。”乃黜之，而以公衍为大子。

秋，龙见于绛郊。魏献子问于蔡墨曰：“吾闻之，虫莫知于龙，以其不生得也。谓之知，信乎？”对曰：“人实不知，非龙实知。古者畜龙，故国有豢龙氏，有御龙氏。”献子曰：“是二氏者，吾亦闻之，而不知其故，是何谓也？”对曰：“昔有飂叔安，有裔子曰董父，实甚好龙，能求其耆欲以饮食之，龙多归之。乃扰畜龙，以服事帝舜。帝赐之姓曰董，氏曰豢龙。封诸鬷川，鬷夷氏其后也。故帝舜氏世有畜龙。乃有夏孔甲，扰于有帝。帝赐之乘龙，河、汉各二，各有雌雄，孔甲不能食，而未获豢龙氏。有陶唐氏既衰，其后有刘累，学扰龙于豢龙氏，以事孔甲，能饮食之。夏后嘉之，赐氏曰御龙，以更豕韦之后。龙一雌死，潜醢[2]以食夏后。夏后飨之，既而使求之。惧而迁于鲁县，范氏其后也。”献子曰：“今何故无之？”对曰：“夫物，物有其官，官修其方，朝夕思之。一日失职，则死及之。失官不食，官宿其业，其物乃至。若泯弃之，物乃坻伏，郁湮不育。故有五行之官，是为五官。实列受氏姓，封为上公，祀为贵神，社稷五祀，是尊是奉。木正曰句芒，火正曰祝融，金正曰蓐收，水正曰玄冥，土正曰后土。龙，水物也。水官弃矣，故龙不生得。不然，《周易》有之，在乾䷀之姤䷫，曰：‘潜龙勿用。’其同人䷌曰：‘见龙在田。’其大有䷍曰：‘飞龙在天。’其夬䷪曰：‘亢龙有悔。’其坤䷁曰：‘见群龙元首，吉。’坤之剥䷖曰：‘龙战于野。’若不朝夕见，谁能物之？”献子曰：“社稷五祀，谁氏之五官也？”对曰：“少皞氏有四叔，曰重，曰该，曰修，曰熙，实能金木及水。使重为句芒，该为蓐收，修及熙为玄冥，世不失职，遂济穷桑，此其三祀也。颛顼氏有子曰犁，为祝融，共工氏有子曰句龙，为后土，此其二祀也。后土为社；稷，田正也。有烈山氏之子曰柱为稷，自夏以上祀之。周弃亦为稷，自商以来祀之。”

冬，晋赵鞅、荀寅帅师城汝滨，遂赋晋国一鼓铁，以铸刑鼎，著范宣子所为刑书焉。

仲尼曰：“晋其亡乎，失其度矣。夫晋国将守唐叔之所受法度，以经纬其民，卿大夫以序守之。民是以能尊其贵，贵是以能守其业。贵贱不愆[3]，所谓度也。文公是以作执秩之官，为被庐之法，以为盟主。今弃是度也，而为刑鼎，民在鼎矣，何以尊贵？贵何业之守？贵贱无序，何以为国？且夫宣子之刑，夷之蒐也，晋国之乱制也，若之何以为法？”蔡史墨曰：“范氏、中行氏其亡乎。中行寅为下卿，而干上令，擅作刑器，以为国法，是法奸也。又加范氏焉，易之，亡也。其及赵氏，赵孟与焉；然不得已，若德，可以免。”

【注释】

①祇辱：仅自取辱。

②潜醢：偷偷剁成肉酱。

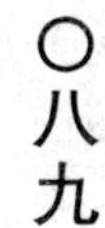

③不愆:不错乱。

【译文】

二十九年春天,昭公从乾侯回到鲁国,住到郓地。齐景公派高张前来慰问,称昭公为主君。子家懿伯讲:“齐侯已经看不起国君了,国君真是自招羞辱。”

三月十三日,京城里的军队杀死子朝的党羽召伯盈、尹氏固跟原伯鲁的儿子。尹氏固从楚国回来时,曾在周都郊外碰到一个妇人,那妇人谴责他说:“住到哪儿都煽动别人作乱,逃走几天就又回来,如此的人能活三年吗?”

夏天五月二十五日,子朝余党王子赵车到地发动了暴乱,阴不佞带兵将其打败。

季平子每年都买一些马匹,而且为昭公的随从人员准备了衣服跟鞋子,送到乾侯。昭公却把前去送马的人抓了起来,并把马卖掉。从这后季平子就不再送马了。

卫灵公献给昭公一匹驾车的马,名为启服,后来这匹马掉到坑里死了。昭公想要为马做一口棺材。懿伯讲:“随从人员都饿得有病了,还是把马让他们吃了吧。”昭公这才答应用破旧的帷帐把马裹起来埋得。

昭公赐给公衍一件羔羊皮衣,让他去献给齐景公一块雕有龙纹的美玉。公衍则连同羔羊皮衣一块献给了景公。景公很快乐,把阳谷一地封给了他。先前,公衍、公为出生时,两人的母亲一块进入产房。最后公衍生的早。公为的母亲说:“我们一块进来,希望能一块去向国君报喜。”三天之后,公为才出生。不过公为的母亲先去报告了国君,故而公为就成了哥哥。昭公内心很喜欢阳谷这个地方,又想起先前在鲁国的这段往事,讲:“这次弃位出逃完全是公为引起的祸端。再说他出生在后却做了哥哥,把我欺骗了这么多年。”于是便废黜了公为,立公衍为太子。

秋天,在晋都绛城的郊外发现了一条龙。魏舒向蔡墨问道:“我听说在虫类动物中,没有比龙更有智慧的了。正由于人们活捉不到龙,故而才觉得它最有智慧,真是这样吗?”蔡墨答复说:“真的是人没有智慧,而不是龙有智慧。古代曾有人养龙,故而国内才有豢龙氏,有御龙氏。”魏舒说:“这两个家族,我也听说过,不过不知他们的具体情形,说的是如何一回事呢?”蔡墨说:“先前有国的国君叔安有一个后代叫董父,十分喜欢龙。他能依据龙的饮食习性喂养,故而很多龙都去他那儿。他便专门驯养龙,来服侍帝舜。帝舜赐他姓为董,氏为豢龙,而且把他封在川,夷氏便是他的后代。故而帝舜氏世世代代都有养龙的。到了夏代孔甲时,由于孔甲能顺服天帝,天帝赐予他四条驾车的龙,两条黄河的龙,两条汉水的龙,各有一雌一雄。孔甲不会喂养,又没有找到豢龙氏的后人。在陶唐氏衰落后，他的后代中有一个人叫刘累，他曾向豢龙氏学过驯养龙的办法，于是就事奉孔甲，从而让这几条龙获得了喂养。孔甲为了奖励他，赐予他氏为御龙，以代替豕韦氏的后代。后来其中一条雌龙死了，刘累就偷偷把龙肉做成肉酱给孔甲吃。孔甲吃了之后，不久又向刘累要这东西吃。刘累由于害怕就迁往鲁县，范氏就是他的后代。”魏舒说：“那么如今为何没有龙这种东西了？”蔡墨说：“任何一种东西都有相应的官员负责管理，官员要不断地学习管理方法，每天从早到晚都在思考这件事，一旦失职，便会搭上性命，失去官位的人就享受不到俸禄。只有官员长期从事某一职业，此种东西才能来到。要是放弃，它就隐伏起来，抑郁而得不到繁殖。故而有管理五行的官员，这便是五官。他们的姓氏世代承袭，生前封爵为上公，死后又成为尊贵的神灵。作为国家最重要的五种祭奠对象，获得了极高的尊奉。木官之长称句芒，火官之长称祝融，金官之长称蓐收，水官之长称玄冥，土官之长称后土。龙是水中的动物。因为水官被废黜了，故而龙也就无法被人活捉了。要是不是这样，《周易》中如何有多处记录：乾卦说：‘潜藏水中的龙，暂时不宜施展才能’。同人卦说：‘巨龙出现在田野。’大有卦说：‘巨龙在天空飞舞。’卦说：‘巨龙伸直身子十分懊悔。’坤卦说：‘群龙出现不过没有龙王，吉利。’坤卦变成剥卦时，说：‘龙在荒野搏斗。’要是龙不是每天早晚都出现，古人如何能描写得这样活灵活现呢？”魏舒说：“国家这五种祭奠对象，是哪一代帝王的五官呢？”蔡墨答复说：“少氏有四个弟弟，分别称重、该、修、熙，他们很擅长管理金、木和水。于是就任用重为句芒，该为蓐收，修跟熙为玄冥。他们世世代代都能恪尽职守，故而能辅助穷桑帝取得成功，这是五种祭奠中的三祀。颛顼氏有个儿子称犁，出任祝融；共工氏有个儿子名句龙，提任后土，这是另外二祀。后土便是土地神；五谷神是田官之长。有烈山氏的儿子叫柱，是五谷神，夏朝以前受到祭奠。周朝的始祖弃也做过谷神，从商朝之后就祭奠他。”

冬天，晋国的赵鞅、荀寅领兵在汝水之滨筑城，并在晋国征收了四百八十斤铁，用以铸造刑鼎，铸刻范宣子所著的刑书。

孔子对此评论说：“看来晋国快要消亡了吧！它已失去了法度。晋国应当遵从唐叔传下来的法度，管理民众，卿大夫们各自维护他们的位次，民众才能尊重高贵的人，高贵的人也才能保守自己的职业。贵贱等级没有差错，这便是法度。晋文公故而专门设置了掌管官职位次的官员，而且在被庐修订了唐叔的法律，故而他才能领导晋国成为盟主。如今废弃这一法度，而铸造刑鼎，民众能在鼎上看到刑法的内容，还如何能保证高贵的人受到尊重呢？高贵的人还有什么职业值得保守呢？没有贵贱高下的区别，还靠什么来管理国家呢？再说范宣子的刑法，是在夷地检阅军队时制定的，那是晋国的乱法啊，如何能

把它作为国家的法律呢?"蔡墨说:"范氏、中行氏或许要灭亡了吧!荀寅作为下卿,却违犯上司的命令,擅自铸造刑器作为国家的法律,这分明是在破坏法律啊。还有范氏,企图更改国家已有的法律,也一定要灭亡。还要牵涉到赵氏,由于赵孟也参与了此事。不过赵孟是不得已才跟着这么干的,要是他能注重修养德行,就能够免于祸患。"

【讲评】

晋国赵鞅把前任执政范宣子所编的刑书正式铸于鼎上,公之于众,史称"铸刑鼎",是继郑国子产之后中国历史上第二次公布成文法的活动,在法制史上具有重要的意义,反映出社会经济关系的变化。公布成文法在一定程度上限制了旧贵族的特权,代表了新兴的地主阶级的利益。与子产铸刑书一样,此举也遭到了知名人士的反对,这次是孔子发表了激烈的批评意见。

昭公三十年

【原文】

[经]三十年春,王正月,公在乾侯。

夏六月庚辰,晋侯去疾卒。

秋八月,葬晋顷公。

冬十有二月,吴灭徐,徐子章羽奔楚。

【原文】

[传]三十年春,王正月,公在乾侯,不先书郓与乾侯,非公,且征过也。

夏六月,晋顷公卒。秋八月,葬。郑游吉吊,且送葬。魏献子使士景伯诘之曰:"悼公之丧,子西吊,子蟜送葬。今吾子无贰,何故?"对曰:"诸侯所以归晋君,礼也。礼也者,小事大,大字[①]小之谓。事大在共其时命,字小在恤其所无。以敝邑居大国之间,共其职贡,与其备御不虞之患,岂忘共命?先王之制,诸侯之丧,士吊,大夫送葬。唯嘉好聘享三军之事,于是乎使卿。晋之丧事,敝邑之间,先君有所助执绋矣。若其不间,虽士大夫有所不获数矣。大国之惠,亦庆其加,而不讨其乏,明底其情,取备而已,以为礼也。灵王之丧,我先君简公在楚,我先大夫印段实往,敝邑之少卿也。王吏不讨,恤所无也。今大夫曰，女盍从旧[2]。旧有丰有省，不知所从。从其丰，则寡君幼弱，是以不共。从其省，则吉在此矣，唯大夫图之。”晋人不能诘。

【注释】

①字：抚爱。

②从旧：按照过去。

【译文】

三十年春季，周历正月，昭公在乾侯，《春秋》以前不记录昭公在郓和乾侯，这是非难昭公，而且说明过错所在。

夏天六月，晋顷公死了。秋天八月，安葬。郑国的游吉前去吊唁，而且参加送葬。魏献子让士景伯质问游吉说：“悼公的丧事，子西吊唁，子蟜送葬。如今您没有第二个人，是什么原因？”游吉答复说：“诸侯之所以归服晋国国君，这是由于晋国有礼。礼呀，就是说小国事奉大国，大国爱抚小国。服侍大国在于恭慎地按时执行命令，爱抚小国在于体恤它的缺乏。由于敝邑地处大国之间，供应它所需要的贡品，参与它防备抵抗意料不到的祸患，难道敢忘掉恭敬地执行吊丧送葬的礼节？先王的制度，诸侯的丧事，士吊唁，大夫送葬。只有朝会聘问宴享战争的事情，在此种情形下才派卿参加。晋国的丧事，正当敝邑闲暇无事的时候，先君一度亲自持挽柩之索送葬。要是敝邑不得闲暇，就算是士大夫也不能按先王的礼数办到。大国的恩惠，也就是嘉奖它按常礼有所增加，而不谴责它的缺乏，懂得它致尽忠诚，只是取它大体具备礼节罢了，就觉得它符合礼了。周灵王的丧事，我们先君简公在楚国，我们先大夫印段去送葬，他是敝邑的少卿。天子的官吏并没有谴责我们，这是由于体恤敝邑的缺乏。如今大夫说，你们为什么不依照过去的礼节办？过去的礼节有隆重有减省，不晓得应当按照什么。依照隆重，那么寡君年纪小，故而不能恭敬。依照减省，那么吉在这儿了，希望大夫思考这件事。”晋国人没法再质问了。

【原文】

吴子使徐人执掩馀，使锺吾人执烛庸。二公子奔楚，楚子大封而定其徙。使监马尹大心逆吴公子，使居养。莠尹然、左司马沈尹戌城之，取于城父与胡田以与之。将以害吴也。子西谏曰：“吴光新得国，而亲其民。视民如子，辛苦同之，将用之也。若好吴边疆，使柔服焉，犹惧其至。吾又疆其仇以重怒之，无乃不可乎！吴，周之胄裔也，而弃在海滨，不与姬通。今而始大，比于诸华，光又甚文，将自同于先王。不知天将以为虐乎，使翦丧吴国而封大异姓乎？其抑亦将卒以祚吴乎？其终不远矣。我盍姑亿吾鬼神，而宁吾族姓，以待其归，将焉用自播扬焉。"王弗听。吴子怒，冬十一月，吴子执锺吾子，遂伐徐，防山以水之。己卯，灭徐。徐子章禹断其发，携其夫人，以逆吴子。吴子唁而送之，使其迩臣从之，遂奔楚。楚沈尹戌帅师救徐，弗及，遂城夷，使徐子处之。

吴子问于伍员曰："初而言伐楚，余知其可也，而恐其使余往也，又恶人之有余之功也。今余将自有之矣，伐楚何如？"对曰："楚执政众而乖，莫兕任患。若为三师以肄焉，一师至，彼必皆出。彼出则归，彼归则出，楚必道敝[1]。亟肄以罢之，多方以误之，既罢而后以三军继之，必大克之。"阖庐从之，楚于是乎始病。

【注释】

①道敝：奔走于道路而又疲敝。

【译文】

吴王让徐国人抓捕掩馀，让锺吾人抓捕烛庸。两个公子逃跑到楚国，楚王大大封给他们土地并确定他们迁居的地方。楚王派监马尹大心恭迎吴国公子，让他们居住在养地。派莠尹然、左司马沈尹戌在那儿修城，从城父跟胡地拿出一部分土地给他们。准备用他们危及吴国。子西劝谏楚王说："吴光新近获得国家，而且亲爱他的百姓。把百姓看成像自己的儿子一样，跟百姓同甘共苦，这是准备使用他们。要是和吴国边境上的人友好，让他们温柔亲服，还害怕吴军的到来。我们让他们的仇人强大来加重他们的愤怒，或许不能行吧！吴国，是周朝的后代，而把它抛弃在海滨，不跟姬姓各国相交通。如今吴国才刚刚开始强大，能够和中原诸国比同，吴光又很有知识，想要让自己等同于先王。不知上天将认为他暴虐，让他灭掉吴国而扩大异姓之国的土地呢？还是将最终保佑吴国呢？或许它的结果不会太远了。我们何不姑且安定我们的鬼神，宁静我们的族人，以等着它的结果怎样。哪儿用得着劳动自己呢。"楚王不听。吴王大怒，冬天十一月，吴王抓了锺吾子，于是就攻击徐国，堵住山水而灌徐国。二十三日，灭掉徐国。徐子章禹剪断自己头发，领着他夫人，来迎接吴王。吴王慰问而且送走了他，让他的亲近之臣跟着，于是便逃跑到楚国。楚国沈尹戌领着军队救助徐国，没有来得及，于是便在夷地筑城，让徐国国君住在那儿。

吴王向伍员询问说："先前你说攻击楚国，我晓得是能行的，不过害怕他们派我前去，又征讨别人占有我的功劳。如今我将自己拥有这份功劳了，攻击楚国如何？"伍员答复说："楚国执政的人多而又互相违背，没有谁敢承担责任。要是组织三支部队对他们忽然偷袭又快速撤退，一支军队攻击，他们的军队必定都出来应战。他们出来，我们便退回，他们回去，我们便出击，楚国的军队在路上必定疲于奔命。屡次突袭快撤使他们疲劳，用多种方法让他们失误，他们疲乏之后我们领着三军继续进攻，必定大胜他们。"吴王听从了他的话，楚国从此便开始困顿疲乏了。

【讲评】

在吴楚争霸的过程中，吴国在伍员的教导下采取了与晋、楚争霸时相似的策略，即分派军队轮番侵扰楚国边境，声东击西，使楚军疲于应付，大受其害。加之楚国贵族内部矛盾重重，君主年幼，执政又贪婪昏庸，最终导致楚国的大败。

昭公三十一年

【原文】

[经]春王正月，公在乾侯。

[传]春王正月，公在乾侯，言不能外内也[①]。

[经]季孙意如会晋荀跞于適历。

[经]晋侯使荀跞唁公于乾侯。

[传]晋侯将以师纳公，范献子曰："若召季孙而不来，则信不臣矣，然后伐之，若何？"晋人召季孙，献子使私焉，曰："子必来，我受其无咎[②]。"季孙意如会晋荀跞于適历[③]，荀跞曰："寡君使跞谓吾子何故出君？有君不事，周有常刑，子其图之。"季孙练冠麻衣跣行[④]伏而对曰："事君臣之所不得也，敢逃刑命。君若以臣为有罪，请囚于费以待君之察也，亦唯君。若以先臣之故，不绝季氏而赐之死。若弗杀弗亡，君之惠也，死且不朽。若得从君而归，则固臣之愿也，敢有异心。"夏四月，季孙从知伯[⑤]如乾侯，子家子曰："君与之归，一惭之不忍，而终身惭乎？"公曰："诺。"众曰："在一言矣，君必逐之[⑥]。"荀跞以晋侯之命唁公，且曰："寡君使跞以君命讨于意如，意如不敢逃死，君其入也。"公曰："君惠顾先君之好，施及亡人，将使归粪除宗祧以事君，则不能见夫人已。所能见夫人者有如河！"荀跞掩耳而

走，曰："寡君其罪之恐，敢与知鲁国之难。臣请复于寡君。"退而谓季孙："君怒未怠，子姑归祭。"子家子曰："君以一乘入于鲁师，季孙必与君归。"公欲从之，众从者胁公不得归。

【注释】

①言不能外内也：意思是说，他也不能在外，也不能在内。

②我受其无咎：我保险对你没有危险。

③適历：《春秋释地》说："以適历音滴沥，在今河北大名县废魏县城，地在乾侯东北，荀跞一面会季孙，一面嘱孟孙从荀跞如乾侯，道路甚顺。"

④练冠麻衣跣行：练冠是布的帽子，麻衣是深颜色的布衣服，跣行是不穿鞋。

⑤知伯：荀跞。

⑥君必逐之：晋君必定把季孙意如驱逐走。

【译文】

三十一年春天正月，鲁昭公住在乾侯，《春秋》上如此记载，表示他既不能外得齐晋的帮助，国内也不能为臣子所容纳。

晋侯将以军队送鲁昭公回国，士鞅说："要是叫季孙来，而他不来，那么他就真正不再臣服了，然后再讨伐他，怎么样？"晋人就来叫季孙，士鞅偷着派人告诉他："你必须要来，我可以担保没有罪过。"于是季孙意如就到適历这地方去会见晋国荀跞，荀跞说："寡君派跞来问你，为什么将鲁君驱逐出来？有位君而不侍奉他，周本来有常的刑法，你必须想想吧！"季孙意如就穿着丧服，布的帽子，不穿鞋，伏在地上回答说："事奉鲁君是我所希望而不得的，我岂敢逃避刑法呢？鲁君若以我为有罪，请囚在费这地方，以待君的考察，也听着君办。要是因为先臣的缘故，不使季氏绝后，而只赐我死，那也照你办。要是不杀我，也不令我逃亡，这是君的恩惠，我就死也不朽烂。若能跟着君回国，这实在是我的愿望，还敢有另外的心吗？"夏天四月，季孙意如随着荀跞到乾侯去，子家羁对鲁昭公说："君与他回去吧，不忍一次的羞辱，而变成终身羞辱吗？"昭公说："好吧！"其余的众人说："就在一句话，你必定告诉晋君驱逐季孙。"荀跞用晋君的命令去问候鲁昭公并且说："寡君派我用你的命令讨伐意如，意如不敢逃死，已来迎君，你就回国吧！"昭公说："你惠顾到先君的和好，连及逃亡的人，将派我回去打扫宗庙以侍奉你，就不能见这个人。我要是见这个人，就跟黄河的水一样。"荀跞掩着耳朵就走了，说："我们寡君很怕因为使你回国而得到罪状，现在你不回，我们怎么敢与闻鲁国的祸难。我们就请回答寡君的话去。"他就退下对季孙说:“鲁君的怒还没有止息,你姑且回去替他祭宗庙吧!”子家羁又说:“你以一乘车进到鲁国军队里,季孙必定跟你回去。”昭公想听从这办法,可是很多随从的人胁迫他不得回去。

【原文】

[经]夏四月丁巳薛伯谷卒。

[传]薛伯谷卒,同盟故书。

[经]秋葬薛献公[①]。

[传]秋,吴人侵楚,伐夷侵潜六[②],楚沈尹戌帅师救潜,吴师还,楚师迁潜于南冈而还。吴师围弦,左司马戌,右司马稽帅师救弦,及豫章,吴师还,始用子胥之谋也。

【注释】

①此经无传。

②夷侵潜六:夷一作彝,即城父。六即故六国在今安徽省六安。潜即霍山。

【译文】

薛伯谷死了,因为同盟的缘故,所以写到《春秋》上。

秋天给薛献公行葬礼。

秋天,吴人侵略楚国,伐夷同潜六三个地方,楚国沈尹戌率领军队救潜,吴国军队就回去了。楚国军队也把潜的人民迁到南冈,然后他们也回去。这时吴国军队又围了弦这地方,楚国的左司马戌,右司马稽帅着军队去救弦,到了豫章,吴国军队就回去了,这是头一次用伍子胥的计谋。

【原文】

[经]冬黑肱以滥来奔。

[传]冬,邾黑肱以滥[①]来奔,贱而书名[②],重地故也。君子曰:“名之不可不慎也如是!夫有所有名而不如其已[③],以地叛,虽贱必书地,以名其人,终为不义,不为利回[④],不为义疚[⑤],或求名而不得[⑥],或欲盖而名章,惩不义也,齐豹为卫司寇,守嗣大夫,作而不义,其书为盗[⑦],邾庶其[⑧],莒牟夷[⑨],邾黑肱[⑩]以土地出,求食而已,不求其名,贱而必书。此二物

者，所以惩肆而去贪也。若艰难其身，以险危大人[11]，而有名章彻[12]，攻难之士将奔走之，若窃邑叛君以徼大利而无名，贪冒之民将寘力焉。是以春秋书齐豹曰盗，三叛人名，以惩不义，数恶无礼，其善志也。故曰春秋之称微而显[13]，婉而辨，上之人能使昭明，善人劝焉，淫人惧焉，是以君子贵之。"

[经]十有二月，辛亥朔，日有食之。

[传]十二月辛亥朔，日有食之。是夜也，赵简子梦童子羸而转以歌[14]，旦占诸史墨曰："吾梦如是，今而日食，何也？"对曰："六年及此月也，吴其入郢乎，终亦弗克。入郢必以庚辰，日月在辰尾[15]，庚午之日，日始有谪[16]，火胜金故弗克。"

【注释】

①滥：《一统志》说："在今山东滕县东南六十里。"

②贱而书名：他不是命卿而写到竹简上。

③夫有所有名而不如其已：虽然有名字，有地位，但是不如没有。

④不为利回：不为利而摇动正心。

⑤不为义疚：不为义所病。

⑥或求名而不得：或想出名而不能得到。

⑦其书为盗：这是昭公二十年齐豹想得名，而《春秋》上写他为盗，使他求名而不得。

⑧邾庶其：在襄公二十一年。

⑨莒牟夷：在昭公五年。

⑩邾黑肱：见此段。

⑪大人：在位的人。

⑫而有名章彻：他的勇名，就可以四布。

⑬微而显：文微细而义很显明。

⑭梦童子羸而转以歌：羸同裸。梦见一个小孩子没有穿衣服婉转的歌唱。

⑮日月在辰尾：辰尾是龙的尾。

⑯日始有谪：日开始有变气。

【译文】

冬，邾国的黑肱以滥这地方逃到鲁国，他地位很低下，而《春秋》上写着他的名字，因为重视地的缘故。君子说："名的不可以不慎重，就是这个样子。有的有名就不如没有，以地反叛,虽然地位贱,必写上地并写上这个人的名字,这一下始终是不义,是没法灭掉,所以君子动必定想到礼,行必想到义,不为利益而变他的正心,不为义而不动,有的是求名而不得,有的是想掩盖而愈发,把名字更张明,这是因为惩戒不义的缘故。齐豹为卫国的司寇,接着上辈做大夫,做的事情不合义理,就把他写成盗,邾庶其,莒牟夷,邾黑肱以土地出奔,这只不过是求得饮食,并不求得出名,他们地位贱,而必定写在《春秋》上。这两件事,为的是惩戒放肆而去贪心的人。要是自己做得很艰难,以害在位的人,而得了勇士的名,做祸难的人,全都要追随他。要是窃取一个土地,背叛国君以得到大的利益,而不记录他的名字,贪冒的人民将尽力来做。所以《春秋》写齐豹叫作强盗,三个反叛的全有人名,这是惩戒无义的人,反对无礼的,这是善于记事。所以说《春秋》的称为文章隐微而意思显著,文辞委婉而宗旨明白,在位的人能够这样办,好人全部都很被劝,坏人就很害怕,所以君子颇以为贵。"

十二月辛亥初一,晋国有日食,这天夜里,赵鞅梦见一个童子不穿衣服婉转的歌唱,早晨就问史墨说:"我梦见如此,今天就日食,是什么缘故?"史墨回答说:"六年以后,到了这个月,吴国恐怕就要进入楚国都城郢,但是终久也没有成功。入郢必定在庚辰那天,日月全在龙尾,自从庚午那天,太阳方始变化,火胜金,所以不能成功。"

【讲评】

鲁昭公讨伐权臣失败被逐,鲁国竟然未发生动乱,依旧服从季孙氏的统治,可见公室的衰落和不得民心。事实上,自从东门氏与季氏的政治斗争失败后,季氏已成为鲁国实际上的君主。而周边的诸侯也默认了这一事实,晋国的执政卿还暗中帮助季氏逃脱罪责,真实地反映了"社稷无长奉,君臣无常位"的历史现实。

昭公三十二年

【原文】

[经]三十有二年春,王正月,公在乾侯。取阚。夏,吴伐越。秋七月。冬,仲孙何忌会晋韩不信、齐高张、宋仲几、卫世叔、申、郑国参、曹人、莒人、薛人、杞人、小邾人城成周。十有二月己未,公薨于乾侯。

【原文】

[传]三十二年春,王正月,公在乾侯。言不能外内,又不能用其人也。

夏,吴伐越,始用师于越也。史墨曰:"不及四十年,越其有吴乎。越得岁而吴伐之,必受其凶。"

秋八月,王使富辛与石张如晋,请城成周。天子曰:"天降祸于周,俾我兄弟并有乱心,以为伯父忧。我一二亲昵甥舅,不皇启处,于今十年,勤戍五年。余一人无日忘之,闵闵焉[①]如农夫之望岁,惧以待时。伯父若肆大惠,复二文之业,弛周室之忧,徼文、武之福,以固盟主,宣昭令名,则余一人有大愿矣。昔成王合诸侯,城成周,以为东都,崇文德焉。今我欲徼福假灵于成王,修成周之城,俾戍人无勤,诸侯用宁,蝥贼远屏,晋之力也。其委诸伯父,使伯父实重图之。俾我一人无征怨于百姓,而伯父有荣施,先王庸之。"

范献子谓魏献子曰:"与其戍周,不如城之,天子实云。虽有后事,晋勿与知可也。从王命以纾诸侯,晋国无忧,是之不务,而又焉从事?"魏献子曰:"善。"使伯音对曰:"天子有命,敢不奉承,以奔告于诸侯。迟速衰序,于是焉在。"

冬十一月,晋魏舒、韩不信如京师,合诸侯之大夫于狄泉,寻盟,且令城成周。魏子南面。卫彪傒曰:"魏子必有大咎,干位以令大事,非其任也。《诗》曰:'敬天之怒,不敢戏豫。敬天之渝,不敢驰驱。'况敢干位以作大事乎?"

己丑,士弥牟营成周,计丈数,揣高卑,度厚薄,仞沟恤,物土方,议远迩,量事期,计徒庸,虑材用,书糇粮,以令役于诸侯。属役赋丈,书以授帅,而效诸刘子。韩简子临之,以为成命。

赵简子

十二月,公疾,遍赐大夫,大夫不受。赐子家子双琥、一环、一璧、轻服,受之。大夫皆受其赐。己未,公薨。子家子反赐于府人,曰:"吾不敢逆君命也。"大夫皆反其赐。书曰:"公薨于乾侯。"言失其所也。

赵简子问于史墨曰:"季氏出其君,而民服焉,诸侯与之,君死于外,而莫之或罪,何也?"

对曰："物生有两，有三，有五，有陪贰[②]。故天有三辰，地有五行，体有左右，各有妃耦。王有公，诸侯有卿，皆有贰也。天生季氏，以贰鲁侯，为日久矣。民之服焉，不亦宜乎？鲁君世从其失，季氏世修其勤，民忘君矣。虽死于外，其谁矜之？社稷无常奉，君臣无常位，自古以然。故《诗》曰：'高岸为谷，深谷为陵。'三后之姓，于今为庶，主所知也。在《易》卦，雷乘《乾》曰《大壮》☳，天之道也。昔成季友，桓之季也，文姜之爱子也，始震而卜，卜人谒[③]之，曰：'生有嘉闻，其名曰友，为公室辅。'及生，如卜人之言，有文在其手曰'友'，遂以名之，既而有大功于鲁，受费以为上卿。至于文子、武子，世增其业，不废旧绩。鲁文公薨，而东门遂杀嫡立庶，鲁君于是乎失国，政在季氏，于此君也四公矣。民不知君，何以得国？是以为君，慎器与名，不可以假人。"

【注释】

①闵闵焉：忧愁貌。岁：收割。

②陪贰：辅助。

③谒：告。

【译文】

三十二年春天，周历正月，"昭公住在乾侯。"《春秋》依然这样记录，说明昭公既到不了国外，也回不到国内，又不擅长使用身边的人才。

夏天，吴国攻击越国，这是吴国首次对越国用兵。史墨说："用不了四十年，越国或许就要拥有吴国吧！由于如今岁星正运行在越国上空，而吴国偏偏在此时攻击越国，故而吴国必定会受到岁星的惩处。"

秋天八月，周天子派富辛和石张到晋国，请求为成周修城。天子说："上天降灾给周朝，让我的兄弟们都产生了祸乱之心，给伯父带来了忧患。我几个亲近的甥舅之国得不到安宁，已经有十年了，诸侯派兵保护周都也已经有五年了。我没有一天敢忘掉这个，整日提心吊胆，如同农夫盼望丰收年成一样，等候着收获季节的到来。要是伯父肯施以大恩，重建晋文侯、晋文公的大业，缓解王室的忧患，以获得文王、武王的保佑，巩固盟主的地位，进一步宣扬晋国的美名，这便是我最大的愿望了。先前成王曾召集诸侯在成周筑城，以作为周都的东都，表明了尊崇文治而不是依赖武功。如今我准备祈求成王保佑，修城成周的城池，让诸侯的守兵能够撤回，各国能够安宁，乱臣贼子被放逐远方，这都要依赖晋国的力量。现把这一任务交给伯父，请伯父认真思考。这样就不会使我受到民众的怨恨，伯父也便有了荣耀与功绩，先王的神灵也会酬谢您的。”

范献子对魏舒讲：“与其派兵戍守成周，倒不如增修它的城墙，这也是天子的要求。就算将来出现了什么意外，晋国也不会承担责任。听从天子的命令，缓解诸侯的压力，晋国也没有了担忧，不尽量这么做，还能如何办呢？”魏舒说：“好。”就派伯音答复天子的使者：“既然天子有了命令，我们如何敢不听从呢？我们将尽快告诉各诸侯。至于修城的进度和任务量的分配，都由我们负责。”

冬天十一月，晋国的魏舒、韩不信到了京师，召请诸侯的大夫们在狄泉重温了平丘的盟约，而且下令要在成周修城。那时魏舒面南而坐。卫国的彪说：“魏舒必定会遭受大灾。身为卿却坐在国君的位置上向诸侯颁布命令，这不是他能承受得了的。《诗经》说：‘畏惧上天生气，故而不敢儿戏；恐惧上天变脸，故而不敢放纵。’更何况竟敢越位为天子大兴土木呢？”

十四日，士弥牟设计为成周修城的施工方案，计算长度，估计高度，度量厚度，测算深度，确定挖掘土石的方向与远近，并预算工程所需时间、人数、材料、粮食，以便为各诸侯分配任务。依据各国的大小确定劳工与工程的数量，还写成书面材料交给诸侯的大夫，并把总的规划送给刘文公。由韩简子负责监督。以此作为既定方案。

十二月，昭公生了病。他要普遍赏赐跟随他的大夫，不过大夫们不接受。赐予子家懿伯一对玉琥、一只玉环、一块玉璧还有一身又轻又好的衣服，懿伯接受了。于是大夫们才都分别接受了奖赏。十二月十四日，昭公逝世。懿伯把昭公奖赏给他的东西交给管理财物的人，并讲：“我当初所以接受，是由于不敢违背国君的命令。”大夫也都归还了奖赏。《春秋》记录：“公薨于乾侯。”意思是说昭公没有死于该死的地方。

赵简子问史墨：“季孙赶跑了他的国君，民众却很顺服他，诸侯又都帮助他，国君死在外地也没有人怪罪他，这是为何呢？”史墨答复说：“事物的存在方式各不一样，有的成双，有的成三，有的成五，有的有正有辅。故而天上有日、月、星三辰，地上有金、木、水、火、土五行，身体有左右两侧，人都有配偶，天子有公，诸侯有卿，都有辅助之人。上天生了季氏，让他辅助鲁侯，历时已经很久了。民众顺服季氏，不也是理所应当的吗？鲁国的国君世世放纵安逸，季氏却代代修德勤政，以至于民众忘记了国君的存在。就算国君客死他乡，又有谁会怜悯他呢？奉祀社稷、管理国家的人不会固定不变，君臣的位置也不会永恒不变，自古以来便是如此。故而，《诗经》说：‘高山能够变成深谷，深谷能够变成山陵。’虞、夏、商三王的子孙现在都已变成了平民，这是您晓得的。《易经》的卦象上，代表雷的震卦在乾卦之上便称大壮，这是上天的规律。先前的成季友是桓公的小儿子，文姜的爱子，在刚刚怀他的时候，曾做了占卜，卜人告诉桓公说：‘生下后就享有一个好名声，名字叫友，能辅助公室。’生下来之后，真的与仆人说的一样，手上有一个酷似‘友’字的图案，故而就为其取名叫‘友’。不久他立了僖公，从而为鲁国立下大功，故而被封在费地，并官拜上卿。直至季文子、季武子，每一代都能增加他们的家业，从不废弃祖先的功绩。鲁文公逝世时，东门遂杀害嫡子，立庶子为新君，之后鲁国国君开始丧失了国家的政权，政权落在季氏手中，到如今这一代国君已经四代了。民众的心目中没有了他们的国君，国君还如何能获得国家政权呢？故而作为一个国君一定慎重地对待礼器和名声，不能随意把它们交给别人。”

【讲评】

季氏驱逐鲁君，却安然无事地做着执政，国内外都无人异议，赵简子认为怪异，史墨做出了“社稷无常奉，君臣无常位”的回答，与当时诸侯争霸、大夫擅权的社会现实相符，反映出人们进步的历史发展观念。

定公

定公元年

【原文】

[经]元年：春，王。

三月，晋人执宋仲几于京师。

夏，六月癸亥，公之丧至自乾侯。

戊辰，公即位。

秋，七月癸巳，葬我君昭公。

九月，大雩。

立炀宫。

冬，十月，陨霜杀菽。

【原文】

[传]元年,春,王正月,辛巳,晋魏舒合诸侯之大夫于狄泉[①],将以城成周。魏子莅政[②]。卫彪傒曰:“将建天子,而易位以令[③],非义也。大事奸义,必有大咎,晋不失诸侯,魏子其不免乎?”是行也,魏献子属役于韩简子及原寿过,而田于大陆,焚焉[④]。还,卒于宁[⑤]。范献子去其柏椁[⑥],以其未复命而田也。

【注释】

①狄泉:在河南洛阳市故治阳城中,一作翟泉。

②莅政:临朝治理政事。这里指魏舒主持这件事。

③令:发号施令。

④焚:指放火烧荒。

⑤宁:春秋晋邑,今河南获嘉县。

⑥柏椁:柏木做的外棺。

【译文】

元年春季,周历正月初七日,晋国的魏舒在狄泉会合诸侯的大夫,准备增筑成周城墙。魏舒主持这件事,卫国的彪傒说:“打算为天子筑城,而超越自己的地位来发号施令,这是不合于道义的。重大的事情违背道义,必然有大灾祸。假如晋国勉强不失去诸侯,魏子恐怕也不能躲过这场灾难吧!”这样一来,魏舒把事情交给韩简子和原寿过,自己跑到大陆泽去打猎,放火烧荒,回来,死在宁地。范献子撤除了安葬魏舒尸体的柏木外棺,这是由于魏舒还没有复命就去打猎的缘故。

【原文】

孟懿子会城成周。庚寅,栽[①]。宋仲几不受功,曰:“滕、薛、郳,吾役也[②]。”薛宰曰[③]:“宋为无道,绝我小国于周,以我适楚,故我常从宋。晋文公为践土之盟,曰:‘凡我同盟,各复旧职。’若从践土[④],若从宋,亦唯命。”仲几曰:“践土固然。”薛宰曰:“薛之皇祖奚仲,居薛,以为夏车正[⑤]。奚仲迁于邳[⑥],仲虺居薛,以为汤左相。若复旧职,将承王官[⑦],何故以役诸侯?”仲几曰:“三代各异物,薛焉得有旧?为宋役,亦其职也。”士弥牟曰:“晋之从政者新，子姑受功[⑧]。归，吾视诸故府[⑨]。”仲几曰：“纵子忘之，山川鬼神其忘诸乎？”士伯怒，谓韩简子曰：“薛征于人，宋征于鬼，宋罪大矣。且己无辞而抑我以神，诬我也。启宠纳侮，其此之谓矣。必以仲几为戮。”乃执仲几以归。三月，归诸京师。

【注释】

①栽：种植，指夯土动工。

②役：劳役，服役。

③薛宰：薛国宰臣。

④践土：古地名。春秋属郑，在今河南原阳西南。公元前632年，晋文公会盟诸侯于此。

⑤车正：古代职掌车服诸事的官。

⑥邳：在山东滕县南，即古邳邑。

⑦王官：天子授予的官位。

⑧姑：姑且。

⑨故府：旧府库，这里指档案。

【译文】

孟懿子参加修筑成周城墙，十六日，开始夯土。宋国的仲几不接受，说：“滕国、薛国、郳国，是为我们服役的。”薛国的宰臣说：“宋国无道，让我们小国和周朝断绝关系，带着我国侍奉楚国，所以我国常常服从宋国。晋文公主持了践土结盟，说：‘凡是我国的同盟，各自恢复原来的地位。’或者服从践土的盟约，或者服从宋国，都唯命是听。”仲几说：“践土的盟约本来就是让你们为宋国服役的。”薛国的宰臣说：“薛国的始祖奚仲住在薛地，做了夏朝的车正。奚仲迁居到邳地，仲虺住在薛地，做了汤的左相。如果恢复原来的地位，将会接受天子的官位，为什么要为诸侯服役？”仲几说：“三代的事情各不相同，薛国哪里能按旧章程办事？为宋国服役，也是你们的职责。”士弥牟说：“晋国的执政者是新人，您姑且接受工程任务，我去查看一下旧档案。”仲几说：“即使您忘了，山川的鬼神难道会忘记这些吗？”士弥牟发怒，对韩简子说：“薛国以典籍旧事中的人作证明，宋国用鬼神作证明，宋国的罪过大了，而且他自己无话可说，而用鬼神来向我们施加压力，这是欺骗我们。‘给予宠信反而招来侮辱’，说的就是这种情况了，一定要惩罚仲几。”于是就抓了仲几回国。三月，他被送到京师。

【原文】

城三旬而毕，乃归诸侯之戍。

齐高张后，不从诸侯。晋女叔宽曰："周苌弘、齐高张，皆将不免。苌叔违天[①]，高子违人[②]。天之所坏，不可支也[③]；众之所为，不可奸也。"

夏，叔孙成子逆公之丧于乾侯[④]。季孙曰："子家子亟言于我[⑤]，未尝不中吾志也。吾欲与之从政，子必止之，且听命焉。"子家子不见叔孙，易几而哭。

叔孙请见子家子，子家子辞曰："羁未得见，而从君以出。君不命而薨[⑥]，羁不敢见。"叔孙使告之曰："公衍、公为实使群臣不得事君。若公子宋主社稷，则群臣之愿也。凡从君出而可以入者，将唯子是听。子家氏未有后，季孙愿与子从政。此皆季孙之愿也，使不敢以告。"对曰："若立君，则有卿士大夫与守龟在，羁弗敢知。若从君者，则貌而出者[⑦]，入可也；寇而出者[⑧]，行可也。若羁也，则君知其出也，而未知其入也，羁将逃也。"

丧及坏隤，公子宋先入，从公者皆自坏隤反。

【注释】

①违天：违背天意。

②违人：违背人意。

③支：帮助，保护。

④乾侯：春秋晋邑，在今河北省成安县东南。

⑤亟言：多次谈话。

⑥不命：没有留下遗命。

⑦貌：表面上。

⑧寇：结仇。

【译文】

增筑城墙的工程三十天完工，然后让诸侯的戍卒回国了。

齐国的高张迟到，没有赶上诸侯，晋国的女叔宽说："周朝的苌弘、齐国的高张都将要不免于祸患。苌弘违背上天，高子违背人意，上天要毁坏谁，谁也不能保护他。大众所要做的事，谁也不能违抗他。"

夏季，叔孙成子到乾侯迎接昭公的灵柩。季孙说："子家子多次和我谈话，没有一次不合我的心意。我想要让他参与政事，您一定要留下他，并且听取他的意见。"子家子不肯会见叔孙，改变了原定的哭丧时间，叔孙请求进见子家子，子家子辞谢说："羁没有见到您，就跟着国君出国了。国君没有命令就死了，羁不敢见到您。"叔孙派人告诉他说："公衍、公为确实不让臣下侍奉国君，如果公子宋主持国家，那是臣下们的愿望，凡是跟随国君出国的谁可以回国，都将由您的命令决定。子家氏没有继承人，季孙愿意让您参与政事，这都是季孙的愿望，他不敢前来奉告。"子家子说："如果立国君，那么有卿士、大夫和守龟在那里，羁不敢参与。如果跟随国君的人，那么表面上跟着出国的，可以回去，和季氏结了仇而出国的，可以走开。至于羁，那么是国君只知道我出国却不知道我回去，羁准备逃走。"

昭公灵柩到达坏隤，公子宋先进入国内，跟随昭公的人都从坏隤逃亡了。

【原文】

[经]夏六月癸亥，公之丧至自乾侯。

[传]戊辰，公即位。

[经]秋七月癸巳，葬我君昭公。

[传]夏，叔孙成子[①]逆公之丧于乾侯，季孙曰："子家子亟言于我，未尝不中吾志也，吾欲与之从政，子必止之，且听命焉。"子家子不见叔孙，易几而哭[②]。叔孙请见子家子，子家子辞曰："羁未得见，而从君以出，君不命而薨，羁不敢见。"叔孙使告之曰："公衍公为实使群臣不得事君，若公子宋[③]主社稷，则群臣之愿也。凡从君出而可以入者，将唯子是听。子家氏未有后，季孙愿与子从政，此皆季孙之愿也，使不敢[④]以告。"对曰："若立君，则有卿士大夫与守龟在，羁弗敢知。若从君者，则貌而出者[⑤]入可也，寇而出者[⑥]行可也。若羁也则君知其出也，而未知其入也，羁将逃也。"丧及坏隤[⑦]，公子宋先入，从公者皆自坏隤反[⑧]。六月癸亥，公之丧至自乾侯。戊辰，公即位。季孙使役如阚将沟焉[⑨]。荣驾鹅[⑩]曰："生不能事，死又离之，以自旌也。纵子忍之，后必或耻之。"乃止。季孙问于荣驾鹅曰："吾欲为君谥[⑪]，使子孙知之。"对曰："生弗能事，死又恶之，以自信也，将焉用之？"乃止。秋七月癸巳，葬昭公于墓道南。孔子之为司寇也，沟而合诸墓。

[经]九月大雩[⑫]。

[经]立炀宫。

[传]昭公出，故季平子祷于炀公。九月立炀宫[⑬]。

【注释】

①叔孙成子:叔孙婼的儿子叔孙不敢。

②易几而哭:几是聚哭的会,换了时间,以免与叔孙相见。

③公子宋:昭公的弟弟定公。

④不敢:叔孙的名字。

⑤貌而出者:以义从公,与季孙并无仇怨。

⑥寇而出者:与季孙有仇怨。

⑦坏隤:当在今山东省郓城县境。

⑧从公者皆自坏隤反:向后走等于不回鲁国。

⑨季孙使役如阚将沟焉:阚是鲁群公基所在地,在今山东省汶上县西南三十五公里,使人作沟使昭公基与先君不能相连。

⑩荣驾鹅:鲁大夫。

⑪吾欲为君谥:给他坏的谥号。

⑫此经无传。

⑬炀公:是伯禽的儿子,是鲁国第一次以小宗代大宗的君,所以季孙祷告他。详见李宗侗著《中国古代社会新研》及《中国古代社会史》。

【译文】

夏天,叔孙不敢到乾侯去迎接鲁昭公的尸体,季孙意如说:"子家羁屡次对我说话,未尝不合于我的意思,我想使他随从我办理政事,你必须留住他,而且听他的意见。"子家羁不见叔孙不敢,早晨晚上哭临的时候,换了时间而去。叔孙请见他,子家羁辞谢说:"羁未尝得见你,就跟着君逃出来,君未曾命我见你,就死了,所以我不敢见你。"叔孙派人告诉他说:"公衍同公为两个人,实在使群臣不能侍奉昭公,若是昭公弟弟公子宋主持国家,这就符合群臣的愿望。凡是从着君出来,而可以回去的,皆听候你的命令。子家氏没有立后人,季孙很想与你同掌政权,这完全是季孙的愿望,使不敢告诉你。"子家羁回答说:"要是立君,就有卿士大夫跟占卜的龟存在,我当然不敢知道。要是从君出来的,跟季孙没有怨恨的,就可以回去。若跟季孙为敌人的,就可以出奔。只有我自己则君知道我出来,而不知道我回去,我将逃亡。"到了坏隤的地方,公子宋先回去,跟昭公逃亡在外的,全从坏隤出奔。癸亥,昭公的尸体从乾侯回来。戊辰,定公即位。季孙派工人到鲁先公墓地阚这地方去，将给他划条沟。荣驾鹅说：“活着不能够侍奉他，死了又使他同祖先离开，以自己表章。纵然你可以忍受，以后你的子孙必定以为羞耻。”季孙就止住了。季孙又问荣驾鹅说：“我想给君立个坏的谥号，使以后的子孙全都知道。”回答说：“生不能侍奉他，死了还憎恶他，以表示自己的不忠，这又何必呢？”季孙就不办。秋七月癸巳，在墓道的南边葬了昭公。孔子做司寇的时候，四面给他做沟，同鲁先君的墓道相连。

九月，鲁国行求雨的典礼。

昭公出奔时，季孙意如对炀公祷告。九月就立了场公的庙。

【原文】

［传］周巩简公①弃其子弟而好用远人②。

［经］冬十月，陨霜杀菽③。

【注释】

①巩简公：周卿士。

②远人：指异族。

③此经无传。

【译文】

周卿士巩简公，抛弃他的子弟而好用远人。

冬天十月，下霜毁掉很多豆苗。

【讲评】

王子朝篡位作乱，据有王城，周敬王退到狄泉。晋国是当时的霸主，又致力于平定王室之乱，所以敬王让晋国主持修筑成周。但是宋仲几不接受工程任务，被晋国拘捕。

季平子想立昭公弟定公，就向炀公祷告，因为炀公继承了其兄的国君之位。季氏此举表明鲁国君位有“兄终弟及”的前例可循。

定公二年

【原文】

[经]二年春,王正月。夏五月壬辰,雉门及两观灾。秋,楚人伐吴。冬十月,新作雉门及两观。

【原文】

[传]二年夏四月辛酉,巩氏之群子弟贼简公。

桐叛楚,吴子使舒鸠氏诱楚人,曰:"以师临①我,我伐桐,为我使之无忌。"秋,楚囊瓦伐吴师于豫章。吴人见舟于豫章,而潜师于巢。冬十月,吴军②楚师于豫章,败之。遂围巢,克之,获楚公子繁。

邾庄公与夷射姑饮酒,私出。阍乞肉焉,夺之杖以敲之。

【注释】

①临:逼近。

②军:攻击。

【译文】

鲁定公二年夏天四月二十四日,巩氏的一伙子弟杀死了巩简公。

桐国反叛楚国,吴子派舒鸠氏诱惑楚国人,讲:"请楚国用军队逼近我国,我国攻击桐国,为了让他们对我国没有猜忌。"秋季,楚国囊瓦从豫章攻击吴国的军队。吴国人让战船出现在豫章,而在巢地埋伏军队。冬天十月,吴军在豫章进攻楚军,击败了他们。于是就包围巢地,攻占了它,抓捕了楚国公子繁。

邾庄公与夷射姑喝酒,夷射姑出去小便。守门人向他讨肉,他抢夺守门人的棍子就打他们。

【讲评】

吴楚豫章之战中,吴国采取了多种战术,一是让舒鸠人诱敌,二是明攻和暗袭相结合，明里调集水师到豫章，暗地集中主力于巢地，趁着楚军防备松懈之际进攻，接着又攻克了巢地，俘虏了楚公子繁。

定公三年

【原文】

［经］三年，春王正月，公如晋，至河乃复。

【译文】

三年春王正月，鲁定公到晋国去，到了河边就回来。

【原文】

［经］二月辛卯，邾子穿卒。

［传］三年春二月辛卯，邾子在门台[①]临廷，阍以缾水沃廷，邾子望见之怒。阍曰："夷射姑旋焉[②]。"命执之，弗得，滋怒，自投于床，废[③]于炉炭，烂遂卒。先葬以车五乘，殉五人。庄公卞急而好洁，故及是。

［经］夏四月。

［经］秋葬邾庄公。

［传］秋九月，鲜虞人败晋师于平中[④]，获晋观虎，恃其勇也。

［经］冬，仲孙何忌及邾子盟于拔。

［传］冬，盟于郯[⑤]，修邾好也。

【注释】

①门台：门上有台。

②旋焉：曾经小便。

③废：废等于堕下。

④平中：晋地，当在今河北省平山，唐县，新乐诸县境。

⑤郯：郯即拔，程发轫教授说：案拔《公羊传》作枝，枝与滋同音通假，滋阳以滋山得名，在今山东省滋阳县境。

【译文】

二月辛卯，邾庄公在门上的台上看着庭院，看门的人拿水来洗刷庭院，邾庄公看见了很生气。把门的人说："夷射姑在这里小便了。"他就叫人逮捕夷射姑，得不到，愈发的恼怒，自己甩在床上，掉到炉炭中，伤重而死。葬的时候用车五辆，用五个人殉葬。庄公性子很急又喜欢干净，所以到了如此。

秋天九月，鲜虞人在平中这地方打败了晋师，得了晋国的观虎，因为他仗着他很勇敢轻敌，所以被获。

冬天，仲孙何忌与邾子在郯这地方盟会，这是为的修邾国的和好。

【原文】

[传]蔡昭侯为两佩[①]与两裘，以如楚，献一佩一裘于昭王。昭王服之以享蔡侯，蔡侯亦服其一。子常欲之，弗与，三年止之。唐成公[②]如楚，有两肃爽马[③]，子常欲之，弗与，亦三年止之。唐人或相与谋，请代先从者，许之。饮先从者酒，醉之，窃马而献之子常，子常归唐侯。自拘于司败，曰："君以弄马之故隐君身，弃国家群臣，请相夫人[④]以偿马，必如之。"唐侯曰："寡人之过也，二三子无辱！"皆赏之。蔡人闻之固请而献佩于子常。子常朝，见蔡侯之徒，命有司曰："蔡君之久也，官不共也。明日礼不毕将死。"蔡侯归及汉，执玉而沈，曰："余所有济汉而南者，有若大川！"蔡侯如晋，以其子元与其大夫之子为质焉，而请伐楚。

【注释】

①两佩：两件佩玉。
②唐成公：唐惠侯的后人。
③肃爽：骏马的名字。
④相夫人：帮助养马的人。

【译文】

蔡昭侯做了两个玉佩跟两个皮袄到楚国去，贡献一块玉佩跟一件皮袄给楚昭王。昭王穿着来同蔡昭侯吃饭，蔡昭侯也穿着同样的一件。囊瓦很想要，不给他，就叫蔡昭侯住在楚国三年。唐成公到楚国去,有两匹肃爽马,囊瓦也想要,他不给,也叫他住在楚国三年。唐国人互相商量,请替代先去的人,唐成公答应了。就给先去的人喝酒,使他喝醉,就乘着机会偷掉了马而献给囊瓦,囊瓦就使唐成公回国了。偷马的人自己到法官那里去自首说:"君因为弄马的缘故,使君的身很忧虑,弃掉国家,我们群臣请帮助养马的来赔偿这马,必定跟原马一样。"唐成公说:"这是寡人的过错,你们不必羞辱。"就赏赐给他们。蔡人听见了,坚决的要求蔡昭侯把玉佩献给囊瓦。囊瓦上朝见了蔡侯的从人,又命有司说:"蔡君的长久在楚国,因为楚国的官吏没有预备好供给蔡君的礼品,明天礼品预备不好,我必定处死你。"蔡昭侯回来到了汉水,把玉沉下水中,说:"我再有过汉水而到南方去,以大水为誓!"蔡昭侯到晋国,拿他的儿子元同大夫的儿子为人质,请伐楚国。

【讲评】

《左传》作者描写人的手法高超,给后世小说家以启发,如写邾庄公的急性子,通过典型事例就刻画得入木三分,活灵活现。南朝宋刘义庆《世说新语·忿狷》中描写急性子的王蓝田吃鸡蛋,鸡蛋滚到地上,忿而踩破,再放到嘴里嚼碎,与《左传》此处有异曲同工之妙。

吴、楚两国竞争中,楚国始终居于劣势,与楚国的政治混乱有莫大的关系。楚国执政者贪婪昏庸,无故扣押蔡侯和唐侯,使得楚国与属国关系恶化,失去外部的支持。而且唐、蔡两国的地理位置在楚国的北侧,战略地位十分重要。它们舍弃楚国、投向吴国后,吴军正好可以避开楚国正面,进行战略迂回,最后主力突袭,直捣楚国都城。

定公四年

【原文】

[经]四年:春,王二月癸巳,陈侯吴卒。

三月,公会刘子、晋侯、宋公、蔡侯、卫侯、陈子、郑伯、许男、曹伯、莒子、邾子、顿子、胡子、滕子、薛伯、杞伯、小邾子、齐国夏于召陵,侵楚。

夏,四月庚辰,蔡公孙姓帅师灭沈,以沈子嘉归,杀之。

五月,公及诸侯盟于皋鼬。

杞伯成卒于会。

六月，葬陈惠公。

许迁于容城。

秋，七月，公至自会。

刘卷卒。

葬杞悼公。

楚人围蔡。

晋士鞅、卫孔圉帅师伐鲜虞。

葬刘文公。

冬，十有一月庚午，蔡侯以吴子及楚人战于柏举，楚师败绩。

楚囊瓦出奔郑。

庚辰，吴入郢。

【原文】

[传]四年，春，三月，刘文公合诸侯于召陵，谋伐楚也。

晋荀寅求货于蔡侯，弗得。言于范献子曰："国家方危[①]，诸侯方贰，将以袭敌，不亦难乎！水潦方降[②]，疾疟方起，中山不服[③]，弃盟取怨[④]，无损于楚，而失中山，不如辞蔡侯。吾自方城以来，楚未可以得志，只取勤焉[⑤]。"乃辞蔡侯。

晋人假羽旄于郑[⑥]，郑人与之。明日，或旆以会。晋于是乎失诸侯。

【注释】

①方：正在，正处于。

②水潦：大雨，雨水。指水灾。

③中山：中山国，春秋末年鲜虞人所建，在今河北省定县、唐县一带。

④弃盟：背弃盟约。取怨：招来怨恨。

⑤取勤：白费力气。

⑥羽旄：用羽毛装饰旌旗。

【译文】

四年春三月，为了策划如何攻打楚国，刘文公在召陵会合诸侯。

晋国的荀寅向蔡侯求取财货，没有得到，就对范献子说："国家正在危急，诸侯怀有二心，打算在这种情况下袭击敌人，不也是很困难吗！大雨正在下着，疟疾正在流行，中山不臣服，抛弃盟约而招来怨恨，对楚国没有什么损害，反而失去了中山，不如辞谢蔡侯。我们自从方城那次战役以后，到现在还不见得能在楚国得志，出兵只是白费力气。"所以就辞谢了蔡侯。

晋国人向郑国借用装饰旌旗的羽毛，郑国人给了他们。第二天，把羽毛装饰在旗杆顶上去参加朝会，晋国因此而失掉了诸侯的拥护。

【原文】

[传]将会，卫子行敬子言于灵公，曰："会同难，啧有烦言[①]，莫之治也。其使祝佗从。"公曰："善。"乃使子鱼。子鱼辞曰："臣展四体[②]，以率旧职，犹惧不给[③]，而烦刑书[④]。若又共二[⑤]，徼大罪也。且夫祝，社稷之常隶也[⑥]。社稷不动，祝不出竟，官之制也。君以军行，祓社衅鼓[⑦]，祝奉以从，于是乎出竟。若嘉好之事，君行师从，卿行旅从[⑧]，臣无事焉。"公曰："行也！"

【注释】

①啧有烦言：谓互相责备，争论不一。

②展四体：展开整个身躯。指竭尽全力工作。

③不给：不暇，来不及。

④烦刑书：劳烦刑法，指获罪。

⑤共二：同时做两件事，指担任两种职务。

⑥常隶：指职位低微的吏役。

⑦祓社：祷告于社。衅鼓：古代战争时，杀人或杀牲以血涂鼓行祭。

⑧旅：一旅人马。

【译文】

将要举行会见，卫国的子行敬子对卫灵公说："朝会难得达到预期的目的，有分歧又争论不休，就不好办了。是不是让祝佗跟随与会？"卫灵公说："好。"就派祝佗跟着去了。祝佗辞谢，说："下臣竭力从事工作，继承先人的职位，尚且恐怕完不成任务而得到罪过，如果又从事第二种职务，就会获得大错了。况且太祝这职务，是土地神和五谷神经常使唤的小臣。土地神和五谷神不出动，神灵不出动，太祝不出国境，这是规定的制度。君王率领军队出征，祭祀神庙杀牲衅鼓，太祝这才走出国境。假如真是朝会一类的好事，国君出去有一师人马跟随，卿出去有一旅人马跟随，下臣是没有事情的。”卫灵公说：“你跟着去吧！”

【原文】

[传]及皋鼬[①]，将长蔡于卫。卫侯使祝佗私于苌弘曰：“闻诸道路[②]，不知信否。若闻蔡将先卫，信乎？”苌弘曰：“信。蔡叔，康叔之兄也，先卫，不亦可乎？”子鱼曰：“以先王观之，则尚德也[③]。昔武王克商，成王定之，选建明德，以藩屏周。故周公相王室，以尹天下[④]，于周为睦[⑤]。分鲁公以大路、大旂，夏后氏之璜[⑥]，封父之繁弱[⑦]，殷民六族，条氏、徐氏、萧氏、索氏、长勺氏、尾勺氏，使帅其宗氏，辑其分族，将其类丑，以法则周公，用即命于周。是使之职事于鲁，以昭周公之明德。分之土田陪敦、祝、宗、卜、史，备物、典策，官司、彝器；因商奄之民[⑧]，命以伯禽而封于少皞之虚。分康叔以大路、少帛、綪茷、旃旌、大吕，殷民七族，陶氏、施氏、繁氏、锜氏、樊氏、饥氏、终葵氏；封畛土略，自武父以南，及圃田之北竟，取于有阎之土，以共王职。取于相土之东都，以会王之东搜。聃季授土[⑨]，陶叔授民，命以《康诰》，而封于殷虚[⑩]，皆启以商政，疆以周索。分唐叔以大路、密须之鼓、阙巩、沽洗，怀姓九宗，职官五正。命以《唐诰》，而封于夏虚，启以夏政，疆以戎索。

【注释】

①皋鼬：春秋郑邑，在河南临颍县南。

②闻诸道路：在路上听说。

③尚德：尊重德行。

④尹：治理。

⑤睦：和睦。

⑥璜：美玉名，璜玉为半壁形。

⑦繁弱：良弓名。

⑧因：安抚。

⑨授土：帝王以五色土为太社，分封诸侯时，各授以他们相应的某方某色土，如东方青土，南方赤土等，使归以立社。这里指接受土地。

⑩殷虚：殷墟，商代后期都城的遗址。

【译文】

到达皋鼬，打算把蔡国安排在卫国前面歃血。卫灵公派祝佗私下对苌弘说：“在道路上听到，不知是否确实，听说把蔡国安排在卫国之前歃血，确实吗？”苌弘说：“确实。蔡叔，是康叔的哥哥，把位次排在卫国之前，不也是可以的吗？”祝佗说：“用先王的标准来看，是尊重德行。从前武王战胜商朝，成王平定天下，选择有明德的人分封，把他们作为保卫周朝的藩篱屏障。所以周公辅佐王室，以治理天下，诸侯也和周朝和睦相处。分赐给鲁公大路、大旗、夏后氏的璜玉，封父的良弓，还有殷朝的六个家族条氏、徐氏、萧氏、索氏、长勺氏、尾勺氏，让他们率领本宗各氏族，集合其余的小宗族，统治六族的奴隶，来服从周公的法制，由此归附周朝听取命令。这是让他在鲁国执行职务，以宣扬周公的明德。分赐给鲁国的附庸小国，太祝、宗人、太卜、太吏，服用器物、典籍简册、百官、彝器，安抚商奄的百姓，用《伯禽》来告诫他们，而封在少皞的故城。分赐给康叔大路、少帛、綪茷、旃旌、大吕，还有殷朝的七个家族，陶氏、施氏、繁氏、锜氏、樊氏、饥氏、终葵氏，封疆边界，从武父以南到达圃田北界，从有阎氏那里取得了土地，以执行王室任命的职务。取得了相土的东都，以协助天子在东方巡视。聃季授予土地，陶叔授予百姓，用《康诰》来告诫他，而封在殷朝的故城。鲁公和康叔都沿用商朝的政事，而按照周朝的制度来划定疆土。分赐给唐叔大路、密须的鼓、阙巩的甲、沽洗，还有怀姓的九个宗族，五正的职官，用《唐诰》来告诫他，而封在夏朝的故城。唐叔沿用夏朝的政事，用戎人的制度来划定疆土。

【原文】

［传］“三者皆叔也，而有令德[①]，故昭之以分物。不然，文、武、成、康之伯犹多，而不获是分也，唯不尚年也[②]。管、蔡启商，惎间王室，王于是乎杀管叔而蔡蔡叔，以车七乘，徒七十人。其子蔡仲，改行帅德[③]，周公举之，以为己卿士，见诸王，而命之以蔡。其命书云：‘王曰：胡！无若尔考之违王命也。’若之何其使蔡先卫也？武王之母弟八人，周公为太宰，康叔为司寇，聃季为司空，五叔无官，岂尚年哉？曹，文之昭也；晋，武之穆也。曹为伯甸，非尚年也。今将尚之，是反先王也。晋文公为践土之盟，卫成公不在，夷叔，其母弟也，犹先蔡[④]。其载书云：‘王若曰：晋重、鲁申、卫武、蔡甲午、郑捷、齐潘、宋王臣、莒期。’藏在周府，可覆视也[⑤]。吾子欲复文、武之略，而不正其德，将如之何？”苌弘说，告刘子，与范献子谋之，乃长卫侯于盟。

【注释】

①令德:美好的德行。令:美好。

②尚年:崇尚年龄。

③改行帅德:改变不良行为,诚心向善。

④先:先于,在之前。

⑤覆视:查核,察看。

【译文】

“这三个人都是天子的兄弟而有美好的德行,所以用赏赐东西来为他们宣扬德行。如果不是出于这一原因,文王、武王、成王、康王的兄长还很多,而没有得到这些分赐,就因为不是崇尚年龄。管叔、蔡叔引诱商人,策划侵犯王室。管叔因为这个原因被天子杀害,蔡叔也因此被放逐,给了蔡叔七辆车子,七十个奴隶。蔡叔的儿子蔡仲改恶从善,周公举荐他,作为自己的卿士。让他拜见天子,天子命令他做了蔡侯。任命书说:‘天子说:胡,不要像你父亲那样违背天子的命令!’怎么能允许蔡国在卫国之前歃血呢?武王的同母兄弟八个人,周公做太宰,康叔做司寇,聃季做司空,五个叔父没有官职,难道是崇尚年龄吗?曹国,是文王的后代。晋国,这是武王的后代。曹国以伯爵作为甸服,并不是由于尊崇年龄。现在要尊崇它,这就是违反先王的遗制。晋文公召集践土的盟会,卫成公不在场,夷叔,是他的同母兄弟,尚且列在蔡国之前。盟书说:‘天子说:晋国的重、鲁国的申、卫国的武、蔡国的甲午、郑国的捷、齐国的潘、宋国的王臣、莒国的期。’这一盟书保存在往事的府库里,这是可以查看的。您想要恢复文王、武王的法度,却不正视其德行标准,这怎么行呢?”苌弘很高兴,告诉了刘子,和范献子商量这件事,就在结盟时让卫侯在蔡侯之前歃血。

【原文】

[传]反自召陵,郑子大叔未至而卒①。晋赵简子为之临,甚哀,曰:“黄父之会,夫子语我九言②,曰:‘无始乱,无怙富③,无恃宠④,无违同⑤,无敖礼⑥,无骄能⑦,无复怒⑧,无谋非德⑨,无犯非义⑩。’”

沈人不会于召陵,晋人使蔡伐之。夏,蔡灭沈⑪。

秋，楚为沈故，围蔡。伍员为吴行人以谋楚[12]。楚之杀郤宛也，伯氏之族出。伯州犁之孙嚭为吴大宰以谋楚。楚自昭王即位，无岁不有吴师，蔡侯因之，以其子乾与其大夫之子为质于吴。

【注释】

①未至：没有到。

②夫子：旧时对学者的尊称。

③怙富：依仗财势。

④恃宠：依仗宠爱。

⑤违同：违背共同的意愿。

⑥敖礼：傲视有礼的人。

⑦骄能：因有才能而骄傲。

⑧复怒：同一事情再次发怒。

⑨非德：不合道德，违背道德。

⑩非义：不义，不合乎道义。

⑪沈：周国名，姬姓，子爵，春秋时灭于秦，今安徽阜阳县西北一百二十里有沈丘集。

⑫行人：外交官。

【译文】

从召陵回国，郑国的子太叔没有回到国内就死了。晋国的赵简子吊丧号哭，很悲哀，说："黄父那次会见，他老人家对我说了九句话，说：'不要发动祸乱，不要凭借富有，不要仗恃宠信，不要违背共同的意愿，不要傲视有礼的人，不要自负有才能，不要为同一事情再次发怒，不要谋划不合道德的事。不要触犯不合正义的事。'"

沈国人不参加在召陵的会见，晋国人让蔡国人进攻沈国。夏季，沈国被蔡国灭掉了。

秋季，楚国由于沈国被灭亡的缘故，包围了蔡国。伍员作为吴国的外交官，策划对付楚国。当楚国杀死郤宛的时候，伯氏的族人逃往国外。伯州犁的孙子伯嚭担任了吴国的宰相，也在策划对付楚国。楚国自从昭王即位以后，没有一年不和吴国交战，蔡昭侯想凭借吴国，把他的儿子乾和一个大夫的儿子放在吴国作为人质，以求得吴国攻打楚国。

【原文】

[传]冬,蔡侯、吴子、唐侯伐楚。舍舟于淮汭[1],自豫章与楚夹汉。左司马戌谓子常曰:“子沿汉而与之上下,我悉方城外以毁其舟,还塞大隧、直辕、冥阨。子济汉而伐之,我自后击之,必大败之。”既谋而行。武城黑谓子常曰[2]:“吴用木也,我用革也,不可久也,不如速战。”史皇谓子常:“楚人恶而好司马。若司马毁吴舟于淮,塞城口而入[3],是独克吴也。子必速战!不然,不免。”乃济汉而陈,自小别至于大别[4]。三战,子常知不可,欲奔。史皇曰:“安求其事,难而逃之,将何所入?子必死之,初罪必尽说[5]。”

【注释】

①淮汭:淮河的弯道,指淮河边。

②武城黑:武城为地名,在今河南南阳市。黑为人名。

③城口:指三隘道。

④小别:小别山。大别:大别山。都在湖北蔡甸区境内。

⑤说:通“脱”,免除。

【译文】

冬季,蔡昭侯、吴王阖闾、唐成公联合发兵进攻楚国。他们把船停在淮河边上,从豫章进发,和楚军隔着汉水对峙。楚国司马沈尹戌对子常说:“您沿着汉水和他们上下周旋,我带领方城山之外的全部人马来毁掉他们的船只,回来时再堵塞大隧、直辕、冥阨。这时,您渡过汉水而进攻,我从后面夹击,必定把他们打得大败。”商量完了就出发。楚国武城黑对子常说:“吴国人用木头制的战车,我们用皮革蒙的战车,天雨不能持久,不如速战速决。”史皇对子常说:“楚国人讨厌您而喜欢司马。如果沈司马在淮河边上毁掉了吴国的船,堵塞了城口而回来,这是他一个人战胜了吴军。您一定要速战速决。如果不这样,就不能免去一死。”于是就渡过汉水摆开阵势。从小别山直到大别山。打了三仗,子常知道无法打败吴军,想逃走。史皇说:“国泰民安,您争着当权;国家有了祸难就逃避,你打算到哪里去?您一定要拼命打这一仗,以前的罪过必然可以全部免除。”

【原文】

[传]十一月,庚午,二师陈于柏举。阖闾之弟夫概王晨请于阖闾曰:“楚瓦不仁[1],其

臣莫有死志。先伐之,其卒必奔。而后大师继之,必克。"弗许。夫概王曰:"所谓'臣义而行,不待命'者,其此之谓也。今日我死,楚可入也。"以其属五千先击子常之卒,子常之卒奔,楚师乱,吴师大败之。子常奔郑。史皇以其乘广死。吴从楚师及清发[2],将击之,夫概王曰:"困兽犹鬥,况人乎?若知不免,而致死,必败我。若使先济者知免,后者慕之,蔑有鬥心矣。半济而后可击也。"

从之,又败之。楚人为食,吴人及之,奔,食而从之,败诸雍澨[3]。五战,及郢。

【注释】

①瓦:即子常。

②清发:水名。

③雍澨:在今湖北京山县。

【译文】

十一月十八日,吴、楚两军在柏举摆开阵势。吴王阖闾的兄弟夫概王早晨请求阖闾说:"楚国的令尹子常不仁,他的部下没有死战的决心。我们抢先进攻,他们的士兵必定奔逃,然后大部队跟上去,必然得胜。"阖闾不答应。夫概王说:"所谓'臣下合于道义就去做,不必等待命令',说的就是这个吧!今天我拼命作战,楚国就可以攻进去了。"于是,夫概王带着他的部下五千人,抢先攻打子常的队伍,子常的士兵奔逃,楚军乱了阵脚,吴军大败楚军。子常逃亡到郑国。史皇带着子常的兵车战死。吴军追赶楚军,到达清发,准备发动攻击。夫概王说:"被困的野兽还要争斗,何况人呢?如果明知不免要死却还要同我们拼命,必然会打败我们。如果让先渡过河的楚军感到可以逃脱,后边的人羡慕他们,楚军就没有斗志了。等他们渡过一半才可以攻击。"吴王听了他的话,又一次将楚军打败。楚军渡过河之后正挖灶做饭,吴军又赶到了,楚军奔逃。吴军吃完楚军做的饭,又继续追击,在雍澨打败了楚军。经过五次战斗,吴军到达楚国的郢都。

【原文】

[传]己卯,楚子取其妹季芈、畀我以出,涉雎。鍼尹固与王同舟,王使执燧象以奔吴师[1]。

庚辰,吴入郢,以班处宫[2]。子山处令尹之宫,夫概王欲攻之,惧而去之,夫概王入之。

左司马戌及息而还，败吴师于雍澨，伤。初，司马臣阖闾，故耻为禽焉。谓其臣曰："谁能免吾首？"吴句卑曰："臣贱，可乎？"司马曰："我实失子[3]，可哉！"三战皆伤，曰："吾不可用也已。"句卑布裳，刭而裹之[4]，藏其身，而以其首免。

【注释】

①燧：火燧，指将火系在象的尾巴上。

②班：班次，次序。处：分处，住在。

③失子：不知道不记得你，指不重视你。

④刭：用刀割头。

【译文】

十一月二十八日，楚王带了他妹妹季芈、畀我逃出郢都，徒步渡过雎水。鍼尹固和楚王同船，楚昭王让鍼尹固迫使尾巴上点火的大象冲入吴军，以阻止吴军进攻。

二十九日，吴军进入郢都，按照上下次序分别住在楚国宫室里。吴王阖闾的儿子子山住进了令尹府，夫概王想要攻打他，子山害怕，离开了，夫概王就住进了令尹府。

楚国的左司马沈尹戌到达息地，听说楚军战败，就往回退兵，在雍澨打败吴军，不过他也负了伤。当初，左司马曾经做过阖闾的臣下，所以把被吴军俘虏看成羞耻，对他的部下说："谁能够不让吴国人得到我的脑袋？"吴句卑说："下臣卑贱，能够担当这任务吗？"司马说："我过去竟然没重视您，您行啊！"司马三次战斗都负了伤，说："我不行了。"句卑展开裙子，割下沈司马的脑袋包裹起来，藏好尸体，便带着沈尹戌的头逃走了。

【原文】

[传]楚子涉雎，济江，入于云中[1]。王寝，盗攻之，以戈击王，王孙由于以背受之，中肩。王奔郧。钟建负季芈以从。由于徐苏而从[2]。郧公辛之弟怀将弑王，曰："平王杀吾父，我杀其子，不亦可乎？"辛曰："君讨臣，谁敢雠之？君命，天也。若死天命，将谁雠？《诗》曰：'柔亦不茹[3]，刚亦不吐。不侮矜寡[4]，不畏强御，'唯仁者能之。违强陵弱[5]，非勇也；乘人之约[6]，非仁也；灭宗废祀，非孝也；动无令名，非知也。必犯是，余将杀女。"鬥辛与其弟巢以王奔随。

【注释】

①云中：云梦泽，楚国的大泽。

②徐：缓慢。苏：苏醒。

③出自《诗·大雅·烝民》。茹：吞。

④矜：鳏，老而无妻的人。

⑤违强陵弱：欺善怕恶。

⑥约：危难。

【译文】

楚昭王渡过睢水，渡过长江，进入云梦泽。楚昭王在睡觉，强盗袭击了他，用戈攻击他，王孙由于用背去挡，击中了肩膀。楚昭王逃到郧地，钟建背着季芈跟随着。王孙由于慢慢苏醒过来以后，也跟上去。郧公辛的弟弟怀准备杀死楚昭王，说："平王杀了我父亲，他的儿子被我杀了，不也是可以的吗？"辛说："国君讨伐臣下，谁敢仇恨他？国君的命令，是上天的意志。如果死于天意，您打算仇恨谁？《诗》说，'软的不吞下，硬的不吐掉。不欺鳏寡，不畏强暴，'这只有仁爱的人才能做到。逃避强大，欺凌弱小，这不是勇；乘人之危，这不是仁；杀害君王招致灭族之祸，这不是孝；举动没有正当的名义，这不是聪明。你要是一定这样做，我就先杀死你。"鬥辛就和他的弟弟巢护卫着楚昭王逃亡到随国。

【原文】

[传]吴人从之，谓随人曰："周之子孙在汉川者，楚实尽之。天诱其衷[1]，致罚于楚，而君又窜之[2]，周室何罪？君若顾报周室，施及寡人[3]，以奖天衷，君之惠也。汉阳之田，君实有之。"楚子在公宫之北，吴人在其南。子期似王，逃王，而己为王，曰："以我与之，王必免。"随人卜与之，不吉，乃辞吴曰："以随之辟小，而密迩于楚[4]，楚实存之。世有盟誓，至于今未改。若难而弃之，何以事君？执事之患，不唯一人。若鸠楚竟[5]，敢不听命？"吴人乃退。鑢金初宦于子期氏，实与随人要言[6]。王使见，辞曰："不敢以约为利。"王割子期之心，以与随人盟。

【注释】

①诱：诱导。衷：中心。

②窜:隐匿,藏匿。

③施:延及,波及。

④密迩:接近。

⑤鸠:安抚。

⑥要言:约言,约定。

【译文】

吴国人追赶楚昭王,吴王派人对随国国君说:“周朝的子孙中被封在汉水一带的,全部都被楚国灭掉了。上天的意志,降罚于楚国,而您又把楚君藏匿起来。周室哪里得罪了你们?您如果报答周室的恩惠,就希望能帮助我来完成天意。如果这样,就是贵军的恩惠了。汉水北边的土地,您就可以享有。”楚王住在随国宫殿的北面,吴军在随国宫殿的南面。子期长得像楚昭王,他让昭王逃跑,然后自己穿上楚昭王的服饰,说:“把我交给吴军,君王一定可以免祸。”随国人为交出子期占卜吉凶,不吉利,就辞谢吴国说:“随国地处偏僻又狭小,而且紧挨着楚国,楚国确实保存了我们。随、楚世世代代都有盟誓,到今天没有改变。如果有了危难而抛弃了他们,又怎么能侍奉君王?执事所担心的并不在于昭王这一个人,如果对楚国境内加以安抚,我国哪敢不听您的命令?”吴军就撤退了。鑢金当初在子期氏那里做家臣,曾经和随国人有过约定不把楚昭王交给吴国人。楚昭王让他进见,他辞谢,说:“我们不敢因为君王处于困难而谋求私利。”楚昭王割破子期的胸口取血和随国人盟誓。

【原文】

[传]初,伍员与申包胥友①。其亡也,谓申包胥曰②:“我必复楚国。”申包胥曰:“勉之!子能复之,我必能兴之。”及昭王在随③,申包胥如秦乞师,曰:“吴为封豕④、长蛇,以荐食上国⑤,虐始于楚。寡君失守社稷,越在草莽⑥,使下臣告急,曰:‘夷德无厌⑦,若邻于君⑧,疆埸之患也。逮吴之未定⑨,君其取分焉。若楚之遂亡,君之土也。若以君灵抚之,世以事君。’”秦伯使辞焉,曰:“寡人闻命矣。子姑就馆,将图而告。”对曰:“寡君越在草莽,未获所伏⑩,下臣何敢即安⑪?”立依于庭墙而哭,日夜不绝声,勺饮不入口七日。秦哀公为之赋《无衣》⑫,九顿首而坐。秦师乃出。

【注释】

①申包胥:楚国大夫,包胥是字,申是他的食邑。

②复:同"覆",颠覆。

③昭王:楚平王的儿子,名壬。随:诸侯国名。

④封:大。豕:野猪。

⑤荐:多次。食:侵食。

⑥越:流亡。

⑦夷:指吴国。德:这里指贪心。厌:满足。

⑧邻:接邻。

⑨逮:等到,趁着。

⑩所伏:藏身之地,安身之处。

⑪即安:就枕,休息。这里指"就馆"。

⑫《无衣》:《诗·秦风》中的篇名。

【译文】

当初,伍员和申包胥是朋友。伍员逃亡的时候,对申包胥说:"我一定要颠覆楚国。"申包胥说:"尽力干吧!您能颠覆楚国,我一家能复兴楚国。"等到楚昭王在随国避难,申包胥就到秦国去请求出兵,说:"吴国就是大猪、长蛇,一再吞食中原国家,危害从楚国开始。寡君失守国家,远在杂草丛林之中,使下臣报告急难,说:'夷人的本性是贪得无厌,如果吴国成为君王的邻国,这是边境的祸患。乘着吴国没有安定下来,就发兵入楚,与吴国平分楚国呢?如果楚国从此便亡,这就是你君的土地,若靠你君的威灵,仍旧安定过来,那么我们便世代服侍你君王。'"秦伯使人去辞他说:"寡人已经听得了,你姑且到客馆中去等待,等我们打算好了,再来告诉你。"申包胥回答说:"寡君逃在草莽的中间,不得安居,下臣怎敢安居呢?"便靠了庭墙哭泣,日夜的不断声音,一滴水都不进口,共总哭了七日,秦哀公方才给他念着《无衣》的一章诗。申包胥便叩了九个头坐着,秦国军队方才出来。

【讲评】

吴楚柏举之战是春秋晚期一次战法灵活、规模宏大、影响深远的战争。此战吴军攻占郢都，给楚国沉重打击。吴军灵活机动，因敌用兵，采取迂回奔袭、后退疲敌、寻机决战、深远追击的战法，使此役成为中国军事史上以少胜多的著名战例。此战改变了春秋晚期的战略局势，为吴国的进一步争霸中原奠定了坚实的基础。其实，早在柏举决战之前，楚国已居于战略上的被动地位，由于内政和外交上一系列的失误，楚国国力凋敝，四面树敌，虽名为大国，但已外强中干。而对手吴国内政修明，军备充实，积极取得楚国的宿敌晋国以及与楚国反目成仇的唐、蔡等国的支持和协助。在吴楚长期的征战中，吴国采取疲劳战的策略，一方面使楚军疲于奔命，消耗军备，另一方面让楚国以为吴军只是小骚扰，没有大的野心，从而松懈戒备。在战争进行中，吴军选择了有利的进攻方向，“以迂为直”，乘隙蹈虚，实施远距离的战略袭击，使楚军在十分被动的情况下仓促应战，再则把握了有利的决战时机，先发制人，一举击败楚军的主力；又适时地进行追击，不给楚军重整旗鼓、进行反击的机会，最终顺利地取得战争的胜利。而楚军此战在军事上疏于戒备，将领内部不和，主将临战乏术、轻敌冒进、一溃千里，使得君主狼狈逃窜。不过吴军在这次战役的末尾表现出内部的矛盾和不和，而且吴国军队在攻占楚国疆域的过程中抢掠奸淫，引起楚国的激烈抗争，又辅助以申包胥泣血请来的秦国援军，楚昭王终于得以复国。这次战争留给历史的教训是十分深刻的。楚平王失德在前，令尹子常以暴虐继续治国，终于酿成大祸，他们对战败难辞其咎。而伍员、伯嚭虽受到楚国奸佞陷害，他们也的确具有杰出的才能，但他们帮助新主子侵凌故国，使得无辜的百姓流离失所。这种狭隘的复仇思想与行为，在当时人看来虽然不认为是不忠，但足可以称为不义，在我们今天看来也是值得谴责的。

申包胥

定公五年

【原文】

［经］五年：春，王三月辛亥朔，日有食之。

夏,归粟子蔡。

於越入吴。

六月丙申,季孙意如卒。

秋,七月壬子,叔孙不敢卒。

冬,晋士鞅帅师围鲜虞。

【原文】

[传]五年,春,王人杀子朝于楚。

夏,归粟于蔡[1],以周亟[2],矜无资[3]。

越入吴,吴在楚也。

六月,季平子行东野。还,未至,丙申,卒于房[4]。阳虎将以玙璠敛[5],仲梁怀弗与,曰:"改步改玉。"阳虎欲逐之,告公山不狃。不狃曰:"彼为君也,子何怨焉?"既葬,桓子行东野,及费[6]。子泄为费宰,逆劳于郊,桓子敬之。劳仲梁怀,仲梁怀弗敬。子泄怒,谓阳虎:"子行之乎?"

申包胥以秦师至。秦子蒲、子虎帅车五百乘以救楚。子蒲曰:"吾未知吴道[7]。"使楚人先与吴人战,而自稷会之,大败夫概王于沂。

吴人获薳射于柏举,其子帅奔徒以从子西[8],败吴师于军祥[9]。

【注释】

①归粟:送粮食。

②周亟:周急,救济急难。

③无资:没有钱财,这里指粮食。

④房:周国名,子爵,即今河南遂平县。

⑤玙璠:美玉。

⑥费:春秋鲁邑。

⑦吴道:吴国人的战术。

⑧奔徒:溃逃的士兵,散卒。

⑨军祥:楚国地名。

【译文】

五年春季,王子朝在楚国被成周人杀死了。

夏季，鲁国把粮食送到蔡国，用来救济急难，怜悯他们没有粮食。

越国人进入吴国，这是由于吴国人侵入楚国。

六月，季平子巡视东野，回来时，还未到达，十七日，死在房地。阳虎准备用美玉随葬，仲梁怀不给，说："已经不代理国君，改回到大臣的步伐了，就也得改变敛藏的玉器。"阳虎想要赶走他，告诉公山不狃。不狃说："他是为国君着想，您有什么怨恨的呢？"安葬以后，桓子巡视东野，到达费地。子泄作为费地宰，在郊外迎接慰劳，桓子对他表示尊敬。慰劳仲梁怀，仲梁怀对他却不表示恭敬。子泄发怒，对阳虎说："您是不是把他赶走呢？"

申包胥带着秦军到达，秦国的子蒲、子虎率领战车五百辆以救援楚国。子蒲说："我不知道吴军的战术。"让楚军先和吴军作战，自己率兵在稷地与楚军会合，在沂地大败夫概王。吴国人在柏举俘虏了薳射，薳射的儿子率领溃逃的士兵跟随子西，在军祥地方打败了吴军。

【原文】

[传]秋，七月，子期、子蒲灭唐。九月，夫概王归，自立也，以与王战，而败，奔楚，为堂溪氏。吴师败楚师于雍澨。秦师又败吴师。吴师居麇，子期将焚之，子西曰："父兄亲暴骨焉，不能收，又焚之，不可。"子期曰："国亡矣，死者若有知也，可以歆旧祀，岂惮焚之[①]？"焚之而又战，吴师败。又战于公婿之溪，吴师大败，吴子乃归。囚闉舆罢。闉舆罢请先，遂逃归。叶公诸梁之弟后臧从其母于吴，不待而归。叶公终不正视[②]。

乙亥，阳虎囚季桓子及公父文伯，而逐仲梁怀。冬，十月，丁亥，杀公何藐。己丑。盟桓子于稷门之内。庚寅，大诅。逐公父歜及秦遄，皆奔齐。

【注释】

①惮：忌惮，畏惧。

②正视：正眼看，指看得起。

【译文】

秋七月，子期、子蒲灭亡唐国。九月，夫概王回国，自立为王，因为和吴王阖闾作战，被打败，逃亡到楚国，就是后来的棠溪氏。吴军在雍澨打败楚军，秦军又打败了吴军。吴军驻扎在麇地，子期准备用火攻打吴军，子西说："父兄亲戚的尸骨暴露在那里，不能收敛,又要烧掉,不行。”子期说:“国家将要灭亡了!死去的人如果有知觉,怎么还能享用以往的祭祀?哪里还怕烧掉尸骨?”楚军放火焚烧吴军,又接着进攻,吴军败退,又在公婿之溪作战,吴军大败,吴王就回国去了。吴军俘虏了闉舆罢。闉舆罢请求先行到吴国,途中乘机逃回了楚国。叶公诸梁的弟弟后臧与他母亲在吴国,后来后臧抛弃了他的母亲回到楚国。叶公见后臧不仁不孝,就一直看不起他。

九月二十八日,阳虎囚禁了季桓子和公父文伯,并驱逐了仲梁怀。冬十月初十日,杀了公何藐。十二日,与桓子在稷门里边盟誓。十三日,举行大的诅咒,驱逐了公父文伯和秦遄,这两个人一起逃亡到齐国。

【原文】

[传]楚子入于郢。初,鬥辛闻吴人之争宫也,曰:“吾闻之:‘不让,则不和;不和,不可以远征。’吴争于楚,必有乱;有乱,则必归,焉能定楚?”王之奔随也,将涉于成臼[①]。蓝尹亹涉其帑[②],不与王舟。及宁,王欲杀之。子西曰:“子常唯思旧怨以败,君何效焉?”王曰:“善。使复其所,吾以志前恶。”王赏鬥辛、王孙由于、王孙圉、钟建、鬥巢、申包胥、王孙贾、宋木、鬥怀。子西曰:“请舍怀也。”王曰:“大德灭小怨,道也。”申包胥曰:“吾为君也,非为身也。君既定矣,又何求?且吾尤子旗,其又为诸?”遂逃赏。王将嫁季芈,季芈辞曰:“所以为女子,远丈夫也[③]。钟建负我矣。”以妻钟建,以为乐尹。

【注释】

①成臼:楚国地名,在臼水之上。

②帑:通“孥”,家眷,眷属。

③丈夫:指男人。

【译文】

郢都被楚昭王攻破。当初,鬥辛听说吴军将帅争着住楚军宫室,说:“我听说:‘不谦让就会不和睦,不和睦就不能远征。’吴国人在楚国争夺,必定会发生动乱,发生动乱,就必定会撤军回国,哪里能平定楚国呢?”楚昭王逃亡到随国的时候,要在成臼渡河,蓝尹亹用船把他妻子儿女先渡过河,不把船给楚昭王用,等到楚国安定以后,楚昭王要杀他。子西说:“当初子常就因为记挂着过去的仇恨而失败,君王为什么学他呢?”楚昭王说:“好,让蓝尹亹官复原职，我用这件事来记住以往的过失。”楚昭王赏赐鬥辛、王孙由于、王孙圉、钟建、鬥巢、申包胥、王孙贾、宋木、鬥怀。子西说：“请您不要赏赐鬥怀！”楚昭王说：“大德消除了小怨，这是合于正道的。”申包胥说：“我是为了国君，不是为了自己。国君已经安定了，我还追求什么？而且我也恨子旗，难道又要去学子旗贪得无厌吗？”于是申包胥就逃走而没有接受楚王的赏赐。楚昭王准备把季芈嫁出去，季芈辞谢说：“女人之所以为女人，就是要远离男人。钟建已经背过我了。”楚昭王把她嫁给钟建，让钟建做了乐尹。

【原文】

［传］王之在随也，子西为王舆服以保，路国于脾泄[①]。闻王所在，而后从王。王使由于城麇，复命，子西问高厚焉，弗知。子西曰：“不能，如辞[②]。城不知高厚小大，何知？”对曰：“固辞不能，子使余也。人各有能有不能。王遇盗于云中，余受其戈，其所犹在[③]。”袒而视之背[④]，曰：“此余所能也。脾泄之事，余亦弗能也。”

晋士鞅围鲜虞，报观虎之败也。

【注释】

①路国：行在，行都。

②辞：推辞。

③所：伤口所在。

④袒：袒露，脱去衣服。视：通“示”，展示。

【译文】

楚昭王在随国的时候，子西仿制了楚昭王的车子和服饰来收集和保护溃散的人，在脾泄建立了国都以此安定人心。听到了楚昭王的下落，然后赶去。楚昭王派王孙在麇地筑城，王孙回来复命。子西问起城墙的高度厚度，王孙不知道。子西说：“你如果干不了，就应当推辞，你不知道城墙的高度、厚度，哪里知道城的大小？”王孙回答说：“我坚决推辞，说干不了，是您硬要让我去做。每个人都有干得了的事，也有干不了的事。君王在云梦泽碰上强盗，我挡住强盗的戈，伤处还在这里！”王孙脱去衣服把背部给子西看，说：“这是我干得了的。像在脾泄建立楚王行都的事情，我是干不了的。”

鲜虞被晋国的士鞅包围了，是为了报复观虎被俘的那次战役。

【讲评】

吴楚之战,使得周边数国也不同程度地卷入其中。其中,周王室趁乱派刺客到楚国杀死了流亡的王子朝,越国则趁吴国国内空虚攻入吴国。楚国人民在国家危急存亡的关头,虽饱受贵族的压榨,仍发扬了爱国精神,团结一致,奋起反击,进行了反对掠夺与凌辱的正义自卫战争。正如《淮南子·泰族训》所描述的那样:“昭王奔随,百姓父兄携幼扶老而随之,乃相率而为致勇之寇,皆方命奋臂而为之斗。当此之时,无将卒以行列之,各致其死,却吴兵,复楚地。”楚国之所以很快地反败为胜,也正因为民心所向。在这次国家灾难中,涌现了很多可歌可泣的场面,如申包胥哭秦庭七日、子西等集合溃散的军民抗击敌人、左司马沈尹戌宁死不屈、军民舍命保护昭王出逃等,都深刻反映出楚人思念故土、爱国爱族的思想特征。吴国虽然取得了入郢的胜利,但毕竟是非正义的战争,由于杀戮掠夺,在楚国连连遭受反击,无法巩固其占领地,再加之后院起火,只好匆匆撤军。年轻的楚昭王在经历了国都被破、流离失所的厄运后,在子西等的辅佐下奋发图强,修明内政,宽待臣下,安定民众,逐渐收拾残局,重振楚国基业。

定公六年

【原文】

[经]六年春,王正月癸亥,郑游速帅师灭许,以许男斯归。二月,公侵郑。公至自侵郑。夏季孙斯、仲孙何忌如晋。秋,晋人执宋行人乐祁犁。冬,城中城。季孙斯、仲孙忌帅师围郓。

【原文】

[传]六年春,郑灭许,因楚败也。

二月,公侵郑,取匡,为晋讨郑之伐胥靡也。往不假道于卫;及还,阳虎使季、孟自南门入,出自东门,舍于豚泽。卫侯怒,使弥子瑕追之。公叔文子老矣,辇而如公,曰:“尤人而效之,非礼也。昭公之难,君将以文之舒鼎,成之昭兆,定之鞶鉴,苟可以纳之,择用一焉。公子与二三臣之子,诸侯苟忧之,将以为之质。此群臣之所闻也。今将以小忿蒙旧德,无乃不可乎。大姒之子,唯周公、康叔为相睦也。而效小人以弃之,不亦诬乎!天将

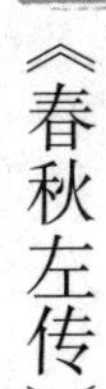

多阳虎之罪以毙之，君姑待之，若何？”乃止。

夏，季桓子如晋，献郑俘也。阳虎强使孟懿子往报夫人之币。晋人兼享之。孟孙立于房外，谓范献子曰：“阳虎若不能居鲁，而息肩于晋，所不以为中军司马者，有如先君。”献子曰：“寡君有官，将使其人。鞅何知焉？”献子谓简子曰：“鲁人患阳虎矣，孟孙知其衅，以为必适晋，故强为之请，以取入焉。”

四月己丑，吴大子终累败楚舟师，获潘子臣、小惟子及大夫七人。楚国大惕，惧亡。子期又以陵师败于繁扬。令尹子西喜曰：“乃今可为矣。”于是乎迁郢于鄀，而改纪其政，以定楚国。

周儋翩率王子朝之徒，因郑人将以作乱于周。郑于是乎伐冯、滑、胥靡、负黍、狐人、阙外。六月，晋阎没戍周，且城胥靡。

秋八月，宋乐祁言于景公曰：“诸侯唯我事晋，今使不往，晋其憾矣。”乐祁告其宰陈寅。陈寅曰：“必使子往。”他日，公谓乐祁曰：“唯寡人说子之言，子必往。”陈寅曰：“子立后而行，吾室亦不亡。唯君亦以我为知难而行也。”见溷而行。赵简子逆，而饮之酒于緜上，献杨楯[②]六十于简子。陈寅曰：“昔吾主范氏，今子主赵氏，又有纳焉。以杨楯贾祸，弗可为也已。然子死晋国，子孙必得志于宋。”范献子言于晋侯曰：“以君命越疆而使，未致使而私饮酒，不敬二君，不可不讨也。”乃执乐祁。

阳虎又盟公及三桓于周社，盟国人于亳社，诅于五父之衢。

冬，十二月，天王处于姑莸，辟儋翩之乱也。

【注释】

①衅：预兆。

②杨楯：杨木盾牌。

【译文】

六年春天，郑国灭掉了许国，这是利用楚国战败的机会将其灭掉的。

二月，定公发兵攻击郑国，占据了匡地，这是为晋国而对郑国攻击胥靡的惩罚。去时没有向卫国借道，回来时，阳虎让季桓子、孟献子从卫都南门进去，从东门出来，住在豚泽。卫灵公晓得后十分生气，派弥子瑕追赶他们。这时公叔文子已经年老退休了，他坐车去见灵公说：“责备别人却又去效法他，不合礼。先前鲁昭公流亡国外时，国君曾以文公的舒鼎、成公的宝龟、定公的鉴作为悬赏，要是有谁能帮助他回国，不过从中任选其一。

要是各诸侯还不放心，国君还同意将公子和几个大臣的儿子作为人质以求得昭公回国。这全是群臣所晓得的事。如今却要由于小小的怨恨而遮盖过去的恩德，或许不行吧？在太姒的许多儿子中，只有鲁、卫两国的始祖周公跟康叔关系最好。如今要效法阳虎这样的小人而放弃和睦，不也太容易受人愚弄了吗？上天即将增加阳虎的过错，并最终使其灭亡，国君暂时忍耐一下，如何？”灵公这才消了怒气。

夏天，季桓子到晋国，是为了进献抓获的郑国人和战利品。阳虎又强行派孟懿子专门前去向晋定公夫人献上礼品。晋国人同时宴请季桓子跟孟懿子。孟懿子站到房外对范献子说：“阳虎要是在鲁国呆不下去而逃往晋国，但愿看在先君的面子上，任用他为中军司马。”献子说：“寡君任命官员，是要选择恰当的人，我如何敢保证呢？”范献子对赵鞅说：“鲁国人已经以阳虎为患了。孟孙看见了这一征兆，觉得阳虎必定会逃到晋国，故而极力为他请求，以便让他在晋国求得禄位。”

四月十五日，吴国的太子终累击败了楚国的水军，抓捕了楚将潘子臣、小惟子跟七个大夫。楚国上下为之震动，深恐亡国。子期又领着陆军在繁阳战败。令尹子西快乐都地说：“如此国家才能够治理好。”于是就把国都从郢地迁往鄀地，并改革了治国策略，以安定楚国。

周室儋翩领着王子朝的余党依赖郑国人准备在王室境内发动叛乱。于是郑国发兵功绩冯、滑、胥靡、负黍、狐人、阙外等地。六月，晋国的阎没带兵到成周戍守，而且在胥靡修城。

秋天八月，宋国的乐祁对宋景公说：“如今诸侯中只有我国依然真心地事奉晋国。要是不派使者到晋国，晋国或许要对我们不满意了。”乐祁把这话又告诉了他的家宰陈寅。陈寅讲：“必定会派您前去。”某日，景公对乐祁说：“只有我欣赏你的建议，故而也必定要让你去！”陈寅对乐祁说：“您要立了继承人才去，如此乐氏家族也不至于灭掉。也能够让国君晓得您这是冒险而去。”乐祁带儿子溷去见景公，而后便动身了。赵鞅出来迎接乐祁，在上为他设宴接风，乐祁把六十副杨木盾牌献与赵鞅。陈寅讲：“先前乐氏事奉范氏，现在您却事奉赵氏，又送给他礼物。这些杨木盾牌只能招来灾难，真的不应当这么做。不过要是您死在晋国，您的子孙在宋国一定能获得重用。”真的范献子对晋定公说：“奉君命越过别国出使到晋国，还没有履行使者的责任便私下跟人饮酒，这是对两国国君的不尊不敬，对这种行为不能不征讨。”就把乐祁抓了起来。

阳虎又在周社与鲁定公及孟孙、季孙、叔孙三家盟誓，又在亳社与国都的人们盟誓，而且在五父之衢诅咒。

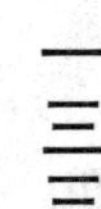

冬天十二月,周天子住到姑莸,是为了逃避儋翩发动的叛乱。

【讲评】

《左传》多次评论人"不仁",可见春秋时期的人们把"仁"看作普遍的美德而遵守,君主的"仁"是爱民,国家的"仁"是不以大欺小,个人的"仁"是不以德报怨、不幸灾乐祸、不结党营私、不乘人之危。总的来说,就是与人交往时持有亲善友好、不功利的态度。春秋前期,古风尚存,五霸还得打着仁义的招牌赢得尊崇、建立功业,春秋末世乃至战国以后,急功近利的风气大盛,世人连口头的"仁义"都不称了。《孟子·滕文公上》记载了鲁国阳虎的名言:"为富不仁矣,为仁不富矣。"阳虎的话正反映出社会转型时期"为仁"和"为富"的矛盾,他做出了自己的选择,运用种种奸诈手段谋求自己的私利,先是控制季氏,又企图控制鲁国政权,后试图利用齐国打击鲁国,在齐、鲁两国都未能得志,后投奔晋国,受到重用。

吴国逼迫楚国迁都,是对楚国的又一次重大打击。楚昭王和令尹子西先是把都城迁到鄀,此地离江较远,可以避免吴国水军的威胁,又临近汉水,便于交通,可以集中精力进行整顿恢复,发展生产。当时楚国与秦国友好,与晋国的关系也趋于缓和,为楚国的恢复正好提供了缓冲期。在休养生息取得成效后,楚国就转守为攻了。

定公七年

【原文】

[经]春王正月。

[传]二月,周儋翩入于仪栗[1]以叛。

[传]齐人归郓、阳关[2],阳虎居之以为政[3]。

[经]夏四月。

[传]夏四月,单武公[4],刘桓公[5]败尹氏于穷谷[6]。

[经]秋齐侯郑伯盟于咸。

[经]齐人执卫行人北宫结以侵卫,齐侯卫侯盟于琐。

[传]秋,齐侯郑伯盟于咸[7]。征会于卫,卫侯欲叛晋,诸大夫不可。使北宫结如齐,而私于齐侯曰:"执结以侵我。"齐侯从之,乃盟于琐[8]。

【注释】

①仪栗:在今河南新安宜阳县境。

②阳关:今山东省宁阳县东北有阳关故城。

③阳虎居之以为政:阳虎是季孙氏的重要家臣。住在那里掌握政权。

④单武公:是单穆公的儿子。

⑤刘桓公:是刘蚠的儿子。

⑥穷谷:在洛阳城南五十里。

⑦咸:在今河北濮阳县东南。

⑧琐:《左通补释》说:"以沙亭左氏谓之琐,在今河北大名县东。"

【译文】

二月,周儋翩入仪栗反叛了。

齐国人把郓、阳关送回鲁国,阳虎住到那里管理政权。

夏天四月,单武公同刘桓公伐尹氏,在穷谷这地方把他打败了。

秋天,齐侯、郑伯在咸这地方会盟。到卫国来征求会,卫侯想对晋国反叛,很多大夫们认为不可以。派北宫结到齐国去,而偷着告诉齐侯说:"把北宫结逮起来,然后来侵略卫国。"齐侯听了他的话,就同卫国在琐这地方盟会。

【原文】

[经]大雩[①]。

[经]齐国夏帅师伐我西鄙。

[传]齐国夏伐我,阳虎御季桓子,公敛处父[②]御孟懿子,将宵军齐师,齐师闻之,堕伏而待之[③]。处父曰:"虎不图祸,而必死[④]。"苫夷[⑤]曰:"虎陷二子于难,不待有司,余必杀女。"虎惧乃还,不败。

[经]九月大雩[⑥]。

[经]冬十月。

[传]冬十一月戊午,单子、刘子逆王于庆氏[⑦],晋籍秦送王。己巳,王入于王城,馆于公族党氏[⑧]而后朝于庄宫。

【注释】

①此经无传。

②公敛处父:孟孙氏家臣,做成宰。

③堕伏而待之:以堕毁军队引诱敌人,而在后面设伏兵等待。

④虎不图祸而必死:如果阳虎不预备祸难就必定要死。

⑤苫夷:季孙氏的家臣。

⑥此经无传。

⑦庆氏:守姑莸的大夫。

⑧党氏:是周大夫。

【译文】

鲁国行求雨的典礼。

齐国国夏率领军队讨伐鲁国。阳虎为季孙斯驾车,公敛处父给仲孙何忌驾车,想在夜里去攻打齐国军队,齐军听见说了,就堕毁了军队引诱敌人,而在后面设了伏兵等着。公敛处父说:"阳虎要不引出祸来,就必定死。"季孙氏家臣苫夷说:"阳虎想把季孙斯同仲孙何忌陷在难中,不必等到官吏来,我就必定杀你。"阳虎害了怕就回来,军队也没有失败。

九月行求雨典礼。

冬天十一月戊午,单武公、刘桓公到姑莸迎接敬王,晋国籍秦送王。己巳这天,王进入王城,住到公族党氏家里,然后到庄王庙里上朝。

【讲评】

春秋时期诸侯于天子为臣,大夫于诸侯为臣,家臣于大夫为臣。随着政权逐步下移,各国"政自大夫出",甚至出现"陪臣执国命"的现象,即卿大夫的家臣之宰不仅享有封邑,而且通过控制大夫家政进而掌握国家政权。这一点在鲁国表现得非常突出。鲁国公室卑弱,政在三桓之季氏。季氏家中屡屡发生家臣叛乱事件,如南蒯率费邑叛,还有阳虎之乱。阳虎有强烈的野心和明确的政治目标,先是杀死可能阻碍自己取得季氏家政的大夫,控制了季桓子,然后又想设计除掉三桓,不过他想借用齐国的武力除去季桓子和孟懿子的阴谋被人识破，只好罢休。

定公八年

【原文】

[经]春王正月，公侵齐。

[传]春王正月，公侵齐，门于阳州[①]，士皆坐列[②]，曰："颜高之弓六钧[③]。"皆取而传观之，阳州人出，颜高夺人弱弓，籍丘子鉏[④]击之，与一人俱毙。偃且射子鉏，中颊殪[⑤]。颜息[⑥]射人中眉，退曰："我无勇，吾志其目也。"师退，冉猛伪伤足而先，其兄会乃呼曰："猛也殿。"

【注释】

①阳州：原为鲁邑，后属齐，在今山东东平县东北。

②士皆坐列：全坐在地下观看。

③颜高之弓六钧：颜高是鲁人，他的弓重量有一百八十斤。

④籍丘子鉏：是齐国人。

⑤偃且射子鉏中颊殪：颜高躺下，起来再射子鉏，中了他的脸死了。

⑥颜息：是鲁人。

【译文】

春王正月，鲁定公侵略齐国，攻打阳州的城门，军队全都排成行列坐在那里，说："颜高的弓有一百八十斤重。"全都将弓传观。这时阳州人出来，颜高夺了一个没有力量的弓，籍丘子鉏来打他，同一个人全躺下了。颜高躺下就射子鉏，中了脸，子鉏就死了。颜息射人中了他的眉上，他回来说："我没有勇气，我目的在他的眼睛。"军队退的时候，冉猛假做伤了腿，想先回去，他的哥哥冉会大声叫说："你只能殿后。"

【原文】

[经]公至自侵齐[①]。

[传]二月己丑，单子伐谷城[②]，刘子伐仪栗。辛卯，单子伐简城[③]，刘子伐盂[④]，以定

王室。

[传]赵鞅言于晋侯曰："诸侯唯宋事晋，好逆其使，犹惧不至，今又执之，是绝诸侯也。将归乐祁。"士鞅曰："三年止之，无故而归之，宋必叛晋。"献子私谓子梁[⑤]曰："寡君惧不得事宋君，是以止子，子姑使溷代子。"子梁以告陈寅，陈寅曰："宋将叛晋，是弃溷也，不如待之[⑥]。"乐祁归，卒于大行。士鞅曰："宋必叛，不如止其尸以求成焉。"乃止诸州。

【注释】

①此经无传。

②谷城：《河南通志》说："在今洛阳城西北二十五里。"

③简城：《汇纂》说："周有简师父，简城盖其采邑。"

④盂：应在洛阳附近。

⑤子梁：即乐祁。

⑥不如待之：不如在此地等候，不要让你的儿子来替你。

【译文】

鲁定公从侵略齐国回来。

二月己丑，单武公讨伐谷城，刘桓公讨伐仪栗。辛卯，单武公讨伐简城，刘桓公讨伐盂，以安定王室。

赵鞅对晋侯说："诸侯只有宋国事奉晋国，把他好好的迎接，尚恐怕他不来，现在又把他逮捕，这是同诸侯断绝。不如把乐祁送回。"士鞅说："三年留着他，现在没有缘故而送回他，宋国必定对晋国反叛。"士鞅偷着对乐祁说："我们晋君很怕不能事奉宋君，所以叫你住到晋国，你姑且使你儿子乐溷替你。"乐祁告诉陈寅，陈寅说："宋将反叛晋国，这是等于舍弃乐溷了，不如等着。"乐祁回来，死在太行山。士鞅说："宋必定要反叛，不如留下他的尸首，以求和平。"就把乐祁尸首搁在州这地方。

【原文】

[经]二月，公侵齐。

[传]公侵齐，攻廪丘[①]之郛，主人焚冲[②]，或濡马褐以救之[③]，遂毁之，主人出，师奔[④]。阳虎伪不见冉猛者曰："猛在此必败。"猛逐之[⑤]，顾而无继，伪颠。虎曰："尽客气也[⑥]！"

[经]三月公至自侵齐[7]。

[传]苫越生子,将待事而名之,阳州之役获焉,名之曰阳州[8]。

[经]曹伯露卒[9]。

【注释】

①廪丘:齐地,在今山东范县东南七十里。

②焚冲:烧掉战车。

③或濡马褐以救之:或者把马衣弄湿以救火。

④师奔:去救护的军队逃走了。

⑤猛逐之:冉猛追赶他。

⑥尽客气也:这全是假的勇气。

⑦此经无传。

⑧名之曰阳州:取名叫阳州。

⑨此经无传。

【译文】

鲁定公侵略齐国,攻打廪丘的外城,主人烧了战车,有人把马的衣服浇上水去救,因此就毁掉了外城,主人出来了,援助的军队就逃走了,阳虎假装没有看见冉猛的样子说:"冉猛要在此地,必定要打败仗。"冉猛要追逐廪丘人,看后边没人跟着他,就假作摔倒。阳虎就说:"这全是客气,不是真正勇敢。"

三月,定公从侵略齐国回来。

苫越生了儿子,要等着有意义的事发生,给他取名字,阳州这一战,他有所捕获,就给他儿子名叫阳州。

曹伯露死了。

【原文】

[经]夏齐国夏帅师伐我西鄙。

[经]公会晋师于瓦。

[传]夏齐国夏,高张伐我西鄙,晋士鞅,赵鞅,荀寅救我。公会晋师于瓦[1],范献子执

羔，赵简子，中行文子皆执雁，鲁于是始尚羔[2]。

[经]公至自瓦[3]。

[经]秋七月戊辰，陈侯柳卒[4]。

[传]晋师将盟卫侯于刬泽[5]，赵简子曰："群臣谁敢盟卫君者？"涉佗，成何[6]曰："我能盟之。"卫人请执牛耳[7]。成何曰："卫吾温原也，焉得视诸侯？"将歃，涉佗捘卫侯之手及捥[8]，卫侯怒。王孙贾[9]趋进曰："盟以信礼也，有如卫君，其敢不唯礼是事，而受此盟也。"卫侯欲叛晋，而患诸大夫。王孙贾使次于郊，大夫问故，公以晋诟语之，且曰："寡人辱社稷，其改卜嗣，寡人从焉。"大夫曰："是卫之祸，岂君之过也？"公曰："又有患焉，谓寡人必以而子与大夫之子为质。"大夫曰："苟有益也，公子则往，群臣之子敢不皆负羁绁以从。"将行，王孙贾曰："苟卫国有难，工商未尝不为患，使皆行而后可。"公以告大夫，乃皆将行之，行有日，公朝国人，使贾问焉，曰："若卫叛晋，晋五伐我，病何如矣？"皆曰："五伐我犹可以能战。"贾曰："然则如叛之，病而后质焉，何迟之有？"乃叛晋。晋人请改盟，弗许。

【注释】

①瓦：《汇纂》说："在河南滑县东南，有瓦亭冈集，古瓦亭也。"

②鲁于是始尚羔：鲁国因此以羔羊为最尚。

③此经无传。

④此经无传。

⑤刬泽：刬泽近卫都，疑在今河北濮阳县西南。

⑥涉佗、成何：二人皆晋大夫。

⑦卫人请执牛耳：照道理尊者是拿着牛耳朵。

⑧涉佗梭卫候之手及捥：涉沱挤卫侯手上的血一直到手腕上。

⑨王孙贾：卫大夫。

【译文】

夏天，齐国国夏同高张伐鲁国西边，晋国士鞅同赵鞅荀寅来救鲁国。鲁定公到瓦这地方会合晋国军队，士鞅手里拿着羔羊，赵鞅同荀寅全拿着雁，鲁国由此就开始以羔羊为尊贵。

鲁定公从瓦回来。

秋七月戊辰，陈侯柳死了。

晋国军队将到刬泽这地方去同卫侯盟誓。赵鞅说："你们群臣，谁敢同卫君盟誓？"晋大夫涉佗成何说："我们敢同他盟誓。"卫国人要求拿着牛的耳朵。成何说："卫等于晋国的温原两个县，怎么能比诸侯呢？"将歃血时涉佗挤卫侯手上的血一直到腕子上，卫侯发怒。王孙贾跑上去说："盟誓足以表示礼，就是卫君也不敢不尊重礼，而受这盟誓。"卫侯想对晋国反叛，就怕各大夫不听从。王孙贾出主意，使卫侯立在郊外，大夫们问为什么他不进都城的缘故，卫侯就把晋国对他的耻辱说了，并且又说："寡人羞辱了国家，你们可以占卜立旁人，我一定听从你们。"大夫们说："这是卫国的祸，岂是你的过呢？"卫侯就说："又有旁的祸患，叫我必定拿我的儿子同大夫的儿子做人质。"大夫们说："假如有益处，公子必去，群臣们的儿子，谁也不敢不背着羁绁跟着去。"将去的时候，王孙贾说："假设卫国有祸难，工商们未尝不为卫国的祸患，使他们全跟着去才可以。"卫侯告诉诸大夫们，叫工商们全都去。已经定好日子要走了，卫侯朝见贵族，派公孙贾问他们说："若卫国叛了晋国。晋国打我们五次，我们成了什么样子呢？"回答说："五次打我们，我们还可以作战。"公孙贾说："那不如反叛了晋国，被打以后然后去送人质，那又有什么晚呢？"就叛了晋国。晋人要求改盟誓，卫国不答应。

【原文】

[经]晋士鞅帅师侵郑遂侵卫。

[传]秋，晋士鞅会成桓公[①]侵郑，围虫牢，报伊阙[②]也。遂侵卫。

[经]葬曹靖公[③]。

[经]九月葬陈怀公[④]。

[经]季孙斯仲孙何忌帅师侵卫。

[传]九月，师侵卫，晋故也[⑤]。

[经]冬卫侯郑伯盟于曲濮[⑥]。

[经]从祀先公。

[经]盗窃宝玉大弓。

[传]季寤[⑦]，公鉏极[⑧]，公山不狃[⑨]皆不得志于季氏，叔孙辄[⑩]无宠于叔孙氏，叔仲志[⑪]不得志于鲁，故五人因阳虎。阳虎欲去三桓，以季寤更季氏[⑫]，以叔孙辄更叔孙氏[⑬]，己更孟氏[⑭]。冬十月，顺祀先公而祈焉，辛卯，禘于僖公。壬辰，将享季氏于蒲圃而杀之，戒都车曰癸巳至[⑮]，成宰公敛处父告孟孙曰："季氏戒都车何故？"孟孙曰："吾弗闻。"处父曰："然则乱也，必及于子，先备诸。"与孟孙以壬辰为期。阳虎前驱，林楚御桓子，虞人以铍盾

夹之[16]，阳越殿[17]，将如蒲圃。桓子咋[18]谓林楚曰："而先皆季氏之良也，尔以是继之。"对曰："臣闻命后，阳虎为政，鲁国服焉，违之征死，死无益于主。"桓子曰："何后之有？而能以我适孟氏乎？"对曰："不敢爱死，惧不免主。"桓子曰："往也。"孟氏选圉人之壮者三百人以为公期[19]筑室于门外，林楚怒焉，及衢而骋[20]，阳越射之不中，筑者阖门。有自门间射阳越，杀之。阳虎劫公与武叔[21]以伐孟氏，公敛处父帅成人自上东门[22]与阳氏战于南门之内，弗胜，又战于棘下[23]。阳氏败，阳虎说甲如公宫，取宝玉大弓以出，舍于五父之衢，寝而为食。其徒曰："追其将至。"虎曰："鲁人闻余出，喜于征死，何暇追余？"从者曰："嘻，速驾，公敛阳在。"公敛阳请追之，孟孙弗许。阳欲杀桓子[24]，孟孙惧而归之，子言[25]辨舍爵于季氏之庙而出，阳虎入于讙、阳关[26]以叛。

【注释】

①成桓公：是周卿士。

②伊阙：即阙塞，在洛阳西南。

③此经无传。

④此经无传。

⑤晋故也：鲁为晋讨卫。

⑥此经无传。

⑦季铝：季孙斯的弟弟。

⑧公钮极：季孙斯的族子。

⑨公山不狃：是费宰。

⑩叔孙辄：叔孙氏的庶子。

⑪叔仲志：叔仲带的孙子。

⑫更季氏：替代季孙。

⑬更叔孙氏：替代叔孙武叔。

⑭己更孟氏：阳虎自己替代孟孙。

⑮戒都车曰癸巳至：令都邑的兵车戒备，告诉他说癸巳这天起兵。

⑯虞人以铍盾夹之：管打猎的官拿着剑同盾牌两边夹立。

⑰阳越：是阳虎的从弟。

⑱咋：忽然。

⑲公期：孟孙氏的支子。

⑳及衢而骋:到大街上就打马赶紧走。

㉑武叔:叔孙不敢的儿子叔孙州仇。

㉒上东门:鲁都城的东面的北门。

㉓棘下:《左通补释》说:“鲁南门曰稷门,稷棘声近,则棘下即稷门之下。”

㉔阳欲杀桓子:公敛阳想把季孙斯杀掉。

㉕子言:季寤。

㉖讙、阳关:《方舆纪要》说:“讙在山东泰安县西南,阳关在泰安县东南六十里之阳关村。”

【译文】

秋天,晋士鞅会同周卿士成桓公侵略郑国,围了虫牢,这是报复伊阙的事情。接着侵略卫国。

给曹靖公行葬礼。

九月给陈怀公行葬礼。

九月,鲁国军队侵略卫国,这是帮助晋国的缘故。

冬,卫侯郑伯在曲濮这地方盟誓。

季寤、公鉏极、公山不狃,皆对季孙氏不得志,叔孙辄也没得到叔孙氏的宠爱,叔仲志也在鲁国不得志。所以这五个人全利用阳虎。阳虎想着去掉三桓,用季寤替代季孙斯,用叔孙辄替代叔孙州仇,他自己替代了仲孙何忌。冬天十月,顺祀鲁国的先公以备祈祷,辛卯,大禘僖公庙,壬辰,将在蒲圃宴享季孙斯,把他杀掉,告诫鲁国都城的兵车说,癸巳那天就来。成宰公敛处父告诉孟孙说:“季孙要都城的兵车戒备,这是什么缘故呢?”仲孙何忌说:“我没有听说。”处父说:“那么就是有乱事,这种乱事必定连着你,不如先预备好了。”就与仲孙何忌商量,定了壬辰这天为举动。阳虎为季孙斯的前驱,林楚替季孙斯驾车,后边是打猎的官,用剑同盾牌,左右夹道走,阳越在最后。将到蒲圃去,季孙斯忽然对林楚说:“你的先人全是季孙氏有功的人,你可以接着来做。”回答说:“我得到命令很晚,阳虎当政权,鲁国人全都服从他,违背了他,就是要死,死也对主人没有用处。”季孙斯说:“有什么晚呢?你能把我送到孟孙氏那里去吗?”回答说:“我不敢爱惜死亡,但很怕对主人没有用处。”季孙斯说:“去吧。”孟孙氏选了养马的壮丁三百人为公期在门外修房子,林楚到了大街上,就打着马急往前走。阳越射箭,没有打中,筑房子的人就关上门。有人在大门前射阳越,把他杀了。阳虎劫了鲁定公跟叔孙州仇,来讨伐孟孙氏,公敛处父率领成人从上东门进入，与阳虎在南门的里头打仗，没有打胜，又在棘下打仗。阳氏打败了，阳虎脱掉甲胄，到鲁公的宫里，拿走了夏后氏的璜玉同封父的繁弱，住在五父的大街上，睡在那里又吃东西。他的左右人说："追兵就要来。"阳虎说："鲁国人听见我走了，喜的不会死亡，有什么时间追我呢？"左右人说："赶紧驾车吧！公敛处父在。"公敛处父请求追阳虎，孟孙不答应。公敛处父想杀季孙斯，孟孙害怕，叫季孙斯回去。季寤拿爵杯在季氏的庙周遍的献酒而出。阳虎就进入齐鲁的边境谨同阳关两个地方反叛了。

【原文】

[传]郑驷歂①嗣子大叔为政。

【注释】

①驷歂：是驷乞的儿子。

【译文】

郑国驷歂接着游吉掌政权。

【讲评】

阳虎在历史上是一个备受争议的人物，作为季氏的逆臣，他有胆识和智力，工于权术，先是掌控了季氏的家政，进而试图掌控鲁国的政局。阳虎之乱反映出当时鲁国政出大夫之门、大夫又被家臣控制的多头政治局面。阳虎的政治野心也说明出身平民的新的政治力量正跃跃欲试地登上政治舞台，虽然阳虎势单力薄，在与三桓的权力斗争中落败而被迫流亡，但最终被晋国的赵氏所用，充分展现了他的才干，为赵氏兴起之功臣。

定公九年

【原文】

[经]九年春，王正月。夏四月戊申，郑伯虿卒。得宝玉、大弓。六月，葬郑献公。秋，齐侯、卫侯次于五氏。秦伯卒。冬，葬秦哀公。

【原文】

[传]九年春,宋公使乐大心盟于晋,且逆乐祁之尸。辞,伪有疾。乃使向巢如晋盟,且逆子梁之尸。子明谓桐门右师出,曰:“吾犹衰绖,而子击钟,何也?”右师曰:“丧不在此故也。”既而告人曰:“已衰绖而生子,余何故舍钟?”子明闻之怒,言于公日;“右师将不利戴氏,不肯适晋,将作乱也。不然,无疾。”乃逐桐门右师。

郑驷歂杀邓析,而用其竹刑。君子谓:“子然于是不忠。苟有可以加于国家者,弃其邪可也。《静女》之三章,取彤管焉。《竿旄》‘何以告之’,取其忠也。故用其道,不弃其人。《诗》云:‘蔽芾甘棠,勿翦勿伐,召伯所茇①。思其人犹爱其树,况用其道而不恤其人乎?子然无以劝能矣。”

【注释】

①蔽芾:形容树高大茂密的样子。茇:本义是草房,在此名词用如动词,居住。

【译文】

鲁定公九年春季,宋公派乐大心到晋国结盟,而且迎回乐祁的尸首。乐大心拒绝,装着有病。于是便派向巢到晋国去结盟,而且迎回乐祁的尸首。子明让乐大心出国迎接尸首,讲:“我还穿着丧服,而您却敲钟作乐,这是为什么?”乐大心说:“这是由于丧事不在这里的原因。”不久又告诉别人说:“自己衣着丧服却生了孩子,我什么原因不敲钟?”子明听了这话十分生气,对宋公说:“乐大心将不利于宋国。他不愿到晋国去,是准备叛乱。不是这样,为何没病装病。”于是就驱赶了乐大心。

郑国驷歂杀死邓析,而用邓析所制订的竹刑。君子觉得:“驷在这件事是不忠的。要是有人能够对国家有益的话,能够不责备他的邪恶。《静女》这三章诗,是采取它的彤管。《竿旄》的‘用什么来劝告他’,是采取它的忠诚。故而采用了一个人的主张,就不惩处这个入。《诗经》说:‘甘棠茂密又高大,不要剪它别砍它,召伯曾住这树下。’思念这个人,还爱护这棵树,况且是用了他的主张而顾念这个人呢?驷没有办法勉励贤能的人了。”

【原文】

夏,阳虎归宝玉大弓。书曰“得”,器用也。凡获器用曰得,得用焉曰获。

六月，伐阳关。阳虎使焚莱门。师掠，犯[①]之而出，奔齐，请师以伐鲁，曰："三加必取之。"齐侯将许之。鲍文子谏曰："臣尝为隶于施氏矣。鲁未可取也。上下犹和，众庶犹睦，能事大国，而无天灾。若之何取之？阳虎欲勤齐师也，齐师罢，大臣必多死亡，己于是乎奋其诈谋。夫阳虎有宠于季氏，而将杀季孙，以不利鲁国，而求容焉。亲富不亲仁，君焉用之？君富于季氏，而大于鲁国，兹阳虎所欲倾覆也。鲁免其疾，而君又收之，无乃害乎？"

齐侯执阳虎，将东之。阳虎愿东，乃囚诸西鄙。尽借邑人之车，锲其轴，麻约而归之。载葱灵[②]，寝于其中而逃。追而得之，囚于齐。又以葱灵逃，奔宋，遂奔晋，适赵氏。仲尼曰："赵氏其世有乱乎。"

秋，齐侯伐晋夷仪。敝无存之父将室之，辞，以与其弟，曰："此役也不死，反必娶于高、国"。先登，求自门出，死于霤下。东郭书让登，犁弥从之，曰："子让而左，我让而右，使登者绝而后下。"书左，弥先下。书与王猛息。猛曰："我先登。"书敛甲曰："曩者之难，今又难焉。"猛笑曰："吾从子如骖之靳。"

晋车千乘在中牟。卫侯将如五氏，卜过之，龟焦。卫侯曰："可也。卫车当其半，寡人当其半，敌矣"。乃过中牟。中牟人欲伐之，卫褚师圃亡在中牟，曰："卫虽小，其君在焉，未可胜也。齐师克城而骄，其帅又贱，遇必败之，不如从齐。"乃伐齐师，败之。齐侯致禚、媚、杏于卫。齐侯赏犁弥，犁弥辞曰："有先登者，臣从之。皙帻而衣狸制。"公使视东郭书，曰："乃夫子也，吾贶子。"公赏东郭书，辞曰："彼宾旅也。"乃赏犁弥。

齐师之在夷仪也，齐侯谓夷仪人曰："得敝无存者，以五家免。"乃得其尸。公三襚之；与之犀轩与直盖，而先归之；坐引者，以师哭之，亲推之三。

【注释】

①犯：突围。

②葱灵：装载衣物的车子。

【译文】

夏季，阳虎送回宝玉大弓。《春秋》记录说"得"，由于它们是器物用具。但凡获得器物用具称得，用器物获得生物称获。

六月，攻击阳关。阳虎派人焚烧莱门。鲁军害怕，阳虎乘机突围而出，逃往齐国，请求军队攻击鲁国，说："三次加兵于鲁国必定能占领。"齐侯准备同意他的请求。鲍文子进谏说："臣下曾经在施氏那里做过家臣。鲁国是不能够夺取的。上下还协调，民众还和睦，可以事奉大国，而且没有天灾。如何可以攻取它？阳虎想要劳动齐国的军队，齐国军队疲劳，大臣必定死亡很多，在此种情形下他就会施展他的坏主意。阳虎在季氏那儿获得宠信，却准备杀死季孙，以不利于鲁国，而讨别人喜欢。亲近富有而不亲近仁爱，君王哪儿用得着他？君王比季氏富有，并比鲁国强大，这便是阳虎想要颠覆的。鲁国免除了他的祸害，不过君王又收留了他，或许也是祸害吧？"

齐侯抓捕了阳虎，准备把他囚禁在东部，阳虎装着愿意到东部去，齐侯便把他囚禁在西部边境。阳虎把邑内人的车子全都借来，用刀刻坏车轴，缠绕上麻之后归还。阳虎在车上装满衣物，自己躺在里面逃走。齐国人追上去抓到了他，囚禁在齐国的都城。他又一次躺在装有衣物的车里逃走，逃往宋国，又逃往晋国，归顺赵氏。孔子说："赵氏或许世代有祸乱了。"

秋季，齐侯攻击晋国夷仪。敝无存的父亲准备给他娶妻，敝无存拒绝，把女人给了他弟弟，说："这次战役要是不死，回来后必定娶高氏、国氏的女子。"抢先登上夷仪的城墙，又想从城门冲出去，死于城门的檐下。东郭书抢先登城，犁弥跟随他，说："您抢着登上去向左边，我抢着登上去向右边，让登上城墙的人齐了而后再下去。"东郭书登城后向左去，犁弥先下了城。战斗完毕，东郭书与犁弥一块休息。犁弥说："是我先登上城墙的。"东郭书收拾皮甲说："前一次难为我，如今又难为我。"犁弥笑着说："我跟着您就如同骖马跟着服马一样。"

晋国战车千辆在中牟。卫侯预备到五氏去，占卜经过中牟会怎样，龟甲烤焦了。卫侯说："行了。卫国的战车相当于他们的一半，寡人也相当他们一半，这就相等了。"于是就通过中牟。中牟人想要攻击他们，卫国褚师圃逃亡中牟，说："卫国即使小，他的国君在这里，是不能够战胜的。齐军攻下城邑而骄傲，他们的将领又地位低贱，两军相遇必定失败，不如迎战齐军。"于是就攻击齐国的军队，击败了他们。齐侯把禚地、媚地、杏地送给卫国。齐侯奖赏犁弥，犁弥拒绝说："有先登上城墙的人，臣下跟着他。他戴着白色包头巾穿着狸制斗篷。"齐侯让他看看是不是东郭书，他说："正是这位先生，我把奖赏让给您。"齐侯奖赏东郭书，东郭书拒绝说；"他是个羁旅之臣。"于是就奖赏了犁弥。

齐国军队在夷仪的时候，齐侯对夷仪人说："获得敝无存的人，奖赏五户免除劳役。"于是就找到了他的尸体。齐侯三次为尸体穿衣服；给他犀牛皮装饰的高贵车子与长柄伞作为殉葬品，并且先把尸体送回去；齐侯让拉车的人跪着行走，全军吊哭他，自己推车三次。

【讲评】

郑国的邓析是名家的代表人物，被誉为中国律师的鼻祖，他立意改革旧制，反对礼治，长于诡辩，私人在竹简上作刑书，即《竹刑》，在郑国民间影响很大。虽然邓析本人因为思想激进被杀，但其私著被国家采用而具有法律效力，在中国法制史上是件大事。

定公十年

【原文】

[经]叔孙州仇如齐。

宋公之弟辰暨仲佗、石驱出奔陈。

【原文】

[传]十年，春，及齐平。

夏，公会齐侯于祝其①，实夹谷。孔丘相②，犁弥言于齐侯曰："孔丘知礼而无勇，若使莱人以兵劫鲁侯③，必得志焉。"齐侯从之。孔丘以公退，曰："士兵之④！两君合好，而裔夷之俘以兵乱之⑤，非齐君所以命诸侯也。裔不谋夏，夷不乱华，俘不干盟，兵不偪好⑥，于神为不祥，于德为愆义⑦，于人为失礼，君必不然。"齐侯闻之，遽辟之⑧。

【注释】

①公：指鲁定公。齐侯：指齐景公。祝其：即夹谷，地名，在今山东莱芜夹谷峪。

②相：担任傧相，替主人接引宾客和赞礼的人。

③莱：周国名，姜姓，子爵，今山东黄县东南有莱子城，即莱国。

④士兵之：命令士兵们拿起武器冲上去。

⑤裔夷：华夏地域以外边远的夷人。

⑥偪：同"逼"。偪好：逼迫友好。

⑦愆：伤害。

⑧遽：迅速，紧急。

【译文】

齐景公

十年春季，鲁国和齐国讲和。

夏季，鲁定公在祝其会见齐景公，祝其也就是夹谷。孔丘相礼。犁弥对齐景公说："孙丘懂得礼而缺乏勇，如果派莱地人用武力劫持鲁侯，一定可以如愿以偿。"齐景公听从了。孔丘领着定公退出，说："士兵们，拿起武器攻上去！两国的国君会见本来是要建立友好关系的，而边远的东夷俘虏用武力来捣乱。边远之国不得图谋我中原大国，东夷不能搅乱我华夏民族，身为俘虏不得冒犯诸侯盟会，武力不能逼迫友好的国家。否则，将亵渎神灵，丧失道义，丢弃礼仪的，君王一定不会这样做。"齐景公听了以后，很快就让莱地人避开。

【原文】

[传]将盟，齐人加于载书曰[①]："齐师出竟[②]，而不以甲车三百乘从我者，有如此盟！"孔丘使兹无还揖对[③]，曰："而不反我汶阳之田，吾以共命者[④]，亦如之。"

齐侯将享公，孔丘谓梁丘据曰："齐、鲁之故[⑤]，吾子何不闻焉？事既成矣，而又享之，是勤执事也。且牺、象不出门，嘉乐不野合[⑥]。飨而既具，是弃礼也；若其不具，用秕稗也[⑦]。用秕稗，君辱；弃礼，名恶。子盍图之？夫享，所以昭德也[⑧]。不昭，不如其已也。"乃不果享[⑨]。

齐人来归郓、讙、龟阴之田[⑩]。

晋赵鞅围卫，报夷仪也[⑪]。

【注释】

①载书：盟约。

②出竟：指出境作战。竟：同"境"。

③揖对：作揖回答。

④共命：供给齐国之命。共：同："供"。

⑤故：从前的典章制度。

⑥牺：牺尊。象：象尊。牺尊与象尊都是古时的酒器，外形像兽形。不出门：不出宫门，意为只在朝会和庙堂使用。嘉乐：指钟、磬等乐器。

⑦秕：不饱满的谷物。稗：像禾的杂草。

⑧昭：发扬光大。

⑨果：实现。

⑩郓、讙、龟阴：都是鲁国的邑名，在汶水的北岸。

⑪夷仪：在河北省邢台县西。

【译文】

将要盟誓，齐国人在盟书上加上一句话说："如果齐军出境，而鲁国不派三百辆甲车跟随我们的话，要受到惩罚！"孔丘让兹无还作揖回答说："你们不归还我们汶阳的土田，而要让我们派兵跟从的话，也要受到惩罚！"

齐景公准备设享礼招待定公。孔丘对梁丘据说："齐国、鲁国旧有的典礼，您为什么没有听说过呢？事情已经成功了，而又设享礼，这是徒然烦劳执事。而且牺尊、象尊不出国门，钟磬不在野外合奏。设享礼而全部具备这些东西，这是不合礼法。如果不具备这些，那就像秕子稗子一样轻微而不郑重。像秕子稗子一样，这是君王的耻辱。不合礼法，就名声不好，您怎么能不考虑一下呢！享礼，是用来宣扬德行的。不能宣扬，还不如不用他。"于是终于没有设享礼。

齐国人前来归还郓地、讙地、龟阴的土田。

晋国的赵鞅包围卫国，这是为了报复夷仪那次战役。

【原文】

[传]初，卫侯伐邯郸午于寒氏[①]，城其西北而守之，宵熸[②]。及晋围卫，午以徒七十人门于卫西门，杀人于门中，曰："请报寒氏之役。"涉佗曰："夫子则勇矣[③]，然我往，必不敢启门[④]。"亦以徒七十人，旦门焉，步左右，皆至而立，如植[⑤]。日中不启门，乃退。反役，晋人讨卫之叛故，曰："由涉佗、成何。"于是执涉佗以求成于卫。卫人不许。晋人遂杀涉佗，成何奔燕。君子曰："此之谓弃礼，必不钧。《诗》曰：'人而无礼，胡不遄死[⑥]？'涉佗亦遄矣哉！"

【注释】

①寒氏:在今河北省邯郸市西,也称五氏。

②宵熸:军队夜间溃散。

③勇:勇敢。

④启门:开启城门。

⑤如植:像树一样不动地方。

⑥出自《诗·鄘风·相鼠》。遄死:快点死。

【译文】

当初,卫侯在寒氏进攻邯郸午,攻破城西北角而派兵据守,邯郸午与众兵士趁黑夜溃散。等到晋国包围卫国,邯郸午带了七十个徒兵进攻卫国西门,在城门里杀了人,说:“用这来报复寒氏那次战役。”晋国的涉佗说:“这个人算得是勇敢了,然而我去,他们一定不敢开门。”也带领士兵七十人,早晨攻打城门,走向城门左右两边,全部站定,像树木一样不动。到中午不开城门,这才退回去。退兵以后,晋国人责问卫国背叛的原因,卫国人说:“由于涉佗、成何。”晋国人因此逮捕了涉佗,以此向卫国要求讲和。卫国人不答应,晋国人就杀了涉佗。成何逃亡到燕国。君子说:“这叫作不讲礼法,两个人的罪过必然轻重不同,《诗》说:‘做人而没有礼,为什么不快点死?’涉佗死得也太快了。”

【原文】

[传]初,叔孙成子欲立武叔,公若藐固谏曰:“不可。”成子立之而卒。公南使贼射之,不能杀[①]。公南为马正,使公若为郈宰[②]。武叔既定[③],使郈马正侯犯杀公若,弗能。其圉人曰:“吾以剑过朝,公若必曰:‘谁之剑也?’吾称子以告,必观之。吾伪固而授之末[④],则可杀也。”使如之[⑤]。公若曰:“尔欲吴王我乎?”遂杀公若。侯犯以郈叛,武叔懿子围郈,弗克。

【注释】

①不能杀:没有杀成。

②郈:春秋鲁邑,在今山东东平县南四十里。

③既定:已经确定,大局已定。

④伪:假装。授之末:将剑尖的那头给他。

⑤如之:照这样去做。

【译文】

当初,叔孙成子想要立武叔做继承人,公若藐坚决劝谏说:"不行。"成子还是立了武叔然后死去。公南派坏人用箭暗射公若,没有成功。公南做马正,就让公若做郈地宰臣。武叔在大局已定之后,派郈地的马正侯犯谋杀公若,没有能办到。侯犯的管马人说:"我拿着剑经过大堂,公若一定会问这剑是谁的。我告诉他是您的,公若一定要细看这剑,我假装不懂礼节而把剑尖递给他,就可以把他杀死了。"侯犯就派他照办。公若说:"你要把我当吴王吗?"管马人就杀死了公若。侯犯带领郈地人叛变,武叔包围郈地,没有攻下。

【原文】

[传]秋,二子及齐师复围郈,弗克。叔孙谓郈工师驷赤曰[1]:"郈非唯叔孙氏之忧,社稷之患也,将若之何?"对曰:"臣之业,在《扬水》卒章之四言矣[2]。"叔孙稽首。驷赤谓侯犯曰:"居齐、鲁之际而无事,必不可矣。子盍求事于齐以临民[3]?不然,将叛。"侯犯从之。齐使至,驷赤与郈人为之宣言于郈中,曰:"侯犯将以郈易于齐[4],齐人将迁郈民。"众凶惧[5]。驷赤谓侯犯曰:"众言异矣。子不如易于齐,与其死也,犹是郈也,而得纾焉,何必此?齐人欲以此偪鲁,必倍与子地。且盍多舍甲于子之门[6],以备不虞?"侯犯曰:"诺。"乃多舍甲焉。侯犯请易于齐,齐有司观郈。将至,驷赤使周走呼曰:"齐师至矣!"郈人大骇[7],介侯犯之门甲[8],以围侯犯。驷赤将射之,侯犯止之,曰:"谋免我。"侯犯请行,许之。驷赤先如宿,侯犯殿。每出一门,郈人闭之。及郭门,止之曰:"子以叔孙氏之甲出,有司若诛之,群臣惧死。"驷赤曰:"叔孙氏之甲有物[9],吾未敢以出。"犯谓驷赤曰:"子止而与之数。"驷赤止而纳鲁人。侯犯奔齐,齐人乃至郈。

【注释】

①工师:古官名。上受司空领导,下为百工之长。专掌营建工程和管教百工等事。

②卒章:诗、词、文章结尾的段落。

③临民:治民。

④易:交换。

⑤凶惧:恐惧,惊扰不安。

⑥甲:皮甲。

⑦大骇:惊骇,震动。

⑧介:穿上。

⑨有物:有记号,有标记。

【译文】

秋季,武叔、公南两个人和齐军两次包围郈地,还是没有攻下。武叔对郈地匠官驷赤说:"郈地不仅是叔孙氏的忧虑,而且是国家的祸患,你说要怎么办?"驷赤说:"下臣的态度在《扬水》这首诗最后一章的四个字上了。"叔孙向他叩头。驷赤就对侯犯说:"处在齐国、鲁国之间而不侍奉哪一国,必定是行不通的。您何不请求侍奉齐国以继续管理这个地区呢?不这样做,郈地的人恐怕将会叛变的。"侯犯听从了他的话。齐国的使者来到,驷赤和郈地人在郈地散布谣言说:"侯犯准备把郈地和齐国交换,齐国人准备迁走郈地的百姓。"大家吵吵嚷嚷很担心。

驷赤对侯犯说:"大家的意见和您不一样,与其死,不如把郈地和齐国人交换。您所得到的等于这块郈地,而且可以缓和祸患,为什么非死抱着这里不放?齐国人想借此逼迫鲁国,必然加倍给您土地。而且为什么不多准备一些皮甲,放在门里以防意外?"侯犯说:"对。"于是就多准备些皮甲放在门里。侯犯请求在齐国换一块土地,齐国的官员要求视察郈地。将要到达,驷赤派人遍绕全城喊着说:"齐国的军队到了!"郈地人十分恐惧,穿上侯犯准备的皮甲来包围侯犯。

驷赤要射这些人,侯犯阻止他,说:"想办法让我免除祸难。"侯犯请求出走,大家答应了。驷赤先去宿地,侯犯走在最后,每出一道门,郈地人就关上这道门。到了外城门,大家拦住侯犯说:"您带着叔孙氏的皮甲出去,官员们如果因此而要治罪,臣下们害怕被杀。"驷赤说:"叔孙氏的皮甲有标记,我没有敢带出去。"侯犯对驷赤说:"您留下来向他们点交。"驷赤留下,而接纳了鲁国人。侯犯逃亡到齐国。齐国人就把郈地送还给鲁国。

【原文】

[传]宋公子地嬖蘧富猎,十一分其室①,而以其五与之。公子地有白马四,公嬖向魋,魋欲之。公取而朱其尾、鬣以与之。地怒,使其徒扶魋而夺之。魋惧,将走,公闭门而泣

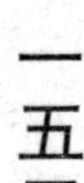

之,目尽肿[②]。母弟辰曰:“子分室以与猎也,而独卑魋,亦有颇焉[③]。子为君礼,不过出竟,君必止子。”公子地出奔陈,公弗止。辰为之请,弗听。辰曰:“是我迋吾兄也[④]。吾以国人出,君谁与处[⑤]?”冬,母弟辰暨仲佗、石彄出奔陈。

【注释】

①室:指财产。

②目尽肿:眼睛都哭肿了。

③颇偏顿,不公平。

④迋:欺骗。

⑤谁与处:与谁相处。

【译文】

宋国的公子地宠信蘧富猎,把家产分成十一份,给了蘧富猎五份。公子地有四匹白马。宋景公宠信向魋,向魋想要这四匹马。宋景公把马牵来,在马尾、马鬣上涂上红颜色给向魋。公子地生气,派手下人打了向魋一顿并且夺回马匹。向魋害怕,准备逃走,宋景公关上门对向魋哭泣,眼睛都肿了。宋景公的同母兄弟辰对公子地说:“您把家产分给猎,而唯独看不起魋,这也是不公平的。您平日对国君有礼,至多不过出国,国君必然留您。”公子地逃亡陈国,宋景公没有挽留他。公子辰为他请求,宋景公不听他的话。公子辰说:“这是我欺骗了我哥哥。假如我领着国内的人们出国,国君还能和谁在一起?”冬季,宋景公同母兄弟辰和仲佗、石彄逃亡到陈国。

【原文】

[传]武叔聘于齐。齐侯享之,曰:“子叔孙!若使郈在君之他竟,寡人何知焉?属与敝邑际[①],故敢助君忧之[②]。”对曰:“非寡君之望也。所以事君,封疆社稷是以,敢以家隶勤君之执事[③]?夫不令之臣,天下之所恶也,君岂以为寡君赐?”

【注释】

①际:交际,交界。

②忧:忧愁,忧虑。

③家隶:家臣。勤:劳烦,劳驾。执事:侍从左右供使唤的人。

【译文】

武叔到齐国聘问,齐景公设享礼招待他,说:"子叔孙！如果郈地在君王其他的边境上,寡人怎么知道有什么事呢？这里刚好和敝邑交界,所以能帮助您分忧。"武叔回答说:"这不是寡君的愿望。我们所以侍奉君王,是为了国家疆土的安全,怎么敢为了家臣而劳驾君王的执事？不忠之臣,是天下所共同讨厌的,君王难道用这来作为对寡君的赏赐?"

【讲评】

齐鲁夹谷会盟中,孔子充分发挥其外交才干,机智勇敢,挫败了齐国君臣企图以武力挟持鲁君的阴谋。在齐国随后提出的霸王条款面前,孔子表现得有理有节,毫不退让,维护了弱国的尊严和权益。在孔子短暂的出仕经历中,他的表现可圈可点,足以证明其突出的政治才能。

定公十一年

【原文】

[经]春,宋公之弟辰及仲佗、石彄公子地自陈入于萧以叛。

[经]夏四月。

[经]秋,宋乐大心自曹入于萧。

[传]春,宋公母弟辰暨仲佗、石彄、公子地入于萧以叛。秋,乐大心从之,大为宋患,宠向魋故也[①]。

[经]冬,及郑平,叔还如郑莅盟。

[传]冬,及郑平,始叛晋也[②]。

【注释】

①宠向魋故也:这是宠爱向魋的缘故。

②始叛晋也:鲁国自僖公以来一直服从晋国到现在,方才与晋国不合,所以说始叛晋。

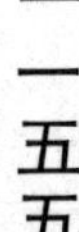

【译文】

十一年春，宋公的母弟辰同仲佗、石彄、公子地到了萧反叛了。秋天，乐大心也跟去了，大为宋国的祸患，这是对于向魋宠爱的缘故。

冬天，鲁国同郑国和平，这是鲁国开始对晋国反叛。

【讲评】

宋景公宠爱男宠向魋，引起国内动乱。

定公十二年

【原文】

［经］十有二年春，薛伯定卒。夏，葬薛襄公。叔孙州仇帅师堕郈。卫公孟彄帅师伐曹。季孙斯、仲孙何忌帅师堕费。秋，大雩。冬十月癸亥，公会齐侯盟于黄。十有一月丙寅朔，日有食之。公至自黄。十有二月，公围成。公至自围成。

【原文】

［传］十二年夏，卫公孟彄伐曹，克郊。还，滑罗殿。未出，不退于列。其御曰："殿而在列，其为无勇乎？"罗曰："与其素厉[1]，宁为无勇。"仲由为季氏宰，将堕三都。于是叔孙氏堕郈。季氏将堕费，公山不狃、叔孙辄帅费人以袭鲁。公与三子入于季氏之宫，登武子之台。费人攻之，弗克。入及公侧，仲尼命申句须，乐颀下，伐之。费人北；国人追之，败诸姑蔑。二子奔齐，遂堕费。将堕成，公敛处父谓孟孙："堕成，齐人必至于北门。且成，孟氏之保障也；无成，是无孟氏也。子伪不知，我将不堕。"

冬十二月，公围成，弗克。

【注释】

①素厉：空有勇猛之名。素，空。厉，猛。

【译文】

鲁定公十二年春季，卫国公孟彄攻击曹国，攻占郊地。军队返回时，滑罗殿后。还未走出曹国，滑罗就不离开队列了。他的驾车人讲："殿后却走在队列中，或许是缺少勇气吧?"滑罗说："与其空得勇猛之名，不如表现得缺少勇气。"仲由做季氏的宰臣，想要摧毁三都，于是叔孙氏就毁弃城。季氏准备毁弃费邑，公山不狃、叔孙辄领着费邑人侵袭鲁国都城。鲁定公和孟懿子、武叔、季桓子三人进到季氏宫中，登上武子之台。费邑人攻击他们，没有攻下。攻入宫的人到了定公一侧，孔子命令申句须、乐颀下台，去攻到他们，费邑人败走。国都的人们追击他们，在姑蔑击败他们。公山不狃、叔孙辄两人逃跑到齐国，于是便摧毁了费邑。准备毁弃成邑，公敛处父对孟孙说："毁弃成邑，齐国人一定会从北门到来。并且成邑是孟氏的保障，没有它，那就等于没有孟氏。您装着不晓得，我打算不毁弃成邑。"

冬十二月，定公包围成邑，没有攻下。

【讲评】

孔子提出"堕三都"的主张，旨在张公室，即加强鲁定公的实际统治权力，削弱三桓的力量，制止政出私门、"陪臣执国命"这些不合礼制的政治现象，在鲁国实现"君君、臣臣"的政治理想。孔子的计划是周密的，他巧妙地利用了季孙氏、叔孙氏与其家臣的矛盾，因家臣屡屡据邑叛乱而心烦意乱的季孙氏和叔孙氏都支持了孔子及其弟子的计划，但终因孟孙氏的不合作而失败。

定公十三年

【原文】

[经]春，齐侯、卫侯次于垂葭。

[传]春，齐侯、卫侯次于垂葭实郥氏[①]、使师伐晋，将济河，诸大夫皆曰："不可。"邴意兹[②]曰："可。锐师伐河内[③]，传必数日而后及绛，绛不三月不能出河，则我既济水矣。"乃伐河内，齐侯皆敛诸大夫之轩，唯邴意兹乘轩。齐侯欲与卫侯乘[④]，与之宴，而驾乘广载甲焉。使告曰："晋师至矣。"齐侯曰："比君之驾也，寡人请摄[⑤]。"乃介而与之乘，驱之。或

告曰："无晋师。"乃止。

［经］夏，筑蛇渊囿[6]。

【注释】

①垂葭实郹氏：《续山东考古录》："荷泽县在周时有葭密邑。"《左传地名补注》："以垂葭即葭密，在荷泽县西北二十五里。"

②邴意兹：齐大夫。

③河内：《汇纂》说："今河南汲县县治。"

④齐侯欲与卫侯乘：齐侯想同卫侯坐在一辆车上。

⑤寡人请摄：请用我的车代用。

⑥此经无传。

【译文】

齐侯、卫侯在垂葭，实在就是郹氏，叫军队去讨伐晋国，将渡过黄河，诸大夫都说："不可以。"只有齐大夫邴意兹说："可以。派了强的军队过河去伐河内的地方，要是河内派人去告诉，必需几天的工夫才能到晋国首都绛，由绛这地必须三个月晋国军队方能达到黄河。这时间我们已经渡过黄河了。"齐侯就叫军队去伐河内，齐侯把各大夫的轩车全都收了，只有邴意兹独乘轩车。齐侯想与卫侯共乘一辆车，请卫侯吃饭，而驾了兵车载着盔甲。使人诈告说："晋国军队来了。"齐侯对卫侯说："等你预备好，我请先拿我的车代替你的车。"就穿上盔甲跟他坐着车一同往前去。有人告诉齐侯说："并没有晋国军队。"他就止住了。

夏天，鲁国筑蛇渊囿。

【原文】

［经］大蒐于比蒲[1]。

［经］卫公孟彄帅师伐曹[2]。

［经］秋晋赵鞅入于晋阳以叛。

［经］冬晋荀寅、士吉射入于朝歌以叛，晋赵鞅归于晋。

［传］晋赵鞅谓邯郸午曰："归我卫贡五百家，吾舍诸晋阳。"午许诺。归告其父兄，父

兄皆曰:“不可,卫是以为邯郸[3],而寘诸晋阳,绝卫之道也。不如侵齐而谋之。”乃如之而归之于晋阳。赵孟怒,召午而囚诸晋阳,使其从者说剑而入[4],涉宾[5]不可。乃使告邯郸人曰:“吾私有讨于午也,二三子唯所欲立[6]。”遂杀午。赵稷[7]涉宾以邯郸叛。夏六月,上军司马籍秦围邯郸。邯郸午,荀寅之甥也,荀寅,范吉射之姻也[8],而相与睦,故不与围邯郸,将作乱。董安于[9]闻之,告赵孟曰:“先备诸!”赵孟曰:“晋国有命,始祸者死,为后可也。”安于曰:“与其害于民,宁我独死,请以我说。”赵孟不可。秋七月,范氏中行氏伐赵氏之宫,赵鞅奔晋阳,晋人围之。范皋夷[10]无宠于范吉射,而欲为乱于范氏,梁婴父嬖于知文子,文子欲以为卿,韩简子与中行文子[11]相恶,魏襄子亦与范昭子相恶[12],故五子[13]谋,将逐荀寅而以梁婴父代之,逐范吉射而以范皋夷代之。荀跞言于晋侯曰:“君命大臣,始祸者死,载书在河,今三臣始祸,而独逐鞅,刑已不钧矣,请皆逐之。”冬十一月,荀跞、韩不信、魏曼多奉公以伐范氏、中行氏,弗克。二子将伐公,齐高强[14]曰:“三折肱知为良医[15],唯伐君为不可,民弗与也,我以伐君在此矣。三家未睦,可尽克也,克之君将谁与?若先伐君,是使睦也。”弗听,遂伐公。国人助公,二子败,从而伐之,丁未,荀寅士吉射奔朝歌,韩魏以赵氏为请,十二月辛未,赵鞅入于绛,盟于公宫。

【注释】

①比蒲:疑即鲁东门外之蒲圃。此经无传。

②此经无传。

③卫是以为邯郸:因为卫国有五百家在邯郸,所以和邯郸亲热。

④说剑而入:摘下宝剑进来。

⑤涉宾:邯郸午的家臣。

⑥二三子唯所欲立:你们随便立什么人都可以。

⑦赵稷:邯郸午的儿子。

⑧荀寅,范吉射之姻也:荀寅的儿子娶了范吉射的女儿。

⑨董安于:赵氏家臣。

⑩范皋夷:范氏的庶子。

⑪中行文子:即荀寅。

⑫魏襄子、范昭子:魏襄子是魏曼多,范昭子是士吉射。

⑬五子:范皋夷、梁婴父、知文子、韩不信、魏曼多。

⑭齐高强:齐国子尾的儿子。昭公十年逃到鲁国,后又逃到晋国。

⑮三折肱知为良医：如果胳臂三次断了，找医生多了，久之，自己有了经验，也可成为良医了。

【译文】

在比蒲大蒐。

卫国公孟彄帅领着军队讨伐曹国。

晋国赵鞅对邯郸午说："将卫国所贡的五百家交给我，我要把他们搬到晋阳去住。"邯郸午答应了。他回去就告诉他的尊长，他的尊长全说："不可以。卫国是因为五百家在邯郸，所以跟你很亲善，把他们迁到晋阳，这是断绝卫的道路。不如侵略齐国，然后再计谋把他们迁到晋阳。"就这样办而把他们迁到晋阳。赵鞅发怒，叫邯郸午到晋阳去，把他囚在那里，把随他去的人，全叫他们摘下宝剑才进去，邯郸午的家臣涉宾不肯脱宝剑，赵鞅就派人告诉邯郸人说："我是私人对邯郸午，讨他的罪，你们可以商议立邯郸午的宗亲。"赵鞅就杀了邯郸午。邯郸午的儿子同涉宾就以邯郸反叛了。夏天六月，晋国上军司马籍秦围了邯郸。邯郸午是荀寅的外甥，而荀寅是范吉射的亲家，他们几个人素来很和睦，所以他们两人不参加围邯郸的事，而想反叛。赵鞅的臣董安于听见了，就告诉赵鞅说："何不先预备呢？"赵鞅说："晋国的命令，头创祸乱要得死刑，可以稍为晚一点罢。"董安于说："与其伤害人民，不如我独自死，以后请拿我来解说。"赵鞅认为不可以。秋天七月，范氏、中行氏来讨伐赵鞅住的房子，赵鞅就逃到晋阳去了，晋人派军队围了晋阳。范皋夷得不到范吉射的宠爱，而想在范氏作乱，梁婴父甚为荀跞所宠爱，荀跞想叫他做晋国的卿，韩不信同荀寅很不好，魏曼多也同范吉射很不好。所以他们五人谋算，想着驱逐掉荀寅，而以梁婴父替代他，驱逐掉范吉射，而以范皋夷替代他。荀跞对晋侯说："你有命令说大臣们始作祸乱的就得死，这个盟誓的书沉到黄河里，现在荀寅、范吉射、赵鞅开始作乱，而单独驱逐赵鞅，这刑罚已经不平等，请把他们三人全驱逐出去。"冬天十一月，荀跞、韩不信、魏曼多奉着晋侯去讨伐范氏、中行氏。没能打胜。韩不信、魏曼多二人将讨伐晋侯。齐国的高强说："三次折断胳臂，找医生多了，久之，自己有了经验，也可成为良医了。只是伐君不可以，因为人民不愿参与，我就因为伐君所以逃到晋国。现在范、魏、韩三家并不和睦，可以把他们全打败了，把他们打败了，晋侯将同谁一块做呢？要是你先伐君，这是使他们和睦。"他们不听，就伐晋侯。国人帮助晋侯，韩不信同魏曼多失败了，大家一起讨伐他们。丁未，荀寅、范吉射逃到朝歌去，韩不信、魏曼多请求宽恕赵鞅，十二月辛未，赵鞅回到绛，在公的宫中盟誓。

【原文】

[经]薛弑其君比[①]。

[传]初,卫公叔文子朝,而请享灵公,退见史鳍[②]而告之。史鳍曰:"子必祸矣,子富而君贪,其及子乎?"文子曰:"然,吾不先告子,是吾罪也。君既许我矣,其若之何?"史鳍曰:"无害,子臣可以免。富而能臣,必免于难,上下同之。戍[③]也骄,其亡乎。富而不骄者鲜,吾唯子之见。骄而不亡者,未之有也,戍必与焉。"及文子卒,卫侯始恶于公叔戍,以其富也。公叔戍又将去夫人之党[④],夫人愬之曰:"戍将为乱。"

【注释】

①此经无传。

②史鳍:即史鱼是卫大夫。

③戍:公叔文子的儿子。

④夫人之党:卫灵公的夫人的党徒。

【译文】

薛人弑杀他的君比。

最初的时候,卫国公叔发入朝请卫灵公到他家中享宴,回来见到史鳍告诉他这件事。史鳍说:"你必定引了祸患来,你很有钱,而君很贪心,罪过必然将到你的身上。"公叔发说:"对了,我不早先告诉你知道,是我的过错。现在君已经答应我,那怎么办呢?"史鳍说:"不要紧,你要保持着君臣的礼节,就可以免除罪状,有钱而当人臣,必定免于祸难,上下是一样的。你的儿子戍骄傲,恐怕要逃亡了。有钱而不骄傲这种人很少,我只看见你。骄傲而不逃亡的世上没有过,戍必定其中的一个。"到了公叔发死了,卫侯开始厌恶公叔戍,因为他太有钱的缘故,公叔戍又想去掉卫灵公的夫人南子的党余。夫人告诉卫灵公说:"公叔戍将作乱了。"

【讲评】

晋国范氏、中行氏失败的缘由在于攻打国君,引起了国人的反对。晋国在平定范氏、中行氏之乱后,政权由知氏、赵氏、魏氏、韩氏四家执掌,向"三家分晋"的结果又走近了

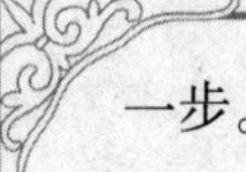

一步。

定公十四年

【原文】

[经]十有四年:春,卫公叔戍来奔。卫赵阳出奔宋。

二月辛巳,楚公子结、陈公孙佗人帅师灭顿,以顿子牂归。

夏,卫北宫结来奔。

五月,於越败吴于槜李。

吴子光卒。

公会齐侯、卫侯于牵。

公至自会。

秋,齐侯、宋公会于洮。

天王使石尚来归脤。

卫世子蒯聩出奔宋。卫公孟弫出奔郑。

宋公之弟辰自萧来奔。

大蒐于比蒲。

邾子来会公。

城莒父及霄。

【原文】

[传]十四年,春,卫侯逐公叔戍与其党,故赵阳奔宋,戍来奔。

梁婴父恶董安于,谓知文子曰:"不杀安于,使终为政于赵氏,赵氏必得晋国,盍以其先发难也[①]。讨于赵氏?"文子使告于赵孟曰:"范、中行氏虽信为乱,安于则发之,是安于与谋乱也。晋国有命,始祸者死[②]。二子既伏其罪矣,敢以告。"赵孟患之。安于曰:"我死而晋国宁,赵氏定,将焉用生?人谁不死,吾死莫矣[③]。"乃缢而死。赵孟尸诸市[④],而告于知氏曰:"主命戮罪人安于,既伏其罪矣,敢以告。"知伯从赵孟盟,而后赵氏定,祀安于于庙。

顿子牂欲事晋[⑤],背楚而绝陈好[⑥]。二月,楚灭顿。

【注释】

①发难：反抗或叛乱。

②始祸者：最开始发动祸乱的人。

③莫：晚。

④尸：暴尸。市：街市。

⑤顿：周国名，姬姓，子爵，春秋时灭于楚，即今河南项城县北五址里之南顿故城。

⑥背：背叛。绝：断绝。

【译文】

十四年春季，卫灵公驱逐公叔戌和他的党羽，所以赵阳逃亡宋国，戌逃亡来到鲁国。

梁婴父讨厌董安于，对知文子说："不杀安于，让他始终在赵氏那里主持一切，赵氏一定能得到晋国，为什么不借口他先发动祸难而去责备赵氏？"知文子派人告诉赵鞅说："范氏、中行氏虽然确实发动了叛乱，但这是安于挑起的，是安于谋划作乱。晋国有法令，开始发动祸乱的人处死。范氏、中行氏已经服罪了，谨此奉告。"赵孟担心这件事。董安于说："我死了而晋国安宁，赵氏安定，哪里用得着活下去？人有谁不死？我死得已经太晚了。"于是就上吊死了。赵鞅把他暴尸在市上而告诉知氏说："您命令诛戮罪人安于，他已经认罪了。谨此奉告。"知伯和赵鞅结盟，然后赵氏得以安定。赵氏把安于陪祀在宗庙里。

顿子牂想要侍奉晋国，背叛楚国而断绝和陈国的友好。二月，楚国灭亡了顿国。

【原文】

[传]夏，卫北宫结来奔，公叔戌之故也。

吴伐越，越子勾践御之，陈于槜李。勾践患吴之整也①，使死士再禽焉②，不动。使罪人三行③，属剑于颈，而辞曰："二君有治④，臣奸旗鼓⑤，不敏于君之行前，不敢逃刑，敢归死。"遂自刭也。师属之目⑥，越子因而伐之，大败之。灵姑浮以戈击阖闾，阖闾伤将指⑦，取其一屦⑧。还，卒于陉，去槜李七里。夫差使人立于庭，苟出入，必谓己曰："夫差，而忘越王之杀而父乎？"则对曰："唯⑨。不敢忘！"三年。乃报越。

【注释】

①整:整齐严肃。

②死士:敢死之士,指敢死队。

③三行:三排。

④有治:有战事,出兵交战。

⑤旗鼓:号令,军令。

⑥属目:注视,注意看着。

⑦将指:大脚指。

⑧屦:麻做成的鞋。

⑨唯:诺,是。

【译文】

夏季,卫国的北宫结逃亡到鲁国来,这是由于公叔戌的缘故。

吴国进攻越国,越王勾践抵御吴军,在槜李摆开阵势。勾践担心吴军军阵严整,派敢死队再次冲锋擒捉吴军,吴军阵势不动。勾践把罪犯排成三排,把剑架在脖子上而致辞说:"两国国君出兵交战,下臣触犯军令,在君王的队列之前显示出无能,不敢逃避刑罚,谨自首而死。"于是都自杀了。吴军都注意地看着,越王乘机下令进攻,战胜了吴军。灵姑浮用戈击刺吴王阖闾,阖闾的脚趾受伤,灵姑浮得到吴王的一只鞋。阖闾退兵,死在陉地,距离槜李七里地。夫差派人站在院子里,只要自己一进出,都一定要对自己说:"夫差!你忘记越王杀了你的父亲吗?"夫差自己就回答说:"是。不敢忘记!"到第三年就向越国报了仇。

【原文】

[传]晋人围朝歌[①],公会齐侯、卫侯于脾、上梁之间[②],谋救范、中行氏。析成鲋、小王桃甲率狄师以袭晋,战于绛中[③],不克而还。士鲋奔周,小王桃甲入于朝歌。秋,齐侯、宋公会于洮[④],范氏故也。

卫侯为夫人南子召宋朝。会于洮,大子蒯聩献盂于齐[⑤],过宋野。野人歌之曰:"既定尔娄猪,盍归吾艾豭[⑥]?"大子羞之,谓戏阳速曰:"从我而朝少君,少君见我,我顾,乃杀之。"速曰:"诺。"乃朝夫人。夫人见大子,大子三顾,速不进。夫人见其色[7],啼而走,曰:"蒯聩将杀余。"公执其手以登台。大子奔宋,尽逐其党。故公孟彄出奔郑,自郑奔齐。

【注释】

①朝歌:古地名,位于河南省北部的淇县。商朝武乙、帝乙、帝辛四代殷王在此建都,改称朝歌。

②公:鲁定公。齐侯:齐景公。卫侯:卫灵公。

③绛:春秋晋都,在今山西翼城县东南十五里。

④洮:春秋曹地,在今山东濮县地。

⑤盂:春秋卫地,今河北省濮阳县东南有敛盂聚。

⑥娄猪:母猪。一说谓娄猪为求牡之猪。艾豭:老公猪。

⑦色:脸色。

【译文】

晋国人包围朝歌,鲁定公在脾地和上梁之间会见齐景公、卫灵公,谋划救援范氏、中行氏。析成鲋、小王桃甲率领狄军袭击晋国,在绛地作战,没有攻下而返回。析成鲋逃亡到成周,小王桃甲则逃到了朝歌。秋季,齐景公、宋景公在洮地会见,这是为了营救范氏的缘故。卫灵公为了夫人南子召见宋朝。在洮地会见。太子蒯聩把盂地献给齐国,路过宋国野外。野外的人唱歌说:"已经满足了你们的母猪,为什么不归还我们那漂亮的公猪?"太子感到羞耻,对戏阳速说:"跟着我去朝见夫人,夫人接见我,我用眼睛看你,你就杀死她。"戏阳速说:"是。"于是就去朝见夫人。夫人接见太子,太子三次用眼睛示意,戏阳速不肯向前。夫人看到了太子的脸色,号哭着逃走,说:"蒯聩将要杀死我。"卫灵公拉着她的手登上高台。太子逃亡到宋国,卫灵公把太子的党羽都赶走,所以公孟彄逃亡到郑国,又从郑国逃亡到齐国。

【原文】

[传]大子告人曰:"戏阳速祸余[1]。"戏阳速告人曰:"大子则祸余。大子无道,使余杀其母。余不许,将戕于余;若杀夫人,将以余说[2]。余是故许而弗为,以纾余死。谚曰:'民保于信',吾以信义也。"

冬，十二月，晋人败范、中行氏之师于潞[3]，获籍秦、高强。又败郑师及范氏之师于百泉。

【注释】

①祸：害，陷害。

②说：通"脱"，脱罪。

③潞：古潞子国，故城在今山西潞城县。

【译文】

太子告诉别人说："戏阳速故意害我。"戏阳速告诉别人说："太子才是嫁祸于我哩。太子不讲道义，派我杀死他的母亲。我不答应，就要杀死我。如果我杀了夫人，他就会把罪过推到我的身上以解脱自己。我所以答应而不干，以此暂免一死。俗话说：'百姓用信用保全自己。'我是用道义来作为信用的。"

冬十二月，晋国人在潞地打败范氏、中行氏的军队，俘虏了籍秦、高强。又在百泉打败了郑国和范氏的军队。

【讲评】

吴国与楚国在江淮流域争霸的同时，与越国也不断发生战事。槜李之战中，越君勾践用罪人临阵自杀的做法扰乱吴军注意力，趁乱取胜，还伤了阖闾。

定公十五年

【原文】

［经］十有五年春，王正月，邾子来朝。鼷鼠食郊牛，牛死，改卜牛。二月辛丑，楚子灭胡，以胡子豹归。夏五月辛亥，郊。壬申，公薨于高寝。郑罕达帅师伐宋。齐侯、卫侯次于渠蒢。邾子来奔丧。秋七月壬申，姒氏卒。八月庚辰朔，日有食之。九月，滕子来会葬。丁巳，葬我君定公，雨，不克葬。戊午，日下昃，乃克葬。辛巳，葬定姒。冬，城漆。

【原文】

[传]十五年春，邾隐公来朝。子贡观焉。邾子执玉高，其容仰。公受玉卑，其容俯。子贡曰："以礼观之，二君者，皆有死亡焉。夫礼，死生存亡之体也。将左右周旋，进退俯仰，于是乎取之。朝祀丧戎，于是乎观之。今正月相朝，而皆不度，心已亡矣。嘉事不体[1]，何以能久？高仰，骄也；卑俯，替也。骄近乱，替近疾。君为主，其先亡乎。"

吴之入楚也，胡子尽俘楚邑之近胡者。楚既定，胡子豹又不事楚，曰："存亡有命，事楚何为？多取费焉。"二月，楚灭胡。

夏五月壬申，公薨。仲尼曰："赐不幸言而中，是使赐多言者也。"

郑罕达败宋师于老丘。

齐侯、卫侯次于蘧挐，谋救宋也。

秋七月壬申，姒氏卒。不称夫人，不赴，且不祔也。

葬定公。雨，不克襄事[2]，礼也。

葬定姒。不称小君，不成丧也。

冬，城漆。书不时告也。

【注释】

①嘉事：朝礼。不体：犹言不合礼仪。

⑦襄：成，完成。

【译文】

鲁定公十五年春季，邾隐公前来觐见。子贡观礼。邾子高高地把玉举起，他的脸仰着。定公卑微地接受了玉，他的脸俯着。子贡讲："用礼来看待这件事，两位国君，都要快死亡了。礼，是生死存亡的主体。一举一动或左或右，还有揖让进退俯仰，就从这儿来选取它。朝会祭祀丧事征战，也从这儿来观察它。如今在正月互相朝见，而都不符合法度，两位国君的心里已经不存在礼了。朝会不符合礼仪，凭什么可以长久？高和仰，是骄傲；低和俯，是衰废。骄傲接近动乱，衰废接近疾病。君王是国家之主，或许会先死去吧。"

吴国攻进楚国的时候，胡子把楚国城邑靠近胡国的民众全部俘虏。楚国安定之后，胡子豹又不事奉楚国，说："国家的存亡是因为天命，为何事奉楚国？只不过是多花费罢

了。"二月,楚国灭亡胡国。

夏天五月二十二日,定公逝世。孔子说:"赐不幸而说中了,这件事使他成为多嘴的人了。"

郑国罕达在老丘击败宋国军队。

齐侯、卫侯住在蘧,这是谋划救助宋国。

秋天七月二十三日,鲁定公夫人死了,《春秋》不称她为夫人,这是由于没有发讣告,并且没有附祭于先祖。

安葬定公。下雨,没能办完事情,这是合乎礼的。

安葬定姒。《春秋》不称她为小君,这是由于没有按夫人的葬礼来安葬。

冬季,在漆地修城。《春秋》所以记录这件事是由于没有按时祭告祖庙。

【讲评】

子贡是孔子的高足,他不仅善于判断经商的投资时机,屡屡得手,而且善于预测人的命运。如他通过执玉的表现预测鲁定公和邾隐公的死亡,竟然说中,连老师也只有叹服。

哀公

哀公元年

【原文】

[经]元年:春,王正月,公即位。

楚子、陈侯、随侯、许男围蔡。

鼷鼠食郊牛。改卜牛。

夏,四月辛巳,郊。

秋,齐侯、卫侯伐晋。

冬,仲孙何忌帅师伐邾。

【原文】

[传]元年,春,楚子围蔡,报柏举也[1]。里而栽[2],广丈,高倍[3]。夫屯昼夜九日,如子西之素。蔡人男女以辨[4],使疆于江、汝之间而还[5]。蔡于是乎请迁于吴。

【注释】

①柏举:春秋时吴子败楚师于柏举,遂入郢。

②里:指距城一里。栽:构筑堡垒。

③广丈:宽一丈。高倍:高度比平常加倍。

④辨:分辨,这里指男女分开。

⑤江:长江。汝:汝水。

【译文】

元年春季,楚昭王领兵包围蔡国国都,这是为了报复柏举那次战役。离城一里的地方构筑堡垒,垒墙的厚度为一丈,高度比厚度增多一倍。士卒在壁垒前屯驻九昼夜直到壁垒建成,时间和子西预定的一样。蔡国人男女分开出城投降。楚昭王让蔡国迁移到长江、汝水之间就回去了。蔡国因此向吴国请求迁移到吴国去。

【原文】

[传]吴王夫差败越于夫椒[1],报槜李也[2]。遂入越。越子以甲楯五千保于会稽[3],使大夫种因吴大宰嚭以行成[4]。吴子将许之。伍员曰:"不可。臣闻之:'树德莫如滋,去疾莫如尽。[5]'昔有过浇杀斟灌以伐斟鄩[6],灭夏后相[7]。后缗方娠[8],逃出自窦[9],归于有仍[10],生少康焉。为仍牧正[11],惎浇能戒之[12]。浇使椒求之,逃奔有虞[13],为之庖正[14],以除其害。虞思于是妻之以二姚。而邑诸纶[15]。有田一成,有众一旅[16]。能布其德,而兆其谋,以收夏众,抚其官职。使女艾谍浇,使季杼诱豷,遂灭过、戈,复禹之绩。祀夏配天,不失旧物[17]。今吴不如过,而越大于少康,或将丰之,不亦难乎!勾践能亲而务施,施不失人,亲不弃劳。与我同壤[18],而世为仇雠。于是乎克而弗取,将又存之,违天而长寇雠,后虽悔之,不可食已[19]。姬之衰也,日可俟也。介在蛮夷,而长寇雠,以是求伯,必不行矣。"弗听。退而告人曰:"越十年生聚,而十年教训,二十年之外,吴其为沼乎[20]!"三月,越及吴平。吴

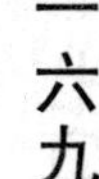

入越,不书,吴不告庆,越不告败也。

夏,四月,齐侯、卫侯救邯郸,围五鹿。

【注释】

①夫差:吴王阖闾的儿子。越:诸侯国名,姓姒,国都在会稽,即今浙江绍兴。夫椒:越国地名,在今浙江绍兴北。

②檇李:越国地名,在今浙江绍兴北。吴王阖闾在这里被越国打败,受伤而死。

③越子:越国国君勾践。楯:同“盾”。甲楯:指全副武装的士兵。会稽:山名,在今浙江绍兴东南十二里。

④种:文种,越国的大夫,楚国人。嚭:伯嚭,伯州犁的孙子,吴国的太宰,楚国人。

⑤滋:长,多。尽:彻底。

⑥有过:古代的国名,在今山东掖县北。浇:有过国的国君。斟灌、斟鄩:夏的同姓诸侯。

⑦夏后相:夏朝的国君,夏朝第五代君主。

⑧娠:怀孕。

⑨窦:洞,孔。

⑩有仍:后缗的娘家,古代诸侯国名,在今山东的济宁。

⑪牧正:管理畜牧的官。

⑫惎:忌恨。戒:提防。

⑬有虞:古代诸侯国名,姚姓,在今山西永济。

⑭庖正:管理膳食的官。

⑮二姚:指有虞国君虞思的两个女儿,虞是姚姓国,所以称二姚。邑诸纶:把纶邑封给他。纶在今河南虞城东南。

⑯成:十平方里为一成。旅:五百里为一旅。

⑰旧物:指夏代原来的典章制度。

⑱同壤:同处一方,国土相连。

⑲食:消除。

⑳生聚:养育人民和积聚财富。教训:教育和训练。外:后。为沼:变为湖沼,意思是国家灭亡。

【译文】

吴王夫差在夫椒打败越军，报了在檇李之役失败之仇，接着就乘势进入越国。越王带着披甲持盾的士兵五千人退守在会稽山，派大夫文种通过吴国太宰嚭向吴国求和。吴王打算答应。伍员说："不能答应。下臣听说：'建树德行最好不断培植，除去毒害最好扫除干净。'从前有过国的国君浇杀了斟灌，攻打斟鄩，灭了夏后相，后缗正怀着孕，从城墙的小洞里逃出去，回到娘家有仍国，生了少康。少康后来在有仍做了管理畜牧的牧正，对浇满怀仇恨而能警惕戒备。浇派椒寻找少康。少康逃奔到有虞国，做了那里掌管庖厨的庖正官，才逃避了浇的杀害。有虞氏的首领虞思因此把两个女儿嫁给了他，封他在纶邑，拥有方圆十里的土地，有五百人的兵力，能广施恩德，并开始实施复国计划。他收集夏朝的余部，安抚他的官员，派遣女艾到浇那里去做间谍，派季杼去引诱浇的弟弟豷。这样就灭亡了过国、戈国，复兴了禹的事业。少康奉祀夏朝的祖先同时祭祀天帝，不丧失以往的典制。现在吴国不如过国，而越国大于少康，上天也许将会使越国壮大，如果允许媾和，将来越国更难以对付！勾践能亲近别人而致力于施舍，对应该施舍的人就加以施舍，对有功劳的人从不抛弃而加以亲近。越国和我国土地相连，而且又世世代代是仇敌。在这种情况下如果我们战胜越国而不吞并它，打算又让它存在下去，这是违背上天而去助长了仇敌，以后即使懊悔，也吃不消。姬姓的衰微，很快就到了。我国介于蛮夷之间，而助长仇敌，用此来求取霸业，必然是行不通的。"吴王夫差不听。伍员退下去告诉别人说："越国用十年时间繁衍积聚，用十年时间教育百姓训练军队，二十年以后，吴国的宫殿恐怕要成为池沼了。"三月，越国和吴国讲和。吴国进入越国，《春秋》不加记载，这是由于吴国没有报告胜利，越国没有报告失败。

夫差

夏季四月，齐景公、卫灵公救援邯郸，包围了玉鹿。

【原文】

[传]吴之入楚也,使召陈怀公。怀公朝国人而问焉,曰:“欲与楚者右,欲与吴者左[①]。陈人从田,无田从党[②]。”逢滑当公而进,曰:“臣闻国之兴也以福,其亡也以祸。今吴未有福,楚未有祸,楚未可弃,吴未可从。而晋,盟主也,若以晋辞吴,若何?”公曰:“国胜君亡,非祸而何?”对曰:“国之有是多矣,何必不复?小国犹复,况大国乎?臣闻,国之兴也,视民如伤[③],是其福也;其亡也,以民为土芥[④],是其祸也。楚虽无德,亦不艾杀其民[⑤]。吴日敝于兵,暴骨如莽,而未见德焉。天其或者正训楚也,祸之适吴,其何日之有?”陈侯从之。及夫差克越,乃修先君之怨。秋,八月,吴侵陈,修旧怨也。

【注释】

①左:站在左边。

②陈人从田,无田从党:陈国人有土地的,根据土地的所在而分立左右,没有土地的和亲族站在一起。

③视民如伤:形容帝王、官吏极其顾恤民众疾苦。

④土芥:泥土和杂草,比喻卑贱的东西。

⑤艾杀:斩割,芟除。

【译文】

吴国进入楚国的时候,派人召见陈怀公。怀公向国内的人们征求意见,说:“想要亲附楚国的站到右边。想要亲附吴国的站到左边。陈国人有土地的,根据土地的所在而分立左右,没有土地的和亲族站在一起。”逢滑正对着怀公走上前去,说:“下臣听说,国家的兴起由于福德,它的灭亡是因为祸殃,现在吴国还没有福德,楚国还没有祸殃,楚国还不能抛弃,吴国还不能跟从。晋国是盟主,如果用晋国作为借口而辞谢吴国,你看怎么样?”怀公说:“国家被别国战胜,国君逃亡,这不是祸殃是什么?”逢滑回答说:“国家有这种情况的太多了,为什么一定不能复国?小国尚且能复国,更何况大国呢?我听说国家兴盛时,对待百姓如同受伤者唯恐他们受到惊动,这就是它的福德。国家灭亡时,把百姓作为泥土草芥,这就是它的祸殃。楚国虽无德行,也没有杀害它的百姓。吴国整日疲于用兵,尸骨暴露多得像杂草,也没有见到什么德行。上天恐怕正是在给楚国一次教训,吴国招致祸殃,也不会太久了。”陈怀公听从了。等到夫差攻下越国,吴国就重新清算先君时代结下的怨恨。秋季八月,吴国侵袭陈国,这是为了重新清算过去的怨恨。

【原文】

[传]齐侯、卫侯会于乾侯,救范氏也。师及齐师、卫孔圉、鲜虞人伐晋,取棘蒲。

吴师在陈,楚大夫皆惧,曰:“阖闾惟能用其民,以败我于柏举。今闻其嗣又甚焉,将若之何?”子西曰:“二三子恤不相睦[①],无患吴矣。昔阖闾食不二味,居不重席,室不崇坛[②],器不彤镂[③],宫室不观[④],舟车不饰,衣服财用,择不取费。在国,天有灾疠,亲巡孤寡而共其乏困。在军,孰食者分,而后敢食,其所尝者,卒乘与焉[⑤]。勤恤其民,而与之劳逸,是以民不罢劳,死知不旷[⑥]。吾先大夫子常易之,所以败我也。今闻夫差,次有台榭陂池焉[⑦],宿有妃嫱嫔御焉[⑧]。一日之行,所欲必成,玩好必从。珍异是聚,观乐是务[⑨]。视民如仇,而用之日新。夫先自败也已,安能败我?”

冬,十一月,晋赵鞅伐朝歌。

【注释】

①恤:忧虑。睦:和睦。

②崇坛:高坛。

③彤:赤红色。镂:镂刻。

④不观:不加装饰。

⑤卒乘:步卒车乘,指士兵。

⑥旷:抛弃,白白的。

⑦次:住宿。榭:台上的屋宇。陂:蓄水池。

⑧妃嫱嫔御:侍寝的姬妾。

⑨观:游玩,游览。

【译文】

齐侯、卫侯在乾侯会见,为的救范氏。鲁国的军队同齐国军队,卫国孔圉,鲜虞人伐晋国,占据棘蒲这地方。

吴国军队仍旧在陈国,楚大夫们全害怕了,说:“吴王阖庐能用他的人民,所以在柏举这地方打败我们楚国，现在听说他的嗣君又更厉害，那怎么办呢？”令尹子西就说：“你们只要怕不相和睦，不要以吴国为祸患。从前吴王阖庐，吃食只是一味，住的地方也不用两层的席，屋子底下也不起坛，器具全不雕花，宫室里头也没有台榭，舟同车全不装饰，衣服财用不要最好的，在国家里面，天有了疫疠，传染病，他就亲自巡视孤儿寡妇，而供给他的乏困，在军中，凡有好的食物，必遍分给兵士吃，然后才敢吃，他有了好吃的，兵士们全参加。常常抚恤他的人民而同他们一样的劳苦安逸，所以人民并不劳苦，死了也知道没有废弃，我们楚国的先大夫子常，跟他作法相反，所以我们被吴国打败。现在听说夫差，住的地方有台榭、水池子，夜中也有妃嫱嫔御。一日的工夫，所希望的事，必定做成，玩好的事必定要答应，珍奇的东西要聚在一块，游观乐事必须要做，看人民跟仇人一样，而每天用他们，吴国是先自己败亡了，安能够使我失败？”

冬天，仲孙何忌率领军队去讨伐邾国。

冬天十一月，晋国赵鞅伐朝歌，为的讨伐范中行氏。

【讲评】

楚昭王组织诸侯联军攻打蔡国，不仅报复了柏举战役中蔡国积极帮助吴国灭楚的旧仇，而且具有重要战略意义，蔡国在楚国的打击下，又经历内乱，势力大减，楚国逐步巩固了自己的东方防线。从此楚国又转守为攻，向外发展，重新步入争霸行列，为楚国成为“战国七雄”之一奠定了基础。

夫椒之战是夫差与勾践正面交锋的第一战，立志报仇的夫差赢得了战争，但是战胜的夫差自我感觉太好，忽视了越人的坚忍，不听伍员的谏言，使越国获得了宝贵的重新恢复时间。在夫差锋芒毕露的时候，对手已经看到了他的弱点，楚国令尹子西把夫差与阖庐两代吴王进行了对比，认为这位新的君主穷兵黩武，骄奢淫逸，吴国将从内部败坏。

哀公二年

【原文】

[经]二年春王二月，季孙斯，叔孙州仇、仲孙何忌帅师伐邾，取漷东田及沂西田。癸巳。叔孙州仇，仲孙何忌，及邾人盟于句绎。夏四月丙子，卫侯元卒。滕子来朝。晋赵鞅帅师纳卫世子蒯聩于戚。秋八月甲戌，晋赵鞅帅师及郑罕达帅师战于铁，郑师败绩。冬

十月，葬卫灵公。十有一月，蔡迁于州来。蔡杀其大夫公子驷。

【原文】

[传]二年春，伐邾，将伐绞。邾人爱其土，故赂以漷、沂之田而受盟。

初，卫侯游于郊，子南仆。公曰："余无子，将立女。"不对。他日，又谓之，对曰："郢不足以辱社稷，君其改图。君夫人在堂，三揖在下。君命祇辱。"

夏，卫灵公卒。夫人曰："命公子郢为大子，君命也。"对曰："郢异于他子。且君没于吾手，若有之，郢必闻之。且亡人之子辄在。"乃立辄。

六月乙酉，晋赵鞅纳卫大子于戚。宵迷[①]，阳虎曰："右河而南，必至焉。"使大子絻，八人衰绖，伪自卫逆者。告于门，哭而入，遂居之。

秋八月，齐人输范氏粟，郑子姚、子般送之。士吉射逆之，赵鞅御之，遇于戚。阳虎曰："吾车少，以兵车之旆，与罕、驷兵车先陈。罕、驷自后随而从之，彼见吾貌，必有惧心。于是乎会之，必大败之。"从之。卜战，龟焦。乐丁曰："《诗》曰：'爰始爰谋，爰契我龟。'谋协以故，兆询可也。"简子誓曰："范氏、中行氏，反易天明，斩艾百姓，欲擅晋国而灭其君。寡君恃郑而保焉。今郑为不道，弃君助臣，二三子顺天明，从君命，经德义，除诟耻，在此行也。克敌者，上大夫受县，下大夫受郡，士田十万，庶人工商遂，人臣隶圉免。志父无罪，君实图之。若其有罪，绞缢以戮，桐棺三寸，不设属辟，素车朴马，无入于兆，下卿之罚也。"

甲戌，将战，邮无恤御简子，卫大子为右。登铁上，望见郑师公，大子惧，自投于车下。子良授大子绥而乘之，曰："妇人也。"简子巡列，曰："毕万，匹夫也。七战皆获，有马百乘，死于牖下。群子勉之，死不在寇。"繁羽御赵罗，宋勇为右，罗无勇，麇之。吏诘之，御对曰："痁作而伏。"卫大子祷曰："曾孙蒯聩敢昭告皇祖文王、烈祖康叔、文祖襄公：郑胜乱从，晋午在难，不能治乱，使鞅讨之。蒯聩不敢自佚，备持矛焉。敢告无绝筋，无折骨，无面伤，以集大事，无作三祖羞。大命不敢请，佩玉不敢爱。"

郑人击简子中肩，毙于车中，获其蜂旗。大子救之以戈。郑师北，获温大夫赵罗。大子复伐之，郑师大败，获齐粟千车。赵孟喜曰："可矣。"傅傁曰："虽克郑，犹有知在，忧未艾[②]也。"

初，周人与范氏田，公孙龙税焉。赵氏得而献之，吏请杀之。赵孟曰："为其主也。何罪？"止而与之田。及铁之战，以徒五百人宵攻郑师，取蜂旗于子姚之幕下，献曰："请报主德。"追郑师。姚、般、公孙林殿而射，前列多死。赵孟曰："国无小。"既战，简子曰："吾伏彀呕血，鼓音不衰，今日我上也。"大子曰："吾救主于车，退敌于下，我，右之上也。"邮良曰："我两靷将绝，吾能止之，我，御之上也。"驾而乘材，两靷皆绝。

吴泄庸如蔡纳聘，而稍纳师。师毕入，众知之。蔡侯告大夫，杀公子驷以说，哭而迁墓。冬，蔡迁于州来。

【注释】

①宵迷：夜间迷路。

②艾：止。

【译文】

二年春天，鲁国发兵攻击邾国，准备先攻击绞邑。邾国人珍惜他们的土地，故而便把、沂两处的土地送给鲁国，并接受了盟约。

先前，卫灵公曾到郊外游玩，由他的儿子公子郢驾车，灵公讲："我没有嫡子，准备立你为太子。"公子郢没有答复。过了几天灵公又对他说起此事，他说："我不堪此重任，国君还是更改这一决定。有君夫人在上，有卿、大夫、士在下，您不与他们商议就决定，我只能辜负您的好心了。"

夏天，卫灵公逝世。夫人说："立公子郢为太子，这是国君生前的命令。"公子郢答复说："我的志向与其他兄弟不同。何况我一直陪伴国君到死，要是国君有这遗命，我必定能听到。再说还有逃亡在外的蒯聩的儿子在这里，应当立他。"于是就立了辄为新君。

六月十七日，晋国的赵鞅把卫国的太子蒯聩送至戚地。晚上迷了方向，阳虎说："向右走到黄河，渡河后再向南走，就必定能走到。"他们让太子摘下帽子，八个人身穿丧服，装扮成从卫都迎接太子的人，告诉守门人之后，哭着进去了，之后就住在这儿。

秋天八月，齐国人给范氏送去粮食，由郑国的子姚与子般负责押送。范吉射迎接他们，赵鞅就抵抗，双方在戚地遇到。阳虎对赵鞅说："我们的车辆少，应当把大将的旗帜插到车上，并在子姚、子般的战车到来之前摆好阵势。等子姚、子般从后面赶来，他们看见我，必定会害怕。这时候交战，就必定能打败他们。"赵鞅答应。占卜作战的吉凶，结果龟甲烧焦了。晋大夫乐丁说："《诗经》讲：'先行谋划，再行占卜。'既然人的意见已经统一了，依照过去占卜的吉兆去做就行了。"赵鞅发誓说："范氏、中行氏违背天意，残害民众，企图独揽晋国大权而灭掉国君。寡君本来指望依赖郑国能够保护。没想到如今郑国倒行逆施，背弃国君而去帮助乱臣贼子。我们几个人顺应天命，听从君令，主持正义，消除耻辱，就在此一举了。谁要战胜敌人，是上大夫的，封给县邑，是下大夫的，受封郡邑，士兵则能够受封田地十万亩，平民和工匠、商人能够做官，奴隶能够恢复自由。要是我战胜敌人从而能够免于罪过，也请国君考虑。要是我战败获罪，请求把我处以绞刑，死后只用三寸厚的桐棺，既不使用外棺，不用彩饰的车马运送灵柩，也不要葬在本族的墓地上，这是对下卿所做的惩处。”

八月七日，准备开始打仗，邮无恤为赵鞅驾车，卫国的太子为车右。登上铁丘，远远看见郑军人马很多，卫国太子吓得从车上跌落下来。邮无恤赶快递给他一条带子，让他拉着登上车，说：“你简直像个女人。”赵鞅巡视队伍时说：“以前先君献公的车右毕万是一个普通的人。他在七次战斗中都抓捕了敌人，最后战后被赐给四百匹马，能够善终。希望大家也能努力作战，英勇作战并不一定就会战死。”繁羽为赵罗驾车，宋勇为车右，赵罗胆子很小，让人把他绑在车上。旁边的军官问他怎么回事时，他答复说：“疟疾发作了，故而才趴下。”卫国的太子祷告说：“曾孙蒯聩诚惶诚恐地向皇祖文王、烈祖康叔、文祖襄公报告：郑胜倒行逆施，晋君身陷危难，不能自己带兵平叛，特派赵鞅征讨。蒯聩不敢贪图安逸，也拿起武器参战。祈求祖先保佑我不伤筋骨不伤面容，以成大事，不致给三位祖先带来羞耻。这不是为我个人的生死而请求，也不敢爱惜自己的封邑跟爵位。”

郑国人猛击赵鞅的肩膀，赵鞅倒在车中，郑国人乘机把大旗拔走。太子蒯聩持戈前往救助，把郑军击退，温大夫赵罗却被抓走。蒯聩又去攻击郑军，郑军又一次被击败。缴获了齐国的上千车粮食。赵鞅大喜，说：“如今好了。”傅说：“即使战胜了郑军，不过还有知氏在那儿，晋国的忧患还没有完全清楚。”

先前，周王室给了范氏一些田地，公孙为范氏去收税。赵氏的人把他抓起来献给了赵鞅，并请求将其杀死。赵鞅说：“他也是为他的主人尽忠，有何罪呢？”不但不杀，还送给他一些田地。在这次铁丘之战中，公孙领着五百士卒在晚上攻击郑军，冲到子姚的帐幕下把那面被夺走的大旗又夺了回来，献给赵鞅，而且说：“以此回报将军对我的不杀之恩。”接着继续追赶郑军。子姚、子般、公孙林走在队伍后面边退边射，晋军前锋死伤很多。赵鞅讲：“看来对小国也不能小瞧啊。”战斗结束后，赵鞅说：“我趴在弓箭袋上吐血不止，不过依然不停地击鼓，现在我的功劳最大。”太子说：“我冲到车前去营救您，又把敌人击退，在车右中我功劳最大。”邮无恤讲：“我那辆战车上骖马的肚带都快要断了，我还能控制住它们，我在御者中功劳最大。”怕人不相信，又在车上装上一点木材，骖马一拉，真的肚带断了。

吴国的泄庸利用到蔡国送聘礼的机会，把军队偷偷带到了蔡国。等吴军全都进到蔡

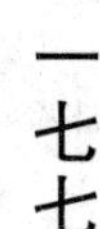

都后，蔡国人才晓得。蔡昭公告诉了大夫们，并杀死公子驷以威慑那些不愿迁往吴国的人。随后，就哭着把先君的坟墓迁出。冬天，蔡国人迁往州来。

【讲评】

晋郑铁丘战役由晋国内讧引起，《左传》对此役的描写生动细致，塑造人物个性鲜明，如写到卫太子蒯聩的胆怯、赵鞅的勇敢，口吻逼肖。

郡县制度对于巩固中央集权、增加国家赋税、加强管理和防御力量等方面作用很大。此制首先在楚国实行，把通过兼并战争获得的小国改建为县，不用作为卿大夫的封邑。其他国家仿效之。到春秋末年，晋国又出现了郡的组织。郡设在新取得的边地，因为荒僻而且地广人稀，面积虽比县大，但是地位比县低，赵简子云："克敌者上大夫受县，下大夫受郡"，正反映了这种历史情况。郡县制度到秦始皇统一六国后进一步加以完善，并一直沿用，代有更革。

哀公三年

【原文】

[经]三年：春，齐国夏、卫石曼姑帅师围戚，

夏，四月甲午，地震。

五月辛卯，恒宫、僖宫灾。

季孙斯、叔孙州仇帅师城启阳。

宋乐髡帅师伐曹。

秋。七月丙子，季孙斯卒。

蔡人放其大夫公孙措于吴。

冬，十月癸卯，秦伯卒。

叔孙州仇、仲孙何忌帅师围邾。

【原文】

[传]三年，春，齐、卫围戚，求援于中山[①]。

夏，五月，辛卯，司铎火[②]。火逾公宫，桓、僖灾[③]。救火者皆曰顾府[④]。南宫敬叔至，

命周人出御书[⑤],俟于宫,曰:“庀女[⑥],而不在,死。”子服景伯至,命宰人出礼书[⑦],以待命。命不共。有常刑。校人乘马,巾车脂辖,百官官备,府库慎守,官人肃给[⑧]。济濡帷幕,郁攸从之[⑨]。蒙葺公屋[⑩],自大庙始,外内以悛。助所不给。有不用命,则有常刑,无赦。公父文伯至,命校人驾乘车。季桓子至,御公立于象魏之外[⑪],命救火者,伤人则止,财可为也。命藏象魏,曰:“旧章不可亡也[⑫]。”富父槐至,曰:“无备而官办者,犹拾沈也。”于是乎去表之槁[⑬],道还公宫。

【注释】

①求援:寻求援助。

②司铎:谓掌管文教。相传古代宣布教化的人必摇木铎以聚众,故称。

③桓:桓公庙。僖:僖公庙。

④顾府:照看府库。

⑤御书:进呈于帝王的书,称帝王的书为御书。

⑥庀:具备、治理。

⑦宰人:周代冢宰的属官,泛指官员。礼书:古代记礼法之书。《周礼》《仪礼》等著述均属之。

⑧校人:马官之长。脂辖:脂车,多谓准备驾车远行。府库:收藏文书财物和兵器的地方。慎守:谨慎地保住。肃给:敬谨供给,引申为奉公尽职。

⑨济濡:沾湿,使透湿。郁攸:火气,火焰。

⑩蒙葺:覆盖。

⑪象魏:古代天子、诸侯宫门外的一对高建筑,为悬示教令的地方。

⑫亡:丢失。

⑬槁:枯木。

【译文】

三年春季,齐国、卫国包围戚地,戚地人向中山请求救援。

夏季五月二十八日,鲁国司铎官署发生火灾。火势越过公宫,桓公庙、僖公庙都被烧毁。救火的人都说:“照看府库。”南宫敬叔来到,命令周人官拿出国君的典籍,让他在宫里等着,说:“交给你了,如有损失,就处死你。”子服景伯来到,命令宰人拿出礼书,让他等候命令。如果不能尽职,就要按规定处罚,校人官驾上马,巾车官在车轴上涂上油脂,百官坚守自己的岗位,府库加强戒备,官人认真执行供应宾客所需求的东西,用透湿的帷幕覆盖火场附近的建筑物,然后又用浸湿的东西把公屋覆盖起来,从太庙开始,由外到内挨着来。帮助力量不足的地方。有不卖力气的,就按规定处罚,不予赦免。公父文伯来到,命令校人官为公车套上马。季桓子来到,为哀公驾车站在象魏外边,命令救火的人受伤就停下来,因为财物是可以生产出来的。又命令把文献收藏起来,说:"旧的典章不能丢失。"富父槐来到,说:"没有准备而叫百官仓促办事,就好像拾起地上的汤水一样办不到。"因此就搬掉火场前面的枯木,在公宫四周开辟火巷隔火。

【原文】

[传]孔子在陈,闻火曰:"其桓僖乎!"

[经]季孙斯、叔孙州仇帅师城启阳①。

[经]宋乐髡帅师伐曹②。

[传]刘氏、范氏③世为婚姻,苌弘事刘文公,故周与范氏,赵鞅以为讨。六月癸卯,周人杀苌弘。

【注释】

①启阳:《一统志》说:"在今山东临沂县北十五里有开阳故城。"此经无传。

②此经无传。

③刘氏、范氏:刘氏周卿士,范氏是晋大夫。

【译文】

孔子在陈国听见火灾,就说:"恐怕是桓公同僖公的庙呀!"

季孙斯同叔孙州仇率领军队修启阳城。

宋国乐髡率领军队讨伐曹国。

周卿士刘氏同晋国范氏代代做亲家,苌弘事奉刘蚠,所以周与范氏相连,赵鞅颇以为非是。六月癸卯,周人杀了苌弘。

【原文】

[经]秋七月丙子,季孙斯卒。

［传］秋，季孙有疾，命正常[①]曰："无死，南孺子[②]之子男也，则以告而立之，女也，则肥[③]也可。"季孙卒，康子即位。既葬，康子在朝。南氏生男，正常载以如朝，告曰："夫子有遗言，命其圉臣曰：'南氏生男，则以告于君与大夫而立之。'今生矣，男也，敢告。"遂奔卫，康子请退，公使共刘[④]视之，则或杀之矣，乃讨之，召正常，正常不反。

［经］蔡人放其大夫公孙猎于吴[⑤]。

［经］冬十月癸卯，秦伯卒[⑥]。

［传］冬十月，晋赵鞅围朝歌，师于其南，荀寅伐其郛，使其徒自北门入，己犯师而出。癸丑，奔邯郸。十一月，赵鞅杀士皋夷，恶范氏也。

［经］叔孙州仇，仲孙何忌帅师围邾。

【注释】

①正常：是季孙斯的宠臣。

②南孺子：季孙斯的夫人。

③肥：季康的名字。

④共刘：是鲁大夫。

⑤此经无传。

⑥此经无传。

【译文】

秋，季孙斯有了病，告诉他的家臣正常说："你不要死，南孺子要生下了男孩，你就去告诉君把他立了；若是女孩，就立了肥罢！"季孙斯死了，季孙肥即位。季孙斯下了葬，季孙肥正在公朝上，南氏生了男孩，正常抱着到朝上报告说："季孙有遗言告诉我说：'南氏要生男孩，你就告诉君同大夫们立了他。'现在生了一个男孩，特来告。"正常就逃到卫国去了。季孙肥请求退位，哀公叫大夫共刘去看，已经为人杀掉，就治理那杀小孩的。叫正常回来，正常也畏惧不敢回来。

蔡人放逐他的大夫公孙猎到吴国去。

冬十月癸卯，秦伯死了。

冬十月，晋国赵鞅围了朝歌，军队在南方，荀寅伐他的外郭，使他的党徒从北门进来，他自己直接打对方的军队而出，癸丑这天逃到邯郸去了，十一月，赵鞅杀了士皋夷，因为他恨范氏的缘故。

叔孙州仇同仲孙何忌率领军队围郓国都城。

【讲评】

苌弘是春秋时期的著名学者和政治家，担任刘文公属下大夫，因为在晋卿权力之争中帮助刘氏姻亲范氏而被杀。苌弘颇具学识，司马迁《史记·天官书》把他作为天文学家记叙。他忠于职守，却成为周王讨好晋国的牺牲品。关于苌弘之死，传说中赋予了瑰丽神奇的色彩，即"苌弘化碧"。源出《庄子·外物》："苌弘死于蜀，藏其血，三年而化为碧。"这可以看作人们对这位忠臣的不幸结局的哀怜。而苌弘迁于蜀，客观上却带来了蜀地天文学研究的兴盛，对扬雄等人影响很大，也算是泽及一方、流芳甚远了。